오버스테이

오버스테이

발행일 2023년 9월 6일

지은이 이혜진
펴낸이 손형국
펴낸곳 (주)북랩
편집인 선일영
편집 윤용민, 배진용, 김다빈, 김부경
디자인 이현수, 김민하, 김영주, 안유경
제작 박기성, 구성우, 배상진
마케팅 김회란, 박진관
출판등록 2004. 12. 1(제2012-000051호)
주소 서울특별시 금천구 가산디지털 1로 168, 우림라이온스밸리 B동 B113~114호, C동 B101호
홈페이지 www.book.co.kr
전화번호 (02)2026-5777 팩스 (02)3159-9637

ISBN 979-11-93304-17-4 03330 (종이책) 979-11-93304-18-1 05330 (전자책)

오버스테이

〈미등록 체류자〉

일본의 한국인
미등록노동자에 관한
보고서

이혜진 지음

북랩

오버스테이

'난 더 머무르기로 작정했다'

이 책은 '이동'에 관한 이야기다. 동시에 '머무름'에 관한 이야기이기도 하다.

책 제목인 '오버스테이'는 일본에서 '불법체류'나 '초과체류' 상태의 이주자를 지칭할 때 주로 쓰는 말이다. 필자는 '오버스테이' 상태로 일본에서 거주하며 노동하며 생활했던 한국인들에 대한 이야기를 썼다. '오버스테이(overstay)'의 사전적 의미는 '(예상·허용 기간보다) 더(너무) 오래 머무르다'로 시간과 공간적 의미 모두를 가진다. 일본에서 한국인 노동자들이 '허용되는 시간적 범위를 넘어선 공간의 점유 상태'에서 만들어간 이야기들을 하나 둘씩 모은 결과물이 이 책에 담겨 있다.

그리고 '오버스테이' 노동자와의 만남의 계기가 된 것은 바로 가나가와 시티유니온에 스태프로 참여할 수 있었다는 점이다. 가나가와 시티유니온은 이 책의 시작점이 된 큰 주제다. 필자가 가나가와 시티유니온의 마리아어머니를 만난 것은 2005년 어느 봄날이다. 일본 생활이 십 년 남짓 되던 유학생의 눈에는 이주노동자들의 노동문제를 일본의 노동조합에서 해결하는 모습이 상당히 신기했고, 재밌었다. 그리고 이주노동자들의 노동문제를 해결하는 무라야마 위원장과 마리아어머니의 모습은 너무나 멋지고, 훌륭했다. 그래서 필자는 이곳에 더 머무르기로 작정했다. 그리고

이 멋지고, 훌륭하고, 신기하고, 재미있던 이야기를 나누고 싶었다.

그래서 박사학위 논문인「現代日本における韓国人出稼ぎ労働者の社会学的分析ー〈移動〉の中での寿町とコミュニティ·ユニオン(일본의 한국인 미등록노동자에 관한 사회학적 분석: '이동' 실천 속의 고토부키쵸와 커뮤니티 유니온)」에 이 이야기들을 담아냈다.

졸업한 지 십여 년이 지나 너무 늦은 감은 있으나, 한국에서도 이 이야기들을 나누고 싶은 마음에 번역하고 약간의 내용 수정을 거쳐 책으로 발간하게 되었다. 논문을 번역한 것이다보니 쉽게 읽히지 않는 부분도 더러 있다. 제2장부터 읽다가 마지막 순서로 서장과 제1장을 읽는 것도 좋을 듯하다.

지금은 많은 것들을 잊고 사시지만 언제나 필자에게 정신적 스승이신 마리아어머니, 노동운동가로서 인생 선배로서 활동은 '가늘고 길게' 지속하는 것이 중요하다고 알려주셨던 가나가와 시티유니온의 무라야마 위원장님, 시티유니온과 처음 인연을 만

들어주신 (사)부산인권플랫폼 파랑 정귀순 이사장님, 그리고 자신의 이야기를 허심탄회하게 나눠주신 한국인 노동자들, 일본인 활동가들, 한국인 활동가들, 이 모두와의 만남을 계기로 이 책이 세상으로 나올 수 있었다.

필자의 삶에 긍정적 영향을 주셨던 이 모든 분들께 깊은 감사의 마음을 전한다.

2023. 8. 4.

차례

제3장
일본의 커뮤니티 유니온과 한국인 노동자: 1990년대 전반의 가나가와 시티유니온과 고토부키쵸의 한국인 노동자의 접속 149

제2부

제4장
고토부키를 살아가는 한국인 노동자의 생활세계: LMH씨의 라이프 스토리 207

서장

이동이란 무엇인가

제1절
‘이동’이란 무엇인가: 한국인 이주노동자의 삶을 묻다

이 책의 목적은 일본 요코하마 고토부키쵸(寿町)의 한국인 이주노동자의 실천들을 ‘이동’이라는 경험으로부터 고찰하는 것이다. 여기서 ‘이동’이란 다음과 같은 경험을 말한다.

“잡히면 돌아간다”, “잡혀서 돌아가면 이번에는 베트남에 가려고 해”, “이번에는 다른 방법으로 일본에 가고 싶어”, “잡히면, 또 밀항으로 들어가면 되지”, “내가 안 돌아가는 것이 자식에게 보탬이 된다” 등의 구술을 한국인 이주노동자와의 인터뷰에서 자주 들을 수 있었다. 그러한 구술들은 월경하는 한국인들에게 품고 있던 필자의 고정관념을 흔들어 놓는 것이었다. 필자가 만났던 한국인 이주노동자들(맥락에 따라, 한국인 이주노동 경험자 혹은 한국인 노동자로도 표기)은 언제나 이동 가능성을 내재하고 있었다. 그들의 사회적 현실을 드러내기 위해서는 ‘이주’ 혹은 ‘이민’ 등의 용어보다는 이동이라는 단어가 훨씬 적합하다.[1]

1) 이요타니(伊豫谷, 2007: 19-20)는 다음과 같이 지적한다. “사람의 이동은 그것 자체가 독립된 현상이 아니다. 다양한 요인, 그리고 그것들이 결합하여 이동으로 나타난다. 또한 이동

이동한 곳에서의 삶이 미등록 체류라는 불안정한 상황을 만들어 낸다. 이는 언젠가 추방될 수도 있다는 구조적 제약 속에, 즉 이동에 동반하여 그들은 하루하루 자신들의 생을 축적시켜 가고 있는 것이다. 이것은 비단 일본에 체류하는 한국인 이주노동자만의 상황이 아니다. "혹시 가능하다면 가족들 두고, 나 혼자서 일본에 가서 3년 정도 일하고 오고 싶어"라는 구술에서 알 수 있듯이, 한국에 귀국한 한국인 이주노동 경험자들도 여전히 이동 속에 살고 있었다.[2)]

이와 같이, 이 책에서는 실제로 행해지는 이동뿐만 아니라, 이동 가능성, 귀국 후에도 한국인 이주노동 경험자들의 삶에 계속 영향을 끼치는 경험으로서, '이동'을 정의한다.

이 책에서 한국인 노동자라는 단어 대신에 한국인 이주노동자라고 표기한 이유는 그들을 둘러싼 사회구조가, 그들을 언제라도 간단히 이동시킬 수 있는 상황에 밀어 넣고 있기 때문이다. 그래서 '이동' 경험이 각인된 존재로서, 한국인 이주노동자를 정의하고자 한다.[3)] 한국인 노동자들은 '언젠가는 돌아갈' 이주노동자로

의 기간과 목적, 생활 거점, 가족과의 관계 등으로부터 이민, 이동, 이주라는 단어가 구분되어 사용되어져 왔다. 그러나 여기서 이러한 단어는 호환적으로 사용하고 있다. 사람의 이동이 일시적인지, 식민에 의한 영주적인 것인지, 생활 거점을 옮기는 것인지, 돌아가야 할 장소를 가지고 있는 것인지에 대해서는 일률적으로 단정할 수 없다. 이민연구가 진행될 경우, 어떤 범위까지 사람의 이동에 대해 이민으로 판단하는 지는 결코 명시적인 기준이 있는 것은 아니다. 또한 이동에 있어서 국내와 국외의 구별은 국민국가와의 관계에서는 결정적인 의미를 가지지만, 현상으로서의 이동은 꼭 국제이동에만 한정짓는 것은 아니다".

2) 한편, 일본에서의 이주노동 경험에 대해 함구해버리거나 말하기를 꺼려하는 분들이 많았다. 그러나 이러한 대응에서 조차도 그들의 이동의 의미가 가진 무게를 느끼게 한다.

3) 일본어로 쓴 박사논문에서는 出稼ぎ(데카세기)라는 단어를 사용하여, 한국인 이주노동자 대신에 한국인 데카세기노동자라고 표기했다. 다문화공생키워드사전(多文化共生キーワード事典編集委員会, 2004: 50-51)에 따르면, 데카세기(でかせぎ、出稼ぎ、出かせぎ、デカセギ)는 "일정 금액을 획득하기 위해서 거주지로부터 다른 지역으로 이동하여 노동하는 것을 의미한다. 에도시대에는 주조 장인과 목공, 석공, 기와지붕 장인 등이 타국에서 일을 했

인식되어, 결국 그런 운명으로 결정지어진다. 이것은 일본 사회의 구조가 이주노동자를 일본 사회에 정착해서 살아갈 주민, 시민으로 결코 여기고 않았음을 나타낸다.

본 연구에 대한 구체적인 접근법으로서, 1980년대 후반부터 2010년대 초반까지 요코하마 고토부키쵸에 살았던 한국인 이주노동자들의 생활세계가 어떤 것이었는지 검토한다. 1980년대 후반부터 1990년대 전반에 걸쳐, 요코하마 고토부키쵸에 한국인들의 대량유입이 어떻게 가능할 수 있었는지에 대해 개인적 상황과 사회구조적 측면을 고려하여 고찰한다. 또한, 자기완결적인 생활세계를 고수하던 그들이 어떤 계기로 일본의 노동조합에 연결될 수 있었는지 다각적으로 검토한다. 이러한 작업을 통해 '이동'이라는 경험이 그들의 인생을 어떻게 규정하고 있었는지 이 책 전체에서 밝혀내고자 한다.

다. 일본에서 해외로 건너간 사람들도 당초는 '데카세기' 목적으로 간 것으로, 타국의 국민이 되려는 의식은 없었다고 한다. '데카세기'의 성공자는 귀국하여, 문자 그대로 '금의환향'할 수 있었으며 다음 지원자를 만들어냈다. 그러나 충분한 벌이가 없었던 사람들은 결과적으로 '데카세기'를 하러 간 지역에 머물게 되고 그곳에서 생애를 마감했다. 하와이와 미국 서해안지역이 이에 해당한다. 이 단어는 스페인어 Dekasegi, 포르투갈어 Decasségui 로도 표기되어 있다". 이와 같이 데카세기라는 개념은 소득이 낮은 지역이나 고용 역량이 낮은 지역에 사는 사람이, 소득이 높고 고용이 잘되는 지역으로 홀로 옮겨와서 취업하는 것을 가리키며, '언젠가는 왔던 곳으로 되돌아갈' 것을 상정하는 개념이다. 이 책 전체에서는 '데카세기'라는 용어에 대한 한국어 표기로 '이주노동'이라는 단어를 사용하고 있다. 일반적인 이주노동을 가리키는 개념이라기보다는, '언젠가는 왔던 곳으로 되돌아갈', '데카세기' 노동자라는 의미가 내포되어 있음을 미리 밝혀둔다.

제2절

선행연구: 일본 사회의 외국인노동자

이 책의 주요 대상은 일본에서 이주노동자로 살아온 한국인들이다. 그들 대부분은 일본 사회의 '비정규체류(미등록)' 상태에 있던 외국인노동자[4]다. 그들의 '이동'이라는 경험을 규정하고 있는 '미등록체류 상태의 외국인노동자'라는 사실이 함축하는 역사성 및 사회적 의미를 파악하기 위해서는 일본 사회의 외국인노동자에 대한 이해가 필요하다. 여기서는 일본의 외국인노동자에 대해서 간단히 검토하고, 일본의 외국인노동자가 어떻게 논의되어 왔는지 살펴 보자.

4) 이 책에서는 편의상 '데카세기노동자'의 의미로 '이주노동자'라는 명칭을 사용하고, 외국에서 온 노동자를 지칭하는 '이주노동자'를 나타낼 때는 '외국인노동자'라는 용어를 사용하고 있다.

2-1. 일본의 외국인노동자 문제의 시작

일본에서는 '외국인노동자'가 사회문제로서 취급되었다. 그러나 유흥업소에서 일하는 외국인 여성노동자의 문제를 포함하더라도 '외국인노동자'가 사회문제로서 언급된 지 아직 40년 정도밖에 되지 않았다.

일본은 현재 아시아 국가들처럼 '외국인노동자'의 송출국이기도 했고, 동시에 유입국이기도 했다. 일본의 외국인노동자 문제를 고찰할 때 필요한 것은 이러한 역사적 사실을 우선 고려해 보는 것이다. 그래서 '외국인노동자'가 사회문제로서 언급되기 이전의 역사부터 살펴보아야 한다.

쇄국으로 인해 산업혁명이 늦어져 후기 자본주의국가로 출발한 일본은 근대화에 뒤쳐진 사람들을 해외 이민으로 보내는 정책을 수립했다(伊豫谷·杉原, 1996). 저임금, 중노동, '비숙련노동'으로 취급되던 일본 사회의 저변노동자들을 중심으로, 하와이와 미국 등지를 향한 이주노동의 욕망, 즉 무자본 상태로 고임금을 기대하는 노동자들의 의도와, 외화 획득 및 해외의 선진기술 도입을 겨냥한 일본정부의 책략이 일치하여 해외 도항자가 급증하게 된다. 한편, 만주, 대만, 조선 등지에 제국주의적 식민의 일환으로 이민이 중국, 조선 침략의 진전과 함께 국가 원조 속에서 장려되었다. 그 결과 제2차 세계대전 이전에 이미 백만 명 이상의 일본인들이 바다를 건넜다(戸塚·德永, 2001: 235-239).

이와 같이 해외를 향한 일본인 이민들은 하와이를 향해 출항한 메이지 원년(1868년)에 시작하여 세계대전이 끝난 후인 쇼와 30년(1955년)대까지, 패전 후의 잠시의 기간을 제외하고는 일본의 국책으로 지속되었다.

당시의 일본은 중국, 인도와 함께 아시아 유수의 이민국이었다. '중국귀국자'[5]와 일계인[日系人;닛케이진][6] 노동자는 이러한 일본의 이민·식민정책으로 초래된 것이었다.

1910년, 일본은 조선을 합병하여 일본의 원료·식자재의 기지로 삼았다. 합병 후에 진행한 토지조사사업으로 인해 조선 농민의 8할이 토지 없는 농민이 되어 생활을 영위할 수 없게 되자, 일본으로 들어가서 최하층 노동현장에서 일자리를 잡게 되었다. 더욱이 1939년부터 시작된 강제동원에 의해 조선인이 징용되어, 남성은 공장, 탄광, 지하군수공장 건설 등의 노동자로, 여성은 공장노동자나 종군위안부로 강제적으로 종사하게 된다. 그 결과 패전 직후에는 약 230만 명의 조선인이 '제국신민'으로 일본에 체류하고 있었다. 세계대전이 종식된 후 다수의 조선인이 귀국했지만, 약 70만 명의 조선인들은 그대로 일본에 남아서 생활했다. 식민지시대로부터 해방 후, 얼마 지나지 않아 조선은 남과 북으로 분단된다. 일본에 남은 조선인들도 자연스럽게, 북조선의 사람인지, 대한민국의 사람인지 엄격히 구분되어, 양측을 배려하여 종합적으

---

5) 중국귀국자란 중국에서 일본으로 영주 귀국한 '중국 잔류 고아', '중국 잔류 부인' 및 그 양부모, 배우자 그리고 그 2세, 3세를 포함하는 전 가족에 대한 총칭이다. '중국 잔류 고아(중국 잔류 일본인 고아)'란, 1945년 8월 9일에 구소련 참전 이후, 극도의 혼란 속에서 중국(주로 현재의 동북지방, 당시 만주국)에서 일본인 부모와 생사별한 당시 11세 이하의 일본인으로, 패전 당시에 자신의 신원과 상황을 모른 채, 중국에 잔류하여 성장한 사람을 말한다. '중국 잔류 부인'은 패전 시 가족과 생사별하여, 그 후 중국인의 부인이 된 사람들을 가리킨다. 2차 세계대전 이전, 중국 동북지방에서는 만몽개척단을 포함한 많은 일본인이 이주했으나, 1945년 구소련의 대일참전 당시에는 장년남성의 대부분이 군대에 소집되었기 때문에 남은 일본인으로는 고령자와 여성이 대부분이었다(多文化共生キーワード事典編集委員会, 2004: 56-57).

6) 일계인이란, 일본 이외의 국가로 이주하여 당해국의 국적 또는 영주권을 취득한 일본인 및 그 자손을 지칭한다.

로 지칭하는 말로, 재일한국·조선인이라는 용어로 불려지기도 한다. 자의적인 경계짓기에 의해 발생된 명칭이 그대로 그 사람의 속성으로서 되살아나는 현상을 고려하여, 이 책에서는 재일코리언이라는 용어를 사용하고자 한다.

이와 같이, 재일코리언은 일본 사회의 '외국인노동자'로서 세계대전 이전부터 이후까지 일본 산업의 저변을 지켜온 존재라고 할 수 있다. 보다 정확히 말한다면, 일본의 저변만이 그들이 머물 수 있는 장소였다는 것이다.

한편, 전후 재일코리언들은 일방적으로 '국적'을 박탈당해, 차별과 멸시 아래에서 인권유린을 경험해 왔다.[7] 정부, 지방자치단체는 물론이고, 기업은 재일코리언들을 채용하지 않았기 때문에 일본의 기간산업(基幹産業)에서 배제되었으며, 주류 노동조합운동에서도 소외되었다. 한정된 시기와 소수의 사례를 제외하고는 대부분의 노동조합들은 재일코리언들이 처한 상황을 고려하지 않았으며, 정부와 기업에 제도개선을 위한 요구를 한 적도 거의 없었다.

또한, 재일코리언에게는 분단된 노동시장이 이미 견고하게 형성되어 있었다.[8] 이러한 재일코리언의 문제들 위에 뉴커머(new

---

7) 일본의 노동조합인 가나가와 시티유니온(神奈川シティユニオン)의 한 조합원 증언에 의하면, 그는 재일코리언이라는 이유로 학교에서 따돌림당하고, 결국 중학교 2학년 때 퇴학한다. 그 후 그는 토목 관련 직장에 취직하게 되는데, 일한 지 1년 후에 '국적'이 문제가 되어 해고된 경험이 있다. 그런 과거를 회상하면서 다음과 같이 말했다. "우리들은 말이시, 여기에 오고 싶어서 온 게 아니야". 그의 부친은 강제징용으로 후쿠오카의 광산에서 일한 후 홋카이도에 보내졌다. 그 후 현재 삶의 터전인 가와사키에 정착했다고 했다.

8) 단적인 예로서, 재일코리언들이 종사하던 직업에 주목해보면 명확해진다. 주로 음식점, 파친코장 경영, 토목·건설작업, 재활용산업 등 그들에게는 그 이상의 지위가 일본 사회에서는 보장되지 않았다. 비록 재일코리언 가운데 변호사, 의사, 지방공무원 등도 배출되고 있으나, 극소수에 불과하다. 한편, "파친코장의 경영자의 대부분이 재일코리언"이라고 경멸이 담긴 뉘앙스로 거론되는 경우가 많으나, 그들이 왜 그곳에 집중할 수밖에 없었는지, 그

comer)로서의 '외국인노동자 문제'가 발생하고 있다. 오늘날 외국인노동자를 생각할 때, 일본의 '외국인노동자'인 재일코리언의 문제가 미해결 상태로 누적되어 있다는 사실을 직시해야 한다.[9)]

한편, 전후 일본 내부에 광범위한 노동력을 보유하고 있던 일본은 외국인노동자의 국내 취업을 원칙적으로 인정하지 않는 폐쇄적인 체제를 유지할 수 있었다. '인적(人的) 쇄국체제(森, 2002: 1)'라고도 불리는 전후 체제 속에서 전쟁 전과 전쟁 중에 도항하여 일본 사회에 살아가던 재일코리언 및 재일중국인의 존재는 '재일코리언 문제'로 특수하게 취급되어, 외국인노동자 혹은 외국인주민으로서 인식되지 못했다. 이것은 1980년대 이후 '국제화'시대의 도래와 함께 가시화된 외국인노동자 문제가 마치 새로운 사회문제인 것 마냥 인식된 배경이기도 했다. 대부분의 연구나 보고서에는 올드커머(old comer)로서 재일코리언을 지칭하며, 1980년대 이후에 유입한 외국인노동자를 뉴커머로서 구분하고 있다. 1980년대 말부터 이 엄밀성이 떨어지는 구분법은 하나의 용어법

원인을 제대로 인식할 필요가 있다. 재일코리언이 경영하는 은행·금융기관의 주된 거래처는 재일코리언이 경영하는 파친코장이라는 사실은, 재일코리언들의 분단된 산업구조를 증명한다.

9) 한국의 이주민관련 활동가 J씨가 2005년 4월에 기타큐슈를 방문했을 때, 재일코리언들과 가진 간담회에 대한 감상에서도 재일코리언들의 위치를 알 수 있다. "재일동포 1세와 2세에 있어 정체성은 국적을 지키는 것, '우리의 국적은 무엇인가?'라는 것이었다. 조선인으로 일본에 와서, 조국이 한국과 공화국으로 나뉘면서 동포들에게 '조선'은 국적이 아니라 단지 '기호'에 불과했고, 지금도 특별영주자인 이들에게 '조선'은 기호일 뿐이다. 한국에서 이주노동자들의 문제를 진지하게 듣고는, 한국의 이주노동자 문제는 생존의 문제로 절박했던 '재일동포 1세의 문제'라고 하신 전숙강님의 얘기에 '아 그렇구나, 재일동포의 문제와 이주노동자 문제가 그렇게 맞닿아 있구나'라는 생각이 들었다. 이분들이 한국의 이주노동자 문제를 풀어나가는 주요한 역할을 할 수 있음을 깨닫게 되었다. 조만간 재일동포들을 모시고, 이주노동사운동을 하고 있는 활동가들과 깊은 얘기를 나눌 기회가 있기를 바란다". 출처: http://www.sunine.org/bbs/zboard.php?id=2page&page=4&sn1=&divpage=1&sn=off&ss=on&sc=on&select_arrange=headnum&desc=asc&no=5 (2013/5/1 최종확인)

으로 정착했다(森, 2002: 4). 1980년대 말 새로운 외국인노동자의 급증은 외국인의 국내취업을 원칙적으로 인정하지 않는 일본 정부의 출입국관리제도와 사회체제의 방향성을 묻는 문제이기도 했다. 재일코리언들이 일본의 외국인노동자로서의 성격을 농후하게 지니면서도, 올드커머로서 구분되는 것은 체류기간의 문제만은 아니다. 거기에는 재일코리언을 일본의 '외국인'으로 인식하는 것에 대한 어색함을 엿볼 수 있다. 어떻든 간에, 재일코리언은 '과거의 일본국민'이었으며, 일본인에 한없이 가까운 존재로서 상정되어져, 외국인 일반과는 명확히 구분되는 존재로서 인식되어져 왔다. 올드커머와 뉴커머의 구분은 이러한 인식 위에 성립된 것이다. 재일코리언의 일본에서의 힘든 삶은 말할 필요도 없고, 이 인식으로부터도 많은 영향을 받고 있다. 처음에는 '노동력'으로 일본에 들어온 '외국인노동자'로서의 재일코리언에 대해 오늘날 일본 사회는 '외국인노동자'라고 부르지 않는다. 그것은 시간과 공간을 공유하는 가운데, '외국인'이라는 범주로는 표현할 수 없는 관계성이 생겨났다는 사실을 시사한다.

2-2. 외국인노동자의 상황

일본 사회의 외국인노동자들은 '초과 체류', '불법 상륙' 등의 방법으로 주로 아시아지역에서 입국하여 '비합법적'으로 체류하는 외국인노동자들과 1990년 '출입국관리 및 난민인정법(이하, 입관법)' 개정에 의해 입국과 취업이 합법화되어 들어올 수 있게 된 일계인노동자로 구분된다. 아시아에서 온 외국인노동자들은 당초 일본과의 무비자협정으로 인해 급증했지만, 방글라데시, 파키스탄, 이란에서 온 노동자들은 비자취득의 문제로 절대수가 감소하였다. 반면, 한국과 말레이시아의 경우 비자 없이 입국할 수 있었기에, 이들 사이에 격차가 벌어지게 된다. 한편 중국인들은 비자취득이 곤란했기 때문에 밀항자가 많았고, 유학비자로 입국한 후 취업비자로 변경하여 '합법적'으로 생활하는 중국인들도 다수 존재했다. 일계인의 경우 입관법 개정 후 입국이 허가되어, 특히 중남미에서 브라질(일계인 점유율 1위)과 페루(일계인 점유율 2위)에서 온 일계인이 다수를 차지한다. 최대 다수를 차지하는 일계브라질인과 위조서류가 많이 발각된다는 일계페루인(渕上, 1995) 사이에는 주거와 취업의 조건들, 즉 삶의 환경이 다르게 구성된다. 즉 '일계인'이라는 개념 자체가 다의적인 문제를 포함하고 있다는 말이다(梶田·宮島, 2002).

1970년대 초에 일본에서는 이미 유럽의 외국인노동자 문제가 매스컴에 보도되었으며, 연수생으로 아시아인 노동력 유입이 시작되었지만, 일본의 새로운 외국인노동자 문제에 대한 본격적인 논의는 1980년대에 시작되었다. 1970년대에는 일본의 외국인노동자 연구가 유럽의 노동력 부족 부문에서의 외국인노동자 도입에 관한 연구, 인종차별 및 지역주민으로서 외국인문제 등을 중심으로 진행되었다. 가지타와 이요타니(梶田·伊豫谷, 1992)는 다음과 같이 지적한다. "유럽과 미국의 사례를 실패로 자주 거론하는 것은 지금까지의 논의 방식의 문제점을 단적으로 나타낸다. 왜냐하면, 외국인노동자가 유입되는 객관적 상황에 대한 분석이 충분히 이뤄지지 않았으며, 일본이 안고 있는 고유한 문제가 명확하게 파악되었다고는 볼 수 없기 때문이다".

1980년대는 일본 사회 전체가 '국제화' 바람에 휩싸이던 시기였다. 특히, '일본 경제국제화의 시대'라고도 일컬어져, 일본 기업의 해외진출과 업무의 '국제화'가 일본 국내기업의 외국인노동자에 대한 수요를 증가시켰다. 일본 국내기업에서 일하는 유럽이나 미국의 외국인노동자들은 '외인(外人) 사원'으로 불려졌다. 한편, 이 시기에 급증한 것이 바로 필리핀과 태국 등지에서 '흥행비자'로 입국하여 유흥업종에 취업한 아시아계 여성노동자였다. 1985년 '플라자 합의'[10] 이후에 급속히 진행된 엔고(円高) 현상을 배경으로 아시아 각국으로부터 남성노동자도 증가하고 있었지만, '외국인노동자 문제'로서 인식되기까지는 그로부터 시간이 얼마간 흐른 후였다.

2-3. 일본의 외국인노동자에 대한 '기능적 등가물'

일본에서 외국인노동자의 흡인요소로 가장 많이 지적된 것이 1985년의 '플라자 합의'에 의한 엔고 현상이지만, 가지타(梶田, 1994)는 보다 세밀한 분석을 통해 다음과 같은 문제를 제기했다. 첫째, 일본은 외국인노동자의 도입이라는 점에서 왜 서구사회와 약 20년 정도의 시간 차를 경험하고 있는지에 대해, 둘째는, 왜 1980년대에 들어서 대량의 외국인노동자의 유입이 시작되었는

10) 1985년 9월 뉴욕 플라자호텔에서 개최된 다섯 선진국가의 재무장관과 중앙은행총재회의(당시, G5)에서, 달러 강세를 시정하기 위해 환율시장에 개입할 것이라는 취지의 성명을 발표했다. 이에 달러시세는 바로 하락했다. 이 합의는 환율 시세를 자유롭게 변동시키는 자유변동 시세제에서 환율시장의 상황에 따라 적절한 개입을 가능케 하는 관리 시세제로의 전환점이 되었다.

가에 대한 물음이다. 또한 이 두 가지 의문은 '블랙박스'에 넣어진 채로 일본 국내에서는 거의 논의된 적이 없음을 지적한다.

> 60, 70년대에는 외국인노동자가 존재하지 않던 것이 당연한 것으로 여겨졌으며, 오늘날에는 거꾸로, 외국인노동자의 입국 압력을 당연한 것으로 여기고 있다. 양측을 잇는 논리는 겨우 근래에 일어난 급속한 엔고 현상뿐이다. 오늘날의 일본은 이제는 더 이상 세계의 국제노동력 이동에 있어서 '성역'이 아니게 되었으며, 그런 연유로 일본으로의 외국인노동자의 유입도 세계적 시야 속에서 설명되어질 필요가 있다(梶田, 1994: 15).

가지타는 '기능적 등가물'이라는 동일 기능은 선택할 수 있는 모든 항목에 의해 대체 가능하다는 사회학 개념을 사용하면서, 서구의 외국인노동자가 이제껏 담당해왔던 기능에 대해 일본에서는 무엇(누가)이 담당해왔는지 다음과 같이 설명한다.

외국인노동자의 '기능적 등가물'로 제일 먼저 지적할 수 있는 것은, 전후 일본열도 전체에서 일어난 대규모의 인간 이동이다. 서구사회의 국내외 이동에 필적할 만한 규모의 인간 이동이 일본열도 내부에서 발생한 것이다. 환언하면, 이 시기의 일본에서는 농촌을 중심으로 전환 가능한 상당 수의 노동력이 존재하고 있었던 것이 된다. 농업이 차지하는 비중은 같은 시기 서유럽국가와 비교했을 때보다 훨씬 컸다.

두 번째 '기능적 등가물'은 고도 경제 성장기[11] 이후의 일본 기

11) 일본경제가 비약적으로 성장한 시기는 1954년 12월부터 1973년 11월까지로, 주로 이 19년간을 일본의 고도 경제 성장기로 파악한다.

업 내부에서 일어난 합리화와 설비 자동화의 진전을 들 수 있다. 제조업을 중심으로 일손 부족에 대처하기 위해 '단순노동자'를 필요로 하지 않는 노동시스템이 설비투자와 기술혁신과 맞물려 진행되었다. 이러한 일본 기업들의 대응이 생산성 향상을 일으키고, 국제경쟁력을 높이는 결과를 가져왔다. 한편, 한 기업 내에서도 인기 제품과 그렇지 못한 제품이 있기 때문에 그것을 구분하여 배치전환과 노동력의 다양화가 추진되었다. 이와 같은 기업 노동력 자체의 유연성도 외국인노동자를 필요로 하지 않았던 요인으로 파악할 수 있다.

세 번째는 외부 노동시장에 의존하는 것으로, 각종 비공식 노동의 확대이다. 근래에는 인력 파견이 확대되었으며, 주부들의 파트타임 노동과 학생 아르바이트의 비중이 증가했다. 외국인노동자가 증가했다고 하더라도, 주요 노동력은 학생과 주부들의 아르바이트라고 할 수 있다. 한편, 문화와 사회관습 상의 차별도 무시할 수 없다. 이 또한 외국인노동력에 대한 의존을 상대적으로 낮추는 요인 중 하나라고 할 수 있다. 그리고 일본에서는 노동조합과 비교하여 경영진의 힘이 강하고, 경영자는 노동력 편성이라는 점에서 유연한 태세를 가지는 경향이 있었다. 서유럽 국가 몇 곳에서는 노동조합 조직을 배후로 가진 사회민주주의 정권이 성립하여 '국유화'정책이 진행되었다. 그 연장선상에서, 서유럽 국가는 노동조합의 힘을 강화시키고, 노동시장의 유연성을 약화시킬 수 있었다.

네 번째는 일본 노동자의 '장시간 노동'과 '잔업'이다. 세계대전 후에 서독과 프랑스에서는 일어난 노동시간 단축에 대한 요구가 노동조합에 의해 활발히 요구되어 그 결과로서 여가시간이 실현되었으며, 장기간에 걸친 여가 습관은 일반 노동자를 중심으로 현실화되었다. 이러한 서유럽 노동자들의 여가 지향을 저변에서 지탱해 온 것이 바로 외국인노동자였다. 일본의 경우, 일인당 부과되는 과도한 노동량의 결과로 외국인노동자의 도입과 그들에 의한 노동력 대체를 제어해 왔다. 또한 일본에서는 고령자의 높은 노동비율에 의해 비교적 많은 저임금 노동력의 획득이 가능했다는 점도 놓쳐서는 안 된다.

위에서 제시한 외국인노동자에 대한 일본에서의 '기능적 등가물'에 관한 설명에 몇 가지 역사적 우연성이 덧붙여진다.

첫 번째 우연은 1973년의 석유파동이다. 석유파동에 의해 선진국들은 한꺼번에 경제 불황에 빠져들고, 서유럽 국가에서는 외국인노동자의 도입이 정지되었다. 일본의 경우, 석유파동의 도래가 외국인노동자를 필요로 하는 상황을 더 멀찌감치 떨어뜨리는 결과가 되었다. 또한 석유파동으로 에너지절약, 합리화 정책이 진척되어 외국인노동자를 더욱 필요 없게 만드는 노동시스템이 진전되었다.

한편, 70년대 이후 일본에서도 기업의 해외 진출이 이뤄졌다. 이 경향은 80년대에 들어서 더욱 가속화되었다. 일본 기업의 미국과 서유럽 각국에 대한 투자는 아시아 각국 이상으로 큰 규모를 가지고 있었다. 80년대에 발생한 엔고 현상은 외국인노동자를 불러들이는 흡인요인이 되었지만, 다른 면에서는 이에 의해 산업의 공동화 현상이 심각해져 제조업을 중심으로 일본 기업의 공장 해외 이전도 박차가 가해졌다. 역시 이러한 사실들도 일본 국내의 노동력 압박을 완화시켜 외국인노동자의 유입을 늦추는 원인이 되었다. 그러나 80년대 후반에는 일본에서도 노동력이 절대적으로 부족했다. 또한, 일본 경제가 활성화되면서 엔화가 강세를 이루자 외국인들로 하여금 일본으로 이주노동하고 싶다는 욕구가 증대되었다. 더욱이 정보화의 진전 및 서비스 노동의 증대와 함께 노동력의 재편성이 필요해졌고, 이것이 바로 외국인노동력의 도입에 적합하게 작용했다고 볼 수 있다. 이에 대해 고마이는 다음과 같이 지적한다.

> 해외로의 생산거점을 이전한 것은 외국인노동자뿐만 아니라 일본인노동자의 고용기회를 현저히 감소시켰다. 그것은 '잃어버린 10년'의 타격을 한층 심화시켰을 뿐만 아니라, 일본의 산업구조 전환을 아주 급박한 상황으로 몰아가고 있었다. 1980년대 말의 일본 이민정책의 이와 같은 귀결은 필연론으로는 예상할 수 없었던 전개였다(駒井, 2002: 31).

여기서는 두 가지 사실을 지적할 수 있다. 첫째는 해외로의 생산거점 이전은 일본 사회의 외국인노동자에 대한 의존도를 어느 정도 낮췄다고 볼 수 있으나, 일본인노동자가 취업하려고 하지 않는 중소영세기업에서는 여전히 외국인노동자에 대한 요구가 존재하고 있으며 그곳에 외국인노동자가 취업하고 있는 것이다. 둘째, 일본인노동자는 고용기회의 감소로 인해 정규직에서 비정규직으로 전환되고 있다는 사실이다. 일본에서 노동자의 신분은 점점 불안정한 상황에 놓이는 것이 명백한 사실로 부각된다.

오늘날 이러한 '기능적 등가물'이 담당해 온 노동력 수요분을 능가하는 노동력 부족이 발생하고 있고, 아울러 서서히 일본적 특수성의 '잇점'이 사라지고 있다. 그 결과로 많은 외국인노동자

가 일본으로 유입한 것이라고 가지타는 설명한다(梶田, 1994: 11-24)

2-4. 일본의 외국인노동자 문제의 전개

'플라자 합의' 이후, 엔고가 진행되는 가운데 일본의 외국인노동자 문제는 새로운 국면을 맞이하게 된다. 아시아 각국으로부터 외국인노동자가 급증하면서 종래에는 '불법취업'으로 적발되던 외국인의 압도적 다수를 차지하던 것이 여성이었으나 이때부터 남성으로 전환되었기 때문이다. 즉, '자파유키상(ジャパゆきさん)'[12] 현상에서 '외국인노동자' 문제로의 교체가 일어난 것이다. 1988년 처음으로, '불법취업'으로 적발된 남성 외국인노동자 수가 여성을 능가하면서부터, '외국인노동자' 문제라는 명칭이 부여되었다. 이토는 그 명칭의 뒤편에 내재된 젠더 바이어스를 지적했다(伊藤, 1992).

아시아계 남성노동자의 대부분은 일본에서 외국인의 취업이 허가되지 않는 일반적인 노동부문의 노동자였으며, 일본인노동자의 취업 기피와 맞물려 일손 부족에 허덕이는 3D(Difficult, Dirty, Dangerous) 업종[13]에 종사했다. 그러나 대부분이 '불법취업'이었기 때문에 무권리상태와 저임금으로 인한 과혹한 노동조건을 감수해야 했으며, 작업내용에 대한 이해 부족과 의사소통

---

12) 자파유키상은 1970년대 후반 급속히 증가했던 일본으로 돈을 벌기 위해 온 동남아시아 여성을 가리키는 용어이다. 자파유키상의 어원은 가난 때문에 19세기 후반 아시아 등지로 건너가 성산업에 종사하면서 번 돈을 고향에 송금했던 일본인여성을 가리키는 가라유키상(唐行きさん)에서 유래한다.

13) 일본에서는 3K(きつい[힘들고]、きたない[더럽고]、危険[위험한])업종으로 불린다.

문제에 기인한 산업재해가 다발하는 등 사회문제로 인식되었다.

일본 사회가 외국인문제를 처음 접한 것처럼 반응하는 가운데, 외국인노동자의 도입 여부에 대한 찬반 논쟁에 불붙었다. 외국인노동자 도입에 관한 '쇄국론 대 개국론' 논쟁에 대해, 고마이는 '필연론'을 주장했다(駒井, 1993). 필연론은 비숙련노동에 종사하는 노동력의 한계가 불가피하기 때문에 적극적으로 도입해서는 안 된다는 주장을 펼쳐 '개국론'에 반대하는 한편, 인간의 국제이동은 필할 수 없는 '필연'적인 것이기 때문에 현재 일본 사회에 생활하고 있는 외국인들의 인권을 존중해야만 한다는 취지에서, 외국인을 배제하려는 '쇄국론'에도 반대했다. '신개국론'에 대해서도 '필연론'의 시점은 여전히 유효하다고 설명한다.

> 외국인 인구는 앞으로도 서서히 증가하겠지만, 외국인 이민의 수용은 저출산 고령화의 근본적인 해결책이 될 수 없다. 그것이 아니라, 저출산 사회를 아이들을 낳아서 기를 수 있는 사회로 어떻게 전환할 것인가가 시급한 과제이다. 이 점에서 현재의 인구감소는 일본 사회의 병리를 반영하고 있다(駒井, 1999: 236).

외국인노동자의 도입에 관한 논쟁은 외국인노동자와 국제적인 노동력의 이동이 왜 발생하는가, 사람들은 왜 국경을 넘어 이동하는가라는 소박한 의문에 대해 다양한 분야의 이론을 토대로 전개된다. 동시에, 외국인노동자의 도입문제는 도입할 외국인노동자의 범위, 도입했을 때 발생할 사회경제적 문제, 도입방식, 그리고 수용 사회의 지향성 등이 논의되었다.

1991년 거품 경제가 붕괴하여, 일본 경제는 불황기에 접어들었다. 1997년에 일시적으로 경기회복의 기미가 보였지만, 연말 이후에 다시 침체되어 '잃어버린 10년'[14]이라고 불리는 장기적 불황이 계속되었다. 경제 불황에도 불구하고, 일본으로 유입되는 외국인노동자 수는 2011년 동일본대지진과 원전사고 발생 이전까지는 점증하는 경향을 보였다. 그 배경에는 1990년 6월에 개정된 '입관법'의 시행을 들 수 있다. 일본 경제에 유익한 숙련노동, 전문직, 기능노동을 담당할 외국인노동자에 대한 도입 범위는 확대하지만, 문제의 초점이 된 일반적인 외국인노동자, 즉, 아시아 각국에서 온 '단순노동자'라는 개념으로 이해되는 노동자들에 대한 도입은 국민들의 합의를 얻지 못했다는 이유로 배제되었다. 따라서 '불법취업'을 할 수 밖에 없는 상황에 놓인 아시아계 외국인노동자에 대한 대책은 단속과 적발의 강화, '불법취업 조장죄'의 설치로 대처했다. 또한, 사회문제로 인식되고 있던 일계인노동자에게는 취업제한이 없는 '정주'의 체류자격을 부여했다. 아시아계 외국인노동자의 취업에는 문호를 닫아버리고, 일계인에게는 자유로운 취업의 길을 열었던 것이 바로 '입관법' 개정이었다. 이후, 일계인노동자는 급속히 증가했다. '단순노동자'의 도입을 어디까지나 거부하던 '입관법'이 일본의 중소영세기업들의 외국인노동자에 대한 수요 때문에, 외국인노동자를 대체하기 위해 일계인을 도입했다는 통설을 실제로 증명할 정확한 증거는 존재하지 않는다.

가지타의 연구에 따르면, '입관법' 개정으로 초래된 일계인의 유입 증가는 '의도하지 않는 결과'라고 한다. 법 개정에 관련한 정

14) 2010년 이후로는 '잃어버린 10년' 이래로 더욱 장기화된 불황 때문에, '잃어버린 20년', 그 이후로도 '잃어버린 30년'이라는 표현이 종종 사용되고 있다.

책 담당자들과의 인터뷰를 통해 의외의 사실이 발견되었다(梶田, 2002: 21-25). 80년대 말부터 90년대에 걸쳐, 법무성 내부에서는 '입관법' 개정 작업과 재일코리언의 법적 지위 검토라는 전혀 다른 두 가지 작업이 동시에 진행되고 있었다. 그 과정에서 재일코리언과 일계인이라는 두 존재를 연관시키면서 작업하게 되어, 재일코리언에 대해서는 활동상의 제한이 없는 체류자격을 부여하고, 일계인에게는 재일코리언과 균형이 맞도록 체류자격을 부여해야한다는 인식이 공유되었다. 결과적으로, 재일코리언에게는 '특별영주자'[15]라는 법적 지위를 부여하고, 일계인에게는 '정주자'라는 법적 지위가 신설되었다. 그 결과로 일계인 3세의 경우 '정주자'라는 법적 지위를 이용하여 일본에서 취업할 수 있게 되었다. '입관법' 개정에 있어서, 정책 담당자가 '일계인'으로서 우선 상정하고 있었던 대상은 '중국 귀국자' 및 필리핀 등지의 일계인과 그 가족이었다. 그러나 '일계인'이라는 법적 지위를 이용하여 일본으로 입국한 최대 집단은 '중국 귀국자' 및 필리핀 등지의 일계인이 아니라 중남미에서 온 일계인이었다. 이것이 바로 '입관법' 최대의 '의도하지 않은 결과'였다. 중남미에서 온 일계인은 곧 수십만 명에 육박하게 된다.

1990년 '입관법' 개정 이후의 일본의 외국인노동자는 크게 네 분류로 나눌 수 있다. 첫째는 취업이 가능한 체류 자격으로 거주하는 전문직·기술직 분야 종사자, 둘째는 '영주자', '일본인의 배

15) "특별영주자란 1991년 시행된 '일본과의 평화조약에 따라 일본 국적을 이탈한 자 등의 출입국관리에 관한 특례법'에서 규정한 체류자격에 해당하는 자를 가리킨다. 즉, 일본 패전(1945년 9월 2일 항복문서 조인) 이전부터 계속해서 일본에서 거주하고 있는 평화조약 국적이탈자(조선인 및 대만인)와 그 자손을 대상으로 한다. 특별영주자의 99%는 '한국·조선' 국적자이다"(이혜진, 2012: 366).

우자', '영주자의 배우자', '정주자' 등의 체류 자격으로 자유롭게 취업할 수 있는 '신분(에 따른) 체류자격'을 가진 노동자로, 일계인 노동자는 이 범주에 포함된다. 셋째는 비정규적인 체류 상태에서 '불법취업'을 하는 미등록노동자이다. 넷째 기타 체류자격에는 '특정활동', '기능실습', '자격외 활동' 등이 포함된다.

1993년에서 2022년까지의 총 외국인노동자 수 및 이를 구성하는 각 분야별 노동자의 비율은 아래 〈표 1〉과 같다.

〈표 1〉 분야별 외국인노동자 비율 비교

구분	'93	'97	'00	'02	'06	'10	'12	'15	'18	'20	'22
전문·기술 분야	16%	16%	22%	23%	20%	15%	17%	17%	18%	20%	25%
'신분체류 자격'	29%	35%	33%	31%	40%	40%	41%	38%	32%	30%	32%
'미등록' 노동자	48%	42%	33%	29%	18%	12%	9%	6%	4%	5%	4%
기타	7%	7%	12%	17%	22%	33%	33%	39%	45%	45%	40%
전체 (만 명)	61	66	71	76	93	74	75	96	152	180	188

출처 : 1993년~2002년은 후생노동성 '취업하는 외국인 추이'(추계)(森, 2002: 7), 2006년은 후생노동성 직업안정국의 '6월 외국인노동자 문제계발월간 실시에 관하여'(2008.5.30.), 2010~2022년 자료는 후생노동성 '외국인고용상황 신고정보(각 연도 10월말)'와 법무성 '일본의 불법잔류자수에 대하여(각 연도 1월 1일)'를 근거로 필자 작성.

〈표 1〉에서 가장 명확히 제시되는 것은 90년대 초반에 전체 외국인노동자의 절반가량을 차지했던 미등록노동자의 비율은 점차 감소하여, 2022년에는 66,759명으로, 전체 외국인노동자의 4%로 급감했다는 것이다. 일본 법무성 입국관리국에서 2004년부터 2008년까지 집중적으로 행한 '불법체류자 5년 반감계획'

으로 2004년 1월 당시 22만 명에 달하던 '불법체류자'가 2009년 1월 집계에서는 11.3만 명으로 줄어들어, 5년간에 48.5%가 줄었다.[16] 또한, 2007년 10월부터 시행된 '고용대책법'에 의해 각 사업체에는 '외국인고용상황에 대한 신고'[17]가 의무화되었다. 이러한 상황들이 사업주들이 미등록노동자를 고용시키려는 의지를 저하시켰고, 일거리를 얻지 못한 미등록노동자들은 일본의 노동 현장을 떠나가게 된다. 2021년 3월부터는 출입국체류관리청이 보유하는 '체류관리정보'와 후생노동성이 보유한 '외국인고용상황 신고정보'가 온라인상에서 연계되어 정보 수집 및 분석 기능이 강화되었다. 전문·기술 분야 종사자의 경우, 전체 외국인노동자 수에서 차지하는 비율이 거의 비슷하게 유지되는 편이다. 일본 정부는 2009년부터 단계적으로 입관법을 폐지하면서, '새로운 체류관리제도'를 시행하여, 전문직·기술직 분야 종사자, 특히 고급 인력들에게는 '포인트 제도'를 실시하여 적극적으로 일본으로 유치하려는 움직임을 보인다.

또한 〈표 1〉과 같이, 미등록노동자가 빠져나간 부분을 '신분(에 따른) 체류자격' 노동자와 기타 노동자가 채우고 있다. '신분(에 따른) 체류자격'을 가진 노동자'의 경우 2006년경까지만 해도 이 자격을 가진 노동자 거의 대부분이 일계인이었으나, 그 후 점차 '일반영주자'[18] 수가 늘어나면서, 이 범주에 해당되는 노동자의 구성

16) 출처: http://www.immi-moj.go.jp/keiziban/happyou/121226_huhoutaizai.html (2013/5/8 최종확인)

17) 외국인(특별영주자 제외)의 고용 및 이직 시에 이름, 체류자격, 주소 등에 관한 개인정보에 대한 신고를 고용주에게 의무화시켰다. 공공직업안정소(Hello-Work)에서는 이에 근거하여 고용환경 개선을 위해 사업주에게 조언·지도를 하고, 이직한 외국인에기는 효과적인 재취업지원이 가능하다는 명문을 내세우고 있다.

18) "일반영주자란 일정한 요건(품행 선량, 독립 생계 가능, 10년 이상 일본 체류 등)을 충족시

원이 다양하게 확대되고 있다.[19] 기타 분류에 해당되는 노동자는 첫째 기능연수제도로 '기능실습'과 '특정기능' 비자를 취득하여 일본에 단기순환 단순노동자로서 일하는 아시아계 노동자, 둘째 유학생 등의 비자로 입국하여, '자격 외 활동허가서'를 취득하여 아르바이트를 하는 경우, 그리고 셋째 '특정활동' 비자로는 외교관 등의 가사사용인, 워킹홀리데이, EPA(경제연대협정)에 따른 외국인 간호사·개호복지사 후보자 등이 포함되는데 이 중에도 근래 들어 기능실습생이 급격히 증가하고 있다.

장기 불황 속의 일본은 외국인노동자, 특히 미등록노동자('불법취업자', '불법잔류자' 등으로 명명됨)를 배제시키며, 그 부족분을 메우는 노동현장에 대체인력으로 일계인노동자와 단기순환 단순노동자, 외국인유학생 아르바이트에 대한 활용도를 극대화시키며, 노동유연화를 꾀하고 있음을 알 수 있다.

한편, 외국인노동자와 그 가족들의 체류가 장기화됨에 따라 갖가지 문제, 구체적으로 지자체의 외국인주민정책, 인권·시민권·참정권 논의, 국제결혼과 이주아동 관련 정책, 외국인 의료, 다문화공생 등으로 문제가 확대된다. 즉, 노동자로서의 권리옹호뿐만 아니라, 지역사회에서 생활하는 주민으로 포괄적인 외국인의 인권이 거론되게 된 것이다. 고마이는 이러한 상황에 대하여 다음과 같이 정리하고 있다.

켜 영주허가를 받고 일본에서 영주하는 자를 가리킨다"(이혜진, 2012: 366).

19) "2007년부터 중국 국적자수가 과거 일본의 최대 에스닉 그룹이었던 한국·조선 국적자수를 능가하기 시작했다. 한국·조선 국적자수의 감소는 특별영주자수의 감소와 연동되어있다. 또한 2007년부터는 일반영주자 수가 특별영주자 수를 넘어서면서, 일본의 외국인 구성에 지각변동이 일어났다. 재일외국인의 중심이 '구식민지출신자와 그 자손(올드커머)'에서 1990년 이후에 새롭게 일본에 유입한 외국인(뉴커머)으로 변화하고 있다"(이혜진, 2012: 366-367).

불황의 장기화로 임금수준이 저하되어 단기간에 가능한 많은 돈을 벌어 귀국하려 했던 목적을 불가능하게 만들었다. 그 결과 단기 이주노동이 장기화될 수밖에 없어졌다. 외국인노동자의 장기 체류 및 일계인노동자의 가족재결합이 촉진되면서, 외국인노동자에서 지역사회를 구성하는 외국인시민·주민문제에 대한 해결노력이 행정기관과 각종 지원단체에 요청되었다. 외국인의 정주화와 함께 일본 사회의 미래상을 다민족사회·다문화공생사회·함께 살아가는 사회로서 인지하려는 의식도 정착하는 중이다(駒井, 1996).

이와 같은 외국인노동자를 둘러싼 새로운 상황에 대하여 제도적 대응이 논의되었다. 그 대표적 예로서, 외국인주민의 시민적·정치적 권리에 초점을 맞춘 지방의회 참정권 문제를 들 수 있다. 일정한 거주기간을 채운 외국인주민에게 지방의회의 선거권·피선거권을 부여한 국가도 많다. 더욱이, EU권역 내에는 외국인주민에게도 국민과 동등한 지방의회 참정권이 보장된다.[20)]

한편, 외국인노동자 연구가 지금까지와는 다른 전개를 보이기 시작했다. 즉, '노동자'라는 측면만으로는 파악할 수 없게 된 결과, 외국인노동자라는 범주는 상당히 애매한 상태로 정체불명의 존재로 부상하게 된다. 그 결과, 이러한 특징들을 축으로 외국인노동자를 논하는 일련의 연구들이 전개된다.

20) 외국인시민의 정치참가와 지방의회 참정권과 관련된 논의로는 미야지마(宮島, 2000; 2004), 미야지마·가지타(宮島·梶田, 1996)가 대표적이다.

2-5. 구성된 외국인노동자 문제

외국인노동자라는 용어는 많은 문제를 내포한다. 1980년대 말 이후로 일본에서 일하는 아시아인, 아프리카인, 중남미에서 온 일계인들은 외국인노동자라고 불려졌다.[21)]

일본에서 사용되는 외국인노동자라는 용어법은 결코 글자 그대로 일본에서 일하는 외국인 전반을 가리키는 것은 아니다(五十嵐, 2003). 이가라시는 누가 과연 외국인노동자인가라는 질문과, 그들의 직장은 어떤 곳인가라는 질문 사이에는 본질적으로 상당히 정치적 대응관계가 있음을 지적한다. 아래에서는 이가라시의 논의를 토대로 살펴보기로 하자.

이가라시는 일본의 외국인노동자란, 그 어미에 '문제'라는 문자가 붙어서 언급되는 집단이며, 80년대 이후의 일본의 맥락에서 그 존재 자체가 논쟁적이었던 사람들을 가리키는 범주라고 정의했다. 즉, 외국인노동자란 재일코리언 등으로 인지되는 올드커머와 대비시킨 뉴커머들 중에, 첫째 '단순노동자'라는 (직업)계층적으로 정의되는 외국인이다. 아울러, '개발도상국에서 온 노동자'라는 식으로 인종과 출신국가를 근거로 보조적으로 정의된다(五十嵐, 2003: 58-61). 덧붙여, 외국인노동자 문제가 사회문제로서 인지

---

21) 이가라시(五十嵐, 2003: 53)는 다음과 같이 지적한다. "근년에는 '돈벌이'를 도항의 가장 큰 목적으로 삼지 않는 외국인과 외국인 주부/미청년층이 증가하고 있는 실태이며, 노동자인 동시에 다면적인 문제와 관련되는 사회적 존재이기도 한 외국인을 표현하기 위해서, 이민이라는 용어가 대신 사용되어져 왔다. 단, 외국인의 노동환경을 중심으로 논의하는 이 글에 한정하여 말하자면, 노동하는 주체로서 그들에게 초점을 맞추고 있기 때문에 외국인노동자라는 호칭과 이민이라는 호칭은 거의 동등하게 연결된다". 실제로 이 책의 제3장에서 본격적으로 분석하게 될 가나가와 시티유니온에서도 이주노동자나 이민 보다는 외국인노동자라는 용어가 보다 빈번히 사용되고 있기 때문에 이 책에서도 외국인노동자라는 명칭을 사용하겠다.

된 계기가 된 것에는 남성 외국인노동자의 증가라는 젠더적 요소도 간과할 수 없다.[22]

이 책은 이와 같은 일련의 연구의 흐름 위에 위치하지만, 그 중에서도 특히 월경(越境)적 사회공간에 주목한 고이도의 국제이민 연구(小井戸, 2005)와 비정규('불법')체류자의 취업을 통시적으로 파악한 스즈키의 연구(鈴木, 2009)를 참조했다. 고토부키쵸의 한국인 노동자의 '이동'이라는 경험을 파악하기 위해서는 사회공간으로서 고토부키쵸와 일본의 노동조합을 분석할 필요가 있는데, 이 연구를 위해서는 한국인 노동자의 라이프 스토리가 유효한 방법론이 될 것이다.

---

22) 앞서 이토(伊藤, 1992)의 논의에서 언급했다.

제3절
분석시각

국제이주 연구에서 월경적 사회공간에 주목한 연구는, 특히 초국적 시각(transnational perspective)을 도입한 분석이 중요한 위치를 차지한다. 고토부키쵸의 한국인 노동자들도 초국적 사회공간을 가짐으로써 자신들을 둘러싼 복합적이며 중층적인 구조 속을 살아가게 된다. 그들은 의식/무의식적으로 그러한 구조 속을 보다 풍요롭게 살아가기 위해서 시행착오를 반복한다. 그들은 자신들을 속박하는 구조에 대해 복종, 저항, 이용, 타협 등의 선택을 임기응변으로 대처해가면서 일상세계를 영위하고 있다.

초국적 시각이란 종래 개인의 선택과 거시적인 정치경제구조에 의해 규정된 이민현상 연구로부터 거리를 두고, 중간적 사회조직에 주목함으로써 월경적 사회관계의 자체조직화에 초점을 맞추는 분석시각이다. 즉, 이민현상에서 이민이 발생하는 사회관계에 주목하면서, 월경하는 사회조직의 다원적 편성과 그 영향의 중층성과 복잡성을 단일 사회가 아니라 복수의 사회를 시야에 넣어 분석하기 위한 시각이라고 할 수 있다. 이 시각은 송출국과 유입국 사이에서 발생하는 빈번한 왕래와 출신지와의 인적·정보적·경제적 관계의 접속 등과 같은 사회조직 상의 질적 변화에 초점을 맞춰 이민현상의 글로벌화에 대한 메조 레벨의 분석을 중시한다. 따라서 초국적 시각은 이민들의 주체적 전략과 그들이 가진 자원 동원에 대한 고찰을 심화시킬 수 있는 연구시점이라고 할 수 있다(小井戸, 2005: 382).

한편, 초국적 시각은 이민의 양적 확대와 가속도적 이동을 배경으로 삼으면서, 이주시스템 이론과 탈영토적 국민국가의 출현 및 다양한 경제관계의 월경적 형성에 관한 다양한 연구의 상호작용과 응용 속에서 이민연구 영역에 '트랜스내셔널'이라는 패러다임이 형성되어 특정영역을 넘어 다원적 분석시각으로 전개되고 있다(小井戸, 2005: 383-384). 또한, 초국적 사회공간의 분석을 통해, 복수의 사회에 걸쳐있는 경제, 정치, 사회, 문화적 영향을 시야에 넣은 분석도 가능해진다(小井戸, 2005: 384-387). 이에, 종래 송출국에서 유입국으로의 일방통행적 이동, 유입국에서의 적응과 통합 과정에 주안점을 둔 방식에서 탈피하여, 다방면·다각도의 이동을 하며, 사회적 네트워크를 구사하면서 복수의 사회에 다양한 영향을 주고/받는 '이동' 실천자의 현실에 가까워질 수 있다. 결과적으로, 그것 자체로 완결한 것으로 인지되어 왔던 국민국가, 공동체 등이 상대성을 가진 존재로 재인식될 여지를 만든다.

한편, 스즈키는 비정규 체류자, 특히 남성 비정규 체류자의 취업실태를 통시적으로 파악하면서, "국적에 따라 노동시장의 특정 부분에 고정적으로 끼워 넣어진다는 결정론적 논의를 회피하고, 개인으로서의 비정규 체재자의 행위와 사회구조 간의 상호규정적인 관계"를 해명한다. 요컨대, 시간축을 기준으로 삼은 분석을 통해, 지금까지 언급된 적 없던 비정규 체류자의 장기 체류 및 취업을 가능하게 한 일본의 사회구조를 밝혀냈다.

이상과 같은 선행연구들을 토대로, 고토부키쵸라는 사회공간과 한국인 노동자들의 라이프 스토리를 통하여, 고토부키쵸의 한국인 이주노동자의 '이동'이라는 경험을 탐구하고자 한다. 고토부키쵸의 한국인 이주노동자들의 실천들을 사회구조 혹은 개인적 선택으로 환원하는 것이 아니라, 그들의 경험을 토대로 분석하여 일본의 한국인 노동자의 삶을 재조명하고자 한다.

제4절
연구방법과 이 책의 구성

4-1. 연구방법

이 책은, 2005년 4월부터 2011년 2월까지 가나가와 시티유니온(神奈川シティユニオン, 이하 '유니온'으로 표기)에서 행한 참여관찰과 노동조합 관계자 및 조합원들, 한국인 이주노동 경험자들, 외국인지원 NGO·NPO 활동가들, 그리고 요세바(寄せ場) 활동가 등과의 인터뷰조사 및 각 기관에서 발간하는 자료조사를 토대로 하고 있다.

우선, 참여관찰에 대해서는 필자 자신이 '유니온'의 한국담당 스태프로 활동하고 있었기 때문에 한 주에 하루 혹은 이틀 정도 정해진 날에 출근하여, 노동조합 관계자 및 조합원, 그리고 관련 기관과 주기적으로 접촉할 수 있었다.

인터뷰조사의 경우, '유니온'과 관련된 조합원, 예전 조합원과의 인터뷰뿐만 아니라, 노동조합과 관련이 없었던 한국인 노동자와의 인터뷰조사도 소개를 받아 진행했다. 1990년대 '유니온'의 대부분을 차지하던 한국인 조합원들 거의 대부분이 이미 일본을 떠났기 때문에 인터뷰조사는 난항을 겪었다. 인터뷰의 대상자로서 '유니온'의 옛 조합원, 현 조합원으로 한정하지 않고, 일본에서의 이주경험이 있는 한국인을 대상으로 인터뷰조사를 했다. 한국인 조합원의 사례가 적었다는 것이 제일 큰 이유였지만, 비조합원에까지 대상을 확대시켰기 때문에 다양한 구술을 들을 수 있었다는 장점이 있었다.

한편, 한국인 사이에서는 지명도가 높고 존경받는 인물인 '유니온'의 마리아씨[23]의 소개로 한국인 이주노동(경험)자들을 찾아갔지만, "돈을 안주면 인터뷰에 응하지 않겠다"는 경우뿐만 아니라, "안 그래도, 마리아님이 부탁했다고 그러던데 … 우리 애들아빠가 일본 가서 돈 한 푼 안 벌어오고, 병신 되서 돌아와서 일도 못하고 저러고 있는데, 뭘 들으러 오려고 하세요. 우리 애들도 절대로 오지 말라고 그러네요. 안 그래도 남 부끄러운데 제발 찾아오지 마세요"라며 거부한 경우도 있었다.

이와 함께, 이미 일본에서 한국으로 귀국한 사람들의 거주지는 한국 전역에 흩어져 있었기 때문에, 전국 각지에서 인터뷰조사를 하게 되었다.[24] 마리아씨의 소개 이외에도, 필자의 활동 가운데

23) 마리아씨(1937년생)는 유니온의 초창기부터 주요 구성원이다. 제주도 출신 재일교포 여성으로, 한국이름과 일본이름 대신에 주로 가톨릭 세례명인 마리아님, 마리아상(マリアさん)으로 불린다. '마리아'라는 이름은 한국인, 일본인 모두에게 기억하기 쉬운 이름이었으며, 이름 자체가 가지는 상징성과 마리아씨의 활동들이 겹쳐지면서, 노동조합의 사상성을 완화시키는 작용을 했고, 누구나 쉽게, 심지어 '불법체류' 상태의 한국인 노동자들까지 유니온으로 올 수 있도록 긍정적인 작용을 했다. 이름이 가지는 상징성을 드러내기 위하여, 이 책에서는 마리아씨에 대해서는 이니셜로 대체하지 않고 그대로 명칭을 사용한다.

24) 각주2)에서도 이미 지적한 바와 같이, 필자의 인터뷰조사에 대해 대부분의 한국인 이주노동 경험자들은 난색을 표했다. 몇 차례 접촉을 시도했으나, 빈번하게 인터뷰를 거절당했다.

만나게 된 한국인 노동자와도 인터뷰를 할 수 있었다.[25] 또한, 인터뷰를 해주셨던 분들에게 또 소개를 받는 눈덩이표집식으로 조사를 진행했다. 인터뷰가 행해지는 공간은 표백된 균질한 상태가 아니라 다양한 주체들의 의도와 계산, 그리고 인간관계가 투쟁하는 공간이기도 했다.

이렇게 하여, 필자는 한국인 이주노동 경험자들의 라이프 스토리를 하나 둘씩 축적해 갔다.

〈표 2〉 인터뷰대상자 리스트

구분	제주도(Jejudo)	육지(Land)	합계
남성(Male)	8명	15명	23명
여성(Female)	9명	5명	14명
합계	17명	20명	37명

제주도 남성(JM)				육지남성(LM)			
1	1936년생	A	JMA	18	1937년생	A	LMA
2	1938년생	B	JMB	19	1939년생	B	LMB
3	1944년생	C	JMC	20	1942년생	C	LMC
4	1949년생	D	JMD	21	1945년생	D	LMD
5	1957년생	E	JME	22	1949년생	E	LME
6	1958년생	F	JMF	23	1950년생	F	LMF
7	1959년생	G	JMG	24	1952년생	G	LMG
8	1964년생	H	JMH	25	1954년생	H	LMH

25) 구체적으로 필자는 체류 자격이 없는 사람과 일본어를 잘 못하는 사람들이 일본 사회의 공적영역, 즉, 병원, 입관(한국, 출입국관리소), 수용소(한국, 외국인보호소)를 접하게 될 때, 매개 역할로 협력했다. 단언할 수는 없으나, 필자의 도움에 대한 답례로서 필자와의 인터뷰를 어쩔 수 없이 응해 준 경우도 있었다고 생각된다.

				26	1955년생	I	LMI
				27	1955년생	J	LMJ
				28	1957년생	K	LMK
				29	1960년생	L	LML
				30	1963년생	M	LMM
				31	1966년생	N	LMN
				32	미상	O	LMO
제주도여성(JF)				육지여성(LF)			
9	1937년생	A	JFA	33	1941년생	A	LFA
10	1939년생	B	JFB	34	1954년생	B	LFB
11	1953년생	C	JFC	35	1954년생	C	LFC
12	1959년생	D	JFD	36	1959년생	D	LFD
13	1960년생	E	JFE	37	1969년생	E	LFE
14	1961년생	F	JFF	* 출생연도가 빠른 순으로 알파벳순에 맞춰, 제주도(J)남성(M)의 1936년생은 JMA로, 같은 방식으로 1969년생 육지(L)여성(F)은 LFE로 표기.			
15	1965년생	G	JFG				
16	1965년생	H	JFH				
17	1966년생	I	JFI				

한국인 이주노동 경험자에 대한 조사는 제주도 사람 17명(남성 8명, 여성 9명)과 육지 사람 20명(남성 15명, 여성 5명)의 인터뷰로 이뤄졌다. 이 책의 대분류의 하나는 '제주도 출신자'와 '육지 출신자'로 나누고 있다. 이 분류 방식은 고토부키쵸의 사람들의 이야기를 근거로 하고 있다. 다시 말해, 고토부키쵸의 한국인의 주류였던 제주도 사람들이 다른 지역에서 온 한국인들을 '육지 사람'이라고 부르며, 자신들 '제주도 사람'과 '육지 사람'을 구별하고 있었던 것에서 힌트를 얻었다. 또한 '이동' 실천 주체의 인생을 다원적으로 규정하는 요소들 중 대단히 중요한 영향을 끼치는 요소인 젠더

차이에 주목하여 자세히 관찰하려고 노력했다.

아울러, 현재도 일본에서 이주노동자로서 생활하고 있는 한국인들과 한국에 귀국한 사람들을 구분할 필요가 있을 것이다. 인터뷰를 하는 시점에 어디서 어떻게 살고 있는지는 구술에 상당한 영향을 미친다. 그러나 의도적으로 일본에서 현재도 이주노동자로서 생활하고 있는 사람들과 한국에 귀국한 사람들을 구분하지 않았다. 그 이유는 '이동'은 일본에서는 물론이고, 한국에 귀국한 후에도 이주노동 경험자들의 삶을 관통하는 경험이기 때문이다. 따라서 본문에서는 대부분 한국인 이주노동자/한국인 이주노동 경험자를 명확하게 구분 짓지 않고, 대부분 한국인 이주노동자라고 표기하고 있으며, 맥락에 따라 구분의 필요성이 있을 때는 구분하여 사용했다. 이러한 혼용도 역시 이 책이 '이동'이라는 경험의 연속성의 맥락에서 이주노동자들의 다양한 실천들을 분석하고 있기 때문에 생겨나는 비일관성이다.

또한, 이 책에서는 인터뷰조사와 함께 한국인 이주노동자가 자신의 일상에 대한 기록을 기입한 2007년부터 2009년까지의 달력을 입수하여 분석했다. 이 달력을 참조하니, 인터뷰에서 얻어진 정보들이 입체성을 띠게 되었다. 한국인 이주노동자 당사자에 의한 기록이 그들의 생활세계를 보다 풍부하게 이해할 수 있는 기회를 제공해 주었다.

덧붙여 밝히자면, 논문에서 다루고 있는 녹취자료는 원본을 가능한 한 수정하지 않고 발화한 그대로를 재현했다. 아울러 달력의 인용과 게재에 있어, 비·속어 및 명백하게 문법적으로 틀린 문장 및 단어는 수정하지 않고, 다만 의미를 보충할 필요가 있을 때는 필자가 첨가하는 방식으로 표기했다. 이는 한국인 이주노동자들의 지역성과 체화된 '이동'의 흔적들의 투영을 그대로 드러내고자 했기 때문이다.

일본에서의 이주노동 경험을 가진 한국인들과의 인터뷰를 통해 밝혀지는 일본이라는 장소에서 살아온 사람들의 구체적인 사회적 행위의 집적을 통하여, 이 책은 고토부키쵸의 한국인 이주노동자라는 개별적이며 구체적인 외국인노동자를 고찰한다. 이러한 연구를 보다 심도 있게 진행하기 위해서, 이 책이 차용하고 있는 방법론은 라이프 스토리(Life Story)[26]이다. 라이프 스토리는 개인의 삶(인생, 생애, 생활, 삶의 방식 등)에 대해 구술된 이야기를 가리키며, 개인의 삶에 초점을 맞춰 그 사람 자신의 경험을 토대로 한 구술로부터 자신의 생활세계 그리고 사회와 문화의 양상과 변동을 전체적으로 해석하는 질적조사법의 하나이다(桜井, 2012: 6).

구술이 가능하기 위해서는 화자뿐만 아니라 청자(면접자, 청중, 세간 등)가 필요하다. 조사 인터뷰에서는 청자(면접자)와 화자와의 언어적 상호행위에 의해 라이프 스토리가 진행되고, 그 이야기들을 통해 자신과 현실이 구성된다. 방법론적으로 라이프 스토리와 생애사가 구분되는 지점이 바로 이것인데, 생애사가 대상자의 현실만을 묘사하여 조사자를 불가시적인 '전지적' 위치에 놓는 것과 달리, 라이프 스토리에서는 조사자의 존재를 화자와 동일한 위치에 놓는 것이다(桜井, 2002: 61). 그렇기 때문에 라이프 스토리는 인터뷰 공간에서 화자와 청자 양쪽의 관심에서 구성되는 '대화적 혼합체'라고 할 수 있다. 구술은 과거의 사건과 경험이 어떤 것이었

26) 생애사(Life History)는 라이프 스토리를 포함하는 상위개념으로 개인의 인생과 사건을 전기적으로 편집하여 기록한 것으로, '사실'을 전달하고자하는 의도가 동반된다(桜井, 2012: 9-11). 한편, 구술사(Oral History)의 경우는 생애사와 방법론적으로 동일하지만, 연구관심은 어디까지나 개인의 인생과 생활이 아니라, 역사서술에 있다(桜井, 2012: 11-12).

는지 말하는 것 이상으로 '지금, 여기'를 화자와 청자 양쪽 모두가 '주체'로서 살아가는 것이다. 따라서 인터뷰야말로, 라이프 스토리를 생성해내는 문화적 영위의 공간이라고 할 수 있다(桜井, 2002: 30-31).

라이프 스토리는 개인이 면접자와의 커뮤니케이션 과정을 통하여 과거 자신의 인생과 자기경험에 대한 의미를 전달하려는 구술을 가리키며, 그것은 해석/재해석되어 반복적으로 전달되고, 인터뷰라는 화자와 청자의 상호행위를 토대로 공동으로 산출하는 자기 자신과 개인적 경험에 대한 구술 단위(桜井, 2012: 11)로 파악할 수 있기 때문에, 이 책의 주요 연구방법론은 바로 라이프 스토리이다.

구체적으로, 필자는 필자가 만난 한국인 노동자들과의 라이프 스토리를 중심으로, 필자 자신이 구체적인 행위자로서 한국인 이주노동자들의 생활세계에 참여하면서 보고 들은, 때로는 경험한 현실들을 그려낼 것이다. 이 책의 특히 제Ⅱ부 — 제4장에서 다루고 있는 달력의 내용 속에는 필자 자신과 관련된 사항도 상당히 눈에 띈다 — 에서는 필자인 '나'라는 주체와 그들[27] 개개인이라는 주체와의 관계성을 누락시키고는 서술이 곤란했다. 분석자로서의 위치를 어느 정도로 지켜낼 것인가를 고민한 결과, 도저히 가치중립적 위치를 지켜내지 못할 때는 '필자'라는 명칭 대신에 '나'라는 일인칭을 선택할 수밖에 없었던 순간들도 많았으나, 이 책에서는 '필자'라는 명칭을 고수하며, 한국인 노동자와의 대

27) 이 책에서는 한국인 이주노동자들을 가리킬 때, '그들'이라고 표현할 경우가 자주 있으나, 실제로 타자로서 '그들'이라는 명칭으로 지칭하는 것에 대해, 나 자신도 '그들'이라는 범주의 일부이기 때문에, '그들'이라는 명칭 사용에 대해 위화감을 느끼고 있음을 미리 밝혀둔다.

화부분에서는 L로 표기할 것이다. 부연 설명을 하자면, 첫째 필자 스스로도 이주자의 삶을 살고 있었으며, 둘째 고토부키쵸의 한국인 노동자들의 내외부의 영역을 넘나들며 한국인 노동자들과 교류하고 있었기 때문이기도 하고, 셋째 그들과의 상호작용 속에서 이 글이 쓰여졌기에 글 속에서는 '필자'가 아닌, '나'라는 주체성이 드러날 수밖에 없었다.

4-2. 이 책의 구성

이 장을 마감하면서 이 책의 구성을 제시하고자 한다. 이 책은 제 I 부와 제 II 부, 그리고 자료로 구성되어 있다. 제 I 부에서는 한국인 이주노동자와 고토부키쵸 그리고 '유니온'과의 관계성 속에서 '이동'을 묻는다. 이어지는 제 II 부에서는 보다 미시적인 관점으로 '이동'주체인 개인에 초점을 두어, '이동'이라는 경험이 그들의 인생을 어떻게 규정하고 있는지를 밝혀낸다. 아울러, 이 책의 내용에 대한 이해를 돕는 보조 자료를 수록했다.

우선, 제1장에서는 고토부키쵸로의 한국인 이주노동자들의 유입이 어떤 상황 하에서 진행되었는지를 고찰한다. 고토부키쵸와 한국인 노동자와의 관계에 관한 선행연구를 검토하여, 고토부키쵸의 변용과 이후 상황을 제시한 후, 한국인 이주노동자의 유입과정을 밝혀낸다.

제2장에서는 고토부키쵸의 한국인 이주노동자들의 취업실태와 생활 상황을 검토하여, '고토부키'라는 장소와 한국인 이주노동자들과의 관계에 대해 제시한다. 동시에, 구조적으로 제약받는 공간

에서 사람들이 그들에게 덮친 배제적 상황을 감내하는 가운데 생활을 만들어 가고 있는 다양한 실천들이 부각 된다.

제3장에서는 고토부키의 한국인 이주노동자들과 일본의 노동조합인 '유니온'의 접속에 관해서 고찰한다. 우선 '유니온'에 관한 개요를 제시한 후, '유니온'과 한국인 이주노동자와의 관계를 검토한다.

제4장에서는 고토부키쵸에서 생활하는 한국인 이주노동자인 LMH씨에게 초점을 맞추어 그의 라이프 스토리로부터 '고토부키'를 살고 있는 한국인 이주노동자들의 생활세계를 밝혀낸다. 특히 이 장에서는 LMH씨가 직접 기록한 3년분의 달력(2007년~2009년)을 토대로 분석한다.

제5장에서는 한국인 이주노동자들의 '이동'실천에 의해, 그들의 친밀한 관계성이 어떻게 변용하는지에 대해 검토한다. 이 장에서는 제주도 출신 남성 1명과 육지 출신 여성 1명을 대상으로 그들과의 인터뷰를 통해, '이동'이라는 경험 속에서 교란 되는/되지 않는 그들의 가치관과 젠더규범을 고찰한다.

사례연구의 마지막에 해당하는 제6장에서는 제주도와 육지, 남성과 여성으로 구분하여, 그들의 '이동'에 대한 투기 혹은 기대와 '이동'의 정당성에 관해 검토한다.

마지막으로 종장에서는 제Ⅰ부와 제Ⅱ부 각각에서 얻어진 지견을 정리하여, 결론을 도출하고, 앞으로의 과제를 제시한다.

1부

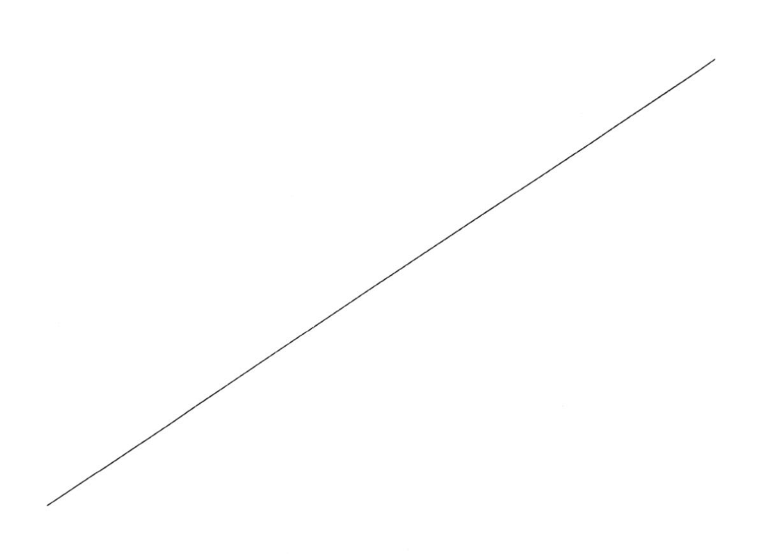

제1장

요세바 고토부키쵸

이 장에서는 요코하마 고토부키쵸의 한국인 이주노동자들의 유입에 관하여 고찰한다. 우선 제1절에서는 요세바의 특징과 고토부키쵸의 형성과 변천에 대해 재일코리언과의 관계에 주목하여, 고토부키쵸와 관련된 역사적 자료와 각종 출판물 그리고 고토부키쵸의 관계자(오랜 기간 고토부키쵸와 관계를 맺어왔던 주체들)와의 인터뷰를 통해 재구성한다. 다음 제2절에서 지금까지 연구자들이 일본의 요세바인 고토부키쵸에 외국인노동자가 등장한 것에 대해서 어떻게 논의해 왔는가에 대해 정리한 후, 고토부키쵸에 대한 본 연구의 분석시각을 제시한다. 마지막 제3절에서는 고토부키쵸에 한국인들이 어떻게 유입하고 있었는지 분석한다.

제1절
요세바 고토부키쵸의 형성과 변천: '대책 장소'의 발견과 재일코리언과의 관계

1-1. 요세바의 특징

요세바는 도시하층의 집결지라는 면에서 미국의 슬럼과 유사한 성격을 보이지만, 인력시장(자유노동시장), '청공(青空)시장'[28]과 간이숙박소가 집중된 곳으로 일본 고유의 장소라 할 수 있다.

일본의 대도시에는 주로 건설현장에 종사하는 일용직노동자가 모여 일거리를 얻는 요세바가 형성되어 있다. 그런 요세바 중에 특히 규모가 큰 오사카의 가마가사키(釜ヶ崎), 도쿄의 산야(山谷), 요코하마의 고토부키쵸(寿町)에는 '도야(ドヤ)'[29]라고 지칭되는 간이숙박소가 밀집되어 '도야가이(ドヤ街)'를 형성하여 일용직노동자들의 생활장소로 이용된다. 요세바에 모여드는 노동자들은 이른

28) 청공[青空;아오조라]는 푸른 하늘, 창공을 뜻하나, 청공 뒤에 공간 관련 단어가 붙을 때는 야외, 옥 외, 노천 등을 의미할 경우가 많다. 여기에서 말하는 청공시장은 '야외에서 직업알선을 하는 공간(山本, 2008: 11)'을 의미한다.

29) '도야(ドヤ)'란 숙소를 뜻하는 일본어 '宿(やど)'를 거꾸로 읽은 속어로, 일용직노동자용의 간이숙박소와 공동주택을 의미하며, 부정적인 어감을 가진다.

아침부터 일자리를 구해 고용자 측이 준비해 둔 차량이나 대중교통수단을 이용하여 현장으로 투입되지만, 노동력의 선별과정에서 필연적으로 발생하게 되는 실업자들도 다수 존재한다(西澤, 1995: 19~20). 일반적으로 요세바의 취업형태는 공공직업소개소 이용, '직행'[30]·'선별적 구인(顔付け)'[31], 그리고 테하이시(手配師)[32]를 통한 고용으로 구분된다. 반계약 상태인 직행·선별적 구인은 상대적으로 안정적인 취업계층이며, 테하이시를 통한 취업자는 불안정 취업층이라 할 수 있다.

요세바를 주요 근거지로 삼고 있는 노동자들은, 사회적으로 하층으로 여겨지는 노동 '숙련도', 이별·이혼 혹은 미혼 등의 이유로 가족이 없는 '단신성(單身性)', 노동과 거주의 장소를 끊임없이 이동하는 '유동성(流動性)'을 존재의 기본조건으로 하여, 중노동을 담당하고 생활이 빈곤하며, 사회적으로 차별받는 남성 일용직노동자라는 특징을 지니고 있다(青木 2000: 30). 이러한 특징들 때문에 요세바의 노동자들은 사회로부터 편견과 차별을 받게 된다. 한편, 사회적 차별과 배제에 대한 반응이 노동자들의 폭동으로 표출되는 경우도 있기에, 요세바는 사회병리현상의 심층지대로 주목받기도 한다(조현미, 2000: 143).

30) '직행'이란 고용이 미리 정해졌기 때문에 요세바에서 일자리를 구할 필요 없이 노동현장으로 바로 출근하는 것이 허락되는 상태를 뜻한다.

31) '선별적 구인(顔付け)'이란 비교적 쉽고 '순종적인' 노동자가 동일한 업자에 의해 선택되어져 고용되는 것을 의미한다.

32) 테하이시(手配師)는 일용직노동자에게 일을 알선하여 그들을 노동현장에 보내는 방식으로, 고용주와 노동자를 중개하는 사람을 가리킨다. 이것에 대해 닌푸다시(人夫出し)는 일용직노동자를 일단 자신의 함바[飯場;현장 작업원의 급식 및 숙박시설]에 확보해두고, 수요에 따라 노동자를 노동현장으로 투입시키는 방식으로 고용주와 노동자를 중개하는 사람을 말한다. 어느 쪽도 중개료라는 명목으로 노동자의 임금을 착취하는 직업이다(青木, 2000: 46).

1990년대 말에는 일본 최대의 요세바 가마가사키를 비롯하여 산야, 고토부키쵸에서는 선별적 구인 고용형태가 집중되면서 예전에 소위 '자유노동시장'이라 불리던 자유로운 취업알선 형태는 거의 사라졌다. 한편 이러한 요세바에는 노동능력을 상실한 고령자들이 노숙자로 전락하거나, 간이숙박소를 주소지로 등록한 기초생활수급자가 증가했다.

1-2. 고토부키쵸의 생성

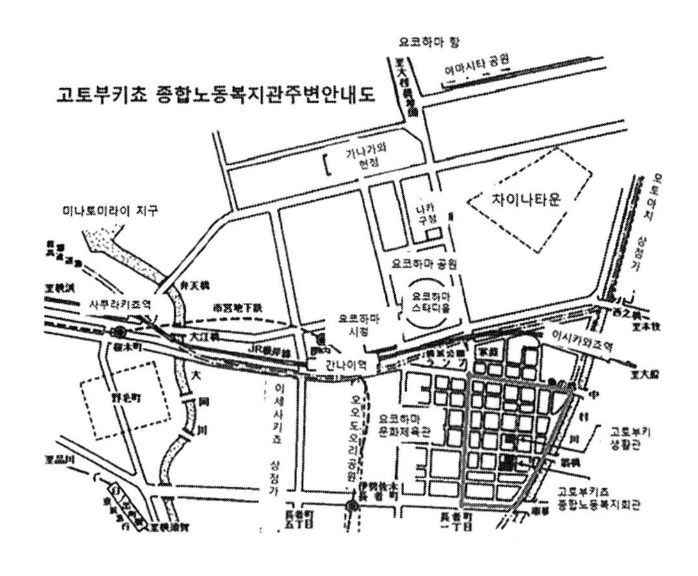

〈그림 1〉 고토부키쵸 주변 약도[33]

33) 출처 : (재) 고토부키쵸근로자복지협회 홈페이지 http://www002.upp.so-net.ne.jp/k-kinroukyou/ (2012/10/7 확인)

〈그림 1〉에 선으로 둘러싸인 부분이 통칭 고토부키쵸로 불리는 지역이다. 이 그림에서 확인되는 것처럼 고토부키쵸는 일본 사회의 번영과 활기를 연출하는 장소인 요코하마 스타디움, 차이나타운, 야마시타 공원, 모토마치 상점가 등과 놀라울 정도로 가까운 곳에 위치하고 있다. 이러한 장소들은 도시가 유지될 수 있게 하는 필요불가결한 부분이지만, 화려한 도시의 경관을 위해서 고토부키쵸는 도시 '내부의 외부'로서 절단된다. 포섭된 배제의 공간이 도시의 내부에 격리되어 유지되고 있는 모습이 〈그림 1〉에 나타난다.

본 연구의 주요 무대인 고토부키쵸는 요코하마시 나카구(中区)의 오오기쵸(扇町), 마츠카게쵸(松影町), 고토부키쵸(협의의 고토부키쵸), 미요시쵸(三吉町)에 걸쳐 간이숙박소가 밀집해 있는 면적 250평방미터의 협소한 공간이다.[34] 여기에는 2007년 조사 당시 122채의 간이숙박소가 밀집해 있었으며 약 6,300여명이 숙박하고 있지만, 실제로 고토부키쵸에 생활기반을 두고 있는 인원은 8,000명 정도로 추정되고 있다(〈표 3〉참조).[35] 또한 다른 요세바 즉 산야와 가마가사키의 경우 태평양전쟁이 시작되기 훨씬 전부터 형성

---

34) 2003년도에 나카복지보건센터가 3대 요세바를 비교한 자료를 살펴보면 고토부키쵸의 밀집성이 쉽게 확인된다.

〈표 3〉 3대 요세바 규모 비교

	고토부키쵸(요코하마)	산야(도쿄)	가마가사키(오사카)
면적/인구	0.06㎢ / 6,737명	1.66㎢ / 33,072명	0.62㎢ / 30,000명
간이숙박소 수	107채	175채	162채
간이숙박소 수용능력	7,443명	7,275명	15,554명

출처: 요코하마시 나카구청 보호과(2003) '고토부키 마을-고토부키 지구의 상황(寿のまち—寿地区の状況—)'

35) '고토부키 일용노동자조합'의 일본인활동가 K씨(50대 남성, 1974년부터 고토부키쵸에서 활동)의 구술에서 얻은 정보(2009/6/25 인터뷰).

되었던 목조건물과 슬럼가에 요세바가 형성되었지만, 고토부키쵸는 제2차 세계대전 후 새롭게 출현했기 때문에 비교적 역사가 길지 않은 요세바라 할 수 있다(青木, 2000: 63). 또한 고투부키쵸를 가득 채우고 있는 간이숙박소의 건물주들은 대부분 재일코리언인 것도 고토부키쵸의 특징 중 하나다(芹沢, 1967; 조현미, 2000). 이런 특징들은 고토부키쵸의 공간성을 결정짓는 상당히 중요한 요소이다.

종전 후 요세바로 형성된 고토부키쵸라고 할 수도 있지만, 요세바를 형성할 수 있었던 기반은 실제로 에도시대까지 거슬러 올라간다.[36] 에도시대에는 현재의 고토부키쵸에 해당하는 지역 일대가 바다였으며, 이 지역에 대한 개간이나 매립이 장려되었다. 범종 모양으로 후미진 이 지대도 매립용지의 하나였으나, 광범위한 매립사업은 아주 힘든 작업이었기 때문에 관문연간(1661년 4월 25일-1673년 9월 21일: 에도 초기에 해당)에 겨우 사업이 개시되어 새롭게 형성된 토지는 '요시다신덴(吉田新田)'이라 명명되었다. 그 토지 동쪽 끝 부분에는 오직 한 곳에만 넓고 깊은 늪이 남겨져 있었기에, 이 늪을 '남쪽 첫 번째 늪(南一つ目沼)'라고 부르며 두려워했다. 이곳은 잡초들이 무성한 늪지대로 아무리 매립하려고 해도 늪이 사라지지 않았으며, 인명손실을 불러일으킬 뿐이었기 때문에 꺼림칙하게 남겨진 부분이었다. '남쪽 첫 번째 늪'의 매립이 완성된 것은 1873년으로 이 토지는 남측으로부터 松影(마츠카게), 寿(고토부키), 扇(오오기), 翁(오키나), 不老(후로우), 万代(반다이), 蓬莱(호우라이)라는 일곱 개의 마을 이름이 붙여져, 이곳을 '매

36) 이하에서 제시하는 고토부키쵸의 생성에 관한 정보는 별 다른 언급이 없는 한, '재단법인 고토부키쵸 근로자복지협회'가 발행한 "あゆみ[아유미; 발걸음]"의 제18호(1999년도) ~ 제21호(2002년도)와 제27호(2008년도)에서 얻은 정보임을 밝혀둔다.

립지 일곱 마을(埋地七カ町)'이라 불렀다.

'매립지 일곱 마을'은 주변이 운하로 둘러싸여 있어 운송이 편리했으며, 일본 최대의 무역항으로서 발전해 왔던 요코하마항이 가까웠으므로 목재상, 수송용의 섬유제품, 차도자기의 제조, 수출업자의 도매상 거리로서 활기를 띄었다. 1945년 요코하마 대공습 당시, 고토부키쵸 일대는 허허벌판으로 변해 항만시설과 함께 완전히 미군의 관리 하에 들어갔다.

세계대전이 끝난 후의 부흥의 움직임 속에 고토부키쵸가 배제되어 있을 동안, 오오오카강(大岡川)을 사이로 인접한 사쿠라기쵸(桜木町)와 노게(野毛) 지역에는 구직자와 노숙자로 넘치고 있었다. 당시 요코하마항이 군수물자의 집적기지였으며 곡물의 수입창구였기에 하역인부를 많이 필요로 했기 때문이다. "요코하마로 가면 먹고 살 수 있다"는 소문이 일본 전역에 확대되어 각지에서 요코하마로 일자리를 구하기 위해서 몰려들었다. 갑자기 몰려든 노동자들로 인해 숙박시설이 부족해져 야외에서 노숙생활을 하는 사람들이 증가했기 때문에 '수상 호텔'이라고 불리는 폐기된 거룻배를 개조한 숙박소도 생겨났다.

더욱이, 한국전쟁 이후에 군수운송기지로 변한 요코하마항에는 항만하역노동 수요가 증대되어, 이전보다 더욱 많은 수의 노동자들이 전국 각지로부터 몰려들었다. 사쿠라기쵸역과 가까운 노게지역에는 '요코하마 공공직업안정소'와 일용노동자에게 일자리를 알선하는 '야나기바시 요리바(柳橋寄場)'가 있었으며, 많은 수의 테하이시들이 '청공시장'을 형성하고 있었다.

약 십년에 걸친 미군의 토지 접수(接收) 동안, 점령군은 다수의 일용노동자들을 고용하고 있었고, 그것이 바로 접수 해제 후의 일용노동시장 형성의 기반이 되었다. 노게 지역에 있었던 '야나기바시 요리바'와 '요코하마 공공직업안정소'가 고토부키쵸로 이전하게 되자, 고토부키쵸에는 일용노동자들이 몰려들게 되어 곧 일용노동자들이 집합소가 되었다.[37]

또한, 이 시기에 '수상 호텔'은 초만 원 상태였기 때문에, 배가 전복되어 많은 희생자를 배출했고, 위생상의 문제로 발진티푸스가 유행하여 새로운 장소로의 이동이 시급해진 것도 고토부키쵸로 일용노동자들이 집중하게 된 원인이었다〈사진 1〉.[38]

〈사진 1〉 '수상 호텔'의 외관(왼쪽, 중간)과 내부(오른쪽)[39]

37) 고바야시(小林, 1968: 18)는 "본 시[요코하마시]의 자유노동자의 취업을 알선하는 기관은 종전 後 일정한 장소가 없는 채로, 잠정적으로 사쿠라기쵸의 야나기바시 주변에서 그 업무를 보고 있었다. 그 후 사회정세의 변화와 함께 적당한 지역에 이것을 정해야 한다는 절실한 필요성에 의해, (요코하마)시내 각 지역에 이전 후보지를 찾았으나, 그 어떤 곳도 지역의 반대에 부딪혔는데 우연히도 이 지구에 중앙시장이 있었고 전쟁통에도 화재를 면했으며 주변의 넓은 지역이 허허벌판이었기 때문에 주변의 반대가 없다는 판단에서 여기에 설치했다고 들었다"고 기록하고 있다.

38) 민영 '수상 호텔'은 문제를 온존한 채 1959년까지 존속하고 있었지만, 직접적인 규제력을 가지는 법률이 없기에 가나가와현과 요코하마시는 어떤 조치를 취해야 할지 난감해 하던 상황이었다. 일용노동력의 확보는 여전히 예전 그대로의 상태로 제2차 세계대전 이후부터 '수상 호텔'의 등장에서 직접적인 공공숙사 대책이 결여된 상태라는 것을 알 수 있다. 한편, 본문에서 언급한 '수상 호텔' 전복 사건에 대한 기술을 보면, 전복된 6척 중에 4척의 소유주가 재일코리언이라는 것을 이름으로 추측할 수 있다(芹沢, 1967: 13).

39) 출처 : 中区制五〇周年記念事業実行委員会『横浜·中区史』, 1985년, p.438-439

1-3. 고토부키쵸의 간이숙박소 거리 형성과 재일코리언과의 관계

1-3-1. '대책 장소'의 발견: 행정 기록에서 보여 지는 것

가장 이른 시기에 나온 고토부키쵸와 관련된 조사보고서는 1967년에 요코하마시 총무국 행정부 조사실에서 편찬한 'ドヤ街の発生と形成ー横浜埋地(西部の街) について[간이숙박소 거리의 발생과 형성-요코하마 매립지(서부의 마을)에 관하여]'라는 보고서로 머리말은 다음과 같다.

요코하마에는 슬럼가·간이숙박소가 많이 있지만, 그 가운데 가장 규모가 큰 것이 나카구(中区)의 매립지역에 형성된 간이숙박소 거리이다. 여기에는 다른 간이숙박소와 함께 항만노동과 연관된 특수한 성격을 가진 것으로, 그런 의미에서 상당히 요코하마적이라고 할 수 있다. 슬럼가·간이숙박소는 말하자면, 도시의 치부이며 적절한 대책이 강구되어야 한다. 본 시에서는 이러한 문제들을 해결하기 위해서 환경정화, 보안을 중심으로 종합적인 시책을 진행시켜 왔으나, 최근에는 도심부에 근접하는 슬럼가를 도시계획적 시점으로 다시 파악해야 할 필요가 대두되어 단순한 환경정화에 그치지 않는 사회정책적 시책도 지금 이상으로 고려할 필요가 발생했다. 그리하여 본 시는 요코하마시 슬럼대책연구회를 설립하여 시의 슬럼대책에 대한 최고방침을 검토하고 있다. 이 조사 보고는 슬럼대책연구회 사업의 일환으로 매립지역 간이숙박소의 발생 원인과 현 상황을 밝혀내기 위해서 작성한 것이다. 슬럼과 관련된 자료로서 귀중한 보고서라고 할 수 있다. 아울러, 집필은 오랜 기간 슬럼대책에 관한 실무와 연구를 해 온 세리자와(芹沢)가 담당했다.

이 보고서에서는 고토부키쵸를 슬럼가·간이숙박소 거리라고 표현하고 있으며, "도시의 치부"로서, "적절한 대책이 강구되어야" 하는 장소로 규정되어, "슬럼 대책"이 시급한 과제로 기록되어 있다. 그 후, 요코하마시 슬럼대책연구회는 1968년에 '슬럼관계 자료집'(2월), '불량환경지대에 관한 거주관계에 대하여 - 요코하마시 나카구 매립지역 간이숙박소 거리에 관하여 부록: 르포르타주 항만노동과 기지노동'(12월)을 간행했다.

또한, 위와 같은 취지로 1976년에 사회복지법인 가나가와현 광제회(神奈川県匡済会)가 '福祉紀要(복지 기요)'로 출판한 '寿ドヤ街：もうひとつの市民社会と福祉(고토부키 간이숙박소 거리: 또 하나의 시민사회와 복지)'를 들 수 있다. 이 책은 고토부키쵸에서 지역운동과 노동운동에 참여해 온 활동가들이 간이숙박소의 형성, 노동, 아동, 노인, 보건, 의료, 운동 등 다방면에 대해 정리한 자료다. 이 책의 내용은 1970년대의 고토부키쵸의 현실을 드러내는 것으로, '대책'이 필요한 공간인 '고토부키쵸'에 '운동' 진영의 특성이 가미되어 가는 고토부키쵸의 변화의 움직임이 여실히 드러난다.

그 후로도 고토부키쵸는 행정기관에게는 '복지대책'을 강구해야만 하는 장소로 파악되었으며[40], 그런 상황들을 개선함과 동시

---

40) 고토부키쵸 근로자복지협회는 다음과 같이, 고토부키쵸에 관한 행정 조치에 관해 적고 있다. "급격하게 늘어난 간이숙박소 안팎에서는 숙박소의 과밀화, 통풍·채광의 악화, 변소·수도·욕실의 부족에 의한 선강·노동력유지의 저하, 화재 등 재해시의 희생자 증대라는 보건·방재 상의 다양한 문제가 분출했기 때문에 트러블이 끊이지 않고, 행정 지도와 원조를 줄곧 필요로 해 왔습니다. 1960년과 1961년의 여름에 발생한 산야, 가마가사키 사건과 요코

에, 고토부키쵸와 관련된 사람들에 대한 자립지원을 위한 지역 운동과 노동운동을 행하는 장소 '고토부키쵸'로서의 인식이 높아졌다.

1-3-2. 간이숙박소의 형성과 재일코리언

간이숙박소는 다른 요세바에도 형성되었지만, 이 지역의 간이숙박소의 발생과 성장 요인은 다음과 같이 생각해 볼 수 있다. 일용항만노동의 수요상승과 '수상 호텔'의 폐지에 의한 육상숙소 수요증대, 근린 항만시설, 직업안정소(직업소개소)의 이전, 저렴한 땅값, 그리고 지역주민의 반대가 없다는 것이 고토부키쵸가 일용노

하마 간이숙박소협동조합이 제출한 '매립지구의 환경정비와 자숙구역 설정'에 대한 상신서가 계기가 되어, 행정 당국에서도 '고토부키 간이숙박소 거리'에 대한 관심을 보이기 시작하였으며, 사회적 관심도 높아져 요코하마시에서는 1961년 '埋地7ヶ町対策協議会(매립지 일곱동네 대책협의회)'를 설치하여, 우선 실태를 파악하고자 했습니다. 1966년에는 가나가와현, 요코하마시의 관계 행정기관에 의한 '슬럼대책연구회'를 발족하여 종합적인 견지에서 시책을 검토하게 되었습니다. 한편, 요코하마시 민생국(현, 건강복지국)은 나카복지사무소(현, 나카복지보건센터)의 협력 하에서 고토부키쵸에 야간출장을 와서 생활상담을 실시했습니다. 한편, 민생·아동위원, 케이스워커, 지역관계자 등에 의해 미취학아동의 지도 등 적극적으로 활동했습니다. 이런 활동들로부터 일상적인 상담지원체제의 정비가 요구되어져, 1965년은 요코하마시 고토부키생활관이 설치되어, 생활상담·건강상담·아동을 위한 보습교실 등의 업무가 시작되었습니다. 요코하마시 위생국(현, 건강복지국)은 나카보건소(현, 나카복지보건센터)가 중심이 되어 결핵 박멸을, 건축국은 위반건축의 시정강화, 나카소방소는 사찰강화에 의한 화재예방에 행정기관에서 시책을 전개했습니다. 이러한 행정시책에 호응하여 1969년에 고토부키시구 자치회가 결성되어, 보건위생·교육·민생·방재에 적극적인 활동을 했습니다. 이런 활동을 통하여 주민 측도 자신을 손으로 열악한 생활환경을 조금이라도 개선하려는 기운이 높아져, 특히 저가임대주택 건설과 일용노동자의 보호·직업알선을 위한 시설이 요구되었습니다. 몇 번씩이나 검토를 하던 '슬럼대책연구회'는 1970년 3월에 노게 주변의 청공노동시장 해소를 포함한 해결책으로 '고토부키쵸 종합노동복지센터' 건설 구상을 수립하여, 1974년 9월, 여기에 복지시설과 직업소개시설, 시영주택으로 구성되는 '고토부키쵸 종합노동복지회관'이 준공되었습니다". 출처 : http://www002.upp.so-net.ne.jp/k-kinroukyou/ (2013/5/5 최종확인)

동시장과 간이숙박소가 집중될 수 있는 가장 적절한 장소로 인지되도록 했다.

토지 접수로 인해 지주들이 다른 지역으로 경제와 생활의 거점을 옮겼고, 접수 후에는 지주들의 토지 재이용 의욕이 감소되었으며, 토지 매물로 나온 것을 자본을 어느 정도 축적한 재일코리언들이 구입하여 간이숙박소 건설에 투자했다.[41]

간이숙박소 경영자들의 대부분은 건축기준법을 상당히 위반하여 간이숙박소 공사를 했으며, 수용인원의 불법적인 증가를 꾀했다. 그것은 숙박자의 과밀화뿐만 아니라, 통풍·채광의 악화, 변소, 수도, 욕실 부족을 야기했다. 이 현상은 경영자들의 이익을 높이면서, 숙박자들의 부담을 절감시키기도 했으나, 결과적으로는 숙박자들의 건강 및 노동력 저하와 재해 시의 희생 증대라는 결과를 초래했다(芹沢, 1967: 14-15).

1960년대 무렵에 간이숙박소 수가 60채를 넘어서게 되어 현재의 고토부키쵸 간이숙박소 거리의 원형이 거의 이 당시에 완성되었다. 간이숙박소의 증가 경향에 대하여, 1961년 7월에는 간이숙박공동조합이 요코하마시장에게 두 가지의 제안서를 제출했다. 하나는 상신서 형식을 띠고 있었는데[42] 자숙구역 설정과 환경정

41) "'고토부키'에 제일 처음 세워진 간이숙박소가 무슨 장이었는지에 대해 의견이 분분하고, 행정기관의 자료는 믿을 수 없기 때문에 경영자에게 물어보지 않으면 정확하게 알 수 없지만, 내가 들은 범위에서는 자신이 가장 최초로 세워진 간이숙박소의 첫 관리인이었다고 말하는 사람이 있었으며, 개업일을 기억하고 있었기 때문에 그 사람이 말한 것을 신용한다면, 그것은 '고토부키장'이었다고 한다. 고토부키쵸에 세워진 첫 간이숙박소에 '고토부키장'이라는 이름을 붙이는 것도 자연스런 것 같다. 1956년 10월의 일이었다"(田中, 2002: 64).

42) 간이숙박공동조합이 요코하마시장에게 보낸 상신서(芹沢, 1967: 17)는 다음과 같다.

> 記
>
> 이후, 우리들이 거주하는 매립지 일곱동네(埋地7ヶ町)를 밝고 살기 좋은 건전한 거리

비에 관한 내용이었는데, 실제로는 숙박소의 증가를 제한할 목적을 가지고 있었다.

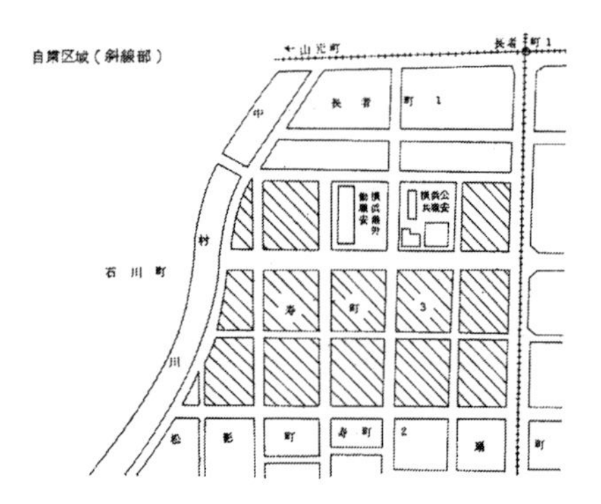

〈그림 2〉 고토부키쵸의 간이숙박소 자숙구역(芹沢, 1967: 18)

자숙구역은 〈그림 2〉의 사선부분에 해당한다. 또 다른 하나는, 위반건설사항에 대한 자발적 개수작업 16건에 대한 제안으로, 통제 위반자에 대한 제명처분 조치였다. 이러한 두 가지 제안의 실효성은 둘째치더라도, 이 사항들은 경영자 측의 의사표명이었음을 알 수 있다(芹沢, 1967: 17). 자숙구역 설정은 필시 고토부키쵸에

로 만들기 위해서, 자주적 정신을 함양하고, 질서 유지 및 환경위생 등의 정비에 노력하겠습니다.
현재, 이미 건축된(건축 중의 건물도 포함) 간이숙박소 등에 대한 법률적 위반건축물은 시 당국의 지시대로 신속히 시정하겠사오니, 목하 건축 확인 신청 중인 것에 대한 건축 확인통지서 교부를 받을 수 있도록 부탁드리겠습니다.
우리들 조합원은 이사회에서 별지에 첨부한 자숙구역을 결정하였으므로, 이후 본 구역 이외에는 새롭게 간이숙박소 및 이런 종류의 시설 등의 건축행위를 일체 사퇴하겠습니다.
만약 만에 하나라도 조합원 혹은 조합원에 해당하는 사람이 자숙구역 이외에 간이숙박소 등의 시설을 건축하려는 행위를 할 때는 당 조합이 모든 수단을 써서 전면적으로 억압하여, 조금도 해당 구역 이외를 침범하는 일이 없도록 통제하겠습니다.

요코하마 간이숙박공동조합

서의 기득권을 지키고자 하는 경영자들의 궁리의 결과였다는 것을 짐작해볼 수 있다.

자숙구역 이외에는 간이숙박소를 건축하지 않겠다는 것은 자숙구역 내라면 간이숙박소를 세워도 된다는 말이 된다. 이 자숙구역 설정은 간이숙박소 거리의 확대를 막기도 했지만, 이것은 고토부키쵸의 간이숙박소 거리가 밀집지역을 형성시키는 것에도 영향을 주었다(矢島, 1986: 192).

한편, 1967년 당시의 매립지에서는 간이숙박소 경영자 83명 중 61명이 재일코리언, 13명이 일본인, 불명 9명으로 기록되어 있다(芹沢, 1967: 25). 현재도, 재일코리언이 간이숙박소 경영자의 약 9할을 차지하고 있다고 관계자들 사이에서는 얘기되고 있다.

고토부키쵸에 요세바가 형성되기 전부터, 나카무라강(中村川)을 따라 나카무라쵸(中村町) 근처[43]는 항만노동 관련 인력시장으로 기능하고 있었으며, 일자리를 구하기 위해서 유입된 조선인들이 생활하고 있었다.[44] 관동대지진(関東大地震)[45] 후 3년이 지난 1926

43) 고토부키쵸에 근접해 있는 "나카무라쵸에는 관동대지진(매그니튜드 7.9)으로 집을 잃어버린 사람들을 수용하기 위해 건설된 이나리야마시타(稲荷山下) 수용소 부근에 재일한국·조선인의 밀집지역이 있다. 또한, 나가무라쵸 일대는 다이쇼시기[大正;1912~1926년]부터 대규모 토목공사가 행해졌으며, 수도국 자재저장소의 뒤편에 위치한 통칭 '뱀산'이라고 불리는 산 전체가 발파로 무너져, 그 토사를 나카무라강까지 운반해 와서 작업을 진행했다. 그 공사에는 수많은 조선인이 참여하고 있었으며, 선로 옆에는 함바와 마굿간 등이 있어서, 나카무라강 부근에는 약품 재료로 쓰기 위해 해바라기가 심어져 있었다고 한다. 더욱이 전쟁이 끝날 즈음에는 발파로 잘려나간 험난한 산의 사면에 군수공장으로 이용하기 위한 대규모 지하 방공호가 파여져, 그 공사에 30~50명의 조선인이 종사했었다는 증언도 있다. 이런 사람들의 일부가 이 지역에 정주해 왔다"(『神奈川のなかの朝鮮』編集委員会編, 1998: 204-205).

44) 고토부키쵸에서 가까운 요코하마 차이나타운에는 제주도 협제를 중심으로, 옆 마을인 옹포와 금릉 사람들도 살고 있어서, "야마시타쵸(山下町) 126번지. 이 주변은 1965년경까지 조선거리라고 불려졌다". 그 협제 사람들이 제2차 세계대전이 끝난 후 요코하마항에서 거룻배 일을 해오고 있었다(原尻, 2003: 204-205).

45) 고토부키쵸와 재일코리언의 관계를 고찰하기 위해서는 관동대지진이 발생하던 무렵까지

년 3월, 호리와리강(掘割川)의 제방보호공사가 시작되어, 츠루미(鶴見) 방면에 살고 있던 조선인들도 일자리를 얻기 위해 이곳으로 옮겨와서 조선인 인구가 조금씩 증가하기 시작했다.[46] 그리고 대

거슬러 올라갈 필요가 있다. "1923년 9월 1일, 관동지방 일원을 휩쓴 대지진이 발생하여, 요코하마지역은 거의 전괴 상태가 되었다. 피해는 요코하마시에 한정해서 보더라도 가옥 6만 호를 넘어, 사망자·행방불명자는 2만 4천 명 정도 되었다. 오오오카강에서 나뉘어지는 운하는 구라키다리(久良岐橋)에서 다시 나카무라강과 호리와리강으로 나뉘어진다. 호리와리강을 따라 현재의 마루야마 2정목(丸山二丁目)"에 해당하는 곳에 예전에 요코하마 형무소가 있었다. 호리와리강에 놓여진 네기시다리(根岸橋)의 서쪽 정면은 지금은 네기시다리 상점가가 되었다. 여기가 바로 요코하마형무소의 바깥문이었던 곳이다. 요코하마형무소에는 대지진 당시, 미결자, 구류자를 포함하여, 1,134명이 수용되고 있었다고 한다. 대지진 당일, 형무소의 벽돌담장과 24동 건물이 무너지고, 16동이 반괴했다. 그리고 대부분이 목조였던 건물은 간수와 수인들의 소화활동에도 불구하고 전소하여, 수용자 52명과 간수 2명이 사망했다. 수용시설에는 음식도 없었으며, 형무소장은 남은 약 1,000여 명의 수인들에게 '24시간 이내에 경찰 등에 출두할 것'을 지시하고 내보낸다. 9월 말까지의 귀환자는 780명, 미귀환자는 301명이라는 기록이 남아있다. 대지진의 잔해 속에서 불안에 떨고 있던 사람들 사이에 어떤 소문이 퍼졌다. '부정선인[不逞鮮人;일본정부에 불만을 가진 조선인을 가리키는 차별용어]이 습격하여 강도, 강간, 방화, 강탈을 하고 있다', '우물에 독을 넣었다', '네기시 형무소에서 해방된 수인들이 대거 습격하여 폭행, 방화를 저지르고 있다'라는 유언비어로 인해 공포에 떨다가 흥분한 시민들은 자경단을 조직하여 일본도, 곤봉, 토비구치, 엽총, 권총 등으로 무장하여 누구든 지나는 통행인들을 검문하여 조선인일 것 같다는 판단이 들면 그게 누구라 하더라도 때려잡아 학살하였다. 자경단에 의해 학살된 조선인, 혹은 해방된 수인의 수는 정확하지 않다. 수인의 몇 할 정도가 조선인이었다고 지적하는 사람도 있다. 나카무라강에는 이렇게 살해된 사람들의 시체가 떠올라 있었다고 전해진다. 조선인 희생자의 수가 기록된 김승학의 조사자료에는 나카무라강에서 호리와리강까지의 희생자 수를 파악하면 103명으로, 양 운하의 상류에서 연결된 오오카와강의 이도가야(井土ヶ谷) 주변의 희생자 수는 30명으로 기록되어 있다(『神奈川のなかの朝鮮』編集委員会編, 1998: 68-69).

46) 당시 요코하마의 재일코리언의 숙박상황을 알기 위해서는 동 시기의 오사카의 재일코리언의 숙박상황을 참조할 수 있다. "오사카 각지에 조선인이 경영하는 '하숙집'이 있었던 것은 '보고'에서도 알 수 있다. '판자집 거주 조선인의 노동과 생활'(1927년)은 조선인이 경영하는 하숙집의 존재를 기재하고 있다. … '보고'에서 보여 지는 바와 같이, 이카이노(猪飼野)지역에도 당시 백 및 십 채의 하숙집이 있었나. … 그 하숙집에 내해서 '당시의 집 한 채 - 대부분 6조와 4조 반으로 2층이 6조 정도의 집이라면, 거기를 하숙집으로 삼고 있던 조선인은 40명 정도는 집어넣고 있었습니다. 붙박이 벽장의 위 아래로 2명씩 집어넣는 상황이었으니까요. 하숙집 주인이 과욕을 부려서 그렇게 되었다기 보다는, 조선에서 온 사람들은 돈도 없으며 보통 여관방 같은 데서는 잘 수가 없습니다. 그리고 하숙을 하고 싶어도 조선인에게는 하숙을 안 내주기 때문에, 조선인 하숙집 주인에게 무리하게 부탁하여 하숙을 하게 되기 때문에 상상할 수 없을 정도로 많은 사람들이 지내게 되는 거지요. … 돈 벌러 온 가난한 농민 출신의 이방인에게 방을 내주는 곳은 좀처럼 없었다. 심지어 목조의 허름한

지진 후의 부흥에 큰 역할을 담당했던 것이 바로 나카무라강 주변의 조선인들이었으며, 이들이 고토부키쵸 간이숙박소의 형성[47]과 관련된다(『神奈川のなかの朝鮮』編集委員会編, 1998: 69-70). 현재의 "고토부키쵸의 간이숙박소의 경영자 대부분이 예전 나카무라쵸에서 하숙집을 운영하던 재일코리언의 후예"라고 일컬어지는 것도 고토부키쵸가 재일코리언의 역사와 깊은 연관성을 가지고 있음을 알 수 있게 한다. 어떤 이유로 그런 방식으로 이어져 내려오는지에 대해 생각해 볼 때, 오사카의 '조선마을(朝鮮町)'의 역사를 조사한 김찬정(金贊汀, 1985: 48)의 기록에서 단서를 얻을 수 있다.

> 다이쇼시대 말기에 성립했던 '조선마을'에는 현재도 조선인 거주자가 살고 있다. 그곳에 사는 사람들은 바뀌더라도, 조선인 거주자가 대대로 살고 있다. 그것은 한번 조선인 거주자가 살게 되면, 거기에 있는 일본인 거주자가 그 지역에서 나가버리게 되며, 나가고 싶어도 그게 쉽지 않는 조선인 거주자만이 남겨지기 때문에 칠십년 가까운 세월이 흘러도 같은 이방인이 거기에 살고 있는 것이다.

여관방에서 조차도 거절되어 동포가 경영하는 하숙집에 결국은 묵게 되는 것이었다"(金贊汀, 1985: 55-56).

47) 고토부키쵸의 간이숙박소 형성과 관련되는 기록은 다음에 제시하는 자료에서도 확인된다. "종전 後 바로 요코하마 나카무라강에는 '선상 생활자'라고 불리는 사람들이 있었다고 한다. 강둑에 묶어 둔 배를 주거지로 생활하고 있었기 때문에 이런 이름이 붙여졌지만, 이 사람들의 생활환경은 육상에서의 생활과 달리, 상당히 위험한 것이었다고 한다. 목조선 위의 불판 사용이 때때로 화재를 일으켰기 때문이다. 그 때문에 당시의 배 소유자 중 한 명이 나카무라강 주변에 있던 주둔군의 자재저장고가 있던 땅을 사서 숙박소를 만들었다. 이것이 간이숙박소의 시작이라고 일컬어진다. 육상에서의 생활은 안전성과 편리성이 즉각적으로 소문나서, 주둔군의 자재저상고가 있었던 장소는 간이숙박소 거리 고토부키쵸로서 도쿄의 산야, 오사카의 가마가사키와 나란히 칭해지게 되었던 것이다"(大阪市立大学文学部社会学研究室, 1986: 93).

김찬정이 지적한 '이방인이 계속 거주하는 연쇄 구조'는 제3절에서 살펴볼 1980년대 후반의 고토부키쵸에서도 확인된다. 아울러, 고토부키쵸의 형성과 재일코리언의 관계를 조명해 볼 때, 고토부키쵸의 간이숙박소의 구조와 산야, 가마가사키의 간이숙박소의 구조의 차이점이 자주 지적되어 왔다(『神奈川のなかの朝鮮』編集委員会編, 1998: 71; 川瀬誠治君追悼文集編集委員会, 1985: 199-202). 다른 지역의 간이숙박소는 일본의 옛날 방식 그대로 여관의 연장선상에 있다. 예를 들어, 우선 입구에 들어가면, 신발을 벗고 슬리퍼로 갈아 신어야 한다. 목욕탕과 차 서비스가 있는 곳도 있다. 그러나 고토부키쵸의 간이숙박소는 각 방의 입구까지 신발을 신은 채로 움직이는 구조로 되어있다. 또한 단체숙박의 스타일이 아니라 전부가 개인실 형태로 되어 있다. 이러한 고토부키쵸의 간이숙박소의 구조에 대해서, 다나카는 〈고토부키에 살며(ことぶきに生きて)〉에서 다음과 같이 말한다.

> '여관'은 고객으로서 '숙박자'를 상정지만, '주민'으로는 상정하지 않는다. 영업자는 주민이고, 숙박자는 지역사회의 다른 분자이다. 그러한 상호관계는 때로는 '숙박자'와 '주민'과의 충돌을 일으킨다. 산야와 가마가사키에서 파친코점과 식당이 습격당한 데는 그런 배경이 있었을 것이다. 고토부키에서는 그러한 것이 일어나지 않았다. 고토부키의 경우, 어차피 모두가 떠돌이다. 일용노동자든, 식당과 술집의 주인이든, 관리인이든, 간이숙박소의 경영자든 그렇다. 그것을 재일조선인 간이숙박소 경영자는 고객을 '숙박자' 보다는 오히려 '주민'으로 취급함으로써 역설적으로 표현한 것이 아닐지. 그리고 그것이 고토부키에 새로운 지역성("전부가 고토부키다"라는)을 만들어 내는 계기가 된 것이 아닐까(川瀬誠治君追悼文集編集委員会, 1985: 200-201).

재일코리언은 일본의 구조적 차별 속에서 살아남아야 했기 때문에 '일본적 전통에서는 절단된 지점, 또는 전통이 그다지 의미를 가지지 않는 지점'에서 생활할 수밖에 없었다. 고토부키쵸의 간이숙박소가 일본전통여관, 목조숙박소의 전통이 없는 장소에 형성된 것은 재일코리언의 고유한 경영방식을 가능하게 했다. 이런 가운데, 더욱 가속화되는 대량의 일용노동자의 출현, 행정대책의 결핍, 일본 사회의 대응 불능 가운데, 주둔군에 의한 토지 접수로 인한 매립지역의 무인화라는 몇 겹이나 중첩되는 상황 속에서 균열된 틈을 메운 것이 바로 재일코리언의 간이숙박소 경영자였음을 긍정적으로 평가하는 사람들도 있다(川瀬誠治君追悼文集編集委員会, 1985: 201).

1-4. 고토부키쵸의 변용과 현재

앞의 논의에서 확인된 것을 바탕으로 현재의 고토부키쵸는 어떤 변용을 거치고 있는지 알아보자.

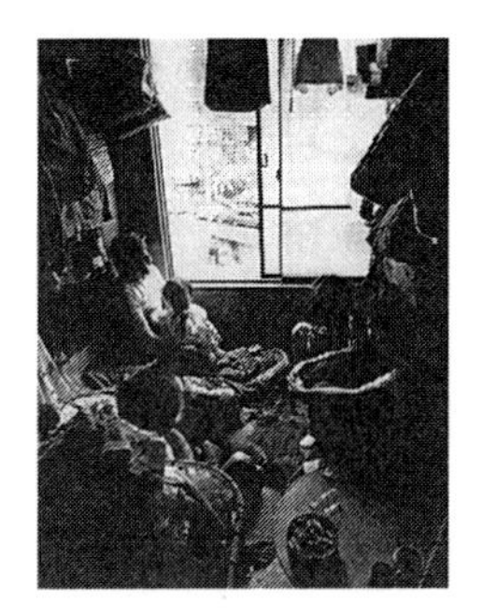

〈사진 2〉 고토부키쵸 종합노동복지회관[센터] 전경(왼쪽)과 간이숙박소 내부(오른쪽)[48]

48) 출처 : 芹沢勇『寿ドヤ街―もうひとつの市民社会と福祉』, 1976년.

고토부키쵸의 외국인지원단체인 '카라바오노카이[カラバオの會;카라바오는 따갈로그로 '물소'를 뜻함, 필리핀의 national animal]'[49]에서 오랜 기간 활동하고 있는 W씨[50]는 고토부키쵸에 대해 다음과 같이 말했다.

고토부키쵸라는 장소는 일본 사회의 문제 덩어리입니다. 일본 사회의 거의 대부분의 문제가 여기에 제일 처음 나타나요. 80년대까지는 아침에 노동센터(고토부키쵸 종합노동복지회관를 줄여서 노동센터 혹은 센터라고 부른다)에 모여든 노동자의 움직임을 보면, 그 날의 일본경제의 경기를 알 수 있었죠. 통계라든지, 그런 학자들이 하듯이 서류를 훑어보거나 하지 않더라도 거기에 사람들이 서 있는 걸 보면 하루의 경기 변동이 전부 드러나는 장소입니다. 아아 … 과거형으로 말해야겠지요. 80년대, 즉 외국에서 돈벌이를 위해서 오는 사람들이 고토부키쵸에 살게 된 시대는 바로 그런 시대였어요. 그런 의미에서 고토부키쵸라는 장소, 고토부키 지구라는 장소는 일본 사회의 문제를 매일같이 민감하게 반영하는 장소였다는 특성이 있네요. 동시에 산야나 가마가사키와는 다르게 고토부키에는 돈을 벌러 온 외국인들이 제일 처음 나타났다는, 항구를 끼고 있는 요코하마라는 특색 때문이겠지요. 그래서 외국인이, 일본 사회에서 가시화된 외국인노동자라고 불리는 사람들이 일본에서 가장 최초로 나타난 곳이 바로 여기에요. (W씨, 2008/12/27)

---

49) 카라바오노카이(물소회)는 초창기 상담을 하게 되었던 필리핀노동자들의 접근성을 높이기 위해서 단체명에 '카라바오(물소)'라는 말을 넣었다.

50) W씨(1935년생, 일본인 남성 활동가)는 본업은 목사이지만, 1987년부터 시작되는 '카라바오노카이'에서의 활동을 계기로 일본의 이주민관련 사회운동에 앞장섰으며, '이주노동자와 연대하는 전국네트워크'의 공동대표를 역임했다.

W씨는 고토부키쵸를 "일본 사회의 문제 덩어리", "일본 사회의 문제를 매일같이 민감하게 반영하는 장소"라고 힘을 주어 강조했다. 다른 요세바인 "산야나 가마가사키와는 다르게 돈을 벌러 온 외국인들이 제일 처음 나타났"던 장소이며, 그것은 필시, "항구를 끼고 있는 요코하마라는 특색 때문"이라며, 요코하마의 지리적 특색을 외국인 집거의 근거로 판단하고 있었다. 또한 "일본 사회에서 가시화된 외국인노동자라고 불리는 사람들이 일본에서 가장 최초로 나타난 곳이 바로 여기"라며 덧붙였다. 즉 고토부키의 "일본 사회의 문제 덩어리"의 연장선상에서 나타난 것이 바로 "외국인노동자"라는 인식이 W씨에게서 보여 진다.

W씨와의 인터뷰에 따르면, 적어도 1980년대까지는 고토부키쵸는 인력시장으로서의 기능이 건재했으며, 고토부키쵸는 외국인노동자들에게는 매력적인 돈벌이 장소로 인식되었음을 알 수 있다. 고토부키쵸는 고도경제성장기로부터 1990년대에 걸쳐 일용직 노동시장이 팽창하였고, 그 후 버블경제 및 공공투자, 서비스산업에 의한 관련공사의 발주가 건설업의 일용직 노동력 수요를 창출했다. 1990년대 직전까지는 석유위기 등 몇 차례 불황을 경험하면서도 일용직 노동력의 수요가 있었다(青木, 2000: 38-39). 그러나 1990년대에 들어서 특히 후반 무렵에는 공공투자부문이 삭감되어 건설공사가 격감했다. 그 위에 노동집약형 산업인 건설업에서도 합리화와 기계화가 현저하게 진행되었으며, 항만노동의 경우도 하역작업의 컨테이너화로 인해 일용직 노동력의 수요가 감소했다. 한편, 일용직 구인의 감소뿐만 아니라 구직자 수도 감소했다(青木, 2000: 40).

고토부키쵸의 일용직노동자들의 고령화에 의한 현역 노동자수의 감소로 생긴 빈틈은 일본인 젊은 노동자로 보충되지 않았다 (青木 1999:262). 〈표 4〉에서 확인되는 바와 같이, "일용직노동자의 부족분을 메우고 일용직노동자가 유지된 것은 일용직노동자로서 외국인노동자가 존재했기 때문이다. 외국인노동자가 고토부키에서 없어졌을 때 고토부키에는 일용직노동자의 모습이 사라졌다 (W씨와의 인터뷰)".[51] 또한 고토부키쵸의 외국인노동자들의 수를 더욱 격감시킨 것은 일본경제의 불황뿐만 아니라, 일본정부의 '불법체류자 반감(半減)계획'의 영향이 컸다고 할 수 있다. 2003년 당시 일본정부는 '불법'체류자 22만 명, '불법'입국자는 3만 명 "그 대부분이 불법취업에 종사하고 있으며, 흉악범죄에 관여하는 사람도 있고, 불법체류자의 존재가 다발하는 외국인 조직범죄의 온상이 되었다"고 지적하며, 이에 대해 동년 12월 '범죄대책각료회의'에서 책정한 '범죄에 강한 사회 실현을 위한 행동계획'에서 '5년간에 불법체류자를 반으로 감소시킨다'는 목표가 정해졌다. 이로 인해, 공권력으로부터 '안전지대'로 여겨져 왔던 고토부키쵸에도 단속이 빈번히 행해지게 되어 많은 수의 이주노동자들은 본국으로 강제송환 되었다.[52]

일본인 일용직노동자도, 이주노동자의 모습도 사라진 고토부

51) 요세바의 일용직노동자의 수의 감소는 노동자파견업법의 개정으로 인한 경제정책의 변화와도 밀접히 관련된다. 종래 특수 업종에만 한정되었던 파견업의 범주를 제조업까지 확대시켜, 파견업자들이 일용직 노동력 풀을 확보하고 있으면서 필요에 따라 전화로 불러낼 수 있게 되었나. 요세바가 일용직노동사들을 확보(보호의 측면도 있음)하고 있던 것과 달리 일본 사회 곳곳에서 일용직노동력을 불러낼 수 있는 상황이 되었기 때문에 굳이 요세바로 찾아 들어가는 노동자들이 드물어졌다.

52) '불법체류자 5년 반감계획'에 의해 '불법'체류자는 2004년 1월 219,418명에서 2009년 1월 113,072명으로 48.5%가 감소했고, '불법'입국자는 2004년 1월 3만 명(추계)에서 2009년 1월 1만5천명에서 2만3천명(추계)으로 감소했다. 출처 : 법무성 입국관리국, '불법체류자 5년 반감계획 실시결과에 대해서(2009년 2월 17일자)'. http://www.moj.go.jp/nyuukokukanri/kouhou/press_090217-1.html (2012/10/3 확인)

키쵸에는 경찰차와 구급차만이 빈번히 오가고 있었다. 고토부키쵸의 간이숙박소에는 정부로부터 생활보호를 받는 고령의 전직 일용직노동자들, 장애인들이 간이숙박소를 주거지로 삼아 생활하고 있다. 한편 간이숙박소를 유스호스텔로 개조하여 외국인 배낭여행객들을 유치하거나, 국내 손님들에게 저렴한 숙소를 제공하고 있다. 이렇듯 고토부키쵸 곳곳에는 도시재생사업이 벌어지고 있었으며, 과거의 암울한 이미지의 고토부키쵸를 쇄신시키려는 움직임이 활발해졌다.

〈표 4〉 고토부키쵸 간이숙박소의 인구추이

연도	생·주 수급자	고령자	외국인 (한국인)	간이숙박소 (방)	간이숙박소 총인구
1989	1,652	780	**533**	85(6,158)	6,151
1990	1,635	817	**814**	86(6,349)	6,362
1991	1,706	920	**1,146**	86(6,297)	6,334
1992	1,938	1,056	**1,059(835)**	87(6,328)	6,476
1993	2,562	1,382	**932(724)**	88(·)	6,205
1994	3,413	1,650	**1,083(824)**	87(6,113)	6,331
1995	3,893	2,036	**651(533)**	89(6,460)	6,340
1996	3,997	2,042	**465(341)**	92(6,606)	6,248
1997	4,221	2,219	**424(296)**	92(6,719)	6,401
1998	4,537	2,573	**377(264)**	96(6,968)	6,495
1999	4,571	2,641	**309(236)**	102(7,199)	6,678
2000	4,627	2,808	**222(182)**	103(7,251)	6,429
2001	4,594	2,924	**223(138)**	107(7,440)	6,589
2002	4,698	3,039	**205(126)**	107(7,443)	6,559
2003	4,836	3,215	**152**	110(7,733)	6,279
2004	4,913	3,417	**92**	115(8,194)	6,654

2005	4,869	3,436	**111**	118(8,461)	6,412
2006	4,849	3,528	**95**	120(8,653)	6,461
2007	4,893	3,666	**73**	122(8,685)	6,301

주1) 생·주 수급자(생활보호 주택부조수급자) 수는 요코하마시 생활보호통계월보의 부조별 보호인원 가운데 나카구 고토부키지구의 '주택' 항목의 수(2003년까지는 12월, 2004년 이후는 11월 집계)
주2) 고령자(60세 이상) 수는 각 연도 11월 1일 현재 집계
주3) 간이숙박소 숙박자 수, 외국인 인구는 2002년까지는 각 연도 12월 30일 집계(고토부키복지센터), 2003년도부터는 11월 1일 집계(고토부키생활관 → 고토부키지구대책담당조사)
주4) 간이숙박소 건물 수, 간이숙방소의 방수는 각 연도 11월 1일 집계(고토부키생활관 → 고토부키지구대책담당)
출처 : 고토부키복지센터·고토부키복지플라자 상담실 조사

〈표 4〉에서 나타나는 바와 같이, 90년대의 고토부키쵸 일용노동자의 대부분을 차지하던 외국인노동자가 사라져 가고 있지만, 흥미롭게도 총인구는 거의 변함이 없다. 고령자가 반 이상을 차지하는 2000년대의 고토부키쵸는 '거대한 노인시설'이라고 할 수 있다. '카라바오노카이'의 회원인 U씨와 W씨의 다음 구술에서 '고토부키쵸'의 현실이 묻어나온다.

1990년대 초반에는 외국인이 1,000명 정도 있었습니다. 현재는 작년(2006년) 조사에 의하면 100명 이하로 집계 되었구요. 그러나 고토부키쵸의 전체 인구는 6,500명 정도로 20년 전과 전혀 달라지지 않았어요. 노동자가 나가버린 고토부키쵸는 고령자가 채우고 있습니다. 대다수의 고토부키쵸의 고령자는 생활보호를 받고 있어요. 고토부키쵸는 지금은 일용노동자의 마을이라기보다 복지의 마을입니다. (U씨[53], 2007/10/24)

53) '카라바오노카이'의 일본인 남성활동가(60대 후반, 1991년부터 활동).

즉, 일용노동자에서 복지 … 지금은 여기는 3,600명의 고령자가 살고 있으니까, 거대한 노인시설이니까, 이제부터 더욱 그런 경향이 진행되리라 생각됩니다. 그런 식으로 고토부키의 마을이 변모해갑니다. 그런데 말이죠. 이 고토부키의 마을이 이 의미에서 지금도 변함없이 일본 사회의 최첨단을 달리고 있다는 말씀입니다. 즉, 고령화 사회의 문제, 노인돌봄의 문제가 지금부터 점점 더 심각해질 것이라는, 젊은이가 사라지는 그런 일본 사회의 전체적인 흐름을 지금도 고토부키는 드러내고 있습니다. 그렇다고 하지만, 동시에 이 20년 동안의 고토부키의 인구변화는 일본 사회가 어떻게 변해왔는지를 그대로 보여주고 있다고 생각합니다. (W씨, 2008/12/27)

U씨는 "고토부키쵸는 지금은 일용노동자의 마을이라기보다 복지의 마을"이라는 말로 고토부키쵸의 변용의 모습을 표현했다. 또한 W씨는 '고토부키쵸'가 "거대한 노인시설"로 "고토부키의 마을이 변모"해가고, "고토부키의 마을이 이 의미에서 지금도 변함없이 일본 사회의 최첨단을 달리고 있다"고 지적했다. 그리고 "고령화 사회의 문제", "노인돌봄의 문제", "젊은이가 사라지는 그런 일본 사회의 전체적인 흐름"을 '고토부키쵸'의 변용에서 읽고 있었다. 말하자면, 고토부키쵸의 인구구성 변화를 일본인 일용노동자가 사라진 그 빈자리를 외국인노동자가 메우게 되고, 또 외국인노동자가 사라진 그 장소를 일본인 고령자들이 차지하게 되었다고 W씨와 U씨는 이해하고 있었다.

'고토부키쵸'는 일본 사회의 '문제점'을 안고 있는 사람들이 집중되어 있는 장소다. 그것은 시기에 따라 모습을 바꿔가면서, 여전히 '문제성'을 담지하는 사람들이 여기서 여전히 계속 살아가고 있다고 인식되는 공간이다.

'고토부키쵸' 형성 당시부터 '일본 사회의 문제'의 일부로 간주되던 재일코리언과의 관계에서도 W씨의 '고토부키쵸'에 대한 이해, 즉 "일본 사회의 문제 덩어리"라는 주장이 신빙성을 갖는다. W씨의 구술은 '고토부키쵸'의 문제의 연속성을 시사하는 것이다. 그런 한편, '고토부키쵸'를 '문제성'의 집결지 혹은 '병리'의 장소, '대책'의 장소로 간주하는 일본인활동가들의 관념, 즉 '고토부키쵸'에서의 지원활동을 지속시키는 '운동의 논리'는 행정기관의 시선을 그대로 답습하여 투영하고 있기도 했다.

제2절

고토부키쵸의 외국인노동자 관련 선행연구 검토 및 분석틀

요세바 고토부키쵸에 이주노동자가 집거하는 현상에 대한 선행연구는 '사회구조론적 관점'과 '에스닉 네트워크론적 관점'으로 양분된다. 여기서는 선행연구들의 성과를 바탕으로 '구조적 제약 속의 주체성의 발현'에 주목한다.

2-1. 선행연구 검토

2-1-1. 외국인노동자의 도시하층[54]으로의 분리(segrigation) 과정

'세계도시화와 외국인노동자' 가설을 토대로 요세바와 외국인

54) 도시하층이란 도시의 '최저변'에 있는, 계층적·공간적으로 격리된 사람들을 가리킨다. 즉 도시하층은 가혹한 수탈과 차별의 요건이 동시에 부과되는 '사회 외부'의 사람들 또는 그런 사람들이 집거하고 있는 지역공간을 의미한다(青木, 2000: 13).

노동자와의 관계를 분석한 아오키(青木, 2000)는 외국인노동자가 요세바의 간이숙박소에 밀집하여 살고 있는 현상 자체가 일본의 요세바 중에서도 고토부키쵸에서만 보여지며, 이것이 바로 요코하마에서 나타나는 외국인노동자의 도시하층 분리과정이라고 지적했다. 아울러 일용직노동자의 요세바이며 사회적 빈곤층의 체류지인 고토부키쵸를 다민족으로 구성되는 커뮤니티로 규정했다.

종전 후 요코하마항의 매립지에 형성된 고토부키쵸는 재일코리언이 간이숙박소의 경영자의 대부분을 차지하고 있으며 국제무역항인 요코하마라는 다민족 접촉의 조건을 구비하고 있기 때문에 1980년대 후반 외국인노동자의 증가 시대를 맞이하게 되었다. 그 사회적 조건의 첫 번째는 항만노동 등의 중노동을 담당하던 일본인의 감소분을 메우는 형태로 외국인노동자가 일용노동시장에 유입된 것이다. 두 번째는 타인에게 간섭하지 않는 고토부키쵸의 분위기가 미등록('불법', '비정규') 상태의 외국인노동자에게는 적합했고, 세 번째는 고토부키쵸 내부의 정치적, 사회적인 질서가 상대적으로 안정적이었기 때문에 고토부키 내부에서 일용직노동자들의 충돌, 폭동 등이 다른 요세바와 비교해 상대적으로 덜 했으며, 외국인노동자에 대한 각 행정기관의 감시가 그다지 심하지 않았기 때문에 외국인노동자들의 존재에 대한 폭로를 피할 수 있었던 것으로 요약할 수 있다. 이런 사정들은 기본적으로 외국인노동자의 도시하층으로의 분리의 일반적인 과정에 대응하는 것이다. 특히 고토부키쵸에서는 다수의 외국인노동자가 간이숙박소에 살면서 일본인과 함께 노동을 하는 형태의, 하층 일용직노동 분야의 다민족의 경쟁·공존관계가 가장 직접적인 형태로 드러났다. 요세바와 외국인노동자의 관계는 요세바 형성의 경위뿐만 아니라 요세바를 포함한 도시의 하층지대, 더욱이 도시권의 산업·노동시장의 구조에 의해 결정된다. 이렇게 고토부키쵸의 변천과 구조는 고유성을 지닌 요세바·도야가이인 동시에, 종전 후 일본의 도시부흥으로부터 오늘날 노동인구의 고령화 및 국제화에 의해 발생하는 도시하층, 나아가 도시자체의 지적(地的) 변천을 표현하는 범례가 되어 경제의 세계화 가운데 세계도시화의 기본적 동향에 조응하는 요코하마 버전의 도시하층의 동향을 읽어낼 수 있다(青木, 2000: 75-76).

또한 야마모토(山本, 2006; 2008)는 외국인노동자의 하층으로의 '격리(enclosure)'로서 고토부키쵸와 외국인노동자의 관계를 파악하고 있으며 전술한 아오키의 이론과 동일선상에 있다. 구체적으로는 외국인노동자들이 일본에서 경험하는 사회적 제약이야말로 결과적으로 외국인노동자들을 고토부키쵸로 연결시키는 요소임을 지적했다. 미등록 상태이기 때문에 자신의 이름으로 아파트를 빌릴 수 없고, 취업비자를 취득 못한 '자격 외 취업' 상태이기 때문에 좀처럼 일자리를 확보할 수 없는 등의 애로사항은 고토부키쵸로 오면 쉽게 해결될 수 있었다. 더욱이 고토부키쵸의 외국인들이 의존하여 활용하고 있는 관계성은 그들의 생활을 지탱해주고 있었지만, 한편으로는 '마치 모국에 있는 듯'한 생각이 들 정도로 완결된 에스닉 환경에 있기 때문에 외국인들과 일본 사회와의 접점이 점점 약해져 간다. 노동과 소비 이외에 일본인과의 접촉도 별로 없는 상태에서 생활을 지속해나가는 외국인들도 다수 존재한다(山本, 2006: 187). 이런 상황을 취업과 거주가 일체화된 도시하층으로의 '격리'로 야마모토는 분석하고 있다.

일용직노동자의 높은 임금은 그들에게 매력적인 것으로 비춰졌으며, 단기간의 돈벌이를 전제로 고려할 경우, 비교적 고임금이 지불되는 고용을 찾아 이동하는 것은 합리적 선택이라는 견해도 있다. 그러나 '당사자의 의사에 의한 하층으로의 이동'이라는 담론 전개에 의해 외국인노동자가 저렴하고 대체가능한 노동력을 담당하고 있는 (담당하게 되는) 구조적 요인을 불가시화할 여지가 있다(山本, 2006: 193).

'자유로운 개인'으로 간주되는 사람들의, 최선이라고 납득하여 행한 '적극적인 선택'의 결과인 국제 노동 이동이 저임금과 무보장 상태에서 단지 이용되기만 한다든지, 당사자의 의식에서는 상승으로서 위치되어지는 이동이 수용국 사회의 맥락으로는 실질적으로 하층을 향하고 있는 사실은 이러한 정황들 속에서 이익을 얻고 있는 수용국 사회와 자본에 의해 교묘히 이용되고 있는 것이다(山本, 2006: 193).

2-1-2. 에스닉 네트워크에 의한 커뮤니티의 형성: 에스닉 커뮤니티의 가능성

고토부키쵸로 한국인 노동자가 집거하는 현상에 대해 한국인 연구자들 대부분은 에스닉 네트워크에 주목하고 있다.

조현미(2000)는 고토부키쵸의 형성과정과 재일동포와의 관계를 분석하여, 뉴커머 한국인[55]이 고토부키쵸로 들어온 것은 어떠한

55) "일반적으로 식민지 시대의 영향으로 일본으로 건너간 재일동포 1세와 그 후손들을 Old Comer, 해방 이후 일제와는 관계없이 비교적 최근에 건너간 사람을 New Comer라 한다"(조현미, 2000: 156).

형태든지 재일동포와 관련이 있다는 점과 고토부키쵸 내부의 생활과 취업 면에 있어서도 그 관계는 지속되고 있음을 지적하며, 생활을 계속하는 동안에 변화하는 뉴커머 한국인과 재일교포의 서로에 대한 의식을 고찰했다.

정진성(2011)의 경우는 합법적 이주와 '불법'체류 노동자를 포함하여 뉴커머 재일한국인 전반에 대한 분석을 하고, 오쿠보의 코리아타운을 집중적으로 고찰하는 가운데 재일한국인 뉴커머 집단 형성의 맥락에서 고토부키쵸를 다루고 있다. 고토부키쵸의 한국인 집단에 대해서 "노동을 위해 입국하여 안정적인 자족적 집단을 이루기보다는 단기적이고 불안정한 존재 형태"로 구성되며, 이 뉴커머 집단은 일본 사회에서 노동을 하므로 일본 사회와 밀접한 관련을 가지면서도 그 연결이 올드커머를 통해서 주로 이루어진다고 지적했다.

조현미와 전진성의 연구에서 공통적으로 지적하고 있는 것은 고토부키쵸의 뉴커머 한국인들과 재일동포들의 관계이다. 일본인 연구자나 요세바 활동가들(駒井, 1998; 青木, 2000)의 분석에서도 고토부키쵸의 간이숙박소 경영자의 대다수와 테하이시의 상당수는 재일동포이기 때문에 한국인 노동자의 고토부키쵸에서의 노동이 시작되었다는 해석이 자주 눈에 띈다. 그러나 고선휘(高鮮徽, 1998)는 한국인이 재일동포 친척을 의지하여 일본에서 이주노동을 하고 있었던 사례는 다수 존재하지만 제주도 출신자는 1987년까지, 타 지역의 한국인은 1988년까지는 고토부키쵸에 일용직노동자로 들어와서 일한 적이 없었다고 지적한다. 더구나, 고토부키의 간이숙박소 경영자 중에 제주도 출신자는 거의 없으며, 이 때문에 제주도 출신 노동자들의 고토부키쵸 유입은 재일교포 친척에 의한 연고가 아니라, 일본에서 이주노동을 하던 중에 고토부키쵸의 존재를 알게 된 사람들이 고향 사람들, 그리고 일본에서 노동·생활하고 있던 동향인들에게 고토부키쵸에 대한 정보를 전달한 것이라고 한다(高鮮徽, 1998).

이처럼 고토부키쵸와 한국인 노동자의 접속을 제주도의 동향 네트워크로 설명한 고선휘는 개인과 개인이 깊이 관여하지 않는 것이 암묵적 규칙으로 이해되고 있는 요세바 사회에 지연·혈연 네트워크를 통하여 등장한 제주도인들은 완전히 이질적인 존재였다고 지적했다. 또한, 고선휘는 니시자와(西澤, 1995: 112)의 견해를 인용하면서, 고토부키쵸에 온 제주도인의 이질성을 다음과 같이 정리하고 있다. 일반적으로 요세바는 익명사회로 불린다. 요세바 노동자는 요세바에서 요세바로, 요세바에서 함바로 유동적인 생활을 하고, 개인적인 경력에 대해 깊이 묻지 않는 것이 그 사회의 철칙이다. 따라서 노동자 간의 상호작용에서 '과거를 묻지 않는다'는 규범은 역설적으로 자신과 다른 요세바 노동자를 같은 종류의 인간으로 인식하게 하는 작용을 한다. 그리고 그 규범은 요세바 사회에서 '서로의 자유가 상실되어 요세바 내부에 새로운 불편이 생기지 않도록 질서를 유지 하는' 역할을 한다(高鮮徽, 1998: 112). 한편, 제주도인은 도일 당시부터 재일제주도인이라는 지연·혈연 네트워크를 의지했으며, 고토부키쵸에 들어온 후에도 지연·혈연 네트워크를 통해 취업정보를 입수하여, 일할 의향이 있는 사람들을 불러들이고, 도항 전부터 방을 구하고 취업정보도 확인해두었다. 제주도인은 제주도의 지연·혈연 네트워크를 고토부키쵸에서 활용하고 재생산할 뿐만 아니라 고토부키쵸에서 만남, 결혼, 출산 등을 통해 새로운 가족을 형성하여 네트워크를 더욱 확대시켜 커뮤니티를 이루었다(高鮮徽, 1998: 113). 또한 제주도인은 요세바의 일본인노동자와 같이 고토부키쵸를 일반사회와 격리된 공간이 아니라 가족, 친척, 친구가 이동해 와서 생활하는 하나의 장소이며, 고향과의 연장선상에 있다고 지적했다. 한국인의 일본에서의 이주노동 경험은 한국인 노동자 개인으로 볼 때는 소득 증가와 외국에서의 생활경험 등을 포함하는 복합적인 '기회'로 파악하고 있었다(高鮮徽, 1998: 167). 즉 한국인 노동자들이 고토부키쵸를 '기회'가 있는 리얼리티를 가진 장소로서 인식하고 있었음을 알 수 있다.

일본인 연구자들은 요세바라는 일본적 공간에 외국인노동자(특히, 한국인 노동자)가 출현한 현상에 대해서 주목하고 있으나, 한국인 연구자들은 한국인 노동자가 밀집하는 장소의 하나로 고토부키쵸에 주목하고 있다. 각국의 역사적 배경에 따라 일본인 연구자들과 한국인 연구자들의 분석 관점이 상이한 것은 각 대상에 대한 심리적 거리는 물론이고 연구 분석에 있어서 자료 수집의 범위가 각각의 연구자의 에스니시티(혹은, 에스니시티라는 사회자원)에 따라 달라지기 때문이다.

2-2. 분석틀

아오키와 야마모토가 수행한 요세바에 대한 구조론적 파악은 어느 정도 설득력을 가지는 논의라고 할 수 있지만, 그들의 논리에서 요세바 기능의 쇠퇴, 특히 노동력의 수요와 공급 측면에서 고토부키쵸의 외국인노동자 감소는 설명하기 어렵다. 아울러 다른 요세바, 특히 오사카에는 예전부터 다수의 재일동포가 거주하고 있기 때문에 오사카의 요세바인 가마가사키에 뉴커머 한국인 노동자가 집중되는 현상이 발견될 것이라는 예상과는 달리, 간헐적으로 한국인 노동자에 대한 보고가 있을 뿐이다.

또한 고선휘의 분석에서는 '고토부키쵸의 한국인 커뮤니티'를 자립적 실체로 이해하고 완결된 한국인 사회로서 묘사하고 있지만, 일본 사회라는 구조적인 관점이 누락되어 있어 그들의 생활을 일본 사회로부터 고립/격리로서 해석하지는 않는다. 한국인들이 고토부키쵸에서의 생활을 '기회'로 인식하고 있었다는 것은 일본 사회의 요세바에 대한 의미부여—한국인들은 처음부터 일본 사회에서 각인된 요세바 이미지를 내면화하고 있지 않다—보다는 실질적 측면, 즉 노동, 주거 등 눈 앞의 이익을 근거로 가치를 부여하고 있었다. 외국인에게는 호스트 사회의 의미부여 보다는 자국의 가치관이 보다 강력한 영향력을 가진다. 그러나 일본에서의 생활이 장기화된 이주자의 경우는 일본인의 공간 감각과 유사한 의미부여를 하기도 한다. 예를 들면, 일본에서 이십 년 이상을 살아온 미등록 한국인 노동자는 다음과 같이 말했다.

> 고토부키쵸는 게으르고 불성실하고 기술도 없는 사람들이 가는 곳이여. (LMF씨[56], 2008/9/26)

요세바 고토부키쵸에 대한 부정적인 이미지를 말하는 한국인

56) LMF씨는 1950년생으로 전라도에서 태어나서 서울에서 생활하다가 1988년 4월부터 2011년 6월까지 일본에서 미등록노동자로 생활했다.

노동자도 결코 적지 않다. 그러나 고토부키쵸에 대한 부정적 이미지를 가지고 있더라도 고토부키쵸에서의 생활의 편리성, 마음 편히 생활할 수 있는 여건, 한국인들과의 교류, 한국음식점, 한국비디오가게, 한국식자재상 등이 존재하기에 한국인 노동자들은 고토부키쵸에서 생활을 지속시켰다. 이러한 고토부키쵸는 한국인 미등록노동자들 각자의 전략이 노골적으로 표출되는 공간이기도 하다.

다음 장에서는 한국인 노동자들의 고토부키쵸로의 이동과정과 고토부키쵸에서의 취업구조, 주거생활, 여가활동 등에 관해서 분석하여, 이러한 부분들을 통해 주체들이 구조적 제약 속에서 어떻게 살아가고 있는지 살펴볼 것이다.

특히, 고토부키쵸에서의 한국인 노동자들의 취업구조의 경우, 한국인 노동자들이 고토부키쵸로 유입되기 이전에 요세바에는 이미 '중층적 하청구조'가 성립되어 있었으며 노동현장의 서열관계도 확립되어 있었다. 고토부키쵸의 한국인 노동자들은 기존에 있던 요세바의 '중층적 하청구조'로 편입되었으며, 취업과 고용에 있어서 불안정 노동층의 형태를 답습하고 있다. 기존의 사회구조에 차별적으로 편입되면서도 주체들은 자신의 생활전략을 구가한다. 그러한 모습을 검토하는 데는 방법론적 개인주의의 입장에서 탈산업화사회의 에스니시티의 특징에 관한 검토를 한 히구치(樋口, 1999)의 논의가 설득력을 가진다. 그에 의하면, "재(財)의 공급자로서 커뮤니티의 경쟁력은 저하하고 있으며, 이제는 시장과 국가에 대항할 수 없다. 개인에게 커뮤니티는 필요한 재(財)를 획득하기 위한 하나의 선택지에 불과하고, 시장과 국가에 대한 의존도가 높아짐에 반비례하여 에스닉 커뮤니티에 대한 의존도는 저하된다"라고 지적하며, "에스닉 집단에의 귀속이 개인의 생활상의 요건인 정도는 점점 약해지고 있다"고 강조했다(樋口, 1999: 339). 이 논의처럼, 오늘날 커뮤니티는 개인의 선택사항 중 하나일 뿐이다. 그럼에도 불구하고, 1980년대 후반부터 고토부키쵸의 제주도인들은 에스닉 커뮤니티에 의존할 수밖에 없는 상황에 놓이게 된다. 이 현상에 대해 그들이 주변화된 삶을 살고 있다고 볼 수도 있을 것이다. 그러나 본 연구에서 주목하는 점은, 그들의 에스닉 커뮤니티에 대한 의존도의 내실이다. 결론을 미리 말하자면, 미등록노동자가 대부분이었던 고토부키쵸의 한국인들은 강제송환의 위험을 안고 불안정한 상황에 있으면서도, 제주도인들의 에스닉 커뮤니티를 생활의 자원으로 충분히 활용해 왔다. 그곳에는 취업구조를 둘러싸고 개인과 에스닉 커뮤니티 간의 끊임없는 긴장관계가 존재하고 있었다. 본 연구에서는 이러한 긴장관계를 개인전략이라는 시각으로 분석해볼 것이다. 여기서 개인전략이라고 하는 것은 고토부키쵸의 제주도인들이 제주도인 중심의 커뮤니티에 의한 속박을 감수하면서도, 일상생활을 영위하기 위해서 에스닉 커뮤니티를 이용하는 방식을 뜻한다.

본 연구에서는 고토부키쵸에 한국인들이 이주해 오는 배경에는 한국과 일본의 역사적·사회적 구조 속에 '이주를 유지하는 사회적 네트워크(樋口, 2002: 56)'가 기능했음을 밝혀내고, 개인전략이라는 분석시각으로 요세바의 중층적 하청구조가 한국인들의 취업구조를 재생산해내고 있으며, 그 속에 편입되는 가운데 에스닉 네트워크를 이용하여 자유롭게 취업과 생활을 할 수 있는 장소로 형성되어가는 과정을 고찰할 것이다. 이 작업을 통하여, 제주도인들 개개인의 생활을 통해 만들어지는 고토부키쵸의 구조적 제약 속에서 '계속적인 이주와 생활을 가능하게 하는 사회적 네트워크'의 성격을 발견할 수 있다.

결론적으로 이 책에서 다루게 되는 고토부키쵸(혹은, 고토부키)는 적어도 아래의 네 가지 공간적 성격을 가지고 있다.

① (가치중립적으로 표기되는 경우)일용노동자의 노동과 주거 장소
② 사회문제로 취급되어, (행정기관 및 사회운동단체)보호·관리의 대상이 되는 장소
③ 한국인 이주노동자들의 일상세계의 장소
④ 고토부키쵸를 파악하는 필자 자신의 의미부여의 장소

고토부키쵸의 다양한 주체들의 이야기들을 들으면 들을수록 고토부키쵸라는 말이 하나의 용어법으로는 표현할 수 없는 공간이란 것을 알게 된다. 다음 장에서부터는 다양성과 중층성을 담지하고 있는 고토부키쵸의 한국인 이주노동자들의 실제적인 삶을 분석할 것이다.

제2장

고토부키쵸로의 한국인 노동자의 유입과 생활세계

제1절
고토부키쵸로의 한국인 노동자의 유입과정[57)]

1-1. 제주도인의 도항에 관한 역사적 경위: 제주도의 주변성

조선인이 일본에 거주하게 된 역사는 1876년 조선 개항을 계기로 시작되지만 개항 이전에도 극소수의 조선인들이 일본인 행세를 하며 일본에 거주하고 있었다(정혜경, 2010: 186). 그리고 제주도 해녀가 경술국치 이전부터 일본에서 이주노동을 했었다는 기록이 남아있다(枡田, 1976: 83).

제1차 세계대전 발발로 인한 일본 공업계의 발전과 더불어 발생한 노동력부족을 메우기 위해 일본의 기업주들은 생산력은 비교적 크고 비용은 저렴한 노동력으로 조선의 농촌인력에 주목했다(정혜경, 2010: 192). 더욱이 1914년에는 오사카 방적공장의 사무원이 직원모집을 위해 직접 제주도를 방문했다는 기록도 있다.[58)]

57) 제2장의 제1절과 제2절의 1항의 내용은 필자가『社会学ジャーナル(사회학저널)』No.35에 투고했던 논문을 수정, 보완한 것임을 밝혀둔다.

58) 이 시기부터 제주도인의 근대 공업노동자로서의 일본 도항이 시작되었다(枡田, 1976 : 83).

한편, 오사카-제주도간의 정기연락선 개통은 두 장소의 거리를 시간적, 공간적, 신체적, 정서적으로 단축시키는 대사건이었다. 1922년에 아마가사키 기선부(尼崎汽船部)의 '군대환(君が代丸)'이 식민지의 변방인 제주도와 일본의 공업도시인 오사카를 연결한 후, 여러 곳의 기선회사가 참여함으로써 제주도인의 일본 도항이 한결 용이해졌다. 그 결과 일본으로 돈을 벌기 위해 건너가는 사람들은 매년 증가하여, 1933년에는 도항자가 29,208명, 귀환자가 18,062명이었고, 1934년에는 도항자와 귀환자를 합한 수가 약 5만 명으로 제주도 전체 인구의 1/4에 달하게 된다.[59]

제주도인의 도항 결과, 제주도의 경제상황은 종래의 자급자족적 농업경제가 파괴되어 점차 자본주의 경제체제로 탈바꿈되었다. 제주도와 오사카를 연결하며 형성되었던 '바다를 걸친 생활권'은 일본 패전 후, '국경을 걸친 생활권(梶村, 1985)'으로 변화된다.

해방 후 제주도에 6만 명 정도의 인구가 귀환했으나 한반도의 경제적 혼란, 정치적 불안으로 1946년부터 다시 일본으로 도항하는 움직임이 활발해졌다. 그러나 1946년 연합군 최고사령관 총사령부(GHQ: General Headquarters)의 지령에 의해 조선인 귀환자의 일본 재도항이 엄중히 규제되면서, 기존 생활을 유지하기 위해 '밀항'을 통하여 도항하게 된다. 제주도 인구의 25%가 일본에서의 이주노동 경험을 가지고 있었다는 것은, 일본경제와 제주도경제가 그만큼 밀접하게 연결되어 있었음을 보여준다. 국경선으로 인해 왕래가 제한되었다고 하더라도 한번 형성된 수로는 어떤 방식

59) 그 인원의 80%가 경제활동인구였기 때문에(枡田1976 : 111) 일본 도항으로 인한 제수도 내부의 노동력 부족상황은 심각했으나, 송금에 의한 일본 화폐 유입으로 제주도 전체의 생활수준은 향상되었다(枡田, 1976 : 114-115).

으로든 유지되고 있었다.

아울러, 제주도의 4·3사건과 한국전쟁으로 인한 동란을 피하기 위한 '밀항자'도 상당수 존재했다. 국경을 넘는 사람들에게 '밀항'은 목숨을 건 '불법행위'라는 인식은 있었으나, 국경의 통제 관리와 맞선 생존을 위한 실천이었다고도 할 수 있을 것이다.[60)]

그럼 현대의 제주도인들이 왜 이주노동을 위해 일본으로 가려고 했는지 생각해 보기로 하자. 한국의 총 인구중 제주도인구가 차지하는 비율은 2%가 채 안 되는 것에 비해, 재일코리언 중 제주도인이 차지하는 비율(약 20%)은 상당히 높다. 이 높은 비율로 그 후의 제주도인의 동향을 예상할 수 있다. 즉, 제주도인의 관심을 일본으로 향하게 한 것은 경제적 요구, 정치적 상황, 제도적 변화뿐만 아니라, 제주도인과 재일제주도인과의 교류로부터 그 단서를 발견할 수 있다.

제주도는 지연적 결합이 강한 지역이어서 제주도민들은 강한 공동체성을 가지고 있기에, 일본으로 건너간 재일제주도인 1세들도 "자신이 태어나서 자란 고향이기 때문에 제주도를 돕는 것은 당연하다"는 인식을 가지고 있었다. "재일제주도인 덕분에 제주도가 발전했다"는 말이 있을 정도로 1960년대부터 그들은 제주도사회에 방대한 경제적 지원을 해왔다.[61)] 재일제주도인 1세들은 도로, 전기, 상하수도의 개설 등 생활기반 조성사업은 물론 농촌개혁사업, 촌락발전, 교육, 문화 등 다방면에 기증과 지원을 했다. 그 흔적으로 제주도의 각 읍, 면, 동사무소에는 재일제주도인의 지원에 대한 감사를 표하는 기념비와 공덕비가 세워져 있다. 제

---

60) '밀항'은 현재까지도 유력한 도항 수단으로 유지되고 있다.

61) 재일제주도인의 제주도에 대한 기부와 투자는 제주도정으로부터의 요청이기도 했다.

주도인들은 제주도사회의 공적 공간이 재일제주도인의 지원으로 발전해 가는 것을 체감했으리라 짐작된다. 당시 제주도인의 인식 속에는 재일제주도인은 '유복한 나라에서 온 손님'라는 이미지가 강했고, 재일제주도인뿐만 아니라 '밀항' 해서 일본에 건너간 사람들까지도 제주도 마을사람들의 선망의 대상이 되었다(조성윤, 2005: 93). "걔는 정말 촌에서 클 땐 아무것도 아니었지. 지금은 동창생들 앞에서도 쩡쩡하지. 그러니까 돈이 큰 거야"라는 실감, 그리고 "밀항으로 일본에 가서 번 돈으로 5년 후에 고향에서 두 번째로 큰 밭을 샀다"는 자신의 주변에서 접하게 되는 가시적인 성공담은 제주도인들의 일본을 향한 욕망을 높여갔다.

그리고 제주도인의 대부분이 일본에 가족 혹은 친척이 있기에, 가족과 친척이라는 개인 차원의 연결고리가 제주도와 일본을 접속하는 사회적 네트워크의 핵심을 이루고 있다(유철인, 2000: 374). 그렇게 형성된 네트워크를 통해 물자가 부족한 제주도의 가정에 일본으로부터 식품, 의류, 전자제품, 약품 등이 보내져 왔다. "보낼 수 있는 것은 전부 보내줬다"라는 재일제주도인 1세의 증언으로도 확인되는 바와 같이, 재일제주도인과의 관계와 그들이 보내온 일본제품 그리고 재일제주도인의 기부나 기증에 의한 제주도사회의 가시적인 변화 속에 성장한 제주도인들은 일본을 그들의 생활세계의 일부로 인식할 수 있게 된다. 이것이 바로 제주도인의 멘탈리티의 일부를 차지하고 있는 것이다. 즉, "이민송출 커뮤니티에서 커온 아이들은 그 동족과 이웃들의 생활을 통해 해외에서 일하는 체화된 행동양식을 몸에 지니고 성장하게 되는 것이다"(佐久間, 1998: 161-162).

제주도인들에게 왜 한국의 육지부로 가지 않고 일본을 선택하게 되었는지 물었을 때 "몰라. 우린 옛날부터 서울로 갈 생각은 좀처럼 안 했던 것 같아. 육지 보다는 일본에 가는 생각을 먼저 했지"라는 대답을 종종 듣게 된다. 제주도인들의 역사성으로 판단해보면 한국의 '육지'[62]부와 일본 양쪽 모두 자신의 세계와는 또 다른 세계라고 할 수 있다. 한국 역사상 제주도에 대한 배제의 정치가 가혹했기에 다른 나라였던 일본이 오히려 이동의 가능성이 펼쳐질 여지가 있었지 않았을까. 국경선은 강력한 경계선이지만 제주도인들은 국경선 이외의 또 다른 경계선을 느끼고 있었다. 즉, 그것은 한국사회에 있어서의 심리적 경계선이라고 할 수 있는데 그것에 비교하면 국경선이라는 물리적 경계선은 그만큼은 높지 않았던 듯하다.

1980년대에 들어서는 제주도의 경제발전과 함께 제주도인의 재일제주도인의 물질적 원조에 대한 요구는 감소하고, 재일제주도인의 특별한 이미지도 약화되었다. 그리고 1990년대부터 시작된 일본경제의 악화와 제주도에 대한 각별한 감정을 갖고 있던 재일제주도인 1세의 수가 감소함에 따라 재일제주도인에 의한 기증과 기부도 현격히 줄어들어, 상업적 투자로 전환하는 경향을 보이고 있다(조성윤, 2005: 96). 점차 재일제주도인과 현재의 제주도인과의 관계가 소원해지는 가운데, 1980년대에는 한국의 출입국 관리제도에 변화가 일어났다. 구체적으로는 1982년 7월부터 친척초청에 의한 해외여행이 시작되었고, 1985년 이후에는 '친척방문비자'에 의해 합법적인 도항이 시작되었다.[63] 그 이후 1989

62) 여기서 말하는 '육지'란, 섬인 제주도와 대비하여, 한국의 제주도 이외의 지역을 가리키는 단어이다.

63) '밀항'이 아니라 '친족방문비자(한국에서는 흔히 초청비자라고 불려졌다)'로 당당하게 일본으로 건너가는 사람들이 마을사람들의 부러움을 샀다는 것은 쉽게 상상될 수 있을 것이다.

년의 '해외여행 완전자유화'에 의해 해외에 연고가 없는 사람들도 해외로 나갈 수 있게 된다. 재일제주도인과의 돈독함은 이전보다 희박해졌다고 하더라도 제주도인들의 역사성을 담지한 멘탈리티는 일본을 친밀한 장소로 상상하게 했고, 그 상상력 — 특히, 그것이 집단적일 경우 — 이 이동이라는 행위의 토대가 되어 일본에서의 노동 기대와 소득 창출을 둘러싼 관념들을 창조하고 있는 것이라 할 수 있다(Appadurai, 1996=2004: 27).

1-2. 고토부키쵸로의 제주도인 이주과정

이제는 1980년대 후반부터 요코하마 고토부키쵸에 한국인의 유입과 집주(集住)가 어떻게 가능했는지를 살펴보자.

1-2-1. 고토부키쵸를 선택하는 이유

제주도인들이 고토부키쵸를 선택하는 이유에 대해서는 오사카에 집주하고 있던 제주도인들의 경험과 비교해보면 그 특징이 한결 명확해진다. 왜 제주도인들은 일본에서 제일 큰 재일제주도인 커뮤니티를 형성하고 있는 오사카가 아니라 요코하마 고토부키쵸를 향하게 되었는가. 그 물음에 대해서는 JMA씨(1936년생, 제주도 남성, 1973·1979년 밀항, 1985년 친족방문비자로 도일, 1987년부터 초과체재, 2001년 자진귀국)와의 인터뷰에서 그 힌트를 얻을 수 있다.

동경은 별로 안 그런데. 대판(오사카)은 그런 사람들 모아서 일하는데, 월급 관계로 십 원 차이로, 이십 원 차이로 직장 딴 데 옮겨버리면, 그 당시 걸려와. 이짝 주인이 말해버려. 그렇게 해서 걸린 사람이 많아. 동경에서는 그런 일이 없으니까, 식당 일이니까 그런 게 없다고. 대판에서는 자기 공장에서 일하다가 월급 작다고 나간 사람은 벌써 걸려서 와. 한국 사람들이니까, 밀항으로 갔으니까, 친척관계는 안 되잖아. 고향도 틀리고. 같은 제주도 사람이라도 밀고를 해서 잡혀오고 그랬지. (JMA씨, 2009/8/10)

JMA씨는 오사카의 공장과 비교해서 "동경에서는 그런 일이 없으니까, 식당 일이니까 그런 게 없다고"라고 언급했다. 여기서 식당이 의미하는 것은 가게와 가게와의 물리적 거리를 가리킨다. 한국식당이 밀집한 곳도 있지만 여기서 JMA씨가 말하고자 한 것은 식당들은 떨어져 있기 때문에 만약 직원이 그곳을 그만두고 다른 식당으로 옮기더라도 그다지 문제가 되지 않는 것이다. 오사카의 재일제주도인들이 밀집한 곳에는 많은 수의 작은 공장들이 몰려있었기 때문에 직원이 공장을 옮기는 것은 결코 자유롭지 못했다. 그리고 JMA씨는 '밀항선 사건'에 대해 다음과 같이 덧붙였다.

우리 동네 아이들도 그렇게 해서 걸려 와서 다시 밀항 가다가 배에서 죽어버렸어. 부산에서 그런 뉴스가 컸잖아. 큰 화물선으로 가다가, 갈 때는 짐을 실어 왔거든, 올 때는 공으로 오게 되었어. 그래서 사람들이 일본땅에 가서 내리지 못한 거야. 경비가 심하니까 내리지 못한 거지. 그래서 다시 갔거든, 그 놈 소개로 같이 갔는데, 나랑 같이 갔던 놈이 대판에서 그런 식으로 걸려나서, 또 재차 다 오다가, 여섯 명이 올 때, 빈손으로 오게 되니까, 배가 짐이 좀 차야 빠르거든. 그래서 물탱크 속에 숨었는데, 그 사람이 어디 가버리니까, 그 알선자가 가버리니까, 모르는 거지. 그리고 주방에 있는 놈이 하나 안다는 거야. 밥을 갖다 줘야 되니까. 딱 두 개만 알고 오게 되었는데, 큰 배 화물선에 숨겨버렸는데, 그 사람이 어디 나가버린 후에, 물을 그냥 담아 내버린 거야. 물탱크 안에. 모른 거지. 나중에 부산에 오니까. 그 알선자는 물탱크에 물을 담았다는 걸 알아버리니까, 일본에서 내려버린 거야. 그래서 가족들이 찾는다 아니가, 삼 개월이 되어도 소식 없고, 일본에 도착했으면 잘 왔다는 연락이 있을 텐데, 연락이 안 오니까, 나중에 우리 고향 선배가 부산지구대에 한 명 대장으로 있었어. 그 친척 관계가 들어가 있었기 때문에, 동창도 하나 끼여 있었는데, 동창하고는 처남 매부야. 그러니까, 물 먹고 죽은 거지. 찾지를 못했어. 그러니까, 조사한 거지. 언제 며칠 날 하고 나왔느냐, 그래서 조사하기 시작한 것이, 물탱크. 개죽음당한 사람이 많아. 그게 오래되었어. 그게 우리 밀항 다닐 때 이야기니까. (JMA씨, 2009/08/10)

이 '밀항선 사건'에 대한 기억은 밀항에 대한 위험성과 함께 재일제주도인이 일본에서는 체류비자를 가지고 있는 고용주인 것에 반해, 밀항으로 일본에 건너온 제주도인들은 그들에게 고용된 체류비자를 가지지 못한 '불법'적인 존재였음을 환기시킨다. 그 때문에 이 사건은 체류자격으로 인한 불균형한 관계성이 초래한 결과였다고도 인식할 수 있을 것이다.

"제주도 출신자가 다수를 이루는 '밀항자'는 목적지에 도착하면 재일제주도인 1세 밑에서 일을 배우고 기술을 익혀 일본사회에 적응해갔다. '(외국인)등록(증)'이 없는 '밀항자'의 생활은 매우 불안정했으나 이카이노(猪飼野)라는 '제주도 마을'은 이러한 '밀항자'가 일본생활에 익숙해져가기 위한 절호의 장소였다"고 현무암(2007: 170)이 지적하는 것처럼 오사카는 새롭게 도항하는 제주도인에게 이주노동의 발판이 되는 장소였다. 한편으로는 농밀한 인간관계가 만들어내는 속박과 불균등한 지위가 초래하는 비합리성을 단지 참고 견뎌야 하는 장소이기도 했다. 이주자들은 그러한 관계성 속에서도 끈질기게 살아왔다.

일본에 친척이 있음에도 불구하고 친척을 의지해서 일본으로 건너갈 선택을 하지 않고, "관계도 멀어졌고, 얼굴도 잘 모르는 친척집에 가고 싶지는 않았기 때문에 재일교포 친척의 연락처는 알고 있었으나 연락처를 적은 메모는 가지고 가지 않았다"고 말하는 JMD씨(1949년생, 제주도 남성, 1988년 도일, 2005년 강제송환)는 서귀포에 있는 본당 신부님이 건네준 가고시마현(鹿児島県)의 성당 주소만 가지고 도항을 감행하던 중에 부산국제공항에서 재일교포인 육촌 형님을 우연히 만나게 된다.

일본에 가기 전에 오사카에 사는 육촌형을 만났어. 부산 국제공항에서. 그 사람은 제주에 골프 치러 다니고, 만나서 보니까 어떻게 일본 가게 되었냐고 해서 그냥 일하러 가려고 한다고 했더니, 어디 아는 데 있냐고 해서, 아는 데는 없고 성당 신부님이 가고시마 소개해줘서, 거기 가려고 한다고 했더니, 거기는 가 봐도 일자리가 없고 금방 잡혀온다고 그럽디다. 촌에는 외국사람 가면은 신고해 버린다고. 가지 말라고 합디다. … 택시타고 이제, 오사카공항에서 시내까지 내려가는데, 그 당시 택시로 갈 때 보니까 만 오천엔 정도 나오는 거 같애. 나 지금도 그 말도 안 잊어버려. 기분 나쁘데. "니넨 택시 타지 못 한다" 그런 말 하는 거야. 만 오천엔 나오니까 비싸니까 우린 택시 타지 못한다는 거지. … 하고 많은 말 중에, 그땐 내가 39살 때 일인데, "네" 하고 대답만 했지. 나중에 우리 어머니한테 전화해서, 택시 타고 왔는데, 고기라도 보내줍서, 옥돔 같은 거해서, … 그 당시 우리 육촌어머니가 서귀포에 살았어. 대신 거기에 보내주고 그랬는데, 나 그 말 아직까지 잊지 않았어. 그 말은 돈 없는 놈이 택시 같은 거 타지 못한다는 그런 뜻이지. 아, 기분 나빠 가지고… (JMD씨, 2009/08/07)

JMD씨와의 인터뷰에서 제주도인과 그들의 재일교포 친척과의 거리감이 표면화되었다. "니넨 택시타지 못 한다"는 육촌 형님의 발언에 "네"라고 대답할 수밖에 없었던 JMD씨는 육촌어머니에게 '옥돔'을 보냄으로써 상처받은 자신의 자존심을 회복하려 했다. 제주도인과 재일제주도인과의 불균등한 권력관계는 재일교포 친척이 이주과정에서 믿을만한 조력자라고 여길 수 없게 하는 요소도 지니고 있음을 알 수 있게 한다.

또한 필자가 고토부키쵸 거주 경험자와 한 인터뷰에서는 "1990년대는 오사카는 단속이 심해서 길 다니는 것도 위험했으나 그 반면 고토부키쵸는 경찰의 개입이 거의 없었다"는 이야기를 들을 수 있었다. 오사카의 요세바인 가마가사키에는 일용직노동자들의 폭동이 빈번히 발생했기 때문에 가마가사키를 감시하기 위한 경찰들의 순찰과 보안카메라 설치가 외국인노동자에게는 위협적인 요소로 작용했다. 그러한 상황들 속에서 고토부키쵸가 점차 한국인들 사이에서는 자유롭고 안전한 장소로 인식되었다.

그 당시 한국인들에게 고토부키쵸는 재일교포와의 관계를 서로 부담이 안 될 정도로 유지할 수 있는 장소였고, 일본 사회의 공권력으로부터도 비교적 자유로운 장소로 이해되고 있었다. 그래서 새롭게 도항하는 제주도인들에게 고토부키쵸는 다른 어느 곳보다도 자유롭고 안전한 방식으로 돈을 벌 수 있는 장소로 이해되고 있었음을 추정할 수 있다.

1-2-2. 고토부키쵸로의 이주과정

제주도인들이 어떤 방법으로 고토부키쵸에 들어오고 있었는지 고찰해보자. JMC씨(1944년생, 제주도 남성, 1988년 도일, 1988~1994년 단기체재비자로 왕래, 1994년부터 초과체재, 2009년 강제송환)는 고토부키쵸에의 이주과정을 회상하면서 다음과 같은 사실을 알려주었다.

> 여기 교포가 있기 때문에. 첨에 그 교포네 집으로 온다 하고, 그 집 전화번호를 써주고, 그렇게 연락을 하는 거라. 제가 언제 가니까, 만약에 전화가 오면은, 온다고 대답을 해주시오, 그렇게 해서 와야 합니다. (JMC씨, 2009/07/02)

제주도인의 고토부키쵸로의 유입은 재일제주도인 네트워크로부터 그리고 고토부키쵸에 먼저 들어온 제주도인과 제주도에 있는 사람들 혹은 타 지역에 있는 제주도인과의 네트워크에 의해 확대되었다. 이 시기에는 재일제주도인이 새롭게 유입하는 고향

사람들을 위해 일과 숙박을 직접 구해주는 경우는 별로 없었고 일본 입국심사를 통과할 수 있도록 정보를 제공하는 역할을 담당하기도 했다.

JMC씨는 "오사카에 재일교포 친척이 상당히 많다"고 했으나, 결코 가깝지 않는 사이였던 '친구 언니의 시아버지인 교포'의 도움으로 일본에 입국했다. 그 후 '단기체재비자'로 제주도와 고토부키쵸를 왕래하던 그는 비자 재발행을 위해 제주도에 돌아가서 다시 고토부키쵸로 올 때마다 다른 제주도인들을 데리고 함께 들어왔다.

> 여기 88년 이후 90년 초까지는 여기 방이 없습니다. 아주 작은 방에 세 사람, 네 사람 붙어 잤어요. 한국 사람이 꽉 찼어요. 외국인이 꽉 차니까. 지금 거짓말 아니고, 내가 한국에 가겠다 나를 따라 오겠다는 사람들이 있었습니다. 그러니까 동네사람이 되다 보니까 여기와 있는 사람 부탁해 가지고 우리 형님 데려와 주세요 하고 부탁하니까. … 그때 오는데, 리무진 버스에서 내리는데, 택시를 타고 여기를 와야 될 거 아닙니까. 택시 운전수한테 우리가 어디까지 가서 내려주세요 부탁을 하고. 방을 못 빌리니까. 방을 내버리고 가니까, 한국 가는 동안 몇 개월 있다가 오는데, 방을 빌릴 필요가 없으니까. 전부다 방이 없어. 그럼 한 사람씩 붙이는 거야. 오는 사람들은 친척들한테 붙여버리고, 내 친척들 사람 둘이는 여자들인데, 여자만 재워주고. 난 옥상에서 자거나, 아는 사람한테 붙어서 자거나. 그렇게 사람이 많았어. (JMC씨, 2008/10/25)

그 당시 제주도에서는 일본에 가는 것이 붐이었다. 일본에서의 이주노동의 구체적인 장소로 고토부키쵸가 알려졌다. 그것이 큰 흐름을 만들어 고토부키쵸의 제주도인 인구는 단시일에 불어나 1990년대 초반에는 고토부키쵸 인구의 약 6분의 1을 차지하게 된다.[64] 제주도 출신자가 아닌 타 지역 출신 노동자 LMH씨(1954년생, 전라남도 남성(도항 전까지 서울거주), 1990년 도일, 초과체재, 1996년부터 고토부키쵸 거주)와의 인터뷰에서는 제주도인의 이주과정의 독자성을 알 수 있다.

나는 그랬지. 제주도는 그런 게 없었단 말이야. 제주도 사람은 그 당시에 계속 사람이 들락날락 했었으니까, 다 눈치로 위치를 안단 말이야. 서류만 만들어서 들어온단 말이야. 서울사람들은 그런 거 모르지. 일본에 대해서 전혀 모른단 말이야. 브로커 말만 듣고 오는 거라 … 제주도 사람 여기 올 때, 돈 한 푼도 안 들이고, 비행기값만 들이고 온단 말이야. (고토부키)센터에서 매일 매일 사람들이 모여서 일하러 간다. 그렇게 인식이 되어 있으니까. 하지만, 서울 사람은 일본에 대해서 아무 것도 몰라요. 일본 가면 돈 많이 번다. 취직자리 소개 시켜주겠다. 그렇게 커미션을 받는 거라. 그렇게 데려다만 주면 그 사람들은 가는 거라. 그래서 내가 그 현장에서 조금 한 달이고 두 달이고 하다가, (역에) 가면은 이 사람도 만나고 저 사람도 만나면은, 서로 이야기 하다 보면은, 나는 얼마 받는데, 딴 사람은 얼마 받는다. 우리는 언제 사람이 필요하니까 언제 와라. 그렇게 이야길 해주면은, 서울 사람들은 좀 일하다가 이짝으로 와버린단 말이야. 돈 많이 주는 데로 옮긴단 말이야. (고토부키쵸로 온단 말씀?) 아니, 고토부

64) 고토부키생활관의 직원이자 1970년대부터 고토부키에서 활동해온 K씨와의 인터뷰에서 얻은 정보.

끼쵸가 아니라 따른 데로. 서울사람들은 … 제주도 사람들은 거의 요코하마 고토부끼쵸로. 딴 데 사람들은 이 고토부키쵸를 잘 안 오지. 모르니까. 다른 데서 조금 하다가 이 사람 저 사람 통해 가지고, 인건비 많이 받고, 고토부끼 쪽으로 온단 말이야. (LMH씨, 2009/07/02)

LMH씨는 자신의 이주과정과 비교하면서, 제주도인들이 타 지역 출신자보다 이주과정에 있어 유리한 위치에 있었음을 지적했다. 제주도인들은 자주 왕래하고 있었기에 이주와 관계되는 정보가 보다 용이하게 소통되었고 손쉽게 관련 정보들을 입수할 수 있었다. LMH씨의 인터뷰에서 인맥과 정보를 가지고 있던 제주도인들이 고토부키쵸에서 생활함에 있어 어느 정도 주도권을 가지고 있었음이 짐작된다.

지금까지 고토부키쵸로의 제주도 및 타 지역 출신의 한국인들이 고토부키쵸로 이주하는 과정에 대해서 살펴보았다. 이 작업은 그들을 둘러싼 사회적 맥락 속에서 그들이 이주노동자로 선택되어 왔음이 시사된다. 사회적 상황과 개인들의 다양한 선택, 의도, 의미부여가 혼재된 가운데 이동하는 주체들은 이동과정 속에서 각각의 판단에 의해 행동해간다. 이러한 개인의 전략성은 이주한 곳에서의 일상생활을 영위해나갈 때 더욱 선명해진다.

제2절

고토부키쵸의 한국인 노동자들의 생활세계

제1장에서 이미 지적한 바와 같이 고토부키쵸의 한국인 노동자들은 주로 재일동포와의 관계성 속에서 언급되어져 왔다(전진성, 2011;조현미, 2002;駒井, 1998; 青木, 2000). 더욱이, 연구자들, 특히 고토부키쵸와 관계를 맺고 있는 일본인 연구자와 활동가들은 고토부키쵸의 한국인 커뮤니티가 상부상조에 의해 유지되어 왔다고 생각하는 경향이 있다. 다음 글에서는, 어떤 일본인 일용노동자의 눈에 비친, 거품(버블)경제 붕괴 후의 요세바 풍경이다.

> 90년대 후반 버블경제가 붕괴한다. 요세바는 맨 첨에 타격을 받아 일거리가 없어진다. 그것은 일본인도 외국인도 똑같지만, 외국인은 젊은이가 대부분이란 것과 같은 나라 사람끼리 상부상조하여, 적은 일도 서로 챙겨주며 공동생활로서 견뎌내는 것에 대해, 일본인 일용노동자의 대부분은 고령에다, 서로 돕는 것을 잘 못한다. 이 때문에 많은 일본인 일용노동자가 노숙을 하게 되었다(水野, 2001: 118).

그는 일본인 일용노동자와 비교하여, 요세바의 외국인들이 주로 젊은 층이며, 어려운 시기를 "같은 나라 사람끼리 상부상조하여, 적은 일도 서로 챙겨주며 공동생활로서 견뎌내는 것"이라고 인식한다. 에스닉 커뮤니티에 대해, 그들이 사회적 약자이기 때문에 '상부상조' 할 것이라는 전제가 숨겨져 있는 것이다. 이 '상부상조'라는 말에는 손득을 염두에 두지 않고 서로 돕는다는 이미지가 내재되어 있지만, 에스닉 커뮤니티를 고찰하는 논고에서는 이런 '상부상조'를 일면적으로 파악하는 경향이 있다. 여기서 생각해보고자 하는 것은 누군가가 누군가에게 도움의 손길을 뻗칠 때, 순진무결한 마음으로 행할 때도 있겠지만, 어쩔 수 없이 돕는 경우도 있고, 나중의 보답을 바라거나, 잘 지내둠으로써 무언가 이익이 돌아올 것을 기대하는 경우도 있다. 에스닉 커뮤니티에서 거론되는 '상부상조'의 내실에 대한 파악이 누락될 경우, 에스닉 커뮤니티는 "따듯한 장소이며, 안정감을 주는 곳이며, 쾌적한 장소"(Bauman, 2001=2008: 8)로 묘사된다. 즉, 쉼터 혹은 피난처와 유사한 공간으로 파악되며, 그곳에 근거를 둔 사람들은 '상부상조'가 체질화된 목가적인 생활인으로 보일 수도 있다. 그런 꿈과 같은 커뮤니티가 과연 존재하는 것일까? 제2절에서는 외부의 시선으로는 "상부상조" 하는 "공동생활"로 보이는 고토부키쵸의 한국인 이주노동자들의 생활세계를 당사자들의 라이프 스토리로부터 재구성하고자 한다. 특히, 노동실태, 주거생활, 여가생활 등 지금까지 일본의 외국인노동자연구에서는 거의 논의된 적 없었던, 낙찰계, 파친코 등에 주목하여 검토할 것이다. 생활세계를 구조적인 제약이라는 관점에서 파악하면서 위의 질문에 답하고자 한다.

2-1. 고토부키쵸의 한국인 노동자들의 노동실태

2-1-1. 한국인 오야카타 중심의 취업구조

요세바 노동자는 테하이시(手配師) 혹은 닌푸다시(人夫出し)라 불리는 노동력 알선업자로부터 일을 얻는다. 그들의 취업형태는 아침에 고용되어 저녁에 임금을 받는 일용직 즉, 현금형 취업(요세바 노동자의 기본적인 취업형태)과, 일정 기일을 정해서 고용되는 기간고용 즉 계약형 취업이 있다. 기간고용의 경우 자신의 거처(예를 들어, 간이숙박소)에서 현장까지 직접 다니는 직행형 취업과 닌푸다시의 함바(人夫出し飯場)와 공사현장의 함바, 또는 현장근처 숙박업소에서 지내면서 취업하는 출장형 취업이 있다. 요세바 노동자의 취업상황은 기간고용을 포함하여 거의 대부분이 일용노동이라는 취업의 불규칙성과 임시성이 불가피한 상태이며 그 결과 생활의 하위성과 불안정성도 피할 수 없다(青木, 2000: 30). 고토부키쵸에 유입된 한국인 노동자도 요세바의 취업형태에 수렴되어 갔다. 고토부키쵸의 한국인 노동자의 대부분이 테하이시의 성격이 농후한 '한국인 오야카타(한국의 십장에 해당하며 오야지라고도 한다)' 밑에서 재편성되었다. JMC씨는 '한국인 오야카타'에 대해 다음과 같이 정의했다.

> 교포가 아니고 제주도 사람들. 오야카타라는 게, 뭐냐면. 오늘 무슨 일을 하는데, 회사에서 몇 사람 불러 와라고 하면 책임져서 (인원수를) 만들어주는 것을 오야카타라고 한다. 오야카타도 일하고. 〈L: 돈 더 받아요?〉 그건 회사 나름이다. 다 다르니까. 대부분 제주 사람

이지. 먼저 들어와서 터전을 잡으니까. 그래서 바통을 이어주는 거라. 나중에 온 사람들한테. 자기랑 친한 사람들에게 물려주게 되지. (JMC씨, 2009/07/02)

JMC씨와의 인터뷰에서도 알 수 있듯이 '한국인 오야카타'라고 불리는 압도적 다수가 제주도인이었다. 단, '일본인 오야카타'[65]와 비교해서 '한국인 오야카타'라고 불려 졌지만 그것이 의미하는 것은 '제주도인 오야카타'였다.[66] '제주도인 오야카타'는 1980년대 후반 제주도인의 고토부키쵸에의 대량유입이 있기 이전에 밀항으로 도항하여 보다 이른 시기에 고토부키쵸에 정착한 사람들이었다. 요세바와 그 주변 노동시장에 대해 일정한 지식과 정보 그리고 인간관계를 가지고 있었기 때문에, 그들이 가진 고토부키쵸의 사회자원은 그들로 하여금 기득권과 우월한 지위를 점유할 수 있게 했다. 이 우월한 지위는 금전을 매개로 하여 승계되어졌다.

한편 '한국인 오야카타'와 그에게 고용되는 한국인 노동자와의 관계는 JMF씨(1958년생, 제주도 남성, 1991년 도항, 2008년 강제송환)와의 인터뷰에서 명확히 드러난다. 고향 선배로부터 고토부키쵸를 알게 된 JMF씨는 일본에 입국하자마자 바로 고토부키쵸로 왔다. 그는 고토부키쵸에서 '한국인 오야카타'를 하고 있던 중학교시절

65) '일본인 오야카타'는 오야카타와 그 밑에 고용된 노동자 사이의 '도제적 관계'가 특징을 이룬다.

66) 인터뷰를 할 당시는 고토부키쵸의 제주도인을 포함한 한국인 전체인구가 급격히 줄어들어 '제주도인 오야카타' 뿐만 아니라, 타 지역 출신의 '한국인 오야카타'도 생겨났다. 고토부키쵸에서의 생활이 장기화됨에 따라 고토부키쵸의 취업구조와 네트워크에 익숙해지면서 타 지역 출신 한국인들의 입지도 굳어갔다.

동창생을 우연히 만나서 함께 일을 하러 가게 된다.

> 내가 일본에 처음 갔을 때, 하루 가고 키마리(이 맥락에서는 정기적으로 일 나가는 것을 뜻함)도 안하고, 하루 갔는데, 그 다음날, 나한테 아는 체도 안 하는거라. 그것도 중학교 동창인데도 … 왜냐면, 왜 그러냐고 하니까, 옆 사람들이, "야 너 돌아왔을 때 깡맥주(캔맥주)라도 하나 사줬냐" 그러는 거라, "무슨 깡맥주 같은 소리 하느냐고, 키마리도 아니고, 하루 가가지고, 담날도 거기 가기로 약속까지 하고 왔는디, 무슨 헛소리 하냐고" … 오야카타, 인부다시해서. 첫날 하루 가서, 올 때 깡맥주라도 하나 사줘버렸으면 되었을껀디, 난 그 과정도 몰랐고, 〈L: 다 그래야 되는 거에요?〉 응, 다 그려. 사주지 않으면 다른 사람 또 데려가. 고토부키쵸에서는 다 그래. 〈L: 한국에서 말하는, 와이로, 촌지 이런 걸 조금씩 계속 밀어줘야?〉 밀어 넣어주면 계속 가고. 한 3개월 정도 되어버리면, 이 돌대가리들은, 일을 좀 알고 할 만하면 짤라 버린다고… 짜르고 새 사람 집어 넣어버리고, 회사는 굉장히 싫어하지, 일을 할 만하면 새 사람이 오니까. 사람이 자꾸 바뀌니까. 〈L: 왜 자꾸 바뀌는 거에요?〉 소개비 안주니까. 3개월에 한 번씩 규칙적으로 소개비를 줘야 돼. 여자든, 남자든. 〈L: 얼마?〉 5만 엔. 3개월에 한 번씩 인부다시한테 5만 엔. 처음에는 나도 그렇게 해서 다니다가, 한 3년 하다 보니, 어찌어찌해서 유니온도 알게 되고, 오야지한테 벗어 불고, 직접 계약하고 들어가 버렸지. 〈L: 아저씨 다 이렇게 살고 있었어요? 3개월에 5만 엔씩 내고?〉 고토부키쵸는 다 그래. (JMF씨, 2009/08/08)

JMF씨는 중학교 동창생인 '한국인 오야카타'와의 관계를 처음에는 고향에서처럼 상호부조적인 관계로 생각하고 있었으나 실제적으로 일 알선과 교환으로 대가를 지불하지 않으면 안 되는 상업적인 관계가 성립하고 있었던 것을 확인했다. 그것은 자신이 제주도에서는 예상하지 못했던, 고토부키쵸라는 세계의 규칙이었다. 그 후 JMF씨는 친척과 3년간 '뱃일'을 하러 가게 된다. 그곳에서의 근무를 위해서 그 친척에게 소개비 명목으로 3개월에 5만 엔씩을 지불했다. 아무리 인척관계에 있다 하더라도 일을 알선 받으면 대가를 지불하는 것이 고토부키쵸의 불문율이었다. 자신들 보다 먼저 고토부키쵸에 들어와서 일본인과 취업인맥을 형성하고 있던 '한국인 오야카타'들에게 금전을 지불하여 그들이 가지고 있던 취업 네트워크를 통해 일자리를 제공받았다. 금전을 매개로 한 일자리 알선은 자신의 힘으로는 네트워크에 들어갈 수 없는 사람들에게는 편리한 방식이기도 했다. 그러나 JMF씨의 경우는 노동 능력이 탁월했기 때문에 자신의 실력과 노동조합의 조력으로 친척인 '한국인 오야카타'와는 결별하여 직장에서의 직접 고용을 성사시켰다. JMF씨는 2008년 5월의 어느 이른 아침, 출근을 위해 통과하던 츠루미(鶴見駅)역에서 단속 당할 때까지 계속 그 직장에서 일했다. 한편 JMF씨의 부인 JFE씨(1960년생, 제주도여성, 1991년 도항, 2000 자진귀국)는 "고토부키쵸 내부는 깡패수준의 무허가 직업소개소"라는 표현을 했다. 1994년경 친구의 소개로 이시카와쵸역(石川町駅) 앞에 있는 러브호텔(모텔)에 취직하게 되자 야쿠자와 동거중인 제주도여성이 JFE씨에게 "이 곳은 자신의 관할권 밑이고 자기 허락 없이 이 러브호텔에서 일할 수 없으므로 자신에게 소개비로 명목으로 6개월에 3만 엔씩 상납하도록" 강요했다.

그렇지 않을 거면 호텔주인에게 말해서 해고시키도록 하겠다고 위협을 하고, 자신이 야쿠자와 연결되어있음을 이유로 협박을 해 왔어. 그래서 옹포리여자에게 돈을 내지 않으면 안 되었거든. (JFE씨, 2009/08/18)

남편 JMF씨는 '한국인 오야카타'와의 관계를 청산한 경험이 있었음에도 불구하고, 부인 JFE씨의 경우는 실제로 일자리를 알선받지 않았어도 고토부키쵸 부근의 직장에서 '옹포리여자'의 영역 내에서 일하기 위해 정기적으로 돈을 상납하고 있었다. JMF씨의 경우는 직장이 고토부키쵸의 외부에 있었으며 한국인 노동자가 적었던 현장이었기 때문에 독립이 가능했으나, JFE씨는 일과 생활의 영역이 중첩되는 고토부키쵸에서 얼굴을 맞대며 일상생활을 영위해 나가야 하는 상황에 놓여 있었다. 따라서 JFE씨는 그곳에서 살아가기 위한 일종의 '주민세'로서 정기적인 금전 지불을 납득하고 있었다. 그러나 1년 후 JFE씨는 다른 러브호텔로 직장을 옮기게 되고 '옹포리여자'에게 소개비 지불을 그만두게 된다.

이 사례들은 '불법'체류자인 한국인이 고토부키쵸에서 살아가기 위한, 타협과 극복 그리고 그들 나름의 합리적인 판단에 근거한 생활전략을 잘 나타내준다. 이런 상황은 제주도인 내부에서도 자주 일어났다. LMN씨(1966년생, 충청도남성, 1988년 도항, 1993년 자진귀국)는 타 지역 출신 한국인들은 이러한 취업시스템에 완전히 포섭되지는 않았다고 말했다.

나는 그런 거 없었지. 친하면은 대인관계도 좋고 그래서, 그 사람들이 나에게 뭘 요구하는 경우는 없었어요. 제주도 사람들은 그렇게 할 수가 있어요. 그 사람들은 딱 뭉쳐있으니까. 그 사람들은 그 테두리에서 그 사람들만 일을 나가요. 다른 지방 사람은 안 데리고 가고, 제주도 사람만 가요. 고토부키쵸에서 제주도 사람이랑 육지 사람이랑 많이 구분이 되어 있었지. 그 사람들은 그 사람들 테두리에서 움직이니까. (LMN씨, 2009/08/20)

고토부키쵸에서 생활하고 있던 LMN씨는 제주도인 커뮤니티에서의 빈번히 행해진 소개비 관행에 대해서 "그 사람들은 딱 뭉쳐있으니까" 가능했다고 지적했다. 이 인터뷰에서 제주도인 커뮤니티의 폐쇄성은 '한국인 오야카타' 시스템을 유지시키는데 큰 역할을 했음을 알 수 있다. 덧붙여, JMC씨는 제주도인 중심의 취업형태를 가질 수밖에 없었던 이유를 다음과 같이 언급했다.

기반이 잡혀있으니까. 그러면 일이란 게, 아무나 데려가서 일을 못 합니다. 능숙해야 되고, 오야카타가 이 사람을 데려가 써서 일을 어떻게 하는가는 잠깐 써서 아는 게 아니거든요. 나 같은 경우는, 지금은 그만뒀지만, 그만둔 게 아니라 IMF때문에 회사가 일을 못 맡아가지고 안했는데, 내가 뱃일 책임 오야카타였어요. 우리 옆방에 같이 사는 사람을 데꼬 갔는데, 그 창고 일이 있습니다. 컨테이너가 들어오면, 컨테이너에 있던 물건을 푸는 겁니다. 닭고기라든지, 돼지고기라든지, 한국에서도 옵니다. 이게 하코(상자)에다가 숫자가 써 있습니다. 크기라든지 부피라든지, 이 글자를 같은 글자로 쌓아야 됩니다. 그러기 때문에 일을 하는 차례를 하루 일해서 모르거든요. 쭉 하고 능숙하고, 이렇게 놓고 저렇게 놓고 하는 것도 있기 때문에, 하루 일로 해서 배우지 못하면 이걸 이제 일을 데리고 다니려고 해도 쓰다보면 그 사람이 능숙해지고, 오야카타가 한국에 가버리게 되면, 다음은 능숙한 그 사람. 그렇게 하다보면 제주 사람들이 많이 지금도 하고 있다는 거죠 … 우리가 첨에 왔을 땐 육지분 보이지 않았어요. 거의. 여기 와가지고 내가 노가다 책임을 지고 사람을 데리고 다녀봤어요. 그때에 육지분이. 그 분이 아마, 전라북도 사람인가. 일을 데리고 간 거야. 쉬는 시간에 저는예, 일본말을 배우기 전에 제주도 말을 배워야 겠습니다. 그 정도로 일같이 가면은 제주말을 써버리니까, 육지분들은 제주말 쓰면 모르지 않습니까. 그러니까, 일본말 보다는 제주말을 배워야겠다는, 그 정도로 제주 사람이 많이 왔어요. 이제는 육지분들도 많이 있죠. 이젠 삐까삐깐데. 그때 그런 말 ….
(JMC씨, 2008/10/25)

JMC씨는 제주도인끼리 현장에 들어갈 경우, 기술력과 커뮤니케이션이 상승하여 일을 보다 효율적으로 할 수 있다고 지적했다. 같은 국적을 가지고 있더라도, 언어(제주도 방언)가 통하지 않는 것은, 제주도인과 타 지역 한국인과의 사이에 언어가 새로운 경계를 만들고 있는 것처럼 보인다. 일본인과의 현장에서는 일본어를 모르더라도 "일은 눈치로 하면 된다"는 이주노동의 기본적인 행동양식이 통용되고 있었음에도 불구하고 제주도인과 타 지역 출신의 한국인의 경우는 왜 언어가 장벽이 되어 나타나는 것일까? 고토부키쵸의 '한국인 오야카타 시스템'이 기능하기 위해서는 통제와 의존관계가 필요했고, 그것을 유지시키기 위해 언어에 의한 구분과 배제가 효과적으로 작용했을 것이라고 추측된다. 즉, 개인들의 과거를 알고 신분 확인이 가능한 영역으로 제주도인 커

뮤니티에 취업과 생활을 집중시킴으로써 '한국인 오야카타 시스템'을 유지할 수 있었던 것이다.[67]

그러나 고토부키쵸의 일자리가 줄고, 제주도인의 귀환이 증가함에 따라, 제주도인 커뮤니티가 아닌 한국인 커뮤니티로서 상부상조가 필요해졌다고 JMC씨는 언급했다.

> 이젠 사람도 많이 없고, 한국 사람이면, 제주든 서울이든 부산이든. 한국 사람이 일본에 왔다면 다 같이 … 그런 마음을 가져야 된다. 아직도 텃세가 없다고 볼 수는 없지. (JMC씨, 2009/07/02)

JMC씨는 일본의 경기가 악화하고 제주도인의 수가 감소하면서, 제주도인 중심의 커뮤니티가 타 지역 출신 한국인에게도 확대되었음을 지적했다. 일자리 확보와 다수의 제주도인의 존재가 필요조건이었던 '한국인 오야카타 시스템'은 제주도인 커뮤니티가 축소해감에 따라 전성기 때처럼 유지될 수 없게 되었다. 그러나 JMC씨는 예전과 많이 달라진 고토부키쵸라고 하더라도 지금의 고토부키쵸의 중심을 이루고 있는 것은 여전히 제주도인임을 알려주었다.[68]

67) '한국인오야카타'의 일자리를 확보하고 공급하기 위해 들이는 노력이나 역할들에 대해서는 이 책에서는 생략했지만, '이주과정을 통해 본 에스닉 네트워크와 노동경험: 일본 요코하마 고토부키쵸의 한국인 미등록노동자를 중심으로(이혜진, 2014)'에서 보다 상세히 소개하고 있다.

68) 현재의 고토부키쵸는 인력시장으로서의 기능은 거의 없어지고, 노동자가 사라진 간이숙박소에는 고령자, 장애인, 생활보호대상자들이 살아가고 있다. 고토부키쵸의 일본인활동가는 이러한 현 상황을 '노동자의 마을이 복지의 마을로 변했다'고 표현했다.

2-1-2. 이주와 생활의 사회적 네트워크

이 항에서는 1980년대 이후 일본 요코하마 고토부키쵸를 거점으로 활동하는 한국인들의 노동환경, 특히 그 속에 독특한 취업구조가 형성되어 있음을 밝혀내고, 그것을 '한국인 오야카타 시스템'이라고 명명하였다. 이것은 주로 제주도인이 주축이 되는 취업알선 시스템으로 오야카타와 고용노동자 사이의 갈취(kickback), 소개비, 뇌물, 상납 등을 요구하는 시스템으로 표면적으로는 착취적 시스템으로 보이지만[69], 본 연구의 필드워크 과정 중에 이 시스템이 단순히 억압과 착취로만은 해석될 수 없는 그들 사이의 고유한 유대감을 바탕으로 한 내적 질서와 의미들을 발견할 수 있었다. 금전을 매개로 한 '한국인 오야카타 시스템'은 자본주의의 축소판 혹은 노동유연화의 최저변으로도 해석될 수도 있을 것이다. 그러나 그것은 '미등록노동자'로서 낯선 공간에서의 생계를 유지시키기 위해 지켜야 할 질서이자, '법적 진공상태'에서의 생존전략의 발로라고 할 수 있다. 처음 고토부키쵸에 들어온 사람들은 이러한 시스템 속으로 포섭되면서 기존의 자신의 도덕, 가치관, 직업윤리 등이 재배치되는 것을 경험하게 된다. '법적 진공상태'에 머무는 동안에는 합법적인 존재로 생활할 때의 관념과는 또 다른 삶의 방식을 체득하게 된다. 그렇기 때문에 외부자의 시선으로는 불합리한 선택으로 보일 수 있다 하더라도, 실제로 이러한 시스템은 불안정한 현실의 일상을 꾸려나가기 위한 하나의

69) 필자와의 인터뷰 도중에 '한국인오야카타'의 월수입을 계산해 본 LMH씨는 "오야카타의 월수입이 한창 때에는 한국 돈으로 삼천만 원을 육박했을 것"이라고 추정했다. 금액의 정확도는 보증할 수 없으나, 그 정도로 '한국인오야카타'의 수입은 높게 상정되었고, 그들의 기득권과 자존심을 유지시키는 작용을 했으리라 짐작된다.

지불해야할 비용로서의 역할을 담당하기도 한다.

그 결과 에스닉 네트워크를 어느 정도 유지하면서 비교적 자유롭게 취업과 생활을 영위할 수 있는 장소로 고토부키쵸라는 공간이 재발견 된다. 이러한 특색이 고토부키쵸 고유의 '계속적인 이주와 생활을 가능하게 하는 사회적 네트워크'를 성립시켰고, 그 구체적 형태로 제주도인들의 에스닉 커뮤니티가 형성된 것이다. 이러한 과정을 고찰함으로써 에스닉 커뮤니티는 개인들의 삶 속에서 다양한 전략과 교지가 충돌하는 공간으로도 파악될 수 있다.

고토부키쵸의 한국인들은 거대한 사회시스템으로부터 차별받는 현실을 감수하면서 살아가는 과정을 고찰함으로써 에스닉 커뮤니티의 실상을 보다 명확히 밝혀낼 수 있었다. 즉, 제한된 사회적 자원으로 자신들의 삶을 개척하기 위한 각각의 개인전략은 자신만의 방식으로 다른 이들과의 차이를 만들면서도 함께 공존할 수 있는 그들 나름의 사회구조를 형성시켰고, 때로는 필요에 따라 변형시키며 현재도 살아가고 있다.

본 연구는 사회구조적으로 규정되는 공간 — 고토부키쵸는 일본사회에서 주변부(marginality)로 인식되어왔으며 제주도도 한국사회에서 오랜 기간 변방으로 여겨져 왔다 — 에 존재하는 사람들이 자신들에게 부여된 제한적인 삶의 형태를 수용하면서도 그 속에서 주체적인 삶을 살아가는 모습들을 발견할 수 있었다. 이러한 실천들에는 차별과 배제라는 한계를 수용하면서도 생존을 위한 대항적 실천을 이행해가는 사람들의 삶의 기술이 발견된다.

2-2. 주거에 대한 소묘

이주노동자가 요세바에 출현한 것은 고토부키쵸에서만 보여지는 풍경이라는 사실과 관련하여, 고토부키쵸의 간이숙박소 경영자가 재일코리언이라는 것이 자주 지적되어 왔다. 고토부키쵸에서 장기간 일용노동자로 외국인노동자의 지원활동을 하고 있던 W씨(1935년생, 일본인 남성, 외국인지원단체 활동가)와 K씨(1950년생, 일본인 남성, 고토부키 일용노동자조합 활동가, 고토부키생활관 직원)의 인터뷰에서 그 경향이 확인된다.

> 이 고토부키쵸에는 120채의 간이숙박소가 있지만, 그 간이숙박소 경영자 중에 일본인이 있다는 소리는 저는 20년간 들은 적이 없습니다. 간이숙박소 경영자는 전부 자이니치(재일코리언)입니다. … 자이니치 사람들이 만든 마을에 … 일본사회의 차별이, 차별당한 사람들이 여기에 모여 들게 되고 … (W씨, 2008/12/27)

> 고토부키쵸에 한국인 노동자가 들어올 수 있었던 것은 아마도 간이숙박소 경영자들이 재일한국인이었기 때문이라고 생각됩니다. 같은 민족이기 때문에 (간이숙박소에) 묵게 해 준 게 아닐까요. 자신들도 힘든 시기가 있었기 때문에, 그런 상황을 공감해서… (K씨, 2008/10/25)

고토부키쵸의 간이숙박소 경영자들이 재일코리언이라는 사실을 고토부키쵸의 활동가, 일본인 일용노동자들은 대부분 인식하고 있었다. 그러나 간이숙박소 경영자들이 새로 들어온 한국인들에게 그다지 동정적이지는 않았다는 연구 결과도 존재한다(高鮮徽, 1998: 159-161). 간이숙박소 경영자들은 처음에는 돈 벌러 온 한국인들에게 방을 빌려주려고 하지 않았으나, "제주도인의 유입에 의해 간이숙박소의 수요가 높아지자, 숙박비가 급등했다"는 증언으로 판단한다면, 같은 민족으로서의 '동정', '공감' 이라는 요소도 완전히 부정할 수는 없으나, 새롭게 제주도인들이 유입됨으로 인해 간이숙박소의 새로운 '손님'으로 한국인 노동자들이 부상했고, 경영자들에게는 상업적 이득을 가져오는 존재로 부각되었다. 그러나 일본인들은 고토부키쵸에서의 기득권을 가지고 있는 간이숙박소 경영자들과 돈 벌러 온 한국인들은 같은 민족이라고 인식하고 있었기 때문에, 고토부키쵸에 새롭게 유입된 한국인들에게 노골적인 차별은 별로 없었던 것 같다. 간이숙박소 경영자들과 한국인 노동자들이 동일한 에스니시티를 매개로 하여 상부상조한다는 관념은 외부의 해석에 의해 상상/창조된 측면도 있다. 고토부키쵸의 경우는 "뉴커머인 외국인 거주자들에 의한 '외부로부터의 충격'이 지역사회에 잠재적으로 존재하고 있던 '자이니치' 마이너리티의 존재를 부각시키는 결과가 된" 사례로서, "대도시 도심지역 현장에서는 '자이니치' 마이너리티의 지역사(地域史)가 예외 없이 각인되어 있다는 사실에 다시 그 지역 일본인들이 자각하게 되는" 계기가 되었다고 할 수 있다(奥田 2004: 78).

그렇다면 고토부키쵸의 한국인 노동자들의 주거에 대하여 한 남성의 구술을 바탕으로 생각보기로 하자.

다른 데서 살면 일을 못하니깐. 단 하루라도. 다른데 예를 들어서 다니는 데 가면 일을 못나가. 만약에 내일이 일이 있다면, 오늘 사람들을 구합니다. 내가 오야지라면, 내일 한 십 명 정도 데리고 갈 껀데, 그러면, 사람을 구해야 되지 않습니까. 지금은 그래도 이런 전화기(핸드폰)들을 가지고 있지만, 그전엔 없었거든. 없을 때는 전부 이쪽에 나와야 ⟨L: 센터에 나와야?⟩ 알면 집을 찾아가든가 이렇게 해서 일을 부탁했거든 … 그래서 방을 빌려야 되는 거야. 방이 비쌉니다. 예를 들면, 요마이 큰방도 아닌 요만한 방도 사만오천 내지 육만엔 줘야 됩니다. 우리나라 돈으로 환산을 하면, 무지하게 많은 돈이에요. 우리는 이거 한 달에 12만 엔 냅니다. 보증인도 두 사람 세워야 되고. 보증금도 높고. (JMC씨, 2008/10/25)

JMC씨는 고토부키에 사는 이유로서 구인, 구직의 편리성을 말하고 있다. 1980년대 후반부터 한국인 노동자들을 고토부키쵸에 집중시킨 것은 무엇보다도 고토부키쵸가 요세바였기 때문이다. 요세바에서 일자리를 얻어 노동현장에 나가기 위해서라도 요세바와 가까운 곳에 주거를 마련하는 것이 합리적이었으며, '오야카타'로서도 요세바는 인부를 단시간에 모을 수 있는 곳이었다. 당시는 핸드폰이 보급되지 않았었기 때문에 직접 움직여서 구인, 구직할 수 있는 범위에 거주하는 것이 효율적인 선택이었다. 그래서 한국인 노동자들은 다른 지역과 비교하여 비싼 집세를 내야 함에도 불구하고 주거환경이 열악한 고토부키쵸에 살게 된 것이다.

처음에는 요세바의 간이숙박소가 한국인 노동자들의 주요 생활공간이었으나, 고토부키쵸에서의 생활이 길어지면서 간이숙박소에서 나와 가까운 다른 장소로 주거지를 옮기는 경우도 많이 발생했다. 1999년에서 2006년까지 고토부키쵸에서 생활했다던 제주도 여성 JFI씨(1966년생)는 간이숙박소는 아니었지만, 교포가 경영하는 고기집 건물에서 살았다고 한다.

> 거기는 … 어울려 사는 집들이 있어요. 큰집 해가지고. 거기 야키니쿠집(고기집) 아세요? 비양도집이라고. 아직 안 가보셨어요? 거기 위에 가면, 방이 세 개가 있어요. 식당 2층에. 그 할머니도 교포시거든요. … 고향이 비양도 같애. 한림 쪽에. 그래서 사람들이 비양도집이라고 하는 거 같애. 자기집 건물이니까. 3층 건물이어서, 3층에는 거기 할머니가 사시고, 2층에는 집을 빌려주면서, 방 하나에 두 명 살 때도 있고, 세 명 살 때도 있고, … 6, 7명 정도 … 여자만. … 삼만 엔. 목욕탕, 주방도 있고. (제주도로 돌아)올 때까지. 중간에 다른 데 살았는데, 그 옆집에 살았는데, 그 때도 마찬가지로 아는 애들이랑 방을 같이 해가지고 살았죠. (JFI씨, 2009/12/29)

젊은 여성 혼자의 경우 남성이 대부분을 차지하는 간이숙박소에서의 공동생활에는 두려움과 저항감이 있었음을 쉽게 짐작할 수 있는데, 여성들의 경우 상당히 협소한 공간이라도 "아는 애들이랑 방을 같이 해 가지고" 사는 전략을 통해 자신들의 안전을 지키고 집세를 절감했다.

한편, '한국인 오야카타' 경험을 가진 LMG씨(1952년생)는 다음과 같은 구술에서 자신이 소속하고 있던 노동현장의 일본인(사장)의 협력을 통해, 주거를 확보하고 있었음을 알 수 있다.

> 집 같은 건, 그 당시만 해도 오히려 더 좋았어요, 지금보다. 물론 지금도 구하려면 얻지만, 비자가 없어도. 그 당시에는 오야카타를 하

잖아요, 오야카타를 하면, 사장이 내 이름으로 얻어주마, 그래요, 말 안 해도. 그런 걸 알잖아요, 그 사람들이. 비자가 없으면 안 된다는 걸. 자기들이 알아서 얻어줘요. (LMG씨, 2010/4/7)

미등록 상태에 있는 한국인 노동자가 현장에서 어느 정도 인부로서 지위를 다지게 되면, 일본인 사장은 가치 있는 노동력 확보 및 인센티브 차원에서 자신의 명의로 집을 빌려주는 일도 빈번히 있었다.

한편, JMC씨가 말하는 "한 달에 12만 엔"을 내고 있던 곳도 고토부키쵸에 있는 아파트인데, 그는 어떤 방법으로 아파트를 빌릴 수 있었는지 알아보자.

한국 사람이 사니까. 만약에 내가 살다가 한국 들어오게 되면 내 친한 사람한테, 당신 나 (한국) 들어가는데, 집이 이 정도인데 사시렵니까 하면은, … 전화도 있으니까. (JMC씨, 2009/12/28)

JMC씨는 자신과 친하게 지내던 한국인으로부터 아파트 차용을 양도받은 것이다. 대부분의 한국인 노동자들의 주거 확보는 부동산을 통하지 않은 채, 비공식적인 방식으로 한국인 사이에서 인계되고 있었다.

내가 거기 살면서, 주변 사람들한테 물어 봤거든. 당신 어떻게 해서 세 들어가지고 삽니까, 그러니까, 7만 5천 엔이 한 달에 나가는데, 그 대신 전기세, 수도세, 가스세는 내야 된다고 하더라고. … 난 12만 엔 나가거든. 전기세 수도세 다 합쳐서, 12만 엔 나가는데, 12

만 엔 하면은, 3만 엔 정도는 계약한 사람이 먹고 있어요. 내 생각에는. 자기가 그 건물을 그 칸을 아마 계약을 해서 자기는 안 살고 한국 사람한테 빌려주는 거라. 우리 옆 칸에도 한국 사람이 살았으니까. 그러니까, 보증금은 그 사람이 내는 거라. 그리고 한 달에 3만 엔씩 버는 거지. 그렇게 되면, 십 몇 년 되면, 불로소득으로 3, 4천 만 원 정도 됩니다. 그 사람이 상당히 부자입니다. 그 사람이 다이[第]일[一], 이[二]… 다이로쿠[第六]까지 있을 겁니다. 하마마츠소우[浜松荘;고토부키쵸에 있는 간이숙박소 이름]가. 지금 비디오가게 하는 데도 하마마츠소우일껍니다. 그것이 전부 그 사람네 집껍니다. 어머니꺼죠. (JMC씨, 2009/12/28)

JMC씨는 재일코리언 여성(JMC씨는 재일코리언 여성에 대해 '집주인'이라고 부르고 있었지만, 엄밀히 말하면, 그녀는 그 집의 소유자가 아니라, 세입자이다. 이후 '집주인'으로 지칭)이 계약하고 있던 2DK의 아파트에 들어가게 되면서, 전기세, 수도세 등을 전부 합쳐서 12만 엔을 매월 집세로 지불하고 있었지만, 이웃주민에게 물어본 결과 그 아파트의 집세는 7만 5천 엔이었음을 알게 된다. 그는 집주인이 자신이 납부한 집세로 매월 적어도 3만 엔은 벌고 있다고 생각했다. 집주인은 간이숙박소 경영자의 딸로, JMC씨에게 빌려준 방식으로 그 밖에 다른 아파트 몇 채도 한국인들에게 빌려주고 있었다. JMC씨는 집주인이 한국인 노동자들에게 집을 빌려줌으로써, '불로소득'을 얻고 있는 사실을 알면서도, 십 수 년 간 그 집에서 살고 있었다. 그렇다면 그는 왜 부당함을 알면서도 그 집을 떠나지 않은 것일까?

L : 십이만 엔이면 굉장히 비싼 거 아닙니까?

JMC : 비싼 건 아니죠. 둘이서 사니까.

L : 나눠서?

JMC : 다른 데 가서, 다른 세 개 이렇게 해도 4만 엔, 조금 크면 6만 엔 이렇게 됩니다. 그거 살면, 목욕비도 나가고, 세탁비도 나가고, 그렇다고 토이레[トイレ;화장실]도 없고, 거기는 전부 있으니, 이게 오히려 싼 거죠. 다른 데보다는 싼 편이죠. 그 사장님이 그런 걸 이용해서 돈을 버는 거라. (2009/12/28)

JMC씨가 말하는 '그거'란 간이숙박소를 가리키는데, 간이숙박소는 단기적 체류자를 상정한 설계로 되어 있기에 최소한의 기본적 설비만 갖춰 놓은 경우가 많다. 기본적으로 각각의 방과 공동으로 사용하는 화장실, 세면대, 부엌이 설치되어 있다. 세탁을 할 때는 빨래방을 이용하고, 목욕은 공중목욕탕을 이용하도록 되어 있다. 가족 단위가 아닌 단신용으로 단기간 이용을 위한 것이기 때문에 여러 사람이 함께 장기간 이용하기에는 상당히 불편한 시스템이다. JMC씨는 간이숙박소에서 사는 경우의 경비를 계산해서 두 사람이 살기에는 12만 엔의 아파트가 "오히려 싼 거"라 판단했다. 한국인 노동자들의 주거 필요성을 알아차린 "그 사장님(집주인)이 그런 걸 이용해서 돈을 버는 거"였다.

집주인이 한국인 노동자들의 약한 부분을 이용하여 이익을 얻고 있다는 것을 알면서도 부당하게 집세를 많이 지불하고 있던 그는 갑자기 일거리가 줄어들었을 때 집주인에게 집세를 낮춰 줄 것을 부탁했다.

일이 없으니까 좀 깎아달라, 그럼 이사를 하겠다. 근데, 계속 옆(방)에 사람 안 살면 돈내기 힘들겠더라고. 〈L: 12만 엔은 힘들죠.〉 시라카바(고토부키쵸의 간이숙박소의 하나)라든지, 저쪽 저 두 군데(의 간이숙박소의 청소일)는 안할 때니까, 〈L: 한군데만 하셨어요? 행복장?〉 행복장[幸福荘;고토부키쵸의 간이숙박소의 하나]만 할 때니까, 그러니까 내가 일이 있으면 되는데, 내가 일이 없으니까, 돈을 좀 내려달라고 하니까 안 내려주데요. 그 사람은 다른 데 빌려서 갑시다, 가만히 생각해보니, 빌어서 가는 것도 쉽지가 않은 거라. 이사짐도 날라야 되고, 목욕탕도 여름철이면 둘이가 5만 엔은 들고, 그렇다고 해서 금방 또 더워지니까 또 가야 되고, 여기서 살면서 하루에 몇 번이라도 샤워하면 되니까, 아무리 생각을 해서, 어떻게 일이라도 좀 생기면 그냥 삽시다, 그리고 옆에 사람을 둡시다. 옆에 사람을 둔 게, 아주 잘못된 사람을 둔거죠. (JMC씨, 2009/12/28)

집주인과의 집세 흥정에 실패한 JMC씨는 한 번 정도 이사를 생각하지만, 결국 지출이 더 늘 것으로 예상하여, 이사를 포기하는 대신 옆방을 다시 다른 사람에게 빌려주는 것을 선택했다. 집주인은 JMC씨 이외에도 아파트를 필요로 하는 한국인들이 많다는 것을 인지하고 있었기 때문에 집세를 낮춰달라는 요구에 응하지 않았다. 집주인은 미등록 상태의 한국인 노동자들의 상황을 간파하고 있었으며, 그들이 생활하기 위해서는 필요한 것이지만, 구조적 제약으로 인해 입수하기 어려운 것들이 무엇인지 알고, 그 틈새를 자신의 '사업'으로 활용하면서 이익을 얻고 있었다.

'공식적(formal)' 세계로서의 일본 사회와 '비공식(informal)' 세계로 보이는 한국인 노동자들의 사회, 그 쌍방을 숙지하고 있던 집주인은 '공식적' 사회구조로부터 배제된 사람들에 대해 '공식적' 사회의 관념으로 생각하면 기묘한 방법으로, '공식적' 세계의 것들을 '비공식적'으로 한국인 노동자들에게 제공하고 있었다. 두 사회를 잘 숙지하고 있으며, 두 사회를 자유롭게 왕래할 수 있었던 집주인은 한국인 노동자들을 구속하고 있던 구조적 제약에 민감하게 반응하여 '비공식적' 니치산업의 이익을 획득할 수 있었던 것이다.

2-3. 낙찰계

고토부키쵸에 한국인 노동자가 가장 많이 거주하던 시기인 90년대 당시, '계' 또한 가장 번성했다. 고토부키쵸에서 일한 경험이 있는 한국인들은 낙찰계에 관한 이야기를 자주 하였다. 낙찰계는 경쟁입찰 형식을 가진 계로서, 처음에 계주는 계원들과 기간과 계금을 정하고 매월 낙찰의 형식으로 최저가를 적어낸 사람이 낙찰되어 그 낙찰액을 받아가는 형식이다. 이는 은행이자보다 수익성이 높지만, 계원들 간의 상호신뢰가 바탕이 되어야 유지될 수 있다.

필자가 만나 인터뷰를 한 한국인 노동자들 대부분은 낙찰계에 든 적이 있다고 한다.

L : 근데, 거기서(고토부키쵸) 계 하시는 분이 많아요?

JFI : 많아요.

L : 대부분 계를 하시나요?

JFI : 거의. 거기서는 은행거래를 안 하잖아요. 왜냐하면, 계를 해야 그나마 용돈이라도 나오잖아.

L : 계를 하면 그나마 잘 돌아가면 돈을 좀 벌이게 되는 거에요?

JFI : 그럼요. 십만 엔짜리 들여서 이자를 쎄게 쓰면 어떤 때는 5만 엔 낼 때도 있고, 그런 게 위험하긴 한데. 거의 제주 사람이고 하니까, 오래되면은, 그 동네도 오래된 사람이 많아요. 그래서 믿고 하는데, 근데, 어느 순간에 고토부키 경기가 안 좋아지니까 그게 그렇게 되더라구요. … 장사하는 사람들도 자기 돈으로 장사하는 사람 별로 없잖아요. 이제 계주한테 돈 빌려서 했다가 못 갚으면 도망가고, 그런 게 좀 많더라구요. 어쨌든 한국 사람이 한국 사람을 잡아먹는 거 같아요. (2009/12/29)

미등록상태라는 입장 때문에, 공식적 사회에 존재하는 은행을 사용할 수 없는 그들은 낙찰계를 통해 자신들의 자금을 융통하고 있었다. JFI씨는 낙찰계의 위험성을 알고 있었지만, 계주가 자신과 같은 제주도 출신이었으며, 고토부키쵸에서 오랫동안 생활해 온 사람이었기 때문에 그 사람을 신뢰하여 낙찰계에 들어간 것이었다. 낙찰계를 하면 급하게 써야 할 돈을 신속하게 마련하거나 높은 이자를 획득하고, 게다가 인맥이 넓어지기 때문에 "일자리도 많이 연결 된다"는 이점이 있었지만, 먼저 낙찰받은 계원이 계금을 내지 않을 위험요소도 있기에, 그 경우 계주가 책임을 지게 되는 시스템이다. 이렇듯 계모임은 인맥과 신뢰를 바탕으로 하는 것인데, "어느 순간에 고토부키 경기가 안 좋아지니까" 낙찰계의 부도가 빈번히 발생했다. 아래의 JMF씨의 구술을 살펴보기로 하자.

계를 해서, 일본돈 이천만 엔 날렸어. … 그때 하지 마라 하지 마라 했는데 첨에는 자기 돈으로 백만 엔씩 하다가, 계오야도 하고, 불리기도 하고, 빵구 나서 다 먹어버리니까 그걸 어디 가서 찾아요? 그때는 한국에 일억짜리 적금을 들어서, 그거 끝나 가면 내가 나올 쯤에 땅이나 사려고 했었는데, 그 돈을 일본에서 빨리 가져와서 여기다 투자했으면, 돈을 빨리 벌어서 고국에 들어 갈껀디, 그 돈만 안 벌어 간, 대출받아서, 땅 사버렸지. 그거 그냥 다 불러다가 거기다 투자했으면 완전히 헛일 할 뻔 했지. 그 돈을 한국 사람이 다 먹고 도망가버렸지. 500만 엔을 계오야 하는 사람이 그 돈을 잠시 좀 빌려달라는 거야, 이자로 30만 엔을 주고, 3일만 있다 줄께, 30만 엔 선불이자를 주고, 3일만 쓰고 준다고 해서, 우린 일만 하다 보니 그런 상황을 모르부겐. 그래서 부인이 5백만 엔을 덜컥 준거래. 그냥 날라버리니까. 협제 사람이지. 한국 어디에 있긴 있다던데. 우리 꺼만 떤 게 아니라 다른 사람도 엄청 띠었대. 몇 억. 그 훔친 여자가 일본에서 사람 만나서 결혼해서 애기 낳은 거야. 아들 하나 낳았는데, 애기는 제주도에 보내서 할머니가 키우고 … 남자도 자살 시도 했다 그래. 같이 사는 마누라가 돈을 먹어서, 빚쟁이들이 돈 달라고 그러니까, 남자는 맨날 일 댕기니까, 여자가 그리 사는지 몰랐지. 둘 다 초혼으로 젊은 여자지. 고토부키쵸에서 만났지. 그 여자가 계오야니까, 융통을 해야지, 곗돈 그 날짜에 못내는 사람도 있잖아요. 빚쟁이들이 빨리 안 봤으면 그 남자는 죽어버렸지. 빚쟁이들이 가보니까, 방바닥이 피바다라, 119 부르고, … 애는 이제 할망이 데려왔지. 제주시에 사는 시어머니가 … 남자는 아직 고토부키에서 일 다녀. 여자 잘못 만나서 완전히 신세 조진 거지. 죽고 싶지. 500만 엔은 아무것도 아니지, 한 5억 뜯긴 사람도 있지. 그 여자가 일본 돈 2억 엔을 여기저기서 뜯어갔지. 츄카가이[中華街;중화가(차이나타운)]에서 일하는 할머니들 허리가 이렇게 다 굽어 있는 사람들 설거지하고 하는 사람들, 이자 준다고 해서 그 돈을 다 긁어갔어. 이리 빌려서 저리 막고, 이리저리 다하다가 도저히 못 갚게 되니까 나른 거지. 도박하다가 … 부인이 2억 원 떤 것은, 이 여자뿐만 아니라, 2달 뒤면 계가 끝나는디, 5백만 엔짜리 계, 38만 5천 엔씩 불입하는 거, 낙찰자 한 사람이, 낙찰하면은 20만 엔씩 돌아와. 낙찰이니까, 젤 많이 찍은 사람이 가져가고, 다들 나눠 갖는 건데, 도저히 내지를 못하더라고. 2달이면 다 끝나는디, 막 끝나갈 참에 암튼 돈을 좀 벌었다는 사람은 거기 안 빠진 사람이 없어. 너도나도 돈 벌면 다 거기 빠졌다고. 간빠이 사장도 3천만 엔 그 계집한테 먹혔다는데. 그거 그냥 도박해서 다 잃어버렸다고 생각해야 맘이 편하다. 그거 계속 생각하면 마음의 병이 난다. 도박 한번 했다고 치고, 잊자고 … 잡아서 차용증이라도 쓰라고 그랬지만, 차용증이 별 소용있나. 차용증은 다 종잇장에 불과하지. 그때 100만 엔 빌려주면 일수 10만 엔, 급한 이자는 100만 엔 빌려주면, 하루에 10만 엔씩 집어넣는 이자가 있어. 그 돈 못 갚으면 열흘이면 본전 되는 건데, 급전. 10만 엔 빌리면 하루에 만 엔씩 일수로 계속 집어넣는 거. 그 돈 못 물면, 야쿠자 시켜서 반 죽이거든. 그래서 촌에 있는 땅까지 다 팔아버려서 물어야 돼요. (JMF씨, 2009/8/8)

한국인 노동자들의 낙찰계의 규모는 필자의 상상 이상으로 컸다. "암튼 돈을 좀 벌었다는 사람" 중 많은 사람들은 1년만 투자해도 고금리를 얻을 수 있는 낙찰계를 이용했다. 노동으로 번 금액에 비교하면 낙찰계로 간단히 벌어들이는 이익은 상당히 매력적인 수입원이었음에 틀림없다. 또한 계원이 계금을 못 낼 경우는 계주가 대신 납입하게 되어 있기 때문에, 계주는 다른 계의 계주들에게 돈을 빌릴 경우가 종종 있었다. 그 때문에 JMF씨의 부인인 JFE씨[70]는 "협제사람"에게 저항 없이 500만 엔을 빌려준다. JFE씨는 3일간만 500만 엔을 빌려주고, 30만 엔의 이자를 먼저 받았다. 즉, 470만 엔을 빌려주고 3일후에 500만 엔을 돌려받는 것이다. 그것은 JFE씨에게는 나쁘지 않는 조건이었다. "협제사람" 은 JFE씨에게 빌린 것처럼 고토부키쵸와 중화가에 있는 한국사람들에게도 돈을 빌린 후 도망가버렸다. 갚지 못할 경우 목숨이 위태로울 경우도 있기 때문에 고향에서 "역송금" 받아서 돈을 갚는 경우도 있었다.

JMF씨는 "우린 일만 하다 보니 그런 상황을 모르부겐"이기에, 피해를 보게 되었음을 강조했다. 그러나 JMF·JFE 부부는 본격적으로 낙찰계를 주관하고 있었던 것이 다음 구술에서 밝혀진다.

JMF : 내가 하지 말라 하지 말라 했는데, 부인이 해버려서, 첨엔 자기가 벌어온 돈만 하겠다고 해서 하다가 나중에 내가 벌어온 돈까지 … 한 달에 둘이서 3백만 엔씩 곗돈을 냈어.

L : 어떻게? 둘이서 3백만 엔을?

JMF : 계오야하고, 계이자 받아 와서. 하다 보니까 그렇게 되더라

---

70) 필자가 낙찰계의 방식에 대해 이해를 쉽사리 못했기 때문에 JFE씨는 공책에 직접, 낙찰계의 방식에 대해 다음과 같이 적어 주었다(2009/8/8, 서울).

> 낙찰계 : 금액 110만 엔
> 인원수를 정한다 : 11명
> 처음에는 계주가 금액 110만 엔을 받는다. 순번으로 이자금액을 제일 높게 쓴 사람이 낙찰되어 마지막 11번은 110만 엔을 받는다. (단, 내가 낼 계금을 제외하면 100만 엔을 받는다)
> * 기본이자는 매월 3만 엔 정도가 된다.

고. 3백만 엔 내는 건 최하. 거의 천만 엔씩, 여기저기 계 들고. (2009/8/8)

계는 주로 여성 중심으로 이루어졌기 때문에 여성의 경제활동에 대한 남성들의 반감이 다소 작용하여 남성 우월주의적 사회에서는 항상 지탄의 대상이 되어 왔다(강준만, 2009). JMF씨 또한 자신의 만류에도 불구하고 부인이 낙찰계를 했으며, 부인이 자신이 벌어 온 돈까지 낙찰계에 투자하여 결국 큰돈을 손실하게 된 것에 억울함을 토로하며 분통을 터트렸다. 처음에는 부인만 시작한 계에 나중에는 자신도 동참하여 "한 달에 둘이서 3백만 엔"이란 계돈을 납입했으나, JMF씨는 "내가 하지 말라 하지 말라 했는데, 부인이 해버려서"라는 말로 낙찰계에서 입은 손실에 대한 책임을 부인에게 전가했다. 실제로, 고토부키쵸에서의 여성의 노동은 고토부키쵸 내부와 주변의 식당가와 술집 등에서의 서비스업 종사 혹은 간이숙박소와 상가의 청소작업 및 요코하마항으로 들어오는 수입산 야채의 세척작업 혹은 수입 상품에 라벨 붙이기 등으로 한정적이었다. 따라서 한국인 여성노동자들은, 주로 항만과 건설현장에서의 노동하는 한국인 남성노동자들에 비하여 월등히 낮은 임금을 받고 있었는데, 낙찰계는 주로 여성들이 중심이 되어 이뤄지고 있었기에 남성과의 임금격차를 상쇄시키는 역할도 했다.

낙찰계가 부도나지 않을 경우, 거기서 얻어지는 이익은 상당한 금액이 된다. 낙찰계에 들기 위해서 아래와 같은 현상도 발생했다.

그나마 나는 내가 벌어서 내가 날린 거지만, 다른 사람들은 촌에 있는 재산 팔아서 하거든. 난 일단 한국에 갈 것이다, 한국에 들어간 돈은 빠꾸 안 시킬 거다. 그랬더니, 그런 투자를 안 했지. 이런 건 돈을 팡팡 주니까, 보통 이자라도 100만 엔 빌려주면, 한 달에 10만 원이라. 이자가. 100만 엔 빌리면 급전이면 이자가 하루에 10만 엔 나가는 거야. 토이치[十一]라고 해. 일본말으로. 최고의 비싼 이자. 급하면 막는 날에 돈을 막지 못하면, 이자가 따블로 붙어버리니까, 그 돈을 막지 못하면 토이치라도 빌려써야 되는 거야. (JMF씨, 2009/8/8)

낙찰계가 부도나지 않는다면, 최고의 수익률을 획득할 수 있는 고금리 투자상품에 해당했고, 고토부키쵸의 한국인 여성노동자들이 주체가 되어 목돈을 만들 수 있는 거의 유일한 방법이었다. 낙찰계는 '돈이 돈을 버는' 시스템이었기 때문에 고토부키쵸의 한국인 노동자들은 자신이 가진 돈, 주위에서 돈을 빌리거나 고향에 있는 돈까지, 돈이란 돈은 모두 끌어다가 낙찰계에 붓는 경우도 허다했다. 계주와 계원들 간의 신뢰관계만이 유일한 안전장치였기 때문에 계는 언제든 '깨질' 수 있었다. 계모임이 대형 투기의 공간으로 변하여, 심지어 생명까지 위협하는 위험성이 높은 것이었지만, 공식사회의 어떤 제도로부터도 보호받을 수 없었다.

낙찰계가 소득 증대와 재분배, '용돈벌이', 상부상조, 친목도모, 구인구직 알선, 여성의 경제활동 확대 등 긍정적인 기능을 넘어서 대형 도박으로 변화하는 부정적인 양상을 보여 주기도 한다. 그러나 한국인 노동자들 사이의 신뢰자본을 바탕으로 펼쳐진 비공식적 금융제도인 계모임은 모든 위험요소를 인지하면서도 지금까지도 그 명맥을 유지해 오고 있다.

2-4. 파친코

필자가 만난 한국인 노동자들은 "일본에 온 한국인들의 대부분은 파친코로 망한다"고 특히 강조하며 말했다.

> 파친코로 90퍼센트는 다 망해요 … 그냥 기계하고 하니까 뭐 사람들하고 … 여기는 다 먹고 살기 바쁘니까 사람들하고 만나서, 뭐 하고 그러는 건 … 다 각자 살기 바쁘니까 … 사람들이 다 일하고 그러니까, 만나서 뭐 같이 밥 먹고 그런 저기가 아니니까 뭐. 각자 살기 다 그러니까 …. (LFD씨, 2010/4/18)

LFD씨는 한국인 노동자들이 파친코를 하게 된 원인 중 하나를 지적하고 있었다. 이주노동을 목적으로 일본으로 건너온 한국인 노동자들은 대부분 혼자였고, 같은 한국인들과의 교류가 있다고 하더라도 그들의 여가시간의 대부분은 파친코였다. 일본에서 불안정한 취업상태에 놓인 사람들끼리 약속시간을 정해 만나는 것은 그다지 쉬운 일은 아니었다. 한국인 노동자가 많이 살고 있는 지역의 파친코점은 점차 한국인 노동자들의 집합소가 되어, 파친코를 할 목적 외에도 사람들을 만나기 위해서라도 파친코점을 들린다.

또한, JMF씨는 파친코에 빠지게 되는 구조에 대해서 다음과 같이 말한다.

> 파친코에 카메라 시스템이 되어 있어서 전부 다 봐. 첨 오는 사람, 계속 오는 사람. 첨에 고기 낚으려면, 니쿠[肉;고기]를 안주면 못 물

잖아. 첨 가는 사람한테는 몇 번 미끼를 던져주다가 몇 만 엔씩 먹게 해주고, 거기 빠져버리는 거라, 어떤 분은 노가다 가다가 비가 와서 다시 돌아오던 길에 파친코 들어가서, 돈 천엔 넣으니까, 삼만 엔이 터진 거라. 아 이렇게 쉽게 버는 돈을 왜 진작 안했지 … 그래서 계속 가게 되는데, 그게 계속 따지냐? 따면 땄다고 한잔 먹고, 지면 졌다고 한잔 먹고 … 또 탕진하게 되면, 기분 나빠서 또 한잔 먹게 되면, 일을 하러 못하게 되고 …. 그러다 맨날 놀고 먹고 놀고 먹고. (JMF씨, 2009/8/8)

JMF씨는 어떤 한국인 노동자의 이야기를 예를 들어서 설명했다. 건설현장에서 막노동자로 하루종일 일해서 버는 일당의 2배를 파친코에서는 1시간 만에 벌게 되었을 때, 그 사람은 막노동을 하러 가는 것 자체가 허무하게 느껴졌을 수도 있다. 파친코는 한국인 노동자들의 삶에 깊이 자리잡아 노동자들의 현장노동에 대한 의욕을 감퇴시키는 작용을 한다.

더욱이, 파친코의 "카메라 시스템"에 의해 "첨 오는 사람, 계속 오는 사람"의 구별이 가능하게 되어, 파친코의 승패가 결정된다는 이야기는 많은 한국 사람들이 사실로 믿고 있는 부분이다. 그러한 방식으로 파친코에서의 승패가 결정된다고 인식하면서도 또 다시 파친코를 하러 가게 된다는 것은 그들이 놓여 있는 현실을 드러낸다.

머리 식힐 겸, 파친코 가서 다 잃어버리고. 나 참 담뱃값도 없이도 살아봤어요. 그래서 기무라(LMH씨의 일본명) 삼촌한테 담뱃값도 달라고 하긴 했어요. 근데, 신세는 졌어요. … 내가 저게, 일본에 사는 분들은 하루라도 빨리 들어와 가지고 정신 차리는 게 낫지 않을까. … 들어오면 그 사람들 과연 어떻게 적응을 해나갈까 걱정스럽네요. 사실로 그래요. 그래서 그 사람들이 거기서 그냥 일생을 끝날게 아닐까. 그런 사람이 많이 있는 거 같애. 내가 보니까. … 참 아휴, 거기 사람들도 빨리 하루라도 빨리, 젖지 말고 빨리 들어오는 거가 뭐가 될 거 같애요. 여기에 들어와서 뭐가 없더라도 노력을 하면은 살아나갈 수가 있지 않겠나. 거기서 밥도 못 먹고, 방세도 못 낸다고 하니까 그건 말이 안 되잖아요. 그러면 한국 고향에 들어오면은 그렇게 가지는 안 가잖아요. 그래서 그 사람들은 오래 살다보니까 벌어놓은 거는 없이 어떻게 들어가느냐, 그렇게 하다간 영원히 못 들어와요. 가면 갈수록 더 심할건데. 빨리 어떻게 며칠이라도 입 딱 물어서 일하고 자수해서 비행기 타라고 … 그거가 됩니까? 돈이 있으면 파친코 가고 싶은데. 맞죠? 그게 사실이에요? (필자를 향해) 파친코 안 하죠? … 그게 중독이에요. 잃어 놓으니까 그걸 본전을 하고 싶고, 따도 더 따고 싶어 하고. (JME씨, 2009/12/26)

2008년에 강제송환되어 필자와 인터뷰를 할 당시 제주도에서 관광객 전용식당을 준비중이라고 한 JME씨는, 자신의 경험에 비추어 승패가 미리 정해져 있다는 것을 인식하더라도, 파친코의 중독성에서 벗어나는 것이 힘들다는 것을 지적했다. 파친코로 이겼을 때는 이겼을 때의 감각을 잊지 못하고, 졌을 때는 원금을 찾기 위해 파친코를 계속 하게 된다. JME씨의 구술로 추측해보면, 파친코에 의한 악순환이 한국인 노동자들의 현실감각을 마비시키고, "거기서 밥도 못 먹고, 방세도 못 낸다"는 상황에 놓여 져도, 그곳의 삶에 계속 머물게 하는 것이다.

파친코점이라는 공간은 한국인 노동자들의 고독이 가시화되는 계기를 만들어 낸다. 한편, 대부분의 파친코점의 경영자가 재일코리언이라는 것을 감안하면, 그곳은 에스니시티 내부의 중층성을 감지할 수 있는 공간이기도 하다.

2-5. 한국인 노동자들의 '고토부키'[71)]

JME씨와의 대화 속에서 외부 사람들이 고토부키쵸에 대해 가지는 이미지가 엿보인다.

> JME : 전 일본 생활을 그렇게 오래해도 고토부키는 안 가봤거든요. 우리 매형네도 나보고 "고토부키만 가면 너는 죽을 줄 알아라." 그래서 안 갔었어요.
> L : 왜 그렇게 못 가게 하셨어요?
> JME : 거기는 질이 안 좋다고.
> L : 그래서 매형도 절대로 가지 말라고?
> JME : 그렇죠. 신신부탁을 했는데.
> L : 매형은 쭉 일본에서 커 오신 분이세요?
> JME : 일본에서 쭉 큰 사람이라. (2009/12/26)

JME씨의 매형은 재일코리언이었는데, 고토부키쵸를 위험하고 질 나쁜 곳으로 인식하고 있었기 때문에 JME씨를 고토부키쵸에

71) '고토부키'란 일본인들의 요세바 고토부키쵸와 구별되는 한국인 노동자 사이에서 공유된 고토부키쵸의 공간, 이미지, 관계 등을 가리킨다.

얼씬도 못하게 했다. "일본에서 쭉 큰 사람"인 매형은 일본사회의 일반적인 관념을 가지고 있었을 것이라 추측할 수 있지만, 한국에서 고토부키쵸에 들어온 한국인 노동자들의 눈에는 고토부키쵸가 어떻게 비춰졌을까.

고토부키는 옛날에는 안전지대였지만, 지금은 가장 위험지대야. (LMI씨, 2008/10/24)

LMI씨는 고토부키에 대해 위와 같은 용어로 표현했다. 2008년 당시 그는 '고토부키'에 대하여 3, 4년 전만 하더라도 "안전지대"였지만, 입관과 경찰의 단속이 심해진 근래는 미등록 상태의 한국인 노동자에게는 "가장 위험지대"가 되었다고 실감했다. "안전지대"였던 '고토부키'의 풍경은 어떤 모습이었을지 몇 가지 구술을 통해 고찰해 보자.

옛날에는 고토부키센터(요코하마공공직업안정소 고토부키노동센터) 거기서 노동자들 … 지금은 다른 데로 옮겼다고 그러던가 … 내가 그때 90년대 갔을 때는 완전 한국 사람들 한낮에 큰소리로 떠들고 다니고, 여기가 한국인지 일본인지 … 고토부키쵸에는 살지는 않고, 아는 사람이 많으니까 놀러만 살짝살짝 갔지. 난 거기서 살기 싫어요. 냄새가 나서 … 우리 애들은 거기 지나가기도 싫어해요. 얘가 거기서 다니니까 어쩔 수 없이 애 데리러 왔다갔다 하지. 어쩔 수 없이 한국식품점 있으니까 거기 사러 가고, 비디오테이프 빌리고 …. (JFF씨, 2009/8/9)

고토부키의 일본 사람들은 아주 불쌍한 인간들이에요. 우리보다도 불쌍한 인간들 많아. 길에서 자고, 청소를 하는데 쓰레기를 내놓지 않아요. 쓰레기 묶어 논 걸 주워서 먹는 사람들이 있어요. 그러고 자동판매기에 돈 떨어져 있지 않은가 아침마다 거기 가서 손으로 만져 봐요. 불쌍한 인간들이 많아요. … 여름철 되면, 겨울도 마찬가진데, 다리 밑이라든지, 에끼[駅;역]에 노숙자들이 많아요. (JMC씨, 2008/10/25)

그러게, 그래서 나도 깜짝 놀랬어. 우리도 우린 모르니까, 이쪽에 사는 사람들은 모르니까, 안에서 술집 뭐 뭐 있다, 뭐 뭐 있다 하면서, 후쿠도미쵸[福富町;요코하마 환락가의 하나] 일하는 아가씨들은 그쪽에 가서 일을 안 해요. 거기는 일찍 시작해서 늦게까지 일을 하니까, 후쿠도미에서 일하는 아가씨들은 고토부키쵸에 가서 일을 안 해요. 술집이 후쿠도미쵸 같은 경우는, 7시 반에 시작해요. 아가씨들이 출근 하는 게, (새벽) 1시면 끝나요. 근데, 고토부키쵸 술집은 6시, 6시 반에 가서 (새벽) 2시, 3시에 끝나고, … 2시까지 해야 된다고 그러더라구요. 고토부키쵸는 아무래도 손님이 없거나, (자기)손님이 없는 사람이나, 인물도 좀 떨어지고, 막말로 좀 후진 사람. 그런 사람 애들이나 가서 일을 했지, 후쿠도미쵸는 이쁘고 늘씬하고, 이랬기 때문에, 고토부키쵸하고는 레벨이 틀리다고나 할까. 그러니까 아무래도 여기는 월급도 싸고, 여기는 이렇게 오래하고도 월급은 만 엔, 후쿠도미쵸는 헬프만 해도 만 사천 엔, 만 오천 엔 줬는데, 그 당시는. 헬프만 해도 옛날에는 만 오천 엔, 만 육천 엔 그랬어요. (LFD씨, 2010/4/18)

고토부키 안에서는 활개치고 살았어요. 내 세상처럼 살았죠. 2000년도부터 단속 심해지고, 자수기간에 자수하면 입국 금지기간을 5년에서 2년으로 해준다고, 2년 후면 나올 수 있다고 해서 자수하러 갔더니, 입관에서 "다시는 (일본에) 오지 마세요" 그러더라구요. … 고토부키에서는 일 소개 자체를 제주도 사람이 잡고 있어요. 오사카는 제주도 사람이 거기 사니까, 단속이 심했어요. 그래서 거기 사는 동안, 걸음 모양보고 덮치고, 공장도 덮치고, 그랬는데, 고토부키는 그런 게 없었죠. 고토부키는 옛날부터 야쿠자가 살고 있었어요. … 우리에게는 고토부키가 천상낙원이었어요. 법 없이 살 수 있었죠. 법에만 안 걸리면 자유생활이었어요. 천상낙원이라는 것은, 고토부키 안에서는 활개치고, 일만 있으면 가고, 없으면 안가고, 파친코, 음식점, 시장 … 요코하마바시(고토부키쵸 근처의 시장 이름) 안에는 한국음식을 팔았어요. 그리고 제주도로부터 물건공급책이 있어요. 보따리장사가 배로 물건을 들여와서 팔았어요. 고토부키에는 수요가 많았고. 보따리장사는 주로 1995년에서 2000년(JFE씨가 귀국한 연도) 사이에 많았어요. (JFE씨, 2009/8/18)

위의 구술들 속에서 한국인 노동자들의 '고토부키'에 대한 인식을 조금은 엿볼 수 있다. '고토부키'라는 동일한 공간을 공유하면서도 한국인들은 고토부키쵸의 일본인들을 "거지", "노숙자" 등의 이미지로 경멸과 비하의 감정을 드러내며 말했다. 그것이 고토부키쵸의 불결한 광경을 만들어낸다고 인식한다. 그러나 고토부키쵸는 한국인 노동자들에게는 이국에서 고향을 느낄 수 있는 장소 '고토부키'로서 재생되고 있었다. 그것은 한국인이 많이 거주하고 있으며, 한국어가 언제 어디서든 들려오는 공간, 한국 음식, 한국의 비디오테이프, 그리고 보따리장사에 의해 제주도에서 조달되는 고향의 맛[72] 등이 한국인 노동자들에게는 "천상낙원"이라고도 표현될 정도로 마음 편한 장소였다. 또한 너무 불결해서 '고토부키'에서는 거주하지 않았지만, 지인, 친구, 친척을 방문하기 위해 혹은 한국식품, 한국 비디오테이프 등을 구입하기 위해서 고토부키쵸를 들르는 한국인들도 상당수 존재했다.

한편, 고토부키쵸에서 일용노동자로서의 일당 생활에 관한 이야기에 주목해 보자.

> 고토부키쵸는 살아 본 적은 없는데, 가끔 놀러 많이 갔다. 고토부키쵸는 살기 좋고, 일만 있으면 아무데라도 나가면, 현금 받아쓰고, 그러니까 재밌지. 사람들 젤 재밌는게, 거기서 사는게 젤 재밌는데, 거기서 하루 하루 번 돈은 모아지지가 않아. 조금 뭐 하루 벌어서 하루 쓰고 하루 벌어서 하루 쓰고 거기 있는 사람들은 그게 낙이라. 목돈은 못 쓰는겨. 하루 쓰고 하루 벌어서 이러는 건, 호주머니에 돈은 안 떨어진다는 뜻, 그래서 살기가 좋다는 말이지. 그 대신 돈은 모아서 한국에 못 부쳐. 거의가. 전부가 한국에 돈 못 부쳐. (LMF씨, 2009/6/19)

> 난 만 17년을 살았는데. 고토부키쵸는 엉망이지. 개판 오분전이지. 완전 거지들만 모여 사는 데니까. 거기서 돈 벌어 보낸 사람이 없어요. 그게 딱 한 달이면 한 달, 그런 식으로 월급으로 주면 돈을 보낼

---

72) 제주도에서 공수해 오는 음식 중에는 '자리'가 단연 인기였다. 보따리장사들은 아이스박스에 자리를 넣어 고토부키쵸까지 들여왔다. 필자도 고토부키쵸의 JMF씨가 살던 아파트에서 인터뷰를 진행하던 중에 자리물회를 대접받은 적이 있다.

지 몰라도, 매일 가면 현찰 주니까, 현찰 받아오면, 주머니에 아예 돈이 없으면 안 써버리는데, 매일 현찰이 들어오니까 친구들이랑 한잔씩 먹게 되고, 한잔 또 사야지, 또 한잔 안 사면 친구들끼리 멀어지지, 그러다가 또 일 가다보면, 쉬는 시간에 화투치지. 일하는 현장에서.. 일본 사람이랑 같이 쳐요. 그러다보면, 오후시간에는 일하고 싶지가 않아. 그래서 정신 집중 안 하고 일하게 되면 사고가 나고 ….
(JMF씨, 2009/8/8)

LMH : 고토부키가 지금은 어려워도, 3, 4년(전)까지만 해도, 먹고 놀기는 좋아. 하루하루 생활하기는…

L : 하루하루 생활하기가 뭐가 좋아요?

LMH : 일 나가면 현찰 바로 주지, 식품점에 한국식품, 밥이고, 찌개고, 국이고, 다 있단 말이야, 밥 200엔, 국 200엔, 반찬 200엔만 사 오면, 한 끼는 먹어요. 그러니까, 자다가 누가 뭐라 하는 사람 없지. 일 나가고 싶으면 일 나가고, 돈 떨어지면 또 일 나가고.

LMC : (웃음소리) 흐흐흐흐.

LMH : 돈 있으면 또 안 나가고 … 또 센터에 나가면 또 일 나갈 수 있으니까. 먹고 살기는 좋은 곳이라. 근데 지금은 이젠 아주 어렵지…. (2009/11/7)

일한 그날에 일당으로 현금을 받는 것은 한국인 노동자들에게 “하루하루 생활하기”는 가능하게 했지만, 노동의 즉각적인 현금화는 저축, 절약과 같은 비축적 금전 감각을 둔화시켰다. 또한 작업내용과 작업일자를 자신의 상황과 맞춰서 선택하고 있었다는 것은 불안정한 취업조건과 깊은 관련을 가지는 사항이지만, 매일 일을 해야 한다는 사고방식을 상대화시키는 측면도 동시에 가진다. 그들은 의식/무의식적으로 '고토부키'의 삶에 익숙해져 갔다. 그러나 '고토부키'의 생활이 익숙해졌다고 하더라도 고토부키쵸에 살고 있는 일본인들과의 교류는 거의 없었다. 이것이 극명하게 드러나는 장면이 바로 고토부키쵸의 '월동투쟁(越冬闘争)'이라고 할 수 있다. '월동투쟁'이란 일거리가 없어지는 연말연시에 일용노동자들에게 식사, 잠자리, 의료지원 및 기타 상담 등을 지원하여 추위와 배고픔을 견뎌낼 수 있도록 하는 '겨울을 넘어가기 위한 투쟁'이다. 이 '월동투쟁'은 일본 사회의 최저변을 지탱하며 묵묵히 일하고 있는 일용노동자들의 존재를 증명하는 상징적이며 가시적인 행사이다. 즉, 일본인 일용노동자들의 생명과 직결되는 중요한 행사이지만, 이에 대한 한국인 노동자들의 시각은 다음과 같이 나타난다.

LMI : 내 집이 있고 우리 먹고 사는데 거기 뭐하러 가?

LMH : 우리 아세아비루(산재사고가 발생할 때까지, LMH씨가 살고 있던 고토부키쵸 내부에 있는 아파트)는 거기 딱 붙어 있잖아. 난 해마다 보지.

LMI : 텐트 막 쳐놓고 거기 뭐 하더라고….

LMH : 안 간다니까. 그 사람들은 먹고 오갈 데 없는 사람들이니까. 지금도 금년에도 해. 매주 목요일 날(실제로는 매주 금요일)도 그 공원에서 낮에 찌게나 국 끓여 가지고 수백 명 줄 서 가지고 따라줘. (2008/10/31)

다키다시[炊き出し;식사 공급]에 한국 사람은 절대 안 와요. 한국 사람들은 체면이 있어서, 아무리 배가 고프고, 돈이 없더라도, 절대로 저기 안 가요. 다른 한국 사람들이 볼까봐서라도 안 가요. (LMC씨, 2009/1/5)

근래에는 생활이 궁핍한 한국인 노동자들이 증가하고 있지만, "먹고 오갈 데 없는 사람들"을 위한 식사 제공에 한국인들은 자신의 체면을 지키기 위해 가지 않는다. 한국인 노동자들이 '월동투쟁'에 대해 단순히 "먹고 오갈 데 없는 사람들"에 대한 식사 제공의 의미로 이해하는 것은 '월동투쟁'이 성공했지만 실패했다는 의미로도 해석된다. '월동투쟁'의 가장 중요한 행사인 식사 제공이 정확히 인지된 것은 성공이라고 할 수 있지만, 그 부분만이 전달되었다는 것은 '월동투쟁'의 사상적 측면에서 보면, 실패라고 할 수 있다.

한편 육지 출신인 LMF씨는 고토부키쵸의 각 에스니시티의 영역에 대해서 지적했다.

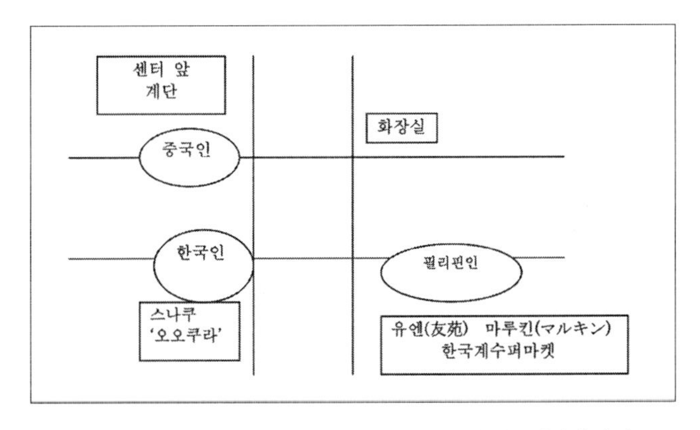

〈그림 3〉 LMF씨가 묘사한 고토부키센터 앞의 각 에스니시티 영역

LMF씨는 위와 같은 그림을 그리면서, 당시의 상황에 대해 "현재는 고토부키센터 앞에 외국인은 없지"만, 2000년대 전반까지만 해도 〈그림 3〉과 같은 광경이었다고 말했다. 일을 얻기 위해서 이른 새벽부터 외국인들이 자신들의 에스니시티 별로 모여서 일을 기다리고 있던 풍경은 마치 '섬'을 연상시킨다. "일본인은 센터 앞을 왔다리 갔다리 했지만, 일본인 고령자들에게는 일거리가 없었다. 그것에 비해 한국 사람, 중국사람, 필리핀사람들은 젊었기 때문에 하루 아르바이트로 일하러 갈 수 있었지"라고 말하며, 각 에스니시티에는 서열이 있음을 지적했다. "순번으로는 한국인, 그 다음은 중국인, 그래도 인원수가 모자라면 필리핀사람"이라고 말하며, "일본인과 얼굴이 비슷하고, 일도 잘 한다"는 것이 선발 결정 이유였다고 말했다. 고토부키쵸에서의 자신의 경험을 바탕으로 르포르타주를 쓴 필리핀인 작가 레이 벤튜라는 '섬으로서의 고토부키 사람들'이라는 표현을 사용했다(ベントゥーラ 2007: 176-178). 그는 '필리핀인의 섬', '코리언의 섬', '야쿠자의 섬', '코뮤니스트의 섬' 등으로 하나의 섬으로 보이는 것들 가운데는 '또 다시 세부적인 섬으로 나뉘어져 있다'고 하면서, 하나의 집합체로 보이는 어떤 카테고리 내부의 다양성을 지적했다. 이러한 지적은 육지 출신의 한국인 여성의 구술에서도 발견된다.

> LFD : 고토부키쵸에 그 당시에 제주도팀, 전라도팀이 있었어요. 그래서 제주도 사람이 아니면 …. 나도 몇 년 전에 여자 이렇게 일하는 데가 있어요. 호박이다, 야채다 … 여자들도 남자(일자리)가 있듯이 있더라구요. 그래서 저도 몇 번 가본 적 있는데, 거기도 제주도 여자들만 있어요. 근데, 이지메를 해요.

나도 일본에 와서 제주도 사람들 이렇게 많이 알게 되었지, 한국에서는 만나 본 적이 없어요. 서울에서는 …

LMH : 나두 마찬가지야. 여기 와서 제주도 사람인지 알지, 구경도 못했어 한국에서는 ….

LFD : 그래 갖구, 그 겐바[現場;현장]에 갔을 때도 여자들이 열 몇 명씩 제주도 여잔데, 이지메를 해요.

L : 이지메를 어떤 식으로 해요?

LFD : 그러니까 자기네들 밥줄이 끊어질까봐, 뭐 츠야쿠[通訳;통역]를 해주면 … 우린 며칠 아르바이트를 간 거니까, 츠야쿠를 해주면 그중에 이지메를 하고 그러더라구요. 며칠 하라고 했는데, 그냥 하루만 하고 온 적도 있지만 …. 일을 할 때, 우린 아무래도 일본말도 좀 하고, 주소 같은 것도 좀 써주고, 못 배운 사람들 많잖아요. 우리도 못 배웠지만, 주소 정도는 쓰는데, 주소도 못 쓰는 사람 많아요. 제주 사람들 그렇게 많다는 걸 일본 땅에서, 고토부키쵸 그 당시는 제주도 팀 아니면 일을 못 받았데요. 요즘은 하도 너무 잡혀가니까, 그냥 제주도 사람 아니래도 갔다 오고 그러지, 예전에는 제주도 사람 아니면 일을 못 받았어요, 고토부키쵸는. 그래도 나는 우리나라에서는 전라도 사람이 젤 센 줄 알았거든요. 근데, 제주도 사람한테 비하면 전라도 사람이 더 밑이래요. (2010/4/18)

LFD씨는 서울출신으로 일본인 남성과 결혼하여 영주권을 취득한 여성이다. 그녀는 고토부키쵸의 다른 한국인들 보다는 구조적 제약에서 비교적 자유로운 위치에 존재했다. 그녀는 한국에서 만난 적 없던 많은 제주도 사람들을 이국땅인 고토부키쵸에서 만나게 된다. LFD씨의 경우, 안정적인 체류자격을 가지고, 일본에 의한 의사소통이 자유로웠기 때문에 그것이 거꾸로 그런 조건을 가질 수 없었던 사람들에게 배제당한 경험을 가지고 있다. 그녀는 특히 '강한 기질'로 일컬어지는 전라도 출신자와 비교하여[73], 전라도사람을 능가하는 존재로서 제주도 출신자를 인식했다.

제주도 출신자와 그 밖의 지역 출신자, 다른 에스니시티를 가진 사람들, 그리고 일본인들에게 보내는 시선, 그 내부의 복잡한 관계성은 시간과 공간의 변용에 의해 바뀌어 간다. 하나의 집합체로 보이는 동일한 에스니티시를 가진 사람들의 무리는, 그 내부에 복수의 이질성을 포함하면서 변용해간다.

2-6. 소결

이 글에서는 외부의 시선에는 '상부상조', '공동생활'로 보이는 고토부키쵸의 한국인 노동자들의 노동과 생활의 내실에 대해, 당사자들의 구술을 바탕으로 고찰했다. 특히 취업구조에서는 상부상조적 관계와 상업적 관계가 합체된 '한국인 오야카타 시스템'이 발견되었고, 고토부키쵸의 한국인 노동자들의 취업형태는 그들의 독자적인 생활세계를 유지시키는 역할을 했다. 그들의 생활세계의 일부를 형성하는 주거환경, 낙찰계, 파친코 등에서 보이는

73) 전라도에 대한 이러한 담론은 지역감정을 조장하거나, 경상도 출신 정치가의 옹호 등 정치적인 맥락에서 자주 이용되어져 왔다. 이것에 대해서는 보다 깊은 논의가 필요하지만, 이 글에서는 생략한다.

복잡한 인간관계에 관해서도 검토했다. 구조적 제약 속에서 한국인 노동자들은 어떤 방식으로 자신들의 일상을 살아가고 있는지 본문에서 제시한 사례들에서 나타난다. 그 결과, 에스닉 커뮤니티는 유토피아가 아니며, 에스니시티의 영향을 받고 살고 있는 사람들은 목가적인 생활자가 결코 아니라는 것이 명확해진다.

또한, 고토부키쵸라는 장소는 개인들이 살아가는 가운데 다양한 전략과 교지가 투쟁하는 장소로 이해할 수도 있겠다. 거대 사회 시스템에 번롱(翻弄)되는 존재인 요세바 고토부키쵸의 한국인 노동자들이 현실을 수용하면서 주체적으로 자신의 삶을 실천해가는 과정을 고찰하는 것에 의해 고토부키쵸라는 장소와 한국인 노동자들의 관계가 한층 명백해진다. 동시에, 구조적으로 제약된 장소에서 배제적 상황을 감수하면서도 생활을 만들어가는 실천이 드러난다. 그것에서 우리는 구조적 열위자(劣位者)의 절망적인 현실에서 대항적인 가능성을 모색할 수 있다.

제3장

일본의 커뮤니티 유니온과 한국인 노동자: 1990년대 전반의 가나가와 시티유니온과 고토부키쵸의 한국인 노동자의 접속

제1절
노동조합 가나가와 시티유니온

1-1. 커뮤니티 유니온의 등장과 의의

커뮤니티 유니온은 지역을 기반으로 노동자 개인의 임의가입을 방침으로 삼아, 개별 상담내용을 중심으로 노동자들의 다양한 요구에 부응하기 위해 1980년대 전반에 일본에서 등장한 노동조합의 한 형태이다. 일본 노동조합의 주류인 기업별 노동조합이 기업, 공장, 사무소를 단위로 정규직 노동자의 일괄가입을 전제하는 것에 비해, 커뮤니티 유니온은 비정규직 노동자와 여성, 외국인, 관리직 노동자 등 누구든지 가입이 가능하다는 특징을 가진다.[74)]

후생노동성(한국의 고용노동부과 보건복지부를 합친 형태의 정부부서에 해당)의 노동조합 기초조사[75)]에 따르면, 일본의 노동조합 추정 조직

74) 커뮤니티 유니온은 지역합동노조를 이어받는 형식으로 형성되는 경우가 많았지만, 이윽고 지역에 관계없이 관리직유니온, 여성유니온 등 목적별로 조직된 커뮤니티 유니온이 생겨나게 된다.

75) 후생노동성, 2022년도 노동조합 기초조사 개괄적 현황 참조. 출처: https://www.mhlw.

율(전체 고용자수 중 노동조합원수가 차지하는 비율)은 매년 감소하고 있다(2022년 6월 30일 집계, 16.5%). 이와 비교하여, 비정규직 노동자[76]의 노동조합 조직율은 여전히 소수이지만 증가추세를 보인다(2022년의 경우, 전체 노동조합원 중 차지하는 비율은 14.1%, 추정 조직율은 8.5%).

더욱이, 비정규직 노동자가 일본의 전체 노동자수의 3분의 1 이상을 차지하는 현실은 비정규직 노동자의 조직화가 일본의 노동조합이 해결해야 할 긴급 과제라는 것을 나타낸다.[77]

한편, 2008년에는 일본 최대의 내셔널 센터(national center)[78]인 연합[連合;렌고]이 '비정규노동센터'를 설립하며, 적극적으로 비정규직 노동자의 조직화에 노력할 것임을 표명했다. 세부방침 속에는 외국인노동자의 조직화도 포함되었다. 또한 외국인지원 NPO가 외국인노동자의 조직화를 위해 새롭게 노동조합을 설립하는 움직임도 있었으며[79], 기존 단위 노동조합들이 외국인노동자의 조직화에 동참하고 있다.

커뮤니티 유니온에 관한 선행 연구에서는 커뮤니티 유니온을

---

go.jp/toukei/itiran/roudou/roushi/kiso/22/index.html (2023/8/1 확인)

76) 본래 후생노동성의 통계에서는 비정규직 노동자가 아니라 '파트타임 노동자'라는 명칭으로 집계하고 있다. 후생노동성의 정의에 따르면, '파트타임 노동자'란 한 사업소의 일반 정규직 노동자보다 하루의 소정된 노동시간이 짧거나, 일주일의 소정된 노동일수보다 적은 노동자 및 사업소에서 파트타이머, 파트 등으로 불리는 노동자를 지칭하고 있으므로, 이 글에서는 '파트타임 노동자'를 비정규직 노동자로 표기하기로 한다.

77) 총무성이 5년 마다 시행하고 있는 '취업구조 기본조사'의 2022년도 조사 결과에 따르면(2023년 7월 21일 발표, https://www.stat.go.jp/data/shugyou/2022/index2.html), 파트타임과 아르바이트 등 비정규직 노동자의 비율이 36.9%로 예년도보다는 감소했으나, 30년 전과 비교하여 2배가량 상승했다.

78) 내셔널 센터란 노동조합의 전국 중앙조직을 가리키는 말로, 연합, 전노련[全労連;젠로렌], 전노협[全労協;젠로쿄]의 세 연대체가 내셔널 센터로 간주된다.

79) 미등록 외국인들의 '체류특별허가' 요구운동을 중점적으로 지원해 오던 APFS(Asian People's Friendship Society)가 2007년에 노동상담 부문을 분리하여 APFS 노동조합(APFS Union)을 결성했다.

'자발적 조직'이라는 조직원리 측면과 '사회비판적 존재'라는 역할 측면을 강조한다(田端, 2003). 유형적인 부분, 특히 참가형식과 구성원에 초점을 둔 분석에서는 '제너럴 유니온의 일본적 형태'(熊沢, 1996), '새로운 형태의 지역노동조합'(河西, 2001)이라는 관점이 있다. 한편, 사회적 역할에 주목한 분석으로는 커뮤니티 유니온의 활동을 신사회운동론과 연관해서 분석한 것이 있다. 예를 들면, '새로운' 노동운동(小谷, 1999, 2001a, 2001b), '노동운동과 사회운동의 일체화'(高木, 2000), 'NPO형식의 노동조합'(福井, 2003), '사회운동적 노동운동'(鈴木, 2005; 福井, 2005) 등이 있다.

또한, 선행연구에서는 커뮤니티 유니온을 '열린 노동조합'으로서의 가능성과 재정부족 그리고 조직화의 어려움에 대해 지적하고 있다. '사회적 약자에게 열려있는 노동조합'이라는 커뮤니티 유니온의 성격은, 일본의 기존 노동조합의 성격, 즉 '남성 정규직 사원 중심의 기업별 노동조합'이라는 폐쇄적 성격과 비교해보면, 새로운 노동운동으로 현저하게 부각된다. 한편, 커뮤니티 유니온의 '참신성'에 대한 강조 때문에 커뮤니티 유니온이 아닌 형태의 노동조합의 노동운동을 사회운동과 단절된 것으로 비약시킬 우려가 있다.

1897년 일본의 첫 노동조합인 '기성회(期成会)' 설립 이후, 일본의 노동운동은 사회의 다양한 문제와 민감하게 반응하면서 진행되었기에 사회운동적 성격이 강했다. 1950년대부터는 춘투를 중심으로 한 총평[総評;소효][80]의 노동운동이 미일안보투쟁, 환경, 지역, 반핵운동 등 일본 사회에 깊이 관여하고 있었지만, 1970년

80) 총평은 일본노동조합총평의회의 약칭으로, 일본 최대의 전국적 노동조합의 중앙조직이었다. 1950년에 결성되어 1987년에 결성된 연합에 합류되어 1989년에 해산했다.

대 석유파동을 계기로 일본의 기업별 노동조합의 활동은 점차 기업 내부화되었다. 그 후 기업별 노동조합의 활동은 노동운동 보다는 조합원들의 고용안정에 중점을 둔 노동조합운동으로 변해갔다. 지역에서는 소수이지만 중소영세노동자의 조직화를 위해 지역(합동)노조가 설립되고 있었다. 이런 노동조합은 지역사회에 한층 더 밀착한 형태로 노동운동을 벌렸다. 그 흐름을 현재 커뮤니티 유니온이 이어받고 있다. 커뮤니티 유니온이 새로운 노동운동처럼 보이는 것은 커뮤니티 유니온이 현재 일본의 노동운동판에서는 마이너리티라는 것을 반증하고 있는 것이라 할 수 있다.

비정규직 노동자의 증가와 그들을 받아들이고 있는 커뮤니티 유니온에는 노동운동분야에서도 학술분야에서도 큰 관심이 모아졌다. 그러나 커뮤니티 유니온의 사회적 존재 의의가 주목되는 반면, 커뮤니티 유니온의 조합운동이 가능할 수 있는 사회적 배경, 공간적 요소, 인간관계에 주목한 연구는 여전히 부족하다.

이런 상황에 따라, 필자는 비정규직 노동자의 저변이라고 할 수 있는 외국인노동자의 조직화를 위해 집중적으로 활동해 온 커뮤니티 유니온 중 하나인 가나가와 시티유니온(神奈川シティユニオン)의 토대 형성기인 1990년대 전반의 활동에 주목하여 분석하고자 한다. 당시 '유니온'의 조합원 다수를 차지하고 있던 사람들은 요코하마의 고토부키쵸에 살고 있던 한국인 노동자였다. 본문에서는 1980년대 후반에서 1990년대 전반에 걸쳐 고토부키쵸에서 독립/고립된 생활세계를 고수하고 있던 한국인 노동자들이 어떻게 해서 일본의 노동조합인 가나가와 시티유니온에 연결 될 수 있었는지, 그리고 한국인 노동자들의 노동조합 가입과 이탈이 무엇을 의미하는 것인지를 검토할 것이다.

1-2. 가나가와 시티유니온의 조직 개요

가나가와 시티유니온은 1984년 6월에 '한 사람이라도, 누구라도 가입할 수 있는 노동조합' 가나카와 지역분회(神奈川地域分会)로 결성되어 1991년 3월에 가나가와 시티유니온(이하, '유니온'으로 표기)으로 명칭을 변경한 커뮤니티 유니온이다.[81] 소속 상부단체는 '전일본조선기계 관동지방협의회(全日本造船機械関東地方協議会)'이며, '커뮤니티 유니온 전국 네트워크(コミュニティ·ユニオン全国ネットワーク)'[82]에도 가입하고 있다. 지금까지 해결해 온 주요 노동문제는 ① 도산·해고문제, ② 산재·손해배상문제, ③ 임시직·비정규직 노동자 문제, ④ 외국인노동자 문제 등으로 연간 300건이 넘는 노동상담을 하고 있다.

---

81) 본 노동조합이 처음으로 외국인노동자를 받아들일 것을 표명했을 때, 상부단체는 외국인노동자의 조직화의 어려움과 비현실성을 이유로 "외국인을 조직하려거든, 일본인부터 조직해라"며 반대하였다. 상부단체와 노동운동 활동가들을 설득하기 위해, 당시 서기장이었던 M씨는 상부단체가 주최하는 합숙에 참가하여 '외국인노동자의 현 상황'에 관한 공부모임을 준비했다. 그 때, 고토부키쵸에서 한국인들의 상담을 하고 있던 마리아씨가 외국인노동자가 처한 상황에 대해서 발표했다. 그러한 설득의 결과로 노동조합 관계자들은 "M씨가 한다고 하면 말리 수가 없다"는 판단으로, 노동조합은 본격적으로 외국인노동자를 조합원으로 받아들이기 시작한다. 그러나 당시는 주변 노조로부터 '모래와 같은 노동조합', '실험적인 노동조합'이라는 식으로 부정적으로 평가되어 외국인노동자의 조직화는 무모한 노동조합활동으로 인식되었다.

82) 커뮤니티 유니온은 1983~1984년 무렵부터 결성되어 활동을 시작했다. 그 당시 총평은 '파트타이머 교류집회'를 개최하여 파트 노동자의 교류의 장을 제공하고 있었지만, 총평의 해산으로 인해 중지되었다. 그래서 파트 노동자를 다수 조직하고 있던 커뮤니티 유니온들이 스스로의 힘으로 교류집회를 대신할 독자적인 교류의 장을 만들자는 의견이 나왔다. 에도가와유니온(江戸川ユニオン)이 연락 창구을 담당하여 준비하고 있을 때, 아오모리(青森)의 히로사키유니온(弘前ユニオン)이 교류집회를 주최하겠다는 의사를 표명하여, 1989년 10월, 히로사키시에서 제1회 전국교류집회가 열리게 되었다. 당시, 전국에서 24개의 단체와 100명의 참가자가 있었고, 여기서 상시적인 유니온 네트워크 결성이 제안되었다. 그 이듬해 제2회 교류집회가 오이타(大分)에서 개최되었다. 여기서 히로사키에서의 제안을 받아들여 전국적인 협의체 결성이 결의되어, 커뮤니티 유니온 전국 네트워크가 탄생한다(浜村·長峰, 2003: 65).

'유니온'에 요청되는 상담건수는 다른 외국인을 조직하고 있는 노동조합과 비교해보면 월등히 높다. 노동자가 노동조합을 선택할 때, 판단기준이 되는 정보원은 전단지와 광고지 이외에도 노동상담으로 어느 정도 해결한 경험이 있는 지인·친구의 소개가 많다. 특히, 외국인노동자의 경우는 정보원이 입소문일 경우가 거의 대부분이다. '유니온'의 상담건수가 많은 것은 다른 노동조합보다 월등한 해결력을 가지고 있다는 것과 외국인노동자들이 신뢰감을 가질 수 있도록 각국의 리더적인 존재가 스태프로 활동하고 있기 때문이다. 언어의 장벽을 가지고 있는 외국인노동자에게는 모국어로 자신의 상황을 듣고, 공감해 줄 수 있는 사람이 있다는 것 자체로도 안심하게 되며 신뢰감이 증가한다.

'유니온'의 활동 특징은 다음 두 가지로 들 수 있는데, 첫째, 해고, 임금체불, 산재 등의 피해를 입으면서도 자신의 권리를 주장할 수 있는 방법을 모르는 채, 경영자에게 착취당하는 외국인노동자, 특히 미등록노동자가 자신의 권리를 주장할 수 있도록, 그리고 노동조합에 가입할 수 있도록 문호를 열었다[83]는 것이다. 둘째는 많은 외국인노동자와 함께 투쟁하며, 박탈된 권리에 대한 회복을 통해 외국인노동자 전체의 역량강화에 힘쓰는 것이다.

이러한 '유니온'의 활동은 여러 약점이 있다고는 하지만, 기업

83) 본 노동조합이 처음부터 외국인노동자를 받아들일 수 있었던 것도, 마리아씨와 일본인 U 신부가 고토부키쵸로 가서 한국인 노동자의 상담활동을 하다가, 본격적인 노동상담을 위해 노동운동가 M씨를 섭외하여 함께 고토부키쵸에서 상담활동을 전개했기 때문이다. 고토부키쵸는 매립지로 제2차 세계대전이 끝난 후 미군정이 점령하여 사용하고 있다가 철수한 뒤, 본래 이 매립지의 주인이었던 일본인들에게 땅을 사들인 재일코리언들이 이곳에 투자하여 간이숙박소 건설을 하게 된다. 요코하마의 노게(野毛)지역에 있던 일용노동시장이 고토부키쵸로 이전하면서 고토부키쵸에는 일용노동시장 겸 간이숙박소의 공간으로 형성되었다. 재일코리언들은 간이숙박소의 경영자 혹은 관리자로 일하면서 자신의 고향 친척과 지인들을 이곳으로 불러들이기도 했다.

의 횡포에 어떤 저항도 할 수 없이 '그냥 참고 견뎌야' 했던 외국인 노동자에게 용기를 주고, 그들이 인간으로서의 존엄성을 회복할 수 있도록 큰 힘이 되고 있다.

2010년 기준으로 '유니온'의 1,000명이 넘는 조합원들 중 약 850명가량이 외국인노동자였다. 노동운동 분야의 M씨(1949년생, 일본인 남성)와 외국인지원활동을 해오던 마리아씨(1937년생, 제주도 출신 여성, 1975년 일본 귀화)와의 1990년의 만남으로 '유니온'의 방향성은 결정되었다.

〈표 5〉 가나가와 시티유니온 조직 개요(2010년 7월)

정식명칭	가나가와 시티유니온
결성	1991년 3월
사무소	가와사키시(川崎市) 사이와이구(幸区)
조합원수	963명(2009년)
상근직	위원장(1명), 서기장(1명), 서기차장(1명)
집행위원	집행위원장, 부위원장(4명), 서기장, 서기차장(3명), 회계감사(2명), 집행위원 〈총 29명〉
정기대회	연 1회, 임원선출은 전원 투표 방식
집행위원회	월 1회 〈전략 회의〉
스태프	사무국 스태프(13명), 라틴아메리카 담당스태프(8명), 필리핀 담당스태프(1명), 한국 담당스태프(2명)
스태프회의	월 1회 〈전술 회의〉
재정규모	3800만 엔(2009년 결산)
주수입원	조합비 월액 3,000엔, 해결금 기부(라틴아메리카 출신 노동자는 1.8%, 기타 출신은 1.6% 임의 설정)
지출상황	활동비(교통비, 식비), 사무소 유지비, 스태프 임금 등
공제 제도	없음

1-3. 가나가와 시티유니온의 변천: '북풍 유니온'(1991년~1996년)에서 '남풍 유니온'(1997년~현재)으로

'유니온'의 조직형태와 활동에 주목하면 두 가지의 시대구분이 가능하다. '이주노동자와 연대하는 전국 네트워크(移住労働者と連帯する全国ネットワーク)'의 정보지인 『M네트(Mネット)』 2005년 6월호 권두 에세이에 실린 M씨의 글에서 그 단서를 찾아볼 수 있다.

> 가나가와 시티유니온은 한국인·필리핀인·라틴아메리카인의 노동상담이 많은 유니온이지만, 최근 10년간의 상담건수를 비교해보면, 필리핀노동자의 상담은 10~30건으로 변동이 별로 없으나, 한국인·라틴아메리카인의 노동상담은 크게 변화하고 있다. … 언젠가부터 한국인 노동자가 많던 시티유니온이 라틴아메리카 노동자의 노동상담이 많은 시티유니온으로 변화했다. 한국인의 노동상담이 많았던 1991년부터 1995년경의 노동상담의 스타일은 '북풍 유니온'이었다. 1995년경 야쿠자습격사건과 1997년 형사탄압사건을 거쳐, 1999년 무렵부터는 자동차·전기관련 직장에서의 라틴아메리카 노동자의 해고 증가를 계기로 '남풍 유니온'으로 변화했다. 이후의 노동상담 스타일은 나의 직감으로는 '유연한(ヌッタリ) 유니온'이 좋지 않을까하고 생각한다. 라틴아메리카 노동자의 생활감각에 시티유니온의 활동스타일이 익숙해져 가는 것이 좋다. 그런 활동스타일의 전환이 가능여부가 가나가와 시티유니온의 미래를 크게 좌우할 것이다. …

여기서 '북풍/남풍'이라는 비유를 M씨는 '유니온'의 활동을 되돌아보며 사용하고 있다. '북풍'은 '유니온'의 어떤 특정 시기의 상황에 대해 M씨가 설명하는 단어이다. '유니온'이 대외적으로 투쟁노선을 강화시켜 고립되었던 시기를 '차가운 바람=북풍'이라고 M씨는 표현한다. 그것에 대해 '따뜻한 바람=남풍'이라는 단어로 M씨는 '북풍' 투쟁노선에서 완만하고 느릿한 '유니온'의 스타일 전환을 나타낸다. '북풍 유니온'에서 '남풍 유니온'으로의 전환은 라틴아메리카 노동자들의 노동현장에서의 문제가 많이 발생했던 1997년경부터 시작된다.

'유니온'의 노동조합으로서의 방향성도 동시에 변화하고 있다. 이 변화는 우선 다음과 같은 상황에 대응하고 있다. 1990년대 전반은 '유니온'의 조합원의 거의 대부분은 한국인이었으나, 그 후 한국인의 상담건수가 격감했다. 한편, 1990년대 후반부터 라틴아메리카 노동자의 상담건수가 급증했다. 상담 내용에는 업종의 변화가 현저히 드러나며, 최근 2, 3년간에 한국, 필리핀, 이란 등 건설, 항만, 시내의 소규모 공장 관련 상담에서 페루, 브라질, 볼리비아 출신 노동자들의 자동차, 전기, 식품 등의 제조업 관련 상담으로 변화했다.

'북풍 유니온' 시기는 주로 한국인 노동자를 대상으로 노동조합 운영이 가능했다. 그러나 '남풍 유니온' 시기에는 20개국이 넘는 에스니시티를 가진 조합원들을 노동조합에 가입시켜 활동해야 했기 때문에 '북풍 유니온' 시기와는 전혀 다른 어려움과 조우하게 된다. 그 결과, 종래의 노동조합이 중시해왔던 '단결'과 '통일'로는 노동조합의 조직 운영에 무리가 생겼다. '단결'이 전부였던 시대에서 노동조합 자체를 '유연한' 네트워크 조직으로 만들어갈 필요성에 봉착했다. '유연한'이란 표현은, 단결하여 투쟁하는 이미지가 강한 노동조합과 달리, 종래의 이미지에 구속되지 않고 때에 따라 임기응변으로 조직의 방식을 변화시키는 것을 두려워하지 않는 조직의 운영 방식을 의미한다. 따라서 '유니온'은 의식적으로 여러 종류의 단체들과 연대와 공동투쟁을 위해 네트워크를 만들어 갔다. 이런 변화는 '유니온'이 놓여 있는 상황과 실천의 변화를 의미한다. 이제부터 '유니온'의 활동 특징과 그 변화를 시기별로 설명하겠다.

1-3-1. '북풍 유니온' : 구제해야할 외국인노동자

'유니온'의 초기의 활동은 '눈앞에서 어려움을 겪고 있는 사람을 우선 구해낸다'는 것이었다. 초기의 노동상담은 산재의 손해배상에 주력했고, 기업과의 협상에서 좋은 결과를 냈다. 이런 종류의 실적 축적은 곧 전형적인 사례가 될 것이라는 판단이 있었기 때문이다. M씨가 특히 추구했던 것은 외국인 노동현장에서의 노동법의 전면 적용이었고, 그 결과로 일본인노동자와 외국인노동자의 평등한 대우였다.

우선, 외국인의 입장에 서서 "일본인과 같은 인간이며, 같은 노동자다"라는 인식에서부터 노동법을 전면적으로 적용시켰다. 그러나 M씨는 외국인노동자의 권리확대를 위한 평등한 적용을 요구하게 되면서 갖가지 저항에 부딪쳤다. 노동쟁의라는 활동을 통해 전형적인 사례를 만들어가는 것이 1995년, 1996년까지 계속되었다. 많은 수의 미등록 한국인 노동자들은 요코하마라는 지역적 조건의 영향으로 주로 항만업, 건설업에서 일하고 있었다. 항만, 건설 작업에서 고용된 신분의 차이에서 오는 차별은 당연한 것이라는 사고방식에 대해, '유니온'은 '평등대우'를 요구했다.

당시, '북풍노선'을 취한 이유는 두 가지로 볼 수 있는데, 첫째는 해당 기업들이 '유니온'을 상대해주지 않았기 때문이다. 현재는 전화 한 통으로 기업들을 단체교섭에 불러낼 수 있으나, 당시는 단체교섭을 요청해도 기업은 이를 무시하여 교섭에 임하지 않았다. 1990년대 전반에는 일반기업들이 '유니온'을 노동조합으로, 외국인노동자들을 한 사람의 노동자로 인식하고 있지 않았기 때문에, 우선 외국인노동자를 일본인노동자와 동일한 노동자로 인식시키는 것이 무엇보다 필요했다. 따라서 해당기업들이 단체교섭에 응하지 않을 때에는 데모(일일행동[84])와 재판을 통해 기업의 책임을 추궁할 경우가 많았다.

둘째는 조합원 다수가 체류자격을 가지지 않는 미등록 노동자라는 신분적 한계가 있었지만, 그들이 경험했던 노동현장의 심각한 인권침해 상황은 공적인 장이었던 일일행동, 집회[85] 등을 통해 노동자 스스로의 적극적인 참여를 요구했다. 미등록 노동자였기 때문에, '불법'체류라는 불안감과 산재로 인한 처참한 상황으로 인해 조합원들은 서로의 다양한 데모에 참가함으로써 권리를 쟁취하지 않으면 안 된다는 절박한 심정이 조합원 내부의 단결심을 강화시켰다. 또한 같은 이유로 인해, 지속성이 확보될 수 없었다. 즉, 미등록 한국인 노동자들은 불안정한 일자리, 유동적인 주거지, 그리고 공권력의 단속 대상이라는 이유로, 자신의 노동문

84) 일일행동은 노동자가 본 노동조합에서 상담을 할 경우, 우선 회사에 통지서를 보내어 사실 확인을 하고, 회사와 노동조합 간의 단체교섭을 요구한다. 단체교섭을 회사가 무시 혹은 거부한 경우 일일행동이라는 데모를 하게 된다.

85) 본 노동조합에서의 집회 참가는 노동운동 계통의 집회뿐만 아니라, 반전운동, 반핵운동, 강제징용, 정신대 등의 보상요구운동 등 사회운동 계통의 집회에도 참가하고 있다.

제가 해결되면 '유니온'을 떠나갔다. 새로운 노동현장에서 '유니온'의 조합원이라는 것이 알려지면 해고가 될 위험도 있었다. 그 때문에 계속적으로 '유니온'에서 활동하는 미등록 한국인 노동자는 극소수에 불과했다. 그러나 이런 토대 형성기를 거친 후 '유니온'의 활동은 점차 변화를 맞이하게 된다.

1-3-2. '남풍 유니온' : 노동조합의 주체로서 외국인노동자

일본에서 라틴아메리카 노동자가 증가하기 시작한 것은 1987년 무렵이었다. 당시는 일본경제가 호조를 띠던 시기로, 엔고와 경제격차가 증대한 시기였다. 1990년 6월 '출입국관리 및 난민인정법'의 개정으로 '불법' 취업에 대한 단속이 강화되는 한편, 일계인노동자의 취업이 허용되어 그 이후로 일계인이 많은 라틴아메리카로부터의 유입이 급속도로 증가했다. 일계인노동자들이 많이 취업하고 있는 작업장은 자동차나 전기 관련 대기업의 하청업체였다. 1997년 이후, 자동차, 전기 관련 기업의 대량 정리해고, 임금체불 등이 압도적으로 증가하고 있다. 이런 문제들로 인해, 1990년대 후반 일계인노동자의 노동조합 가입이 촉진되었다. 또한 지리적인 특성이 '유니온'에 '남풍'을 불게 했다. '유니온'이 있는 가와사키라는 지역성이 케이힌(京浜) 공업지대[86]의 노동자의 접근을 용이하게 했다.

86) 케이힌 공업지대는 오오타구(大田区), 가와사키시, 요코하마시를 중심으로 도쿄도(東京都), 가나가와현(神奈川県), 사이타마현(埼玉県)에 펼쳐져 있는 공업지대로, 일본의 4대 공업지대 중 하나이다.

'북풍 유니온' 시기와 비교하여 가장 큰 변화를 보인 것은 노동조건에 관한 상담이 증가한 것이다. 이전에는 외국인노동자가 노동법을 몰랐기 때문에 자신이 부당한 처우를 받고 있는 것 자체도 모르고 있을 경우가 허다했다. 그러나 한번 노동현장에서 문제가 생겨 노동조합을 방문하게 되면, 그곳에서 처음으로 노동자들은 '월차', '임금인상', '잔업대금 할증', '고용보험' 등 법률상의 규정을 알게 된다. 그것이 노동자 자신의 경험이 되어 새로운 직장으로 옮겨가더라도 자신의 노동조건에 대한 올바른 인식을 가지게 하여 노동자로서의 '권리'의식이 향상되고, 자신에 대한 기업 측의 부당한 대우에 대항의식이 생겨난다.

'남풍' 시기에 들어선 '유니온'에는 두 가지의 과제가 명확히 드러났다. 첫째는, 조합원이 노동문제를 해결한 후에 유니온과 자신의 직장을 떠나버리는 것이었다. 그 경향은 '북풍 유니온' 시기 때부터 변함없이 강력하다. 예를 들어, 해결하고 그대로 직장에 남아 있게 된다면, 노동조합은 그 후에도 노동자의 노동조건에 관해 회사 측과 교섭할 수 있으며, 그것에 의해 노동자와 노동조합의 관계가 유지될 수 있다. 그러나 직장에 그대로 남는 사람이 약 30% 정도로, 70%는 다시 다른 직장으로 옮겨갔다.

둘째는, 일일행동이라고 불리는 공공 장소에서의 공개된 집회의 참가율이 그다지 높지 않다는 것이다. 대다수가 합법적 체류자격을 가지고 있는 일계인의 경우는 미등록 외국인노동자와 비교해볼 때, 문제해결에 대한 절실함이 비교적 낮다. 미등록노동자의 경우는 "이것 외에는 방법이 없다"고 여기지만, 일계인노동자의 경우는, "여기가 안 되면 다른 곳으로 가면 된다"라는 사고방식이 지배적이기 때문이다. 그러므로 조합원으로서 노동조합 활동에 참가하고, 노동자로서의 자각을 가지고 활동을 할 수 있도록 하기 위해서는 노동조합 자체가 일계인노동자의 참가를 촉진시키는 요소들을 구비할 필요성에 맞닥뜨리게 된다.

이런 문제에 대한 '유니온'의 대응은 다음과 같다. 우선, 일일행동과 집회를 '축제'적인 이벤트로 만드는 것이다. M씨는 이하와 같이 언급했다.

> (노동조합에 오게 된) 동기가 되는 트러블이라든가, 노동상담을 끝내게 되면, 다른 매력이 없는 한, 재미가 있다던가, 노래를 잘한다던가, (그런 것이) 없는 한 (노동조합에) 남지 않는 것이 당연하죠. (M씨, 2005/12/24)

"재미가 있다", "노래를 잘 한다"라는 요소는 언뜻 보기에 노동조합과는 전혀 관계없는 것으로 생각될 수도 있겠지만, 이것은 현재의 가나가와 시티유니온이 조합원들과의 관계를 지속시키기 위해서 선택한 방법이다. 예전부터 '유니온'의 독자적인 조직문화로서 정착한 '단코부시[炭鉱節;탄광노동요]'[87], '다이콩오도리(大根踊り;무춤)'[88] 이외에도 외국인노동자들의 나라와 문화에 관련되

87) 단코부시는 원래 후쿠오카현(福岡県)의 탄광노동자들이 불렀던 민요이다. 본 노동조합의 '단코부시'는 한국의 대표적인 민중가요인 '임을 위한 행진곡'과 일본의 대표적 노동운동이었던 '미쯔이미이케 쟁의(三井三池争議)'의 발상지가 같다는 취지에서 단코부시의 무용을 결합한 것이다. 조합원들이 다함께 큰 원을 만들어 '임을 위한 행진곡'을 부르면서 일본전통의 서민무용을 추는 것이다.

88) 다이콩오도리는 원래 동경농업대학이 대학축제 때 사람을 모으기 위해서 양손에 무를 들고 춘 것으로 시작되었다. 본 노동조합의 '다이콩오도리'는 다음과 같은 노래에 맞추어 무를 양손에 들고 춤을 춘다. 가사 내용은 "시티유니온 요-토이데(추임새). 모두가 웃는 얼굴로 모여든다. 항상 무라야마(M씨의 이름)는 외친다. 오늘은 닛산, 내일은 도요타. 어떨 때는 너무 심할 때도 있네. 소래, 요-토이데, 요-토이데(추임새). 연간 백 번의 액션데이. 산재은폐는 용서 못한다. 오늘도 무라야마는 외친다. 오늘은 소니에서, 내일은 도시바. 어떨 때

는 노래와 춤 등이 '유니온'의 정기총회, 신년회, 송년회, 집회, 기타 행사에서 빼놓을 수 없는 중요한 행사로 이것은 외국인노동자들의 응집력으로 작용한다. 외국인노동자가 증가함에 따라, '유니온'의 조직문화의 레퍼토리도 차츰 확대해 간다. 일본의 기존 노동운동의 관점에서는 누락되는 이런 활동들을 '유니온'에서는 전략적으로 채택하고 있다. '유니온'을 구성하는 사람들의 가치와 신념, 관습 등이 '축제'적인 이벤트에 의해 교환되면서 외국인노동자들과 노동조합이 상호 연결되는 것이다.

둘째는, 외국인 조합원 속에서 '유니온'의 스태프로 채용하여 외국인 스태프와 일본인 스태프가 함께 '유니온'을 운영하는 것이다. 노동조합 회의의 광경에서도 '유니온'이 어떤 분위기에서 서로의 의견을 개진하고 있는지 보여준다. 다음 인용은 노동절집회 주최 측으로부터 '유니온'의 일계인노동자의 스피치를 부탁받은 건에 대한 회의 장면이다.

M씨 : 모니카가 히비야(日比谷)[89] 메이데이(노동절 행사)에 발언하고, 단테가 가나가와(神奈川) 메이데이에서 발언하도록 부탁받았는데. … 단테는 요즘 아무튼 길게 발언하네요. 단테도 말을 한번 시작하면 끝내지를 않는데. 그래서 모니카씨는 히비야 메이데이인데, 통역은 N군에게 부탁할 거고. 단테의 발언은 너무 길어. 하지만 히비야 메이데이는 3분 발언으로, 정말 짧아. 그러니까 어쨌든 확실하게 말을 하는 것이 좋아. 큰 목

는 허세도 있네. 소래(추임새), 돌진! 돌진!"이다.

89) 히비야는 동경 치오다구에 있는 지명으로, 동경을 중심으로 활동하는 노동조합들은 노동절 때, 주로 히비야공원에 모여서 행사를 치른다.

소리로. 그래서 본인이 말하고 싶은 거 말하고, (통역하는 N군은) 이렇게 말하고 있다고 통역하면 되잖아. (모두, 웃음)

K씨 : 그렇다면, N군이 꼭 통역 안하고 다른 사람이 해도 똑같지 않나요?

S씨 : 근데, 스페인어를 조금 아는 인간들이 있기 때문에, 역시 의논을 미리 해두는 것이 좋을 거야.

M씨 : 단테는 몇 분 정도 발언할 겁니까? 5분이건 10분이건 괜찮아요. 단테는 자유롭게 발언하시고, 마이크 뺏는 일은 없을 테니까. 히비야 메이데이는 마이크 뺏으니까. 마이크 뺏으려고 하면 꽉 잡고 … (M씨는 마이크를 잡고, 안 빼앗기려는 포즈를 취함) … 어차피, 다들 안 듣고 있으니까, 큰 목소리로 하고 싶은 말 다 말하세요.

S씨 : 자기 맘대로 말하고 싶은 거 말하면 돼요.

M씨 : 노래를 불러도 되고. 99%는 못 알아들어. 뭘 말해도 … (스태프회의, 2006/4/22)

메이데이 당일 집회에 와서 일계인노동자의 스피치를 본 참가자들에게서, "뭘 말하는지는 전혀 모르겠지만, 감동적이다", "일계인노동자가 모국어인 에스빠뇰로 말하는 모습은 당당하고 멋있다" 등의 반응이 나왔다. 언어가 통하지 않은 채 진행시키는 것은 어느 정도 문제가 있지만, 언어가 통하지는 않더라도 같은 노동자로서의 연대가 형성되는 순간이기도 했다.

'남풍 유니온' 시기에는 20개국 이상의 국가에 온 노동자들을 조합원으로 받아들이고, 함께 활동할 수 있기 위해서는 여러 가지 모색이 필요하다. 내용은 거의 이해되지 않는 노동절에서의 연설과 노래, 춤 등의 활동은 기존의 노동조합 활동과는 상당히 동떨어진 단순한 유희로도 비춰질 수도 있다. 그러나 이러한 형태의 '유니온'과의 관계 설정이 외국인 조합원들에게 조합원으로서의 의식을 어떤 방식으로든 자각시키고 있다. 이렇게 '유니온'의 활동 속에서 외국인노동자 스스로가 노동조합의 중요한 주체로서 자리매김하게 된다.

1-4. 가나가와 시티유니온의 네트워크

'유니온'의 상부단체인 '전일본조선기계 관동지방협의회'의 내부에는 본부 가입 조합과 본부 미가입 조합이 있는데, '유니온'은 본부 미가입 조합인 가나가와 지역노동조합에 소속되어 있다. 가나가와 지역노동조합이란, 산별 연합 산하에 있는 '전조선기계노동조합'에 소속한 '전일본조선기계 관동지방협의회' 산하에 조선, 기계 이외의 산업 분야를 받아들여 만든 노동조합이다. '유니온'은 '전일본조선기계 관동지방협의회'의 산하에 있으나, 연합에는 소속되어 있지 않다.

'유니온'은 그 모체인 '전일본조선기계 관동지방협의회(이하, 전조선)'의 노동운동을 계승함과 동시에, 가나가와지역의 노동운동, 시민운동, 민간단체와의 네트워크를 적극적으로 만들어 가고 있다. 가나가와 지역노동조합과 전조선의 운동의 계승이라는 측면에서는 가나가와 산재직업병센터와 미나토마치 진료소의 인적, 사회적 자본을 효과적으로 활용하여 산재문제를 해결하고 있다.

또한, '유니온'은 외국인노동자를 조직하면서, 외국인지원단체와 종교단체 등 NPO와도 적극적으로 네트워크를 맺고 있다. 그런 관계 속에서도 외국인노동자 문제에 관심을 가진 인재들을 등용하고 있다. '유니온'은 종래의 노동운동이 방치하고 있었던 외국인노동자 문제에 몰두하게 되면서, 노동운동 이외의 분야에 속하는 사람들과 노동운동가와는 다른 감성을 가진 활동가들도 참가하기 쉬운 환경을 만들고 있다. 그것이 바로 '유니온'이라는 조직을 채색하고 있다.

M씨는 '전일본조선기계 관동지방협의회'로부터 '가나가와 지역분회'('유니온'의 전신)에 파견된 오거나이저(organizer)[90]이다. M씨 이외에도 '전일본조선기계 관동지방협의회'로부터 풍부한 경험을 가진 활동가들이 '유니온'에 다수 임용되기도 했다. 기업과의 교섭은 주로 M씨가 담당하는데, M씨는 자신이 산재 피해자로 장기간에 걸쳐 니혼코칸(日本鋼管)[91]과 산재인정 투쟁을 했으며, 그 후로도 동료 노동자들의 산재투쟁을 지원해 온 경험을 가지고 있다. 당시의 기업교섭과 노동기준감독서(労働基準監督署)[92]와의 교섭의 경험과 노하우의 축적이 '유니온'의 활동에 지대한 영향을 미치고 있다.

가나가와 산재직업병센터, 미나토마치 진료소 등 산재문제의 베테랑 단체와의 연계가 산재인정 투쟁을 진행함에 있어 상당히

---

90) 오거나이저의 약칭은 '오르그'이며, 노동조합이나 정당의 조직 확충을 위해 본부에서 파견 나와, 노동자 혹은 대중 속에서 선전, 권유활동을 하는 사람을 뜻한다.

91) 니혼코칸(현재, JFE 엔지니어링)은 일본 굴지의 제철회사의 옛 명칭이다. 1912년에 일본 최초의 강관제조회사로 설립되어 민간 철강업의 선구적 역할을 해 온 기업이다.

92) 노동기준감독서는 후생노동성의 각 지방노동국 관내에 수 곳 설치된 파견기관으로, 각 지방노동국은 주로 후생노동성의 내부의 노동기준국의 지휘감독을 받으면서 관내의 노동기준감독서를 지휘감독한다. 노동기준법에 정해진 감독행정기관으로서 노동조건 및 노동자의 보호에 관한 감독을 하는 곳이다.

효과적이다. 원래 가나가와 산재직업병센터와 미나토마치 진료소는 '전일본조선기계 관동지방협의회'의 힘 있는 구성조직이기에 '유니온'과는 인적으로 중첩된다. 오히려 가나가와 지역분회(즉, 가나가와 시티유니온)는 가나가와 산재직업병센터가 노동조합의 형태로 기업과 교섭하기 위해 결성된 측면도 있다. 이런 배경들을 생각해보면, '유니온'의 전문분야가 산재상담이란 것은 당연한 결과이다.

'유니온'은 성희롱, 가정폭력 등의 문제에 대해 전문적인 지식과 경험을 가지고 있지 않기 때문에, 이 분야에서 풍부한 지식과 경험을 갖고 있는 NPO 미즈라(女のスペースみずら), NPO 사라(女性の家サーラ―) 등과 연계하여 대처한다. 또한 미즈라 등 NPO는 기업과의 단체교섭권이 없으며, 교섭의 노하우와 경험도 없기 때문에, '유니온'과의 연대투쟁으로 문제해결에 큰 힘을 가질 수 있다. '유니온'은 개별과제의 해결에 있어서 다른 단체들과 서로의 약점을 보완하고, 쌍방의 노하우와 인적자원을 활용한다. 이것은 다른 조직과의 제휴에 의해 생겨난 긍정적인 측면이라고 할 수 있다.

〈그림 4〉에서 보여지는 바와 같이, '유니온'은 다수의 단체, 조직과 네트워크를 형성하여 연대하며 함께 투쟁하고 있다. '유니온'은 다양한 요구와 이해에 따라 여러 노동조합과 NPO와의 네트워크를 형성하여, 자신의 껍질 속에 갇히지 않고 다양한 문제에 대해서도 과감하게 활동할 수 있게 된다. 이것은 네트워크로 연결된 인권, 환경, 사회와 관련된 시민단체, NPO의 층이 두터워질수록 '유니온'의 활동도 사회적으로 더욱 확대될 수 있는 가능성을 시사한다.

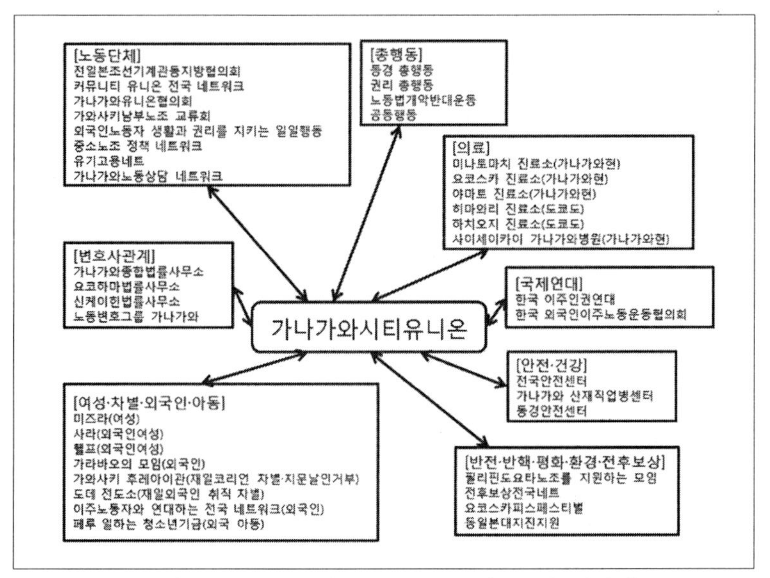

〈그림 4〉 가나가와 시티유니온의 네트워크(2011년 3월 현재)

'유니온'에서 외국인노동자의 조직화에 중요한 역할을 한 단체는 1992년에 설립하여 2002년에 해체된 '가톨릭 요코하마교구 체일외국인과 연대하는 모임(カトリック横浜教区·滞日外国人と連帯する会)'이다. 이 단체는 가톨릭성당을 찾아오는 외국인에게 보다 적극적인 지원을 하기 위해 설립되었다. '한국 데스크', '필리핀 데스크', '라틴 데스크',를 설치하여 외국인들을 지원했다. 특히 마리아씨는 '한국 데스크'의 담당자로서도 활동하고 있었기 때문에 '유니온'과는 우호적 연대관계에 있었다.

'유니온'과 '체일외국인과 연대하는 모임'은 상호 기능분담을 하고 있었는데, '유니온'은 노동조합으로서의 단체교섭권과 교섭력을 충분히 발휘하여 '체일외국인과 연대하는 모임'에서는 상담 받은 노동자들의 노동문제를 해결했다. 한편, '체일외국인과 연대하는 모임'은 종교단체가 가지는 풍부한 인적자원을 활용하여 외국인노동자의 인터뷰와 통역을 담당하면서 '유니온'의 활동을 지원했다. 이러한 노동조합과 종교조직과의 관계는 일본에서는 선례가 없었다. 이런 관계가 형성될 수 있었던 것도, 마리아씨와 M씨의 만남으로 이루어진 것이라 할 수 있다.

마리아씨는 '유니온'의 활동으로 상당히 바빴기에, '체일외국인과 연대하는 모임'의 '한국 데스크'의 전화선을 '유니온'의 사무실 내부로 이설해서 활동을 지속시켰다. '유니온'의 활동은 시민운동단체적 성격을 가지고 있는데, '유니온'이 외국인지원단체인 '체일외국인과 연대하는 모임'의 일부를 포함하는 형태를 띄고 있었기 때문에 외형적으로도 시민운동과 외국인지원을 하는 단체의 성격을 함께 구비하는 노동조합이 될 수 있었다. 이것은 노동조합에 대해 저항감을 가지고 있던 사람들에게도 접근하기 쉬운 분위기를 생성했다.

외국인노동자를 조직하고 있던 다른 노동조합들이 외국인 커뮤니티와의 연결고리를 갖기 어려웠던 것에 비해, '유니온'은 '체일외국인과 연대하는 모임'을 통해 외국인 커뮤니티와의 연결이 비교적 용이했다. 외국인 커뮤니티와 연결되면서, '유니온'은 외국인노동자가 가지고 있는 다양한 문제를 파악할 수 있었다. 그러나 유감스럽게도, '체일외국인과 연대하는 모임'을 이끌던 신부가 사임한 후, 가톨릭 요코하마교구에서 이 단체의 존폐에 대한 논쟁이 있었다. 대규모의 자금 사용이 문제가 되어 '체일외국인과 연대하는 모임'은 2002년에 해체되었다. M씨는 당시의 심경을 "자신의 몸이 찢어지는 것 같았다"고 표현했다. 원래, '한국 데스크'는 유니온 내부에 있었기 때문에, 그대로 유지될 수 있었지만,

'필리핀 데스크'의 일부 활동가와 '라틴 데스크'의 활동가는 '유니온'으로 옮겨와서, 이 활동을 지속하게 된다〈그림 5〉. '체일외국인과 연대하는 모임'은 '유니온'에게 있어서 혁신적인 기회를 제공한 중요한 단체였다.

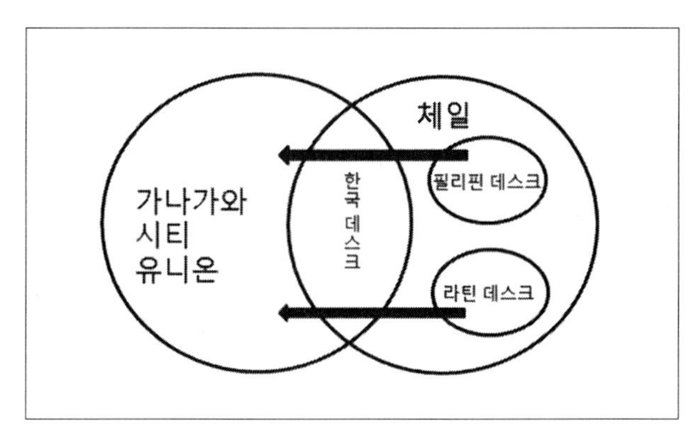

〈그림 5〉 가나가와 시티유니온과 '체일외국인과 연대하는 모임'의 관계도

제2절
가나가와 시티유니온과 한국인 노동자와의 접속

2-1. 사상적 규제의 내면화

1990년대 초반 어떤 경위로 한국인 노동자들이 가나가와 시티유니온이라는 일본의 노동조합과 연결되었을까? 고토부키쵸의 한국인 노동자들이 노동조합에 가입하는 것을 주저하지 않았는지에 대한 질문에 마리아씨는 다음과 같이 대답했다.

> 왜 꺼려하지 않아? 꺼려했기 때문에 갔잖아. 사람들이. 그러니까, 거기 가라바오카이(カラバオの会)가 있지? 있는데, 또 여기서 의료반도 가고 그랬는데, 거기 상담을 했는데, 사람들이 가지 않았잖아. 그 소리를 듣고서 내가 가기 시작했잖아. 그렇지만, 그렇다고 해서 내가 갔다고 해서 금방 오지를 않잖아. 모르는 사람인데. 그래서 우리 천주교 신자 분들을 찾아서 한 사람 한 사람 찾아다니게 되지. 신부님도 따르고 있으니까. 여러 가지 힘든 일이 많을 테고, 고생도 많고, 이런 저런 말 하면서, 실은, 신부님이고 난 신자인데, 아저씨들

고생하는 거, 아줌마들 고생하는 거, 무슨 일이라도 도와 줄 수 있을까 생각해서 이렇게 찾아왔습니다. 매주일 7시 되면 갔었다. (마리아씨, 2008/10/24)

당시 마리아씨는 한국 수미다 투쟁단의 전 일정(238일간)을 돌봤다. 그것이 마리아씨에게는 사회운동 참가의 첫 경험이었다. 쟁의 해결 후 "마음이 허전하고 뭔가 해야 될 것 같다"고 생각할 즈음, 제주도에서 온 친척으로부터 고토부키쵸에 제주도 사람이 아주 많이 살고 있다는 이야기를 듣게 된다.

때마침, 고토부키쵸의 한국인에 관한 이야기를 다른 경로로도 듣게 된다. 고토부키의 멤버에게서 "고토부키쵸에는 이렇게 한국인이 많은데 누구 한 사람도 상담하러 오지 않고, '월동투쟁(越冬鬪爭)'[93]에도 전혀 참가하지 않는 것은 정말 이상해요"라는 말을 듣게 된다. '고토부키쵸에서 무언가 벌어지고 있다'고 감지한 마리아씨는 U신부와 함께 고토부키쵸로 간다. 두 사람은 자신들을 성당의 신부이며, 신자라고 소개하며 고토부키쵸에 정기적으로 드나들면서 한국인들의 상담활동을 벌이게 된다. 두 사람은 자신들의 종교성을 강조하는 방식으로 소개하면서, 고토부키쵸의 간이숙박소를 돌아보았다. 그 이유는 다음 구술에서 명확해진다.

처음은 한 사람만. 그 사람이 또 저 사람들은 이렇고 저렇고 무슨 일 당한 사람들 있으면 이러쿵저러쿵하면서 서로 서로가 입으로 통

93) 연말연시는 많은 기업들이 휴일을 맞게 되는데, 일용직노동자들에게는 그 기간 동안 일거리가 없어지는 것을 의미한다. 월동투쟁은 겨울, 특히 연말연시를 버티기 위해 행하는 정치투쟁을 포함한 갖가지 활동을 가리킨다.

해서, 말로 통해서, 우릴 찾아오게 되잖아. 그래서 한 달 두 달쯤 되었을 때는 열 대 여섯 명 이상이 오거든. 그렇게 된 이유를 묻게 되지. 왜 아저씨들 불이익을 당해도 산재해서 다쳐도 이렇게 도와주는 데가 있는데 왜 안 찾아가느냐고 물으니까, 저기서 올 때 반공교육을 받고 왔다고. 반공교육을 받고 왔기 때문에 일본에 가서 누가 좋은 말로 접근해오거든, 조총련이라고 알라고, 했기 때문에 그때까지 반공교육이니까, 그때는 공산당에 대해서 말도 못하고 할 때 아니야. 자기 집에서 한 사람이 그런 일이 생기면, 자기뿐만 아니라 가족 전체, 친척까지 폐를 끼치던 때 아니야. 그러니까, 혹시나 와서 조총련을 만나게 된다면은, 만났다고 한 걸 알게 된다면은, 자기들은 완전히 죽은 목숨이라는 거야. 그래서 다리가 부러져도, 손가락이 잘려도, 아무 소리도 못하고 자기대로, 아니면, 자기들이 한국으로 돌아가서 치료를 하고 있댄다. 일반 사회에 대한 문제가 많잖아. 사회생활 안에서 생겨나는 건 그냥 보통 사람들과 똑같이 다 있는 거야. 있는 건, 그냥 조합원이 아니라도… 그런 것 때문에, 혹시 무슨 일이 있으면 자기들만이 아니라, 가족 전체 친척까지 폐를 입히게 되니까, 처음부터 밖에 나가지 않고 그냥 있는 것이 좋겠다고 생각해서 안했다고. 그리고 다리 부러진 사람이 한국 가서 치료 받기도 하고 그랬댄다. 그래서 일반 문제는 그렇게 하는 도중에, 사람들이 많이 모이기 시작하게 된 거야. (마리아씨, 2008/10/24)

마리아씨와 U신부가 자신들의 종교성을 전면에 내세운 것은, 한국인 노동자들에게 자신들은 '조총련'과는 관계없다는 메시지를 간접적으로 전달하는 작용을 했다. '가톨릭 신자는 공산주의와 관련 없다'는 것은 한국인들에게 공유된 인식이었으므로, 조금씩 한국인들은 마리아씨와 U신부에게 마음을 열었다. U신부의 로만칼라와 마리아씨가 세례명인 '마리아'로 불린 것도 사람들이 외우고 부르기 쉽게 한 기능도 있었으나, 무엇보다 '조총련', '공산주의'와 관계없다는 상징적 기능을 했다.

또한 고토부키쵸에는 제주도 사람들이 많이 살고 있었기 때문에 공동체의식이 강한 그들에게 같은 제주도 사람인 마리아씨를 향한 친밀감은 강해졌다. 마리아씨와 한국인 노동자 사이의 신뢰가 싹트면서 한국인 노동자들은 안심하고 자신의 사정에 대해 말할 수 있게 되었고, 점차 한국인 노동자들은 자연스레 모여 들었다.

마리아씨의 구술 속에서 판단되듯이, '일반사회', '사회생활', '보통 사람들'이라는 용어를 사용하여, 고토부키쵸는 한국인 노동자들의 '일반사회'이기도 하며, 그들은 그 속에서 '사회생활'을 하고 있는 '보통 사람들'임을 감지할 수 있다. 단, 그들의 경우는 어떤 특수한 '구조적 제약' 가운데 '일반사회'를 살아가고 있기 때문에, 자신들을 속박하는 '구조적 제약'을 자신들 스스로 초월하거나 감수하면서 살아가고 있었다. 그들은 외국인 지원단체에 도움을 청하지 않음은 물론이고, 오히려 피하고 있었다. 이유는 한국인 노동자들이 직면하고 있던 '구조적 제약' 이전에 이미 그들을 더욱 고립시키는 '사상적 제약'이 강력히 존재하고 있었기 때문이다.

그들의 '사상적 제약'을 나타내는 키워드는 '반공교육', '조총련', '연좌제'를 들 수 있다. 그들이 여권을 취득하기 위해서 이수해야 했던 것은 바로 '소양교육'이었다. 한국인 노동자에게 '사상적 제약'의 굴레를 씌운 것은 '소양교육'이었으며, 그 기본적인 신념이 되는 '반공정신'은 한국 사회에서 '반공교육'이라는 형태로 재생산되고 있었다. 한국인들이 체화하고 있던 '반공정신'은 해외로 가는 한국인들에게는 '소양교육'이라는 공적 장치에 의해 한층 강화되었다.

2-2. 한국의 여권제도와 '소양교육'

한국인 노동자들은 자신들이 실제적으로 생활하고 있는 일본사회와, 한국인사회의 외부와는 결코 연결되고 싶어 하지 않았던 한국인 노동자들의 멘탈리티를 규정하고 있던 것은 과연 무엇이었을까? 그 단서가 되는 한국의 여권제도와 그것을 취득하기 위해 필수적으로 이수해야 했던 '소양교육'에 대해서 간단히 기술하겠다.

1980년대까지 한국 사회에서 여권은 일종의 'VIP 증명서'와 같이 취급될 정도로 취득하기 어려운 것이었다. "선택받은 특권층만이 김포공항의 국제선 청사를 통과할 수 있고, 여권을 소지한 사람은 권력자와 연결되어 있다"고 간주되었다. 여권을 소지하는 것 자체가 하나의 사회적 지위의 표식이었다. 1983년 이전까지는 일부의 무역업 종사자에게 '상용여권', 외교관 및 국가공무원이 해외출장을 나갈 때 '공용여권', 그리고 해외에 있는 삼촌 이내의 친척이 손을 써서 해외공관에서 초청장이 보내져 왔을 때만 도항할 수 있었다. 또한 젊은 사람이 여권을 소지할 경우는 국비유학생 또는 유학자격시험 합격자의 '유학여권'이 거의 유일한 방법이었다.

1980년대부터는 폐쇄적이었던 한국정부의 해외여행에 관한 규제가 점차 완화되었다. 1983년에는 50세 이상에 한해, 일 년 동안 200만 원의 관광예치금을 의무지우고 해외여행을 허용했다.[94] 이것은 한국 역사상 최초로 인정된 관광목적의 해외여행이었다. 1987년에는 45세 이상으로 변경하여 해외여행자에게 부과했던 '관광예치금'제도와 3개월 이내에 귀국해야한다는 '귀국계약서'를 폐지하게 되어, 해외여행 허용조건이 완화되었다. 1988년에는 해외여행 허용 연령이 40세 이상으로, 동년 7월에는 30세 이상으로 다시 변경되었고, 해외 방문회수 2회 제한 규정이 철폐되었다. 1989년부터는 연령제한이 없어지고 해외여행 자유화 조치가 내려졌다(김연진, 1990). 이러한 변화는 1987년 6월 노동자대투쟁 이후의 민주화의 성과이며, 1985년까지 적자를 기록하고 있던 경영수지가 1986년부터 흑자로 돌아선 것, 그것은 1980년대 후반 이후의 3저 호황(저금리, 저유가, 저달러)에 의한 효과이기도 했다. 그리고 무엇보다도 1986년 아시안게임과 1988년 서울올림픽의 영향으로 더 이상 한국은 폐쇄적인 사회를 고수할 수 없게 된 것이다(석혜원, 2008: 134-135).

여권발급을 위해서는 사진이 부착된 신분증명서와 같은 '소양교육필증'을 제출하는 것이 의무였다. 1978년부터 '한국반공연맹'[95]은 해외여행자에 대한 '소양교육'을 담당·실시해왔다.[96] '소양교육'은 주로 북한의 공작원들이 한국인 해외여행자들에게 접

94) 당시의 물가지표로 판단하면, 50세 이상의 특권층에게만 해외여행을 허용했음을 알 수 있다.

95) 1954년 이승만대통령과 대만의 장개석 총통이 주도하여 설립한 '아시아민족반공연맹'의 한국지부가 원류이다. 이 지부는 1963년 1월 '한국반공연맹'으로 개편되었으나, 1989년에 '한국자유총연맹'으로 재개편된 반공단체이다.

96) 그 이전에는 '대한공론사(1953~1978)'라는 영자신문 및 해외홍보용 책자를 발간하던 언론사가 '소양교육'을 실시했다(류상수, 2007: 39).

근해 왔을 때의 대응책에 관한 교육이었다. “공산주의자들의 공작에 휘말리지 않도록 하기 위한 경계심, 국가시책에 대한 정확한 이해, 바른 국가관 확립을 통한 국위선양, 신변안전을 위한 보안유지사항, 기타 해외여행시의 주의사항과 필요사항을 교육했다”(류상수, 2007: 39).

해외여행 자유화 조치 이후에도 모든 해외여행자를 대상으로, ‘소양교육’이 실시되었다. 신원확인조사가 상당히 엄격하게 이뤄졌기 때문에 정치적 사건에 연류된 사람들, 또는 ‘연좌제’에 걸린 사람들은 여권발급을 기대할 수 없었다.[97]

이하에서는 ‘소양교육’에 관한 구체적인 기억들을 두 종류의 개인 블로그[98]에서 인용하고자 한다.

> 장충동 국립극장 부근이라고 기억이 되는데 수많은 사람을 강당에 모아 놓고 교육을 시켰는데, 강사라는 분이 나와 강의도 하고 영화도 보여 주면서 교육을 시키고, 나중에 끝나면 필증을 주는데 이것도 유효기간이 있어서 만료되면 다시 교육을 받아야 했다.
>
> 당시에 본 영화는 일본에서 어찌 어찌 하다가 잘못하여 조총련한테 협박을 받고 포섭을 당해 심히 고생하다가 자수했던가 아니면 잡혀가든가 하는 내용이었다. 해외 가서 실수 한 번에 일생 망친다는 교육영화다. 그리고 강사의 교육내용은 외국에 나가서 주의해야 할 사항을 상당히 강조한 나머지 심히 불안스럽게 만든다.

97) ‘소양교육’은 1992년 6월 이후가 되어서야 폐지되었고, 이에 신원확인도 간소화되었다.

98) 필자가 2008년에서 2010년에 걸쳐 본격적으로 인터뷰를 했던 한국인 노동자들은 대부분이 1990년대 이후에 일본으로 입국했기 때문에 ‘소양교육’을 명확히 기억하는 분을 만날 수 없었다. 그래서 개인 블로그를 인용하여 ‘소양교육’이 어떻게 개인들을 규정했는지를 구체적으로 제시하고자 한 점 양해 바란다.

첫 해외여행에서 일본 교토에서 일본 사람들과 단체관광을 다니는데 창밖에 건물의 글씨를 보고 나는 그만 깜짝 놀랐다. 아마도 조총련 국민학교였는지 빨간 한글 글씨로 "김 아무개를 찬양하는 봐서는 안 될 표어"를 써 놓았는데, 버스에는 한국인이 나 혼자였다. 내가 보고 싶어서가 아니라 차창을 통해서 눈에 보여도 심히 불안스러웠다.

외국에서는 명함도 건네지 마라, 혹시 그 명함이 흘러 흘러 빨갱이한테 가면 큰일난다라고 주의를 주는 사람도 있었다. 해외에서의 견문보다 안전 귀국이 더욱 중요한 시절이었다.[99)]

언제부터 없어졌는지 모르지만 아니 지금까지 실시하고 있는지 모르지만 내가 미국에 올 때 정부에서 실시하는 해외여행자 소양교육이라는 것이 있었습니다. 별로 관심 두지 않고 통관의례로 치렀기 때문에 자세한 내용은 기억할 수 없습니다만 아마 3일간 해외개발공사 강당에서 교육을 받았던 것 같습니다. 교육이란 게 해외에 나가서 만나는 동족을 조심해라, 특히 친절하게 접근하는 사람들을 경계하라, 친분이 생기면 반드시 사상공작을 걸어올 것이고 자기도 모르는 사이에 포섭되어 빠져나올 수 없는 올무에 걸리게 된다, 뭐 그런 내용으로 일관되는데 골목마다 붙어있던 "이웃에 오신 손님 간첩인가 다시보자" 하는 벽보와 대동소이한 반공 반북 경고였던 거 같습니다.

물론 여행허가를 받기 전에 중앙정보부에서 매우 엄격한 신원조회를 했기 때문에 본인도 모르고 있던 친척이 한국전쟁 중 북한군에

---

99) 출처: http://www.itourlove.com/tr/others/oldstory.htm (2010/4/6 확인)

협력한 전력이 밝혀져서 여행이 취소된 사람들도 허다했습니다. 일단 여행허가를 받은 사람이라면 모든 주머니 다 털어서 사상적으로 먼지 나지 않은 사람으로 증명된 것인데 그들에게 또 다시 반공교육을 시켜야 내보낼 수 있었다는 말입니다.

나에게 그 소양교육의 후과는 참으로 대단한 위력으로 작용했습니다. 미소를 머금고 접근하는 한국인들은 일단 모두 북한공작원으로 의심해야 했으며 어떠한 친절도 마음을 열고 받아들일 수가 없었습니다. 그런 동포기피증을 해소하는데 오륙년의 세월을 보내야 했는데 나 자신이 동포에 대한 불신과 경계의식을 해소하는 것으로 풀린 것이 아니라 다른 사람들 또한 나에 대한 불신과 경계 때문에 민족동질성에 회복할 수 없는 깊은 골을 서로가 파고 있었다는 것입니다.[100)]

위의 두 글에서도 그들이 체험하고 있던 '소양교육'과 그 영향력이 나타난다. 특징적인 것은 '소양교육'의 내용보다는 해외에 나갔을 때의 구속력이다. 실제로 감시받지 않을 가능성이 높은 상황에서 조차도 그들은 자신의 모든 행동이 감시되고 있다고 인식했다. 그것이 가능할 수 있었던 것은 권위주의적 독재정권 아래에서 한국 사회 전체를 뒤덮고 있던 반공주의 강화 조치 때문이다. 또한, 가족 전체를 포함한 엄격한 과거 추적조사인 신원조사, 개인 수준의 처벌로는 끝나지 않는 '연좌제'의 공포는 팬옵티콘(panopticon)적 체제를 가능케 했다.

고토부키쵸에 들어온 한국인들도 과잉적 위협에 대해 전혀 의

100) 출처: http://blog.chosen.com/gogerit/1875666 (2010/3/7 최종확인)

심하지 않은 채, 그 가공의 감시체제를 의식하면서 살아가고 있었다. 일본이라는 타향의 땅에 있으면서도, 철저하게 고향에 있는 것과 같은 형태로만 인간관계를 형성해 오고 있었던 원인은 '반공교육'에 의해 내면화 되어버린 자발적 자기검열에 의한 것이라 추정된다. 그렇기 때문에 마리아씨는 "실은, 신부님이고 난 신자인데"라고 자신을 소개하면서, 고토부키쵸의 한국인 노동자들과 만나고 있었다. 종교성을 이용한 접촉은 한국인들에게 내면화된 '레드 콤플렉스'를 건드리지 않고 정치적 이데올로기를 탈색시키는 효과를 가지고 있었다.

2-3. 일본의 노동조합, 가나가와 시티유니온에 가입

한국인 노동자들이 '유니온'에 가입하게 된 것은 마리아씨가 중개역할을 하지 않았다면 실현될 수 없었다. 마리아씨의 구술을 통해 당시 상황을 살펴보기로 하자.

> 그러니까 와곤차[봉고차] 안에서 열대여섯명 모여가지고, 상담을 받고 그랬거든. 어떤 뭔가 있는가, 불편한 점이 있는가, 뭐가 못하고 뭐가 하고 … 그렇게 하다 보니까, 노동문제가 많이 있다는 걸 알았고, 와곤차에서만 한 시간이나 그렇게 이 사람 저 사람 오는 사람들. (고토부키)세이카츠칸[고토부키생활관] 있잖아. 그 앞에 차 대어놓고 있으면 … 세이카츠칸 들어가는데 왼쪽에 죠또 아이테이루쟈나이[좀 비워져 있잖니]? 그 앞에 공원 있고. 그래서 차가 이제 만 원이니까, 어떻게 할 수 없어서 스에요시쵸 성당 신도회관을 빌려 갖고, 거

기서 모였었다. 신부님이 한 차 실어다 놓고 또 가서 또 실어오고. 그래서 그 홀에 많이 사람들. 히노데쵸에 있는 가톨릭 성당이다. 우선적으로 그 사람들이 곤란한 것을 상담 받았지. 상담 받다가 또 신부님이 바뀌면 사용 못하게 되는 수도 있잖아. 그래서 사용하지 못하게 되어서 … 이제 하다가 M씨한테 아무래도 안 되겠다 싶어서 한국 사람들이 하는 데 어떻게 하시겠냐고 좀 노동문제를 … 하고는 싶지만 말을 몰라서 … 와타시가고토바니나리마스[내가 말이 되겠습니다] 이래서 신부님이랑 다니던 걸 이제 M씨랑 하게 되거든. (마리아씨, 08/10/24)

상담 장소의 확보에 곤란을 겪을 정도로 사람들이 모였다. 노동문제와 의료상담이 압도적으로 많았으며, 두 사람은 문제해결을 위해, 의료는 '미나토마치 진료소'에, 노동문제는 '유니온'으로 가져왔다. 한국인 노동자들은 고토부키쵸 내부에서 이뤄지는 의료·상담 활동, '월동투쟁' 등의 행사를 봐왔지만, 그런 행사들이 "자신들과는 관계없는 것"이며, "일본인들의 행사"라는 인식을 가지고 있었다. 한국인노동자들에게 미등록 체류라는 불안정한 지위와 '소양교육'이라는 제도적인 사상적 조치는 일본 사회와 관련된 정보 부족을 초래한다. 이로 인해 그들은 한층 더 고립된 위치에 존재하며 의지할 곳이라고는 오로지 동향인 네트워크 뿐이게 된다.

이런 사태를 파악하고 행동에 옮긴 것이 바로 마리아씨였다. 한국 사회와 일본 사회, 양국의 '경계인'으로서 존재하는 마리아씨의 감수성은 그 자체로 완결된 사회로 보이는 고토부키쵸의 한국인 커뮤니티가 가진 다양한 문제와 요구들을 발견할 수 있었다.

또한 마리아씨는 한국인 노동자들에게 노동조합에 가입을 권하지 않았다. 그것은 매월 납부해야 하는 조합비, 직접 참여해야 하는 조합 활동이 한국인 노동자에게는 부담이 된다고 생각했기 때문이다. 그래서 노동조합에 가입하지 않으면 해결할 수 없는 노동문제를 가진 사람들만 노동조합에 가입하도록 권했다. 1991년에 고토부키쵸에 들어온 제주도 남성은 다음과 같이 말했다.

> 그때는 마리아엄마를 알면서, 같은 고향 제주니까, 우리 동네 형을 통해서 알게 되어, 그땐 몇 사람 안 되었죠. 그땐 사람들 알기에, 이게 조총련 계통이라고 겁나서 안 오더라고. 과정을 모르니까. 그땐 회비가 한 달에 2천 엔씩 내는 거라고 해서, 마리아엄마가 지금부터 돈 안내도 된대. 무슨 일이 생기면 그때 가입해도 된다고. 그땐 사람도 네 사람. 이천엔 써도 그만 안 써도 그만이니, 뭐 이것저것 아무 불편 없어도 그냥 했어요. 난 진짜 잘 냈지. 나처럼 잘 내는 사람 어디 있어요. (JMF씨, 2009/8/8)

JMF씨는 마리아씨를 '마리아엄마'라고 부르며 친밀감을 표했다. 그의 구술에서 1990년대 당시 고토부키쵸의 한국인들은 '유니온'을 조총련계 단체라고 인식하고 있었다는 것을 알 수 있다. 반공교육의 기억을 담지하고 있는 대부분의 한국인들은 노동조합에 대해 '공산주의'와 관련 있는 반정부·반체제 단체의 이미지를 갖고 있었다. 그 때문에 당초 한국인 노동자가 '유니온'에 가입하는 것은 그들에게는 상당히 위험한 모험이었다. 사상적 규제가 있었음에도 불구하고 한국인 노동자들은 그들이 안고 있는 문제를 해결하기 위해 일본의 노동조합에 가입하게 된다.

한편, '유니온'에 가입했으나, 불안 때문에 그대로 떠나버린 사람들도 있었다. 어떤 한국인 남성은 조합사무실 칠판에 써져있는 '조선어교실'이라는 글자를 보고 황급히 되돌아가버렸다. 그는 '조선어교실'이란 글자에서 '북조선말'을 가르쳐주는 교실이라고 이해했기 때문이다. 그 후 노동조합에 절대로 오지 않았던 그는 한국에 귀국한 뒤, 마리아씨에게 다음과 같은 편지를 보내왔다. "…그때 그런 식으로 돌아와 버려서 정말 죄송합니다. 사실은 조합사무실에 써져있던 '조선어교실'이라는 글자를 보고 조총련과 관련 있다고 생각했습니다. 그런데 나중에 그렇지 않다는 것을 알게 되어 사과하고 싶어서 이렇게 편지를 보냅니다…".

또한, '유니온'이 참가하고 있는 '가와사키남부 노조교류회(川崎南部労組交流会)'를 관계자들은 줄여서 '난로코(南労交)'라 부르고 있었는데, 이것을 듣고 있던 한국인 노동자들은, 유사한 발음 때문에 '난로코'를 '남로당'으로 착각하여 "역시, 여기는 공산당(북조선, 조총련)과 관계있는 곳이다"며, 의심이 확증이 되어 노동조합을 떠나가는 경우도 있었다.

이상의 두 에피소드에서 보여지는 것처럼 노동조합에 가입한 후에도 한국인 노동자들의 사상적 제약의 정도가 얼마나 깊은 것인지 부각시켜주는 사례가 빈번히 발생했다.

2-4. 한국인 노동자가 일본의 노동조합의 구성원이 된다는 것

2-4-1. 가나가와 시티유니온 리더들의 의미부여

전술한 '북풍 유니온'에서 다소 언급했으나 이 절에서는 조금 더 심화시켜 한국인 노동자가 일본의 노동조합의 구성원이 된다는 것에 생각해 보기로 한다.

1990년대 전반은 '유니온'의 주요 조합원은 미등록 상태의 한국인 노동자들이었다. 당초 '유니온'은 노동상담이 필요한 미등록 한국인 노동자들을 노조에 가입시켰다. '일일행동'을 통한 쟁의행동을 할 때마다 외국인노동자가 주체로서 참가하는 것은 사회적으로는 큰 충격을 주어 외국인노동자들에게는 주체화의 계기가 되기도 했다.

외국인노동자, 더욱이 미등록 상태의 외국인노동자를 '유니온'이 조합원으로 받아들인다는 것은 상부단체의 반대는 물론이고, 주위로부터 지탄을 받는 일이었다. 그러나 그런 반응들을 무릅쓰고 '유니온'은 외국인노동자의 조직화를 시작했다.

한편, 외국인노동자를 노동조합에 가입시키는 것만으로 조직화가 달성되었다고 보기는 어렵다. '유니온'은 외형적으로는 외국인노동자들이 잘 단결하고 있는 조직으로 보였으나, 외국인노동자 개개인의 주체화 달성 여부에 대한 긍정적인 평가는 아직 이르다. 마리아씨와 U신부가 고토부키쵸로 가서 외국인노동자를 상대로 상담활동을 한 것은 외국인노동자의 주체화와 조직화를 위한 것이기 보다는 현재 일본에 있는, 불안정한 체류자격으로 인해 노동현장 및 생활현장에서 어려움을 겪고 있는 외국인(마리아씨에게는 동향인이자 동포)을 돕기 위한 일이었다. 당시 외국인노동자들이 가장 곤란해 했던 부분은 노동현장에서 발생한 문제와 의료문제였다. 노동문제는 전문지식이 필요하기 때문에 마리아씨도 U신부도 다른 외국인 지원단체들에게도 해결하기 어려운 부분이었다. 그래서 노동조합의 리더이자 노동문제에 있어서는 베테랑이었던 M씨의 도움이 필요했다. 이 이유에서 판단할 수 있듯이, '유니온'은 외국인노동자의 주체화·조직화를 목표로 외국인노동자를 노동조합에 받아들인 것은 아니다. 어려움에 처한 사람들을 '유니온'에서 구해내는 일이 우선과제였다.

노동조합의 오거나이저의 입장에서는 노동자의 주체화와 조직화는 노동조합의 대명제였기 때문에 항상 이를 염두에 두고 있었지만, 외국인노동자의 주체화와 조직화를 주장하기에는 아직 이르다는 판단이었다. 이는 다음 구술에서 명확해진다.

> 그것은 단계의 문제라고 생각해. 현실적으로는 주체화와 조직화가 잘 진행이 안 되죠. 지금도 그 정도로 잘 진행되고 있다고는 할 수 없지만, 그래도 그 당시와 비교해보면 지금은 조금은 진전되고 있어. 그것을 빨리 안하면 안 된다고 생각하는 것과, 조금 시간을 들이겠다는 것은 차이가 있어요. 가나가와 시티유니온에서는 조금 시간을 들여서 진행하겠다는 생각을 가지고 있었지. 그런데 이것에 대해 상담을 해서 문제를 해결하는 것 보다는 주체화와 조직화가 중요하다는 이야기를 많이 들었지. 그것은 대립하는 문제가 아니라, 둘 모두 성취해야만 한다는 … 의식화, 주체화는 그다지 쉽지 않기 때문에 경험의 공유와 의지의 축적이라고 할까, 체험의 공유와 학습, 이 두 가지가 필요해요. … 특히 오버스테이[101]의 문제는 오버스테이라서 갑자기 일본에 계속 있는 것이 본인의 의지와 관계없이 중단될 수 있다는 장애요인을 가지고 있어요. 이것이 또한 조직화하기 어렵

101) 일본에서는 '초과체류(불법체류, 미등록체류)' 상태에 대해 '오버스테이'라고 흔히 표현한다.

게 만들지.…가나가와 시티유니온도 그런 어려움을 극복한 것은 아니에요. 따라서 오버스테이도 가지고 있는 … 조직화의 어려움을 잘 해결하고 있는 곳은 드물어요. 어쩌다가 일계인노동자가 많아져서 일계인노동자는 합법적(체류)이잖아요. 그래서 그 때문에 오버스테이 노동자보다 (주체화·조직화) 하기 쉬운 조건이 만들어져서 하고 있어요. (M씨, 2005/12/24)

당시 외국인노동자의 주체화나 조직화의 방해요인은 조합원 다수가 체류자격을 가지고 있지 않은 미등록 노동자라는 신분의 문제가 가장 컸다. 그러나 그들이 경험하고 있던 노동현장에서의 심각한 인권침해의 상황은 그들이 불안한 '몸'이였음에도 불구하고 '일일행동' 등에 적극적인 참가를 요구했다. 물론 처음에는 노동조합에 대한 부정적 감정은 컸지만, 마리아씨가 몇 번이고 '일일행동'에 참가해야만 하는 이유를 설명했으며, 함께 공유하는 시간이 많아지면서 마리아씨와 M씨의 노력으로 노동조합 내부에는 신뢰관계가 형성되어 동료의식이 생겨났다. 또한 '일일행동'만이 당면문제의 해결책이라는 자각이 생겨나, '유니온'의 '일일행동'은 일반적인 노동쟁의로서가 아니라 '존재증명의 목소리'를 의미하였으며, 강제송환의 위협이 항상 따라다녔지만, 노동현장에서 겪은 사지절단 내지 흉부관통 등의 육체적인 문제를 가진 사람들의 치열한 '목숨을 건 투쟁'이었다.

미등록 노동자이기 때문에 아이러니하게도 구성원들은 더욱 단결할 수 있었지만, 또한 같은 이유로 지속성을 유지하기는 어려웠다. 불안정한 일자리와 잦은 주거의 이동 그리고 단속으로 인한 신변의 위협은 지속적인 노동조합 활동을 방해하는 요인이었다. 그리고 새로운 노동현장에서 자신이 '유니온'의 조합원이라는 사실이 발각되면 해고될 위험이 있었다. 그래서 지속적으로 노동조합에 오는 한국인 조합원은 극소수에 불과했다.

조합원의 정착은 어려웠지만 노동자의 권리에 대한 자각은 다른 곳에서 시작되고 있었다. '유니온'의 조합원이었던 한국인 노동자들이 한국에 귀국한 후 'F. W. M(Foreign Workers Medical Social Service)'라는 사회봉사단체를 만들었다. 이것은 자신들의 일본에서의 체험, '유니온'에서의 경험에서 한국에서 일하는 외국인노동자들과 연계하여 외국인노동자의 인권보호를 위해 만들어진 단체였다. 길게 지속되지는 않았지만 이 시기에 '유니온'에서의 활동으로 인해 외국인노동자의 주체화와 조직화의 징후는 조금씩 나타나고 있었다.

2-4-2. 한국인 노동자가 본 가나가와 시티유니온

고토부키쵸의 한국인 노동자들 사이에 '유니온'은 어떤 식으로 인식되어 있었는지 다음 구술을 살펴보자.

> 원래 내가 여기 와가지고 멋도 모르고, 마리아상이 여기(고토부키쵸) 자꾸 밤에 와서 뭣을 해줬어. 설교를. 설법을 해줬어. 없는 사람들. 연설을 해줬어. 교회(성당)도 다니고, 도와주라고 하고, 봉사하라고. 마리아상 너무너무 좋은 사람이야. 봉사 많이 한 사람이야. 그렇게 해서 내가, ('유니온'은) 외국인들 많이 하는 데지, 누구 없는 사람들. 그럼 나도 가입해볼까 해서. 저기 뉴코리아라는 술집이 있어.

이젠 없어졌지만은. 그 술집에는 아가씨들 삼십 명 놓고, 참 한국에서 백금년, 김머시기, 아이고 다 잊어버렸다. 그 옛날 탤런트, 가수 거기 와서. 요코하마 안에서 세운 거니까 일 년에 한 번씩 왔지. 거기 사람이. 그 마마[주점의 여성 책임자]가 서울 이씨야. 서울 이씨가 이쁘긴 한디 공부를 못한 사람이야. 그 오빠네가 큰 회사를 다말아 먹으니까 일본 오니까 정말 이쁜 사람이야. 일본에 가서도 술집이랑 들어가지 마라 했더니, 일 다니려고 들어갈 때가 술집밖에 더 있나. 그 아가씨가 하다가 그 뉴코리아의 마마가 되었거든. 얼굴도 이쁘고. 그때는 손님이 손님이 미어터지는 거야. 근데, 텐쵸[점장]고 지마마[주점에서 마마를 서포트하는 마마 다음의 책임자]고 부산사람들. 고등학교 선생이었단 사람이 지마마로 아가씨로 들어가거든. 머리 좋은 사람이니까, 조텐쵸라고 하면 가와사키에서 유명한 사람이야. 점도 그렇게 잘 쳐. 심방[무당을 뜻하는 제주도 방언] 아들인데. 그 사람이 다 해먹은 거야. 돈을. 카운터 보면서. (마마가) 글을 모르니까. 다 말아 먹어버리고. 마마는 이 사람한테 돈 빌리고, 월급을 삼십 명한테 주려고 그러니까, 그때는 아가씨 한 명에 삼십오만 엔 주고 거기서 있다 보면 아가씨들이 오십만 엔 넘었어. 마마는 월급 줄 거도 없지, 해먹는 사람 다 말아 먹었지. 그러니까 거기 아가씨가 고발을 한 거야. 돈을 못 받으니까. 우리친구가 거기 주방을 했거든. 우리친구 아이도 돈을 빌려줘서 못 받은 거야. 딴 사람들도 고발을 하라 그랬거든. 마리아상이 도와주니까. 마마는 돈이 전혀 없으니까 줄 수가 없지. 없으니까 고발을 한 거야. (JMC씨, 2008/10/25)

제주도 남성인 JMC씨의 눈에 비친 마리아씨의 고토부키쵸에서의 상담활동은 고토부키쵸의 '없는 사람들'에게 '설교', '설법',

'연설'을 하고 있는 모습이었다. 한편, JMC씨의 구술에서는 1990년대 일본으로 돈을 벌기 위해 입국하는 한국 여성들의 노동 상황이 보여 진다. JMC씨의 말처럼 "일 다니려고 들어갈 때가 술집" 혹은 한국식당일 경우가 많았고, 그 밖에 일본인들과의 접촉이 적은 청소업무, 포장 등의 단순노동에 종사하고 있었다. '술집'에서 일할 경우, 다른 노동보다는 비교적 높은 월급을 받을 수 있었기 때문에 한국여성의 흡인력이 컸다. 부하직원들의 횡령으로 인해 '술집' 여주인은 종업원들에게 임금체불을 하게 된다. JMC씨는 그 "술집" 주방에서 일하는 자신의 친구에게 "딴 사람들도" 선동하여, "마리아님이 도와주니까" '고발' 하라고 권유했다. 당시는 일본인 고용주와의 문제뿐만 아니라 재일교포 고용주 혹은 미등록 상태로 체류 중인 한국인 고용주와의 사이에서의 노동문제도 빈번히 일어나고 있었다. 한국인 노동자들은 '유니온'에는 조합원으로 가입한다기보다는 자신들의 피해사실, 억울한 상황에 대해 마리아씨 혹은 M씨에게 "고발" 한다는 의식이 강했다. 그러나 본격적으로 '유니온'이 고토부키쵸와 연관을 맺어가면서 한국인 노동자들로부터 다양한 반응이 나오게 된다.

> 첨엔 다 싫어했지. 다 모가지 되고, 인부다시하는 사람은 먼저 잘려버리니까. 거기 가면.. 그래서 좆나게 맞는 사람도 있었지. 유니온 갔다고… 그래서 첨엔 유니온 안 갔지. 거기 가면 그 현장은 다 모가지 되지. 책임이니까. 일자리가 끊기지. 그 사람은 다른 일자리도 못 가게 되지. 저놈 일 시켜주지 말라고. 좀 다치고 피해 입어도 좀처럼 못 가지. 워낙 심하게 크게 다치면 모를까. 이도 저도 못할 처지라면… 모르지만. 나중에는 사람들이 많이 갔지. 좋은 데 인줄 알고서

는… 인부다시들은 안 좋아해도 너무 많이 다치면 어쩔 수 없잖아. 조금 다친 거야 그냥 넘어가지만은, 뼈가 부서지거나 그럼 어쩔 수 없잖아. 첨엔 뭐라 그랬지만, 나중에는 야쿠자들도 그런 과정 다 알고, 첨엔 그런 과정이 없었으니까, 첨엔 유니온 같은 거 알아도 거의 아는 사람 없고, 점점 소문나고, 여긴 조총련 그런 데 아니고 좋은 데라고. 짤려도 거기 가면 해고, 그 회사에서 알게 되고, 그럼 함부로 못 짜르지. 본인이 그만두지 않는 이상. 회원으로 가입한 사람들은 이제. 회원이 되면 함부로 이래라 저래라 못하고… 첨엔 가입했다고 이야기 안하고 일하지. 가입했다고 하면 회사에서 싫어하지. 약 8년 다니니까, 너무 일이 없어 가지고 일이 싹 줄어버리니까, 사장이 8년간 일한 증거 있냐고, 난 막 적어놓았거든. 미리 준비해 버렸거든. 언제 갈지도 모르니까 다 적어뒀지. (JMF씨, 2009/8/8)

JMF씨의 경우는 '유니온'의 초기 멤버이다. 그는 고토부키쵸에 유입된 후 빠른 시기부터 '유니온'에 가입했다. 항만관련 회사에서 8년간 근무한 후 해고의 위기에 처했지만, '유니온'의 교섭이 성과를 맺어 직접고용으로 일하게 된다. 그의 취업형태는 고토부키쵸에 살고 있는 다른 한국인 노동자와 비교하면 상당히 안정적인 것이었다. JMF씨의 경우는 상근직이었으며, 일 능력이 인정되어 '유니온'의 교섭에 의해 임금도 인상되었다. 자신의 근무시간과 근무일수, 임금 등을 "언제 갈지도 모르니까 다 적어뒀지"라는 것은 강제송환 혹은 노동쟁의가 발생했을 경우에 대비하여 기록해 둔 것이었다. 노동쟁의에서는 노동자 측이 자신의 근무상황의 증거를 확보해 두는 것이 교섭에서 중요한 결정타가 되는데, JMF씨는 '유니온'과 관계를 맺게 되면서 그와 같은 생존 감각을 터득

했다. JMF씨의 구술에서도 고토부키쵸의 한국인 사이에서 노동조합은 처음에는 아주 꺼리던 존재라는 것을 알 수 있다. 차츰 안심하게 된 한국인 노동자들은 '유니온'으로 가게 되지만, 그것은 그다지 단순한 일이 아니었다. 그와 관련된 상황은 다음 구술에서 드러난다.

> 굉장히 많이 다쳤는데, 되도록 유니온에 안 가려고 노력했어. 손가락 잘리고, 톱으로 팔 잘려서, 한국 사람 다섯 사람(본인, 오야지(십장) 1명, 그 외 3명) 일요일이었는데, 피가 줄줄 나고 그래서 현장 철수했다. 병원 가서 치료 후, 통근 치료 일주일 후에 다시 일 시작했는데 … 또 기계로 허벅지 잘라버려서, 한 시간도 안 되서 사장이 와서 약 사러 갔다. 하지만, 조합 있는 걸 알았지만, 안 갔다. 왜냐하면, 일 해먹기 힘들어지니까 꾹 참고 안 갔다. 맨 첨 다쳤을 때 한 달만 있으면 다 낫는다 그랬다. … 3년 동안 (또 다른) 회사에서 일하다가, 융보[포크레인]에 다리를 다쳤다. 허벅지까지 기브스하니 화장실도 못가고, 기브스도 못 풀고 친구한테 막 머라고 이야기 했다. 이렇게 다쳐 있으니, 밥도 물도 아무도 안 가져다 준다고. … 가와사키(에 있는) 식당에 갔더니 유니온 가면 다 해결해준다고 하더라. … (산재보상 때문에) 재판한다고 2년 동안 있으면서, 거의 일을 못했다. … 재판 20개월 안 되서 끝났는데 460만 엔 받았어. 목발로 일일행동 따라 다녔지. … 재판 끝나고 일하러 다녔다. 맨 첨에 일을 하러 들어가서 착실하게 일하면, (사장에게) 친구나 아는 사람 데려온다고 하면, 일 잘하고 착실한 사람 소개해달라고 해서 데려가면, 육 개월이나 일 년 이상 있게 되면, (내가 소개한 그 한국 사람 입에서) 내가 유니온 가입했다는 이야기가 나와. 일본말을, (나는) 사장과 대화를 잘 안하기 때문에, 그러

다 보면, (나는 결국) 그 좋은 회사 그만두게 돼. … 유니온이라면 고개를 설레설레. 너무 여기서(유니온) 그러니까. … 제주도 사람들은 유니온에 안 오고 거기서(산재보험 사용하지 않고, 회사나 오야지가 치료비를 부담해주는 것으로 자체적으로 해결) 쇼부[승부]를 본다. 대충대충 끝내버린다. 의리가 있어서. 다쳐도 다른 데서(오고) 제주도 오야지 (밑에서) 일하다가 다친 사람은 안 오지. 왜냐면 그 회사가 끊겨 버리니까. (한국의) 다른 지방 오야지한테서(밑에서) 다치면 여기(유니온) 와서 돈 해결해서 (고토부키쵸의) 케이바[경마]에서 돈 다 잃어. (LMF씨, 2009/6/19)

유니온에 가입했다는 게 알려지면 "저놈은 조금만 다쳐도 보상받으려고 유니온에 갔다"고 여기기 때문에 일을 얻으려면 유니온에 간 적이 있다는 거 비밀로 하고 있어. 불이익이 생기기 때문이지. (LMI씨, 2008/10/31)

위의 구술들 속의 공통적인 지적은 '유니온' 가입 사실이 알려지면 주위로부터 가해질 수 있는 제재에 관한 것이다. 회사 및 한국인 동료로부터 괴롭힘을 당하거나 배제될 수도 있었으며, 살인사건이 발생한 적도 있었다. 그런 상황에서 당시 한국인 노동자들은 자신이 참아낼 수 있을 정도의 피해라면 유니온에는 가입하지 않고 계속 일을 하는 쪽을 선택했다. LMF씨는 "제주도 사람들은 유니온에 안 오고 거기서 쇼부를 본다. 대충대충 끝내버린다. 의리가 있어서"라며, 제주도인 커뮤니티의 긴밀함을 강조했다. 타 지역 출신 한국인들보다 일과 생활에서 서로 더욱 밀접한 관계가 있던 제주도인들의 경우, 자신이 노동조합에 가입해서 동향인들에게 피해가 발생할 수도 있다는 생각에 그리 간단히 '유니온'에 가입할 수 없었다.

한편, 아래의 구술에서는 노동조합의 가입에 대해 손익을 계산하는 모습도 보여 진다.

> 내가 유니온에서 6년 동안 일을 하고 있었거든. 6년 걸렸어. 왜냐하면, 산재에서 3년 걸렸지, 재판받는데 2년 걸렸지, 그럼 5년이지. 그래 이래저래 놀다보니 6년 걸리더라구. 6년이란 세월이 흐르더라구. 실지 내가 계산을 하고 그래 보면, 일하는 게 백번 낫더라고. 솔직히. 왜냐하면, 일하는 게 훨씬 낫더라고. 그래서 내가 웬만하면 안 다치고 일을 해야 되겠다. 그렇게 내가 노력을 하고, 웬만큼 좀 다쳐도 그냥 일하고 그러니까 아주 좋더라고. 왜냐면, 사장들이 좋아하더라고. (LMF씨, 2010/4/23)

LMF씨는 '유니온'에서 보낸 시간을 아까워하는 듯 억울한 감정을 드러내며 말했다. 그는 '유니온'에서 6년을 보내는 동안 획득한 산재보험기간중의 보험금과 산재보험 종료 후의 보상금을 합친 금액 보다 6년간 일을 했을 경우가 훨씬 '돈벌이'가 된다고 한다. LMF씨는 다친 몸에 대한 산재보상으로 노동권을 보장받았다는 이해보다는, 노동조합에 오게 되어 놓치게 된 노동기회와 수입을 아쉬워했다.

한편, '유니온'의 활동에서 위화감을 느낀 조합원이 있었음을 다음 구술에서도 드러난다.

> 유니온에 가입한 후, 유니온 선전할 때, 나는 그 당시 장가도 가기 전이었는데, 내가 산재 당한 거, 내가 처한 상황 등 등 그런 걸 유

니온 선전에서 항상 말하고 그랬기 때문에, 아직 장가도 안 간 총각인데, 그렇게 말하면서 돌아다녀서 좀 맘이 안 좋았어요. (JMG씨, 2009/8/7)

제주도 출신 JMG씨는 1991년 12월, 요코하마의 건설현장에서 다리를 다친다. 당시 30대 초반의 젊은 남성이었던 JMG씨는 산재관련 서적을 직접 사서 일어사전을 펼쳐두고 하나하나 읽어 나가며 자신의 산재사고에 대해서 알아보고 있었다. 결국, 그는 '유니온'에 가입하게 된다. '유니온'으로서는 2번째로 가입한 한국인 조합원이었기 때문에 M씨가 고토부키쵸에 가서 상담활동을 할 때 마다 노동조합의 설명 속에 JMG씨의 사례를 자주 이야기 했다고 한다. 당시 미혼이었던 JMG씨는 장애인에 대한 편견을 자신이 짊어져야 한다는 부담 이외에도 자신의 산재 이야기가 퍼지게 되면 장애인이 된 자신에게 누구도 결혼을 꺼려할 것이라는 불안이 컸기 때문에, "아직 장가도 안 간 총각인데, 그렇게 말하면서 돌아다녀서 좀 맘이 안 좋았어요"라고 말했다.

한편, 알루미늄공장에서 기계 조작 시 실수로 오른손을 절단한 LMD씨는 '유니온'에 가입은 했지만, 산재보험의 결과가 나올 때까지 상당히 불안했다고 말한다.

일본에서 연금을 받는 것이 쉬운 일이 아니고, 참으로 어렵다고. 진짜 유니온이 아니면 받을 수가 없지. 월급이 많을 때도 있는데, 그런 것(월급명세서)은 누가 다칠 줄 알고 그걸 가지고 있냐고. (월급명세서) 3장을 제출해라고 하는데. 누가 그걸 다 놓아 두냐고. 그래서 찾아보니까 2장이 있는데, 그게 그렇게 많은 것(금액)도 아니더라고. 중간 정도 되는 걸로, 보내서 감독서에 보내서 이렇게 연금이 결정이 된 거지. 누가 다칠 지 그걸 알았냐고. 다치고 불안한 마음은 말할 수가 없어. 사람이 돌아버릴 거 같더라고. 회사 뿌리치고 나와서, 그렇게 유니온만 믿고 있을 수도 없고, 내가 뭘 할 수 있는 방법도 없고, 가다가 쓰러지고, 사람 눈이 네 개로 보이고… 그렇게 사람이 가더라고… 정신을 엄청 차리고, 헤까닥 해지더라 … 그러면서 (한국) 돌아오면서 좀 낫지. (LMD씨, 2009/8/14)

한국인 노동자들은 아무리 '유니온'에서 자신의 노동문제를 맡아서 해결해준다고 하더라도 결과가 나올 때까지 불안과 긴장에 휩싸일 수 밖에 없다. 한국인 노동자들은 돈도 얼마 벌지 못한 상태에서 산재로 인한 장애는 자신의 미래와 가족에 대한 극한 불안감과 걱정으로 심한 스트레스와 위축감을 경험하게 한다. '유니온'의 활동은 노동자 권리를 부르짖는 노동조합으로서의 활동이기도 하지만, 근본적으로 권리의 사각지대에 머물고 있던 한국인 노동자들의 "일단 구해내는 것"이 급선무였던 당시 '유니온'의 모습이다. 이런 와중에 노동자들의 '조직화·주체화'를 주장하기는 시기상조였다.

'유니온'의 리더인 M씨에 대해 예전에 조합원이었던 사람들은 다음과 같이 평가했다.

같은 민족도 아닌데, 그런 정신, 거기서(유니온에서) 나는 나이도 많이 먹었고, 일본말도 꽤 하니까, 다들 내 말을 좀 듣는 편이었다. 유니온이 모든 걸 초월하고 헌신할 때 굉장히 감명 받았지. 우리도 M씨처럼 저런 정신을 본받아야 된다. 해줘도 되고, 안 해줘도 되는 일

을, 자기 일처럼 베풀고 … 메즈라시이 메구리아이, 캄무료다[珍しいめぐり合い、感無量だ;좀처럼 만날 수 없는 만남이고, 감개무량하다]. (LMB씨, 2009/8/24)

도움이 되었죠. 어쨌든 그게 적은 돈이 아니었고, 생활하는데 도움 되었어요. 일본에서 생활하면서 겪지 못한 경험도 겪었고, 인생에 살면서 큰 도움을 줬어요. 나 일본 가서 다쳐갖고 하반신 못쓰는 것도 아니고, 어쨌든 거기 가서 인생에 큰 경험도 하고, 자신 이런 거에 대해서, 만족도 하니까, 유니온 분들한테 크나큰 도움을 받은 거지요. 평생 갚는다 해도 못 갚을 거에요. 그 사람들이 자기 나라 사람도 아닌데, 같은 유니온 이라는 이름 하나 믿고, 그렇게 자기 일처럼 해 줬다는 게 고마운 거지. 일본 조합원들이 아침 6시, 5시에 자기 일 빼먹어가며, 플랜카드 들고 시위도 하면서, 자기 일도 아니면서 그렇게 해 줬다는 게 너무 고마운 거죠. 한국 사람들 그렇게 해 줄 사람 없어요. 다 내가 헤쳐 나가야 되는 거죠. 한국 사람이랑 일본 사람 차이가 그거에요. … 지금 내가 여기서 생활하고 있다 하더라도, 누가 이렇게 베었다고 해도 한두 번 이야기 해줄 수 있겠지만, 그 긴 기간 싫은 내색 한마디 안하면서, 그렇게 해줬다는 건 어지간한 일이 아니죠. 그 분들에게 폐를 끼친 거지. 그 분들은 같은 조합원끼리 폐라고 생각 말라고, 내가 생각하기에는 자기나라 사람도 아닌데, 자기 일처럼 해줬다는 게 고마웠어요. 난 지금 하라고 해도 못해요. 내가 하는 일 팽개쳐놓고 못해요. 어지간한 정성 가지고 못해요. … M씨 집도 거긴가. 지금도 안경 쓰나, 하여튼 가방하나 들고 씩씩하게 걸어 다녔는데… 하여튼 M씨는 똑똑한 사람이야. 내가 지금 생각해도 엄청 똑똑한 사람이야. 지금은 유니온 많이 커졌죠? 내

있을 땐 힘이 별로 없었거든요, 그 힘없는 데도 계속 싸우고 대단한 분이야. 엄청 열심히 뛰어다녔지. 잠도 몇 시간 못자고. 여기 오라면 여기가고 하루에 전철을 몇 시간 타는지, 그렇다고 유니온에서 크게 월급이 나오는 것도 아닌데. 난 지금도 그렇게 못해요. 내가 그렇게는 못 하죠. … 지금 너무 이기적인 것인지 몰라도 나에게 이익이 발생하지 않는다면 그렇게 못해요. 하여튼 대단한 분들 본받아야 되요. (LMN씨, 2009/8/20)

위의 두 사례에서처럼, 필자가 만난 대부분의 한국인조합원들은 "같은 민족도 아닌데", "자기 나라 사람도 아닌데, 같은 유니온이라는 이름 하나 믿고, 그렇게 자기 일처럼 해 줬다"는 것에 대해 감사하고 있었다. 그들의 대부분은 이국에서 봉착한 위기상황을 '유니온'이 구제해 주었다고 말했다. 한국인 조합원들은 '유니온'을 노동문제를 해결해주는 외국인지원단체와 같은 맥락으로 인식하고 있었다.

2-5. 가나가와 시티유니온의 평가

'유니온'은 고토부키쵸의 한국인 노동상담을 하게 되면서 노동조합 발전의 중요한 계기를 마련한다.

제가, 좀 거칠게 말하자면, 가톨릭성당과 시티유니온은 이것으로 장사가 된 거라고 할 수 있죠. 고토부키 일용노조와 가라바오는 노동조합에 가입시켜서 조합비를 받는다는 감각이 없어요. 처음부터 그것은 고토부키 일용노조의 전통 속에서는 기부금은 받아도, 노조에 가입을 한다고 하더라도 조합비를 낼 수 없는 사람들이잖아요. 고토부키 일용노조는 (조합비는) 무료로 하고, 기부금은 (주면) 받고. … 그래서 '가라바오의 모임'에서도 조금 사례비를 받는 것은 어떤지 논의를 해보았지만, 그것은, 저희들도, 고토부키 일용노조의 전통도 있고, 우리들 시민운동의 전통도 있기 때문에, 시민운동으로 돈을 지불받을 수 없다는 것이 대부분의 생각이었기 때문에, 그런 논의도 있었고, 그런 의미에서는 우리들은 장사가 안 되는 거죠. 원래부터 장사도 아닌 거고. 그러나 노동조합은 그것이 장사이기 때문에, 장사로 해도 되는 거에요. 장사가 된 거구요. 게다가 그것이 양적으로도 질적으로도 상당히 큰 규모로 지원할 수 있었으니까. 노동조합은 정당하게 … 외국인노동자 문제에도 활동하여, 힘든 건 힘들겠지만, 그것을 동시에 노동조합의 발전 계기로 삼을 수 있었던 거에요. 그것은 그것으로 좋다고 생각했죠 (W씨, 2008/12/27)

이 구술에서 알 수 있듯이, '유니온'은 고토부키쵸의 한국인 노동자를 조합원으로 받아들임으로써, 고토부키쵸에서 활동하는 다른 노동조합 혹은 시민단체들 보다 훨씬 조직적 발전을 이룩하며 재정의 안정과 조합원의 확보를 꾀할 수 있었다. 한국인이 품고 있던 노동조합에 대한 경계심은, 마리아씨가 매개가 되어 해소되고 있었다. 그래서 한국인들은 어느 정도는 안심하여 '유니온'에 가입할 수 있었다. 한국인 노동자에게는 노동조합 가입이 노동자로서의 권리의식의 향상, 노동운동의 참가를 위해서라기보다 자신이 경험하는 부당한 상황을 노동조합에 '고발'하는 행위로 받아들이고 있었다. 그러나 수 년 정도 시간이 경과하자, 고토부키쵸의 한국인 노동자들의 상담이 끊기게 된다.

> (유니온에 가입하는) 80%가, 하루 가서 일하고 다친 사람이 유니온에 온다. (LMF씨, 2009/6/19)

위의 구술은, 익숙하지 않는 노동현장에서 산재가 발생할 확률이 높다는 것을 지적하는 것뿐만 아니라, 친밀한 한국인 동료들과의 노동현장보다는, 비교적 인간관계가 희박한 노동현장에서 일어난 산재의 경우 '유니온'으로 올 확률이 높다는 것을 의미하고 있다. 고토부키쵸의 한국인 노동자들은 고토부키센터 주위로 새벽에 펼쳐지는 인력시장에서 일거리를 얻는 경우는 드문 일이었다.[102] 한국출신의 '오야카타'[오야지, 십장]를 통해 취업을 하는 경우가 대부분이었다. 고토부키쵸의 한국인사회는 '제주도인 오야카타'를 중심으로 한 헤게모니에 의해 형성되어 있었다. '제주도인 오야카타'는 다른 한국인들보다 먼저 요코하마 주변에 있는 항만 관련기업들과의 관계를 구축했으며, 그들에 의해 한국인 노동자들은 노동현장에 투입되고 있었다. 그런 관계 속에서, 어떤 노동자가 노동조합에 가입해버리면 그 현장에 투입되는 한국인 노동자 전부의 일자리에 지장이 생겼다. 건설노동의 경우도 한국인들이 몇 명씩 짝지어 일하러 갔기 때문에 같은 경우가 벌

102) 이미 옛날이야기가 되어버렸지만, 당시 고토부키쵸에는 고토부키센터 주위에 펼쳐지는 인력시장에서 일본인노동자들이 일거리와 일당을 흥정하여 그날의 일자리를 구해 취업하는 형태였다. 고토부키에 들어온 지 얼마 안 된 사람들도 한국식당, 한국술집, 한국가게 등에 가면 다른 한국 사람들과 만날 수 있었고, 그런 만남 속에서 일자리를 얻을 수 있었다. 비정기적으로 가끔 일이 '빵구'가 나면, 한 번씩 일본인노동자와 나란히 인력시장에 서서 일감을 구하기도 했다.

어졌다. 멤버 한 명이 노동문제를 가지고 노동조합에 가입하여 노동쟁의가 일어날 경우, 고용주는 한국인 노동자 전원을 해고하는 일도 번번이 발생했다. 노동조합 가입자는 한국인 동료들 사이에서 배척되어 결국 고토부키쵸를 떠나는 일도 빈번했다. 또한 고용주가 노동조합 가입자라는 것을 알게 될 경우 취업은 거의 불가능했다.

한국인 노동자들에게 노동조합 가입이란, 노동자의 권리보장 조치이기도 한 반면, 대개의 경우 같은 직장에서는 두 번 다시 일할 수 없는 위험을 무릅쓴, 즉 해고를 각오한 가입이었다. 한편, 한국인 노동자들 중 노동조합을 왜곡된 형태로 이용하는 경우도 있었다. 예를 들면, 일부러 친구에게 부탁하여 자신의 주먹을 망치로 내리치게 한 후, 노동조합에 가입하여 산재인정을 받는 경우도 있었다.[103)]

고토부키쵸의 밀집된 한국인 노동자 주거지는 일본의 노동조합 가입의 문을 여는 기회가 되었다. 그러나 동시에 고토부키쵸의 일상생활 속의 밀접한 인간관계는 한국인 노동자들의 노동조합 가입을 주저시키는 이유로도 작용했다. 이 문제는 생활과 노동이 중첩되는 고토부키쵸라는 공간성과 그 곳에서 맺어지는 인간관계가 상당히 조밀한 것이었기 때문에 발생한 것이다.

고토부키쵸의 인력시장의 기능 쇠퇴로 고토부키쵸의 한국인 노동자들은 일자리를 찾아서 일본 각지로 떠나갔다. 그로 인해 '유니온'과 마리아씨의 정보가 한국인 정보네트워크를 통해 확산

103) 해당 한국인 노동자의 산재를 위장했다는 정보가 전해져 '유니온'에서는 그의 산재신청을 거부했다. 그리하자 그는 자신에 대한 정보를 모르고 있는 다른 노동조합으로 가서 산재신청을 했다.

되어, 일본 전국에서 한국인 노동자들의 상담이 들어오게 된다. 즉 좁은 간이숙박소에 집거하여 같은 에스니시티를 매개로 맺고 있었던 집단성과 단결성의 확보는 '유니온'의 노동조합 활동을 가능하게 했지만, 고토부키쵸에서의 응집성은 노동조합 활동을 방해하는 요소로도 작용해, 한국인 노동자를 분산시키는 요인이 되었다. 그러한 역설적인 상황에서 일본의 한국인 노동자의 정보네트워크를 통해 '유니온'의 활동이 확대되어 갔다.

한편, 고토부키쵸에는 필리핀인, 태국인, 스리랑카인 등 소수이기는 하지만, 다양한 에스닉 커뮤니티가 존재했다. 그러나 그들은 고토부키쵸에서 활동하는 다른 지원단체에 모였다. 고토부키쵸에서는 개별 에스니시티에 집중한 지원단체 활동으로 형성되는 경향이 있었다. 단일한 에스니시티로 활동했기에 결속력이 높아져 문제해결의 노우하우가 축적되고 노동조합의 기반이 견고해졌다. 그러나 동일 에스니시티 속의 한정된 정보 전달은 다른 에스닉 커뮤니티의 참가를 배제할 위험성을 내포했다. '유니온'은 이런 특성을 어느 정도는 토대로 삼으면서도 그것을 보완하는 가톨릭성당을 연계하는 통로를 가지고 있었다.

종교를 통해, 동일 에스니시티에 구애받지 않고, 신뢰를 토대로 한 관계성으로 네트워크를 형성할 수 있었다. 단일 에스니시티를 초월한 네트워크 구축의 경험은 다양한 지역에서 다양한 에스니시티를 가진 외국인 조합원들의 증가를 가능하게 했다. 이러한 조직적 특성으로 인해, 1990년대 후반 조합원의 대다수를 차지했던 한국인 노동자의 감소에도 불구하고, '유니온'은 존속의 위기를 피할 수 있었다.

위에서 살펴본 1990년대 전반기의 경험은. 중남미출신의 일계인노동자가 80%이상을 차지하는 이후 '유니온'의 노동조합 활동을 지속시키는 원동력이 되고 있다.

2부

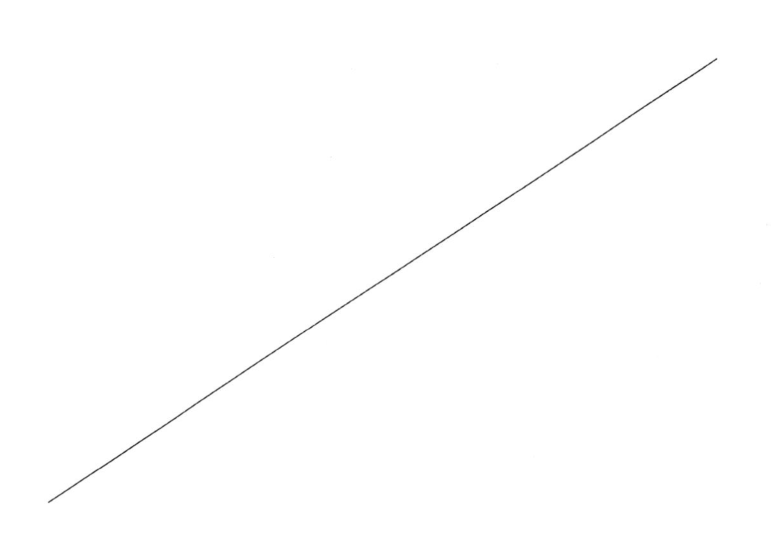

제4장

고로부키를 살아가는
한국인 노동자의 생활세계:
LMH씨의 라이프 스토리

필자는 2005년 4월부터 일본 가나가와현 가와사키시에 있는 가나가와 시티유니온(이하, '유니온'으로 표기)에서 필드워크를 하며 2006년 일본의 외국인노동자와 노동조합에 관한 석사논문을 제출했다. 그 후에도 심화 연구를 위해 노동조합에 가서 행사에 참여하고 잡일을 도왔다. 예전과는 달리 한국인 노동자의 수는 격감하여 가끔씩 걸려오는 전화는 마리아씨를 찾는 전화였다. 상담내용은 대부분 '한국 사람으로 보이는 신원 미상의 사람을 어떻게든 한국으로 보내고 싶다'는 병원 직원 혹은 시민단체 활동가의 전화, 그리고 병원, 경찰서 등에서 그런 부탁을 받은 한국영사관의 의뢰 전화였다. 의료문제뿐만 아니라, 장기간에 걸친 초과체류 및 밀항으로 입국한 사람들은 혼자서 일본의 출입국관리소에 출두하는 것을 두려워했기 때문에 이들과 함께 출국수속을 지원했다. 비정규 체재 상태의 부모와 아동들에게 수반되는 문제 등 노동문제부터 생활전반에 이르기까지 거의 모든 측면에서 지원하고 있었다.

연구 초기에 필자는 '유니온' 리더들의 헌신적이며 다각적인 활동 모습에 몰두하였기 때문에 조합원들에게는 그다지 흥미를 갖지 못하고 있었다. 그 이유는 '수동적인 객체로 여겨지는 조합원'보다는 '활동하는 주체인 리더들'의 활약상이 훨씬 매력적으로 다가왔기 때문이다. 필자는 이러한 인식 구도를 유지하면서 조합원들과 교류하고 있었다는 사실을 부정할 수 없다. 그런 도식 상에서 외국인노동자, 이주, 이동이라는 사회현상에 대한 근원적인 이해에 도달하는 것은 도저히 불가능했다.

스스로의 인식체계와 방법론에 치명적인 한계를 가지고 있던 상태가 그대로 지속되던 가운데, 필자는 노동조합 행사에 자주 참가하면서 매주 화요일에는 사무실 청소당번이었던 LMH씨 (이하, H씨로 표기)를 자주 만날 수 있었다. H씨는 하수공사현장에서 흙더미가 무너져 왼쪽 넓적다리를 다쳤다. "사장이 어느 정도 보상만 해줬어도 유니온에도 안 오고 그 회사에서 계속해서 일을 하려고 했는데" 다친 6개월 후 사장은 H씨를 해고했다. "이제 6개월 다 끝났으니까, 오지도 말고 전화도 하지 말라, 만약에 전화를 하거나 온다면 케이사츠[警察;경찰]에 신고한다"며 위협해서 H씨를 내쫓았다. 그 길로 H씨는 '유니온'에 와서 회사를 '고발'했다.

필자는 자주 H씨와 대화를 했으며, H씨로부터 일상생활을 기록해 놓은 벽걸이달력을 얻었다. 이 글에서는 H씨의 구술과 달력을 중심으로 일본 도항 전후의 삶에 주목하여 고찰할 것이다. H씨의 궤적에 주목하는 이유는, 1990년대 초반 한국에서 일본으로의 이주노동이 가장 번성했던 시기로부터 약 20년간 '이동'을 통해 일어난 사회변화를 개인적 경험으로부터 읽어낼 수 있기 때문이다. 이것은 한국인 노동자와 한국 및 일본의 사회구조와의 관계를 미시적 관점(개인적 수준)에서 분석하는 것인데, 이 작업을 통해 고토부키쵸를 살아가는 한국인 노동자들의 생활세계에 조금이라도 근접하기를 기대해 본다.

덧붙여 H씨와의 교류를 통해 필자가 그동안 조합원들과 맺고 있었던 평면적인 관계가 한결 입체적인 관계로 변화했으며, 이주자의 삶을 역동적인 살아있는 인간의 삶으로 이해할 수 있게 되었다는 점을 밝혀둔다.

제1절

성장기와 일본 도항 전의 생활

한국전쟁이 끝난 이듬해인 1954년 출생인 H씨의 고향은 전라북도 순창이다. H씨는 2남4녀 중 차남(4번째)으로 그의 양친은 도작을 하면서 정미소를 운영하고 있었다. 그 때문에 마을에서는 '부자집'이었다고 한다. 고향에서 중학교를 졸업한 뒤에는 변변찮은 직장에 취업도 못한 채 1974년부터 1977년까지 육군에 복무했다. H씨가 소년기와 청년기를 보낸 1970년대는 한국 역사상 '격동의 시대'였는데 그는 당시를 이렇게 기억하고 있었다.

> 70년대는 박정희대통령 시대. 새마을운동으로 시골의 마을길도 넓히고 집도 뜯고, 첫째 도로를 넓히고 다듬어서 차가 다닐 수 있도록 했고, 둘째 초가집을 없애고, 함석, 슬레이트집으로 다 바꿨다. 이것은 정부보조로 정부에서 무이자로 빌려서 집을 다 고쳤지. 셋째는 나락, 통일벼의 생산인데, … 200평에 보통 벼가 열 가마니가 난다면 통일벼는 스무 가마니의 생산을 볼 수 있어서 생산성이 2배가량 증가했지. 하지만 통일벼는 밥맛이 없기 때문에 보통벼의 절반 값이고

이거로는 쌀막걸리, 쌀과자를 만들지. (2009/9/12)

박정희대통령 시절, 새마을운동은 한국의 1970년대의 특징을 잘 나타내는 사건으로 1970년부터 시작된 '범국민적 지역사회 개발운동'을 말한다. '농촌개발사업에서 시작되어 농민들의 적극적인 참여에 의해 물질적, 정신적 성과를 만들어냈다. 농촌지역을 중심으로 시작한 새마을운동은 점차 비농촌 지역, 즉 도시, 직장, 공장 등지로 확산되어 '근면·자조·협동'을 생활화하는 의식개혁 운동으로 발전했다'고들 한다. 그렇지만 그것은 기존 마을 공동체를 작위적인 공동체 구성으로 탈바꿈시켰으며, 주민들의 의식과 생활방식까지도 국가의 관리 하에 포섭시켰고 필요에 따라 움직여주는 전 국민 동원체제까지도 가능케 했다. 쿠데타로 정권을 장악한 박정희대통령은 새마을운동이라는 통치장치를 통해 자신의 유약한 정통성을 보강할 수 있었다. 새마을운동 덕분에 한국이 단 시간에 경제성장을 이룰 수 있었다고 추앙되었으며, 군부독재라는 비난과 저항에도 불구하고 박정희정권 유지의 원동력이 될 수 있었다.

새마을운동에 의해 H씨의 고향마을 풍경도 근대적으로 변화해 갔다. 그러나 H씨가 경험한 새마을운동이 만들어낸 지역의 구체적인 변화는 H씨 자신의 취업환경을 변화시키지는 못했다. H씨는 집안의 가업인 농업을 이을 생각이 없었고 근대화하는 한국사회에 적응할 수 있는 직업훈련을 받은 적도 없었기 때문에 중졸 학력인 그에게 취업의 문턱은 높기만 했다.

제대 후에도 고향과 서울을 오가면서 H씨는 "그냥 놀았다"고 한다. 1980년대에 들어서면서 친척 인맥으로 사우디아라비아의 건설현장에 노동자로 일했다. 처음 계약은 1년이었으나 그 후 3개월씩 두 번 연장하여, 1년 6개월 동안 일했다. 1980년대 초반 한국사회는 중동의 건설 붐을 기회로 오일달러를 벌기 위해 많은 건설회사들이 중동의 건설현장으로 투입되고 있었다. 그 흐름을 타고 H씨도 중동으로 갔다. 그러나 중동에서 돌아와서도 정규직으로 취업을 못한 채 몇 년이 지났다. 그 당시 예전부터 교제하던 여성과 결혼한다.

H씨는 결혼을 계기로 서울로 살림을 옮겼다. 큰손윗동서가 경영하던 부동산에서 일을 하게 되지만 성격이 안 맞아서 일한 지 일 년 만에 그만두었다. 그 후 큰손윗동서의 소개로 동네에 있는 카바레에서 보조웨이터로 일하게 되었다. 그러나 큰손윗동서로부터 "동네에서 내 체면이 깎이니까 다른 데로 옮겨라"는 말을 듣게 되고, 다른 카바레로 옮기게 된다. 그 곳에서 H씨는 보조웨이터로 1년 그리고 웨이터 기간 2개월을 거쳐 직원으로 채용되어 약 9년간 근무했다. H씨가 다른 남성노동자들 보다 훨씬 등이 곧고 바른 자세를 유지하고 있는 것을 보면 장기간의 카바레 근무 경력은 현재의 H씨의 신체에 각인되어 있는 듯하다. 그것은 다른 한국인 노동자들에 비해 상당히 돋보이는 신체적 특징이었으며, 일본 도항 전의 경력에서 유래한 '과거의 흔적'이라고 이해된다.

1990년 6월, H씨는 같은 직장의 웨이터 소개로 일본 도항을 결심한다. 그 웨이터의 숙부는 여행사를 경영하고 있었는데 일본 취직도 알선하고 있었다. H씨는 "일본에 가면 돈을 많이 벌 수 있는데 일본에 일하러 가지 않겠냐?"는 제안을 받고 일본 도항을 결심했다. H씨는 "서울에 있으면 설날에 고향에 내려가야 되고, 경조사 때는 돈이 많이 들어가기 때문에 돈을 전혀 모을 수가 없었지. 저금을 할 수 없었기 때문에 일본에 가기로 했다"며 도항 당시 상황을 술회했다. 한편 다른 인터뷰 기회에서 H씨는 자신의 일본 도항에 대해 다음과 같이 설명했다.

> 후회는 없어. 내가 한국에서 배움도 뚜렷치 못하지, 직장도 없으니까 일본 오길 잘했다는 생각이 들지. 〈L: 어떤 면에서 잘했다는 생각이 드세요?〉 예를 들어서 카바레에 더 있어 봐도 별 진전도 없고 오래 있을 수도 없단 말이야. 나이도 있고 그러니까. 일본 오니까 오히려 일은 맘대로 할 수 있고 돈은 맘대로 벌 수 있으니까 한국보다 훨씬 낫다 생각 들지. 〈L: 한국에선 돈을 맘대로 못 벌어요 아저씨?〉 못 벌지. 노가다 같은 것도 아무나 들어가는 게 아니라, 인맥이 있어야 들어가지. 못 들어가. 〈L: 일본에서는 인맥 없이 다 들어갈 수 있었어요?〉 지금은 고토부키에서 다 들어갈 수 있지. 딴 지역 가면 몰라도. 고토부키에선 내가 일을 하기 싫어서 안 하는 거지. 〈L: 그러면, 아저씨 인생에서 전환점이 되었다고 할 수 있겠네요. 일본에서…?〉 여기 왔으니까 집도 사고 그랬지. 한국에 있었으면 집도 못 사고 아주 어려웠지. (2010/6/24)

H씨가 인식하고 있던 한국사회는 학력 또는 인맥이 없으면 취직할 수 없는 '폐쇄된 사회'라고 할 수 있다. 실제로 도항 전에 H씨가 취직하고 있던 직장을 훑어보면 거의 대부분이 인맥에 의한 취직이었다고 할 수 있다. 한국사회의 경제성장 일꾼으로 칭송받았던 중동의 건설노동자라는 경력은 그 후 그의 직업적 인생에 그다지 영향을 끼치지 않았으며 카바레에서의 근무 또한 친척의 체면에 해가 될 정도로 사회적 지위가 낮았다. 그 상황에서 H

씨가 선택한 일본으로의 이주노동은 그의 인생에서 전환점이 되는 가장 큰 사건이었으며 H씨 자신의 합리적인 판단 아래에서 행해졌다고 추측할 수 있다. 이주노동의 결과, "일본에서 번 돈으로 서울에 집도 사고 아들 둘을 대학까지 보낼 수 있었"기에 지금 H씨의 자존감이 유지되는 것이기도 하다.

그러면 다음 절에서는 H씨가 말한 "일본 오니까 오히려 일은 맘대로 할 수 있었다"는 이야기를 면밀히 따라가 보기로 하자.

제2절
일본 도항 후의 노동·생활

2-1. 일본 도항 직후의 노동

H씨는 1990년 6월에 다른 손윗동서 둘과 함께 3개월 관광비자로 일본으로 들어온다. 여행사에서 양어장으로 소개받은 직장은 실제로 가보니 해체작업이었다. 해체현장의 사장은 일본 사람, 그의 부인은 한국 사람이었는데, H씨 일행을 소개한 여행사 사장은 그녀의 친척이었다. 일당은 7천 엔이었고, 숙박비와 식사비는 지급해주지 않았다. 1개월에 22~23일간 일했다. 당시 환율이 100엔에 500원이었다고 H씨는 기억하고 있었다. 어렵게 일본에 와서 일했는데 "한 달에 150만 원 정도 벌 수 있다는 말을 듣고 실제로 거기서 일한 봉급은 100만 원이 채 되지 않았지. 카바레에서 일할 때도 100만 원 정도는 벌고 있었거든"이라며 조금은 억울해 했다. 그곳에서 일한 지 딱 한 달이 되던 때에 H씨 일행은 어떤 청년을 우연히 만나게 된다.

국제전화를 하러 사가미하라역(相模原駅)에 있는 공중전화를 이용하러 갔지. (우리들이) 한국말로 말하고 있었기 때문에 어떤 청년이 말을 걸어오는 거야. 그 청년은 유학생이었고 일본어를 아주 잘했어. … 곧 친해졌지. 그 때 그 유학생이 용접 일을 소개해줬어. 식사랑 숙박 제공으로 12,000엔이라고. 그 때 일하고 있던 곳과 비교해 보면 훨씬 대우가 좋았기 때문에 다음날 바로 그 현장으로 들어가게 되었지. (2008/10/7)

1990년대 초반은 지금과 같이 휴대전화가 상용화되어 있지 않던 시기로 국제전화를 할 수 있는 공중전화 주변에는 외국인들이 모여 있는 것을 자주 발견할 수 있었다고 한다. H씨 일행도 가족에게 연락하기 위해서 외출했을 때, 일자리 정보를 얻어 돈을 더 벌 수 있는 현장 일자리로 옮기게 된다. 외국이라는 장소에서 동일한 언어가 표식이 되어 그들은 연결되었다. 일자리를 옮기겠다고 사장의 부인에게 말하자, 그녀는 화를 내면서 “다들 당장 나가” 라고 소리쳤다고 한다. 그것은 사장 부인이 저렴한 이주노동자를 공급받는 파이프라인을 가지고 있었기 때문에 가능한 말이었다. 저렴한 이주노동을 감수하는 한국인 노동자들은 그녀의 한국에 있는 친척이 경영하는 여행사를 통해 얼마든지 공급받을 수 있기 때문이다.

1989년 한국에서 해외여행 자유화가 실시된 이후로 한국인의 일본 유입은 급격히 증가했다. 공식적으로는 관광목적의 방문이었지만 상당수의 한국인들은 일본에서의 이주노동을 시도했다. 당시 여행사에서는 여권발급수속, 항공권 판매업무 이외에도 비밀리에 현지에서의 일자리 알선까지도 하고 있었다. 타국에서의 이주노동을 희망하는 사람들에게 일자리 알선은 미지 세계의 모험을 도와준다. 바로 취업할 수 있는 일자리가 확보되어 있는 상태에서 일본에 들어가는 것은 도항 당사자들에게 더할 나위 없는 안심감을 준다. 그러나 그 안심감은 점차 값싼 급여와 고된 노동을 감수하는 것으로 전치된다. 여행사는 취업처를 소개하면서 도항자들에게 브로커 비용을 받고, 노동력을 공급하면 고용주에게도 소개비를 받는다. 고용주들은 이미 지불한 소개비 지출을 보충하기 위해서 보다 싼 임금으로 노동자들에게 일을 시킨다. 일본에서의 생활이 하루하루 계속됨에 따라 한국인 노동자들은 일본에서의 일자리 정보, 숙식정보 등을 입수하여 자신 나름의 합리적인 판단에 의해 이동해 간다.

2-2. 일본에서의 본격적인 노동

H씨는 3개월간의 체류기간이 끝나기 직전에 귀국하여 2개월 후 다시 일본으로 들어왔다.

> 한국으로 전화 왔어. 사장은 일본 사람이고, 오야가다인 유학생이 전화 왔어. 젊어. 학생인데. 그 사람이 일본말도 그 당시에 잘해. 베라베라[ぺラぺラ;유창하게] 하는 거라. 한국 사람이 일을 잘하는 거 아니까 이바라키에다가 차려놓았으니까. 사람 몇 사람 데리고 오라고 하더라고. 네 명 데리고 왔어. 나까지 다섯 명. 오니까. 나리타로 마중 나왔더라고. 자기 차 가지고. (2010/6/24)

H씨는 처음에 일본에서 3개월간의 이주노동을 끝내고 귀국했으나 용접 일을 하는 유학생으로부터 다시 일본에 일하러 오도록 부탁받았다. 첫 번째 도항이 일본의 노동 상황이 어떤 것인지 예비조사 감각으로 온 것이라면, 두 번째 도항은 장기에 걸친 이주노동을 각오한 도항이었다. 용접 일에서는 만족할 만한 급여를 획득할 수 있었으며 "한국 사람이 일을 잘하는 거 아니까" H씨는 다시 그 현장으로 들어가게 된다. 이러한 경험들이 그에게 상당한 자신감을 부여했을 것이라고 쉽게 짐작할 수 있다. H씨는 부인과 두 아들을 서울에 남겨둔 채 1990년 11월, 용접회사의 요청으로 한국인 4명을 데리고 다시 일본으로 들어온다. 유학생 오야가타가 나리타공항까지 차로 마중을 나와서 H씨 일행은 공장 기숙사로 향했다. 그 기숙사에는 방이 두 개였고, 이미 다른 한국인 노동자들이 살고 있었다. H씨 일행까지 모두 열 명의 한국인이 함께 생활하게 되었다. 지방 중소도시의 작은 용접회사에서 열 명의 한국인 노동자를 고용했다는 것은 당시 일본의 영세 사업장으로의 한국인 노동자 유입이 매우 활발했음을 보여준다.

이 용접공장은 이바라키현(茨城県)의 쓰치우라시(土浦市) 근처에 위치하고 있었지만, H씨는 정확한 지명까지는 기억하질 못했다. 일의 내용은 파친코장과 역전의 2층짜리 주차장 설치였다. H씨는 일당 15,000엔으로 1개월 22~23일간 일했으며, 기숙사와 식사가 무료로 제공되었기 때문에 봉급을 거의 통째로(매달 30만 엔 정도) 서울에 있는 부인에게 송금했다. H씨는 송금을 위해 신주쿠까지 갔다.

옛날에 처음에 이바라키 있을 때, 돈 부치려면 은행으로 가서 부치는 것이 아니라 … 신주쿠 '서울기획'이라고 있어요. 신주쿠까지 돈 부치러 나왔어. 그 먼 데를. 여러 사람 꺼 같이 송금하러. (2010/6/24)

H씨는 받은 봉급을 은행을 이용해서 송금하는 것이 아니라 다른 루트를 통해서 한국 가족에게 보내고 있었다. 실제로 은행을 통해 송금을 하게 되면 신분증이 있어야 하고, 송금액이 한정되어 있으며, 환전수수료가 들고, 송금 속도 또한 더뎠기 때문에 비정규체류 상태의 사람들에게는 간편한 송금방법이 아니었다. H씨는 한국계 상점이 집중하고 있는 신주쿠(신오쿠보까지 포함)로 가서 송금하고, 거기에 많이 모여 있는 한국인들과 만나서 교류하고 있었다. H씨는 용접회사에서 2년 정도 일했지만, 신설 주차장에 대한 발주가 적어지면서 용접공장에 부도가 났다. 사장에게서 "회사를 (다른 사람에게) 넘기니까 일자리 찾아라"는 말을 듣고 H씨 일행은 신주쿠에서 입수한 일자리 정보에 따라 우에노 부근의 건설현장으로 옮겨가게 된다.

우에도(上野)라도 고탄노(五反野)라고 하지, 기타센쥬(北千住). 기타센쥬라도 그냥 우에노라고 그러지. 기타센쥬에서 노가다일하고 카이타이(解体; 해체작업)일 두 군데가 있더라고. 여기 첨에 오기는 노가다로 왔지. 그 옆에 갔는데 고탄노에키(駅; 역)에 카이타이하는 한국 사람 두 사람이 있더라고. 〈L: 그럼 그 사람들은 어떻게 만났어요?〉그거야 뭐 에끼 옆에 파친코장 오니까. 나 사는 동네는 파친코장이 없거든 … 고탄노에끼까지 버스타고 오는 거라. 파친코장으로 오니까 낮이고 저녁이고 만나지. 〈L: 딱 보면 한국 사람인 거 알고 말거는 거에요?〉 그렇지. 그 후로 일을 한참 했어. 노가다에서 오랫동안 했지. 그러다가 카이타이로 갔는데, 노가다일 보다 돈을 일이천엔 더 주더라고. 노가다일은 사장이 어려워가지고 봉급을 제때 안주더라고. 카이타이는 제때 제날짜에 줬고. 오라 그러더라고. 카이타이에서도 오래 있었어. 4, 5년. 노가다는 한 2년 있었지. 노가다는 전부 한국 사람이라. 노가다에는 사장은 일본 사람, 노가다 하는 사람은 한국 사람. 노가다에는 오야가다가 없어. 카이타이도 나까지 서이니까, 오야가다라고 하나 책임자가 있지, 한국 사람. 방을 한 칸 주는데, 서이 자는 거라. 목욕탕도 있고. 카이타이는 3년 이상 했을 거야. 봉급도 제때 주고. 사장은 어디서나 일본 사람이야. 거기서 오래했지. (2010/6/24)

H씨는 "우에도라도 고탄노라고 하지, 기타센쥬. 기타센쥬라도 그냥 우에노라고 그러지"라고 말하며, 우에노, 기타센쥬, 고탄노를 같은 지역공간으로 인식하고 있었다. 그의 생활권은 우에노 근처로 이러한 지역들을 포함하고 있었으며, 명확한 지명에 대한 인식보다는 구체적인 공간의 기억 — 몇 번 버스를 타고 가면 파친코장이 있다는 식의 인식 — 이 보다 유효하게 타국에서의 생활을 지탱하고 있었음을 위의 인터뷰 내용에서 판단해볼 수 있다. 일본인이라면 일본을 2차원의 세계로 상상할 수 있으며, 그것이 구현화한 지도가 머리속에 당연히 장착되어 있을 것이라 추정할 수 있다. 그러나 H씨를 포함한 대부분의 외국인노동자들의 경우는 2차원 상태의 일본지도가 자신의 관념 속에 미리 배태되어있지 않을 경우가 대부분이다. 그렇기 때문에 그들은 기존 지도를 따라서 이동하는 것이 아니라 그들의 이동하는 경험 자체가 그들의 생활세계 속에서 지도를 형성하고 있는 것이다. 따라서 구체

적으로 그 장소를 살아가고, 노동하는 것을 통해 자신들의 세계에 관한 지도를 만들어 가는 것이라 할 수 있겠다.

또한 그 구체적인 공간에서 다른 한국인과 만나고, 일과 생활에 관한 대부분의 정보를 교환함으로써 네트워크를 확산시키는 방법을 통하여 타국에서의 생활을 점차 '안정'시켜 간다. '안정'이라는 것은 결코 정규직과 같은 안정적인 일자리, 합법적인 체류자격, 호스트사회의 공적 서비스에 대한 접근성 등을 의미하는 것이 아니라, "낮이고 저녁이고 만날" 수 있는 같은 나라 사람이 어느 장소에 있는지, 그리고 어떻게 연결될 수 있는지에 대해 비공식적으로 확산되는 네트워크로부터 생존의 지원을 얻을 수 있다는 것을 의미한다. H씨는 파친코장에서 만난 한국 사람들의 소개로 수입과 생활면에서 보다 '괜찮은' 일자리로 옮겨갈 수 있었다.

그리고 "사장은 어디서나 일본 사람"이란 말에서는 대부분의 한국인 노동자를 고용하는 사람은 재일교포가 아니라 일본인이라는 것을 나타내며, 건설현장에서는 한국인 노동자의 수요가 상당히 높았음을 반증하는 것이다. 국적은 둘째 치고 노동력을 보충하기 위해서, 특히 일본인이 기피하는 3D 업종인 건설현장의 경우는 외국인노동자의 유입이 두드러졌다. 그러나 외국인노동자의 경우, 노동자로서의 지위가 거의 보장되지 않았다. 약자의 입장에 놓인 채로 고용과 해고를 반복적으로 경험하고 있었다. H씨의 경우도 "카이타이 사장은 잔소리가 많고, 일을 무리하게 시켰어. 사장이 융보(포크레인)로 집을 엉망으로 해체하니까 그 밑에서 일하는 사람들은 힘들었어. 2년 이상 일했는데, 한국 사람은 이제 안 쓴다고 해서 딴 데 가라"고 해서 다른 일자리를 찾기 위해서 또 이동했다.

그 후 취직하게 된 직장은 오오후나(大船)에 있는 건설공사 현장이었다. "산을 깎고 그 토지를 분양하기 위한 작업. 그 밑 작업으로 토지를 평평하게 해서 배수로를 만드는 작업"을 한국인 6명이 해내고 있었다. 그곳의 일당은 13,000엔이었다. 번 돈은 간나이역까지 가서 이세사키쵸(伊勢崎町)에 있는 '서울기획'이라는 가게에서 송금했다. 간나이(関内)에 송금하러 가서는 고토부키쵸에 살고 있는 친구를 만났다. 그 친구는 H씨가 용접공장에 데려갔던 4명 중 하나였는데, 용접공장이 도산하고 모두 흩어졌을 때 그 사람은 고토부키쵸로 와서 정착했다고 한다.

이 전에는 돈 부치러 갈 때 저녁에 갈 때는, 그런 동네라고만 알았지, 뭐 (한국 사람이) 많다 어떻다는 전혀 몰랐지. 카이타이 오래하다 보니까, 요코하마 고토부키쵸에서, 내가 옛날에 데려왔던 아이인데, 전라도 사람인데, 손가락 잘린 애, 서울에서 공장에서 일을 하다가 열손가락이 다 잘린 애인데, 내가 데려왔는데, 나도 처음에 일본에 데리고 올 때는 몰랐어요. (손가락이) 잘렸는지. 근데 일은 잘한단 말이여. 카바레 있을 때 보조 했는데, 보조 친구더라고. 나보다 어리지. 기계 하다보면 다 잘린다고 하더라고. 그 사람이 거기서 하수도 하는데. 그 애가 거기 있으니 내가 한 번씩 통화를 했거든. 그 때 (먼저 직장) 부도가 나서 헤어졌을 때 개는 고토부키쵸로 온거라. 연락은 되니까 가끔 통화는 한 번씩 했지. 돈 부치러 가면 만나고 했단 말이야. 하수 일에 한국 사람 혼자 있다고 하더라고 … 자꾸 통화를 하니까, 형님 고토부키 "오소, 오소" 자꾸 그러더라고. 왜 그러니까 돈을 많이 주니까 여기 와서 일합시다, 같이 합시다, 가니까 진짜 만 육천

엔인가 일당을 주는 거라. (2010/6/24)

그래서 H씨는 지인의 제안에 응하여 소득 증대가 기대되는 노동현장으로 다시 이동했다. H씨에게는 일본이라는 미지의 세계 — 자신의 체험적인 '지도'를 만들어가며 이동 — 에서 '돈'이라는 가장 명확한 기준, 즉 일반적으로 공유되어 있는 객관적인 지표에 따라 이동하는 것은 그에게 가장 합리적인 행동이라고 할 수 있다.

H씨는 고토부키쵸에 관한 정보에 대해 다른 곳 보다 임금이 높은 곳이라는 것 말고는 아무것도 모른 채 들어오게 되지만, 그 정보야 말로 외국인노동자의 이동을 구동시키는 최고의 판단기준이 되는 것이며, 합리적인 판단의 근거였다.

2-3. 고토부키쵸에서의 노동·생활

H씨는 처음 고토부키쵸에 들어가서 일하게 되었을 때의 감상을 다음과 같이 말한다.

> 매일 매일 돈 주고, 밥은 내가 사먹고, 방은 내가 얻고, 돈은 매일 만 육천 엔인가 주더라고. 편하고, 계속 했지 거기서. 편하더라. (2010/6/24)

이전 일자리보다 높은 임금, 한국 식료품을 팔고 있는 상점과 한국식당, 외국인이라 할지라도 자신이 흥정하여 거주할 수 있는 간이숙박소, "그 주위에는 항상 한국인이 가득 찬 공간"에서 H씨는 일본의 타 지역보다도 고토부키를 "편한" 공간으로 인식했다. 그러던 중 H씨를 고토부키쵸로 오게 한 지인이 소개해 준 하수공사현장에 들어가서 일을 하고 있던 도중 어떤 사건에 의해 H씨는 해고된다.

일 년 넘게 하다가 한 번씩 아르바이트가 필요하다고 그러더라고. 그래서 내가 아는 타이루(타일)기술자라고 오래된 사람인데, 고토부키와서 만난 사람이라. 타이루 붙이는 사람이 일이 좀 없을 때도 있잖아. 일이 없으니까 아르바이트 가자고 하더라고, 그래서 한국 사람한테 얘길 했더니 한번 데리고 오라고 하더라고. 인바리 한단 말이야. 캉 같은거 인바리, 콩그리로 아시바로. 깡을 깨어 놓으면은 깃시리[잔뜩] 잘라가지고 물이 안 새게, 똑같이…인바리를 잘 모를꺼야. (펫병을 들고 시범을 보이면서) 예를 들어서 이렇게 캉이 있잖아. 여기에 구멍을 뚫잖아. 뚫으면 이 안이 텅 비었잖아. 그러면 이 안에를 콩구리[콘크리트]로 깨끗이 다듬질을 한단 말이야. (2010/6/24)

H씨는 하수일에 대해 필자가 이해할 수 있도록 몇 번씩이나 설명을 반복했다. 고토부키쵸 첫 직장에서 왜 해고되었는가에 대한 필자의 질문에 대해 그는 당시 하고 있던 노동에 대해 설명한 후 본 주제로 돌아와서 다시 설명을 이어갔다.

하루 아르바이트를 데려간 거라. 근데 하필 그날따라 내 친구하고 갸하고 둘이 같이 가는 거라. 나는 일본 사람하고 같이 현장을 데려갔단 말이야. 콩구리를 이치린샤[一輪車;일륜차]로 버무린단 말이

야. 조그만 한 거 리어카 같은 거. 바퀴하나 달린 거 작은 거 네코구루만[猫車;이륜차]가 그것에 다가 넣고 물 넣고 모래 조금 넣고 세멘트 넣고 삽으로 머무린단 말이야. 평상시엔 이런 도로란 말이야. 이런 도론데 도로에다 코너에서 콩구리 버무리다가 떨어진 것은 빗자루로 쓸어버리면 상관없는데, 일을 빨리 하려고 타이루 기술자가 함부로 하다보니까, 콩구리가 좀 떨어진 모양이라. 갸가 있던 애가 뭐라 그런 모양이야. 도로에 콩구리 떨어지면 안 된다고. 첨엔 야가 알았다고 이야기 했겠지, 계속하다 보니까 재차 떨어지니 뭐라 그런 모양이야. 근데, 타이루 기술자이다 보니까 돈도 많이 번 놈인디, 어쩌다 아르바이트 와서 나이도 어린놈이 말 함부로 하니까 거기서 기분 나빠서 말다툼한 모양이라. 큰소리로 오오고에[大声;큰 소리]는 싸움은 아니지만, 그날 일을 끝냈어요. 돈을 주더라고 나도 주고 그 사람도 주고. 내일 아르바이트 안 쓴다고 그러더라고. 그 다음날 나는 일하러 나왔어. 그런데 일을 다 끝내고 돈 주면서 나한테 사장이 하는 말이, H상도 아시타카라 다메데스[내일부터 안돼요], 다메[だめ;안돼] 왜 그러냐고 하니까, 야메루[やめる;끝낸다]한다고 그러는거라. 그래서 쟈한테 물어봤거든. 야가 그냥 나는 몰라요, "사장이 뭐 '야메루' 하라고 하면 해야죠." 그러는 거라. 그래서 나도 일 못나가는 거지, 그 담날부터 알아봤어, 싸웠다는 이야기는 들었는데, 그 이튿날 가만히 생각해보니 이놈이 사장한테 이야기를 한 거라. 그 날 가가지고 H상 친구라고 말이야, 그래서 한국 사람 나까지 잘려 버린거라. 내가 쟈한테 샤바샤바 해야 하는디, 나하고 갸하고는 친하니까 타이루 기술자, 아니꼬우니까 나까지 잘려 분거야.
(2010/6/24)

정말 "이 놈이 사장한테 이야기를 한 거라"서 H씨가 일을 그만 두게 된 것인지는 확실치 않다. 하지만 그가 인식하고 있는 현실에서는 인간관계가 그들의 생활을 상당히 크게 좌지우지하고 있음을 알 수 있다. 누군가의 신경을 건들이면 곧 자신의 생활에 지장이 생기게 되는 상황들이 고토부키라는 공간에서의 한국인들 세계에서는 노골적으로 드러났다. 그것을 체득하면서 H씨는 고토부키쵸에서의 생활에 적응하고 있었다.

하수현장에서 해고된 후 H씨는 '타이루 기술자'와 함께 타일 붙이는 일을 하게 된다. 당시 타일 일도 단가가 높았기 때문에 '노가다' 만큼 돈을 벌 수 있었다. 그러나 '타이루 기술자'는 부인이 일본으로 찾아온 후 함께 귀국해버렸기 때문에 H씨는 타일 일도 1년 정도 밖에 할 수 없었다. 그 후 H씨에게 정해진 일은 없었으나 매일 아르바이트로 여러 현장에 일을 하러 다녔다. 한국인 지인이 소개해주는 아르바이트가 없을 경우는 자동적으로 그 날은 쉬는 날이 되어 버렸다. 시간적으로 여유가 생기면 대부분의 고토부키쵸의 한국인들처럼 H씨도 파친코장에 가서 시간을 보내던 중 파친코장에서 어떤 조선족남성과 알게 되어 그가 일하고 있는 회사에서 아르바이트를 하게 된다. 단 하루뿐인 아르바이트였지만 일하는 것이 마음에 들었는지 회사 관리자는 H씨에게 다음날도 일하러 오도록 요청했다. 그 후로 H씨는 조선족 오야가타가 맡고 있는 현장에서 키마리[決まり;고정적으로 근무]로 일하게 된다. "한국인이든 중국인이든 괜찮으니 4, 5명 정도 모아서 히라츠카(平塚)현장으로 매일 올 수 있는지"를 제안 받고 노동자들을 데리고 히라츠카로 갔다. 일당은 12,000엔이며 교통비는 별도로 지급되었다. 그 회사는 건설·토목공사를 하는 곳이었다. 그러나

H씨는 그 일이 "몇 명이 같이 일을 하려니까 여러 가지 귀찮아서 그만뒀다"고 했다. 귀찮은 이유를 물어보니 다음과 같이 말했다.

> 히라츠카 쪽에 오야가다 한 사람 있고, 조선족. 그 현장에 회사에 조선족이 4명이었어. 그 쪽 조선족 오야가다가 매일 나한테 부탁을 하지. 콩구리 3명, 4명 이런 식으로 매일 부탁을 하지. 그러면 몇 명 있다고 하면 내가 한국 사람이고 중국사람이고 데리고 가지. 〈L: 그럼 아저씨한테 돈을 좀 더 줘요?〉 한 앞에 오백 엔씩 떨어지지. 한 앞에 천 엔씩인데, 일인당 그쪽(조선족 오야가다) 오백 엔 먹고, 내가 오백 엔 먹어. 한 이삼년 한 것 같애. 정확히 기억은 안 나는데. 2, 3년 잡으면 돼. 하는데 에잇 머리가 아파버리는 거라, 골치가 아파서 머리가 허예지는 거라. 한 이삼년 하니까. 다섯 명 여섯 명 아침에 데리고 가면은 저녁에 딱 이야기를 해놓았지 내일 나오라고, 그럼 아침에 안 나온단 말이야. 시간이 되었는데도 전화도 안 받고, 받으면 "아이고 내가 어제 술을 많이 먹어서 못나간다" 그러고, "배가 아파서 못나간다" 그러고, "이빨 아파서 못나간다" 그런 핑계를 대요. 그럼 센터에 가서 또 한 사람을 데리고 가요, 부랴부랴. 그럼 이제 히라츠카까지 무조건 출퇴근을 해야 되니까, 사무실이 거기니까…그럼 에끼[駅;역]에 딱 도착한단 말이야. 그럼 담배 사러 가야됩니다, 아침밥 안 먹었으니 밥 먹으러 가야 됩니다, 커피 먹어야 됩니다. 화장실 가야 됩니다, 차는 지금 봉고버스가 와서 기다리고 있어. 에끼 옆에서… (2010/6/24)

H씨는 히라츠카 현장에서 조선족 오야가타에게 부탁을 받아 노동자의 인원수를 확보하여 현장으로 출근했다. 그것은 현장에

서 일이 끝난 뒤에 부탁받을 경우도 있고, 밤에 조선족 오야가타가 전화로 부탁해 온 경우도 있었다. 짧은 시간에 노동자를 확보하는 것은 '고토부키'의 특수성 — 고토부키쵸에서는 협소한 공간에 한국인 노동자와 중국인노동자들이 모여 살고 있다 — 때문에 아주 곤란한 일이라고는 할 수 없으나, H씨의 말에서 알 수 있듯이 "골치가 아파서 머리가 허예지는" 정도로 세심하게 신경을 써야 하는 일이었으며, 인부를 알선하는 일은 결코 간단한 일이 아니었다.

노동자의 확보와 인솔은 좀처럼 매끄럽게 진행되지 않았기에 H씨는 이 일을 몹시 부담스러워 했다. 사전에 인부들을 확보해 두더라도 당일 갑자기 못나오는 경우가 빈번했다. 그럴 때마다 H씨는 서둘러서 고토부키쵸의 '센터'로 가서 함께 일을 할 노동자를 찾아 헤맸다. 필자는 '센터'에서 어떤 사람들을 선택해서 일에 데려가는지 물었다. H씨는 다음과 같은 흥미로운 발언을 했다.

> 한국 사람이든 중국 사람이든 막 데려가. 급하니까. 일본 사람은 안 데려가지. 〈L: 왜 일본 사람은 안 데려가요?〉 일본 사람은 별로 없어. 일본 사람이 들어가면 만약에 그 사람이 키마리가 될 수도 있단 말이야. 일본말을 잘 하니까. 일본 사람은 데리고 가면, 거기서 사장이나 센무[専務;전무]한테 이야기해서 들어가 버리는 수가 있으니까, 안 데리고 가지. 한국 사람이나 중국 사람만 데려가지. (2010/6/24)

H씨는 갑자기 결원이 생겼을 경우 그것을 메우기 위해 '센터' 앞에 서있는 노동자를 뽑아서 현장에 데려가는데, 아무리 사람이

없을 경우에도 일본인은 데려가지 않는다고 한다. 인부 확보를 부탁 받을 정도의 입지에 있던 H씨가 아무리 일손이 부족하더라도 일본인은 절대로 데려가지 않는다는 것은 자신의 생활권을 스스로 유지시켜가기 위한 실천이었다. 또한 H씨는 자신의 지위를 위협하지 않을 노동자만을 선별하여 공사현장으로 데려갔다.

그런 식으로 노동자들을 힘겹게 모은 뒤에도 현장까지의 인솔 작업이 남아있었다. 자신이 생각하는 대로 움직여주지 않는 노동자들에 대해서 짜증을 느끼고 있던 H씨는 수고비 명목으로 한 사람당 500엔을 얻고 있었지만, 그의 고생에 비하면 전혀 납득할 수 없는 금액이었다. 얻는 소득에 비해 고생이 컸던 히라츠카현장은 이삼 년 정도로 그만두었다.

그 후 H씨는 니노미야[원래 지명은 니노미야(二ノ宮)지만, H씨는, 미노미야라는 발음으로 인식]현장으로 가게 된다. H씨는 니노미야의 하수일에 어떻게 들어가게 되었는지 설명했다.

아시아비루(아시아빌딩) 같이 사는 사람이 거기 한번 아르바이트를 갔어요. 거기 호소[包装;포장]를 친다고 사람이 많이 필요하다고 그날 아르바이트를 가자고 하더라고. 그래서 한번 갔거든. 호소를 하루에 못 끝났어요. 호소 알아요? 〈L: 도로포장 아스팔트〉 그래서 그 담날 또 오라고 그러더라고. 그 담날 일 끝나고 호소가 끝났거든. 한 방에서 같이 살던 부산사람 옆방은 JMC아저씨. 일이 끝났으니까, 오야가다랑 그 두 사람이 사이가 안 좋아요. 한 사람이 영 사이가 안 좋아요. 나랑 같이 사는 사람이랑 그 사람이 상당히 친하단 말이야. 그 오야가다는 말이 없어. 그 사람이 그만두면 자기도 그만둔데. 이 사람이 그만둔데, 각시도 있는 사람이, 돈을 적게 준다고. 오봉야스미[일본의 여름명절] 들어가니까 남자가 그만둔데. 한 달 정도 있다가 오봉야스미가 들어간 거야. 그러니까 내가 니노미야 내가 4, 5년 들어갔단 말이야. 한 사람이 오봉야스미 들어가면서 그만둔다니까 한 사람도 그만둔다고 해서 두 사람이 그만뒀는데 그 오야가다가 나보고 같이 일하자는 거야… 그래서 나는 그 당시 일이 없으니까, 하겠다고 해서 또 한사람은 누구더라 한국 사람 쓰긴 썼는데 좀 일을 못하는 사람이라. 그래서 내가 그 담날 일을 나갔지. 나갔다 와서 그 사람한테 이야기를 했지. 니노미야에 일을 나간다고 그랬더니, 그 사람은 오해를 한 거라. 오야가타를 야구방망이로 갖다가 때려죽여버린다고. 〈L: 왜 오해를 했어요?〉 같이 사는 사람이 왜 나는 쓰고 자기는 안 쓴다고. 자기한테는 전화를 안 했다고. 한 사람한테는 전화하니까 안 한다고. 나랑 같이 사는 사람은 젤 늦게 들어갔으니까 서열이 세 번째라. 두 번째 사람이 세 번째 사람이랑 다 그만두겠다고 했는데, 나랑 같이 사는 사람은 그 자리에 내가 들어갈 줄은 몰랐단 말이야. 그러니까 야구방망이로 때려죽이겠다고 하는 거야. 자기가 그만두겠다고 했지만 그래도 분하다고 그래서 내가 그냥 오야가다한테 좋게 말하라고 해서 오야가다랑 만나서 이야기를 한 모양이라. 그래서 계속 일을 다니는 거라. 그 사람은 안 다니고. 세 명이서. 한 사람은 자꾸 바껴. 일을 잘 못하니까. 그러다가 니노미야에서 계속 일을 다닌 거야. (2010/7/31)

H씨는 동거인의 소개로 니노미야현장에 아르바이트로 들어가게 되었다. 그것이 계기가 되어 니노미야 오야가타의 눈에 들었다. 갑자기 두 명의 노동자가 그 현장을 그만뒀을 때 H씨를 기억해낸 오야가타가 H씨를 이 일자리로 불러 들였다. 동거인이었던

그 노동자는 스스로가 일을 그만둔다고는 했으나, H씨가 자신의 일자리로 들어간다는 사실을 알고서는 강하게 반발했다. 일자리 다툼으로 비롯된 사건과 사고들은 고토부키쵸의 한국인커뮤니티에서 자주 발생하고 있었다. H씨의 동거인은 오야가타가 일에서 자신을 빼버렸다고 생각해서 "야구방망이로 때려죽여버린다"고 말하며 흥분했지만 다행히도 그 일은 말만으로 끝났다고 한다.

니노미야에서 일하고 있던 두 명의 노동자가 "돈을 적게 준다고"해서 "그만 두겠다"고 말한 것에 대해 좀 더 자세히 물었다.

14,000엔에서 1,000엔 올려서 15,000엔 안 준다고 기분 나쁘다고 그만둔다더라고. 원래 18,000엔 나오는데 14,000엔밖에 안 줘. 그 사람도 14,000엔, 이 사람도 14,000엔, 아르바이트도 14,000엔. 부산오야가다가 다 따먹지. 두 사람 꺼 따먹지… 18,000엔에다가, 사람들 돈 따먹고, 겐바[현장] 들어가면 삼사 개월 하면, 끝나면 수당을 보나스를 줘요. 우린 안 주고 보나스를 사장이 준데요. 그리고 연말, 오봉야스미 보너스를 준데요. 보너스로 얼마를 준다고 이야기를 안 하니까 모르지만, 사장이 준다고 그러대. 교통비도 다주고… (2010/7/31)

H씨의 예상에 의하면 오야가타가 당시 받고 있던 돈은 "1개월에 100만 엔 정도"라고 한다. 다른 노동자들은 오야가타의 수입과 비교해서 자신들의 일당은 너무 적다고 느꼈을 것이다. 두 명의 노동자는 모든 수익을 독점하고 있는 오야가타가 자신들에게 조금도 봉급을 올려주지 않는 사실에 화가 나 있었다. 그래서 둘다 일을 그만두는 것으로 오야가타에게 타격을 주려고 했지만 자

신이 빠져나간 곳에 곧바로 대체노동력인 자신의 동거인이 들어오게 된 것을 알게 된다. 그것은 오야가타에 대한 그들의 '소극적 저항'의 의미를 무력화시킨 사건이었다. H씨의 말에서 나온 '오해'라는 표현은 액면 그대로의 '오해'가 아니라 자신들의 노력이 유명무실해진 것에서 오는 허망함까지도 포함한 단어였음이 추측된다.

H씨가 자신의 생활권을 충실히 만들어 가는 과정에서 자신의 동거인의 직장으로 이동하게 되고, 그것은 결과적으로 주변화되어 있는 다른 한국인 노동자의 생활권과 충돌하게 된다. 자본 ─ 위에서의 이야기로는 니노미야 오야가타의 권력에 대한 서술로 보일 수도 있겠으나 그 후 그 오야가타도 회사에서 해고 된다 ─ 의 시각으로 본다면 단순히 대체 가능한 노동자 A에서 노동자 B로의 전환 구도가 보일 것이다. 그들은 자신들이 대체 불가능한 '고유한 자아'로서 인정받을 것을 요구했으나 자본에게 그들은 여전히 얼마든지 대체 가능한 교환물에 불과했다.

H씨도 그만 둔 두 명의 노동자와 같은 상황에서 일했다. H씨는 니노미야에서 일을 시작한 지 일 년이 지날 즈음 오야가타에게 14,000엔에서 1,000엔을 올려줄 것을 요구하고 받아들여졌다. 또 한 명의 노동자의 경우는 그대로 14,000엔만 받았다. H씨보다는 "일도 못하고 들어온 지 얼마 안 되었기에" 자신의 일당이 오르지 않는 것에 대해 거부감 없이 받아들였다고 한다. 회사에서 원래 정해져 있는 18,000엔이라는 일당은 일의 기술과 그 현장에 들어온 시기에 의해 오야가타가 새롭게 설정했다.

오야가다가 돈 주는데 우리가 사장한테 가서 따지지도 못해요. 따졌다간 잘못하면 모가지가 나가는데, 오야가다가 "너 내일부터 나오지마" 그럼 끝나는 거라. (2010/7/31)

그 오야가타는 "워낙 일을 잘하고 오래 있었으니까", "오야가다 없으면 일이 안돌아" 간다고 여겨졌기 때문에 매일 자신의 일당의 일부를 가져가더라도 그것에 대해 불평도 못하고 그대로 받아들일 수밖에 없었다. 노동자들도 오야가타의 '특권'에 대한 타당성을 어느 정도 납득하고 있었다. H씨는 2007년 11월 15일 산재를 당할 때까지 이 일을 계속해 왔다. 그의 기억에 의하면 4, 5년간 이 일을 계속했다고 한다.

H씨의 '이동'이라는 행위는 그가 자발적으로 자신의 세계를 만들어 가는 영위(營爲)의 과정이었다. 그렇지만 그를 둘러싼 사회구조에서는 그 구조를 강화하거나 보완하는 정도의 모듈에 지나지 않았다. 위의 사례는 일상적인 삶의 실천이 구조를 재생산하는 역할을 담당했음을 명시하고 있으며 그런 회로는 기존의 사회제도를 참조하면서 만들어지는 것이다. 그곳에 사실은 구조적 제약이 유지되고 있는 것이다. H씨는 바로 그 구조적 제약 속에서 살아가고 있었다.

제3절
달력을 통해 본 이주자의 삶

3-1. 달력(2007~2009년)과의 만남

2009년 가을 무렵 필자는 H씨와의 대화 속에서 어떤 질문을 했다. 그 질문 내용이 무엇이었는지 정확히 기억나지는 않지만 H씨는 "달력에 써뒀으니까 그거 보면 알아"라고 대답했다. 필자는 달력에 자세히 모든 것에 대해 적는지 물어보면서 달력을 얻을 수 있는지 물었다. 그러자 "이사할 때 옛날 달력 전부 버렸어"라고 말하며 2008년도 달력을 건네주었다. 그 후 2010년 1월경에는 2009년도 달력을 받았고, 2010년 6월에는 "방청소를 하니까 2007년도 달력이 나오더라구. 필요하면 줄게"라며 가져왔다. 그래서 필자는 H씨의 3년분의 달력을 입수할 수 있었다.

2007년도 달력은 제약회사의 선전용 달력이었고, 2008년도 달력은 고토부키쵸의 한국계 상점인 '수퍼 ○○'에서 배포한 것이었다. 2009년도 달력은 '수퍼 ○○'와 인접해 있는 한국계 상점 'XXXX스토어; 일용품잡화·식료품·밑반찬·건어물·쌀, 요코하마시 나카구 고토부키쵸O-O-O, TEL xxx-xxx-xxx'라고 쓰여진 달력이었다. 한국계 상점에서 제공된 2008년도와 2009년도 달력에는 한국과 관련된 표기는 없었고 극히 보통의 일본 달력에다가 상점 이름만 인쇄한 것이었다. H씨는 달력에 적는 내용에 대해서 다음과 같이 말했다.

온도하고 날씨는 매일 적지. 거의 저녁에 적어. 다 쓰는 것도 저녁에 적어. 밑에 적는 것도. 저녁 밥 먹고, 파친코 갔다 오면, 거의 잠자기 전이지. 다 적어놓지. 날씨하고 온도하고, 파친코 갔다 온 거 하고, 다른 거 뭐 특별한 거 없지, 전화요금 냈으면 냈다고 그러고, 수도요금 그거하고, 전화했다는 거, 그거하고 돈 부치면 돈 부친 날짜. 그런 것만 적었지. (2010/5/8)

H씨의 3년간의 달력을 훑어보면 반드시 적혀져 있는 것이 날씨와 기온이다. 왜 그토록 날씨와 기온을 고집스럽게 기록하고 있을까? 그것은 H씨의 직업과 관련된 사항으로 몸에 밴 습관인 것은 아닐까? 이런 가설을 세우고 H씨에게 물어보았다.

L : 근데 아저씨 기후, 온도는 항상 적어 놓으시잖아요?
H : 응. 지금도 적어.
L : 그 습관이 드신 것도 고토부키쵸에 와서부터?
H : 그렇지, 그렇지.
L : 아저씨 일들이 날씨하고 크게 관계가 있잖아요.
H : 노가다에는 조금 관계있지. 비오면 못가지. 비가 70프로 80프로 온다고 하면 안 나가지. 갔다가 또 헛걸음 한단 말이야. 게

수이[下水;하수] 일이나 비가 오면은 야마가 나니까 못해요 그것을. 공그리 버무리고 땅 고르고 사이세끼[砕石:큰 돌을 깨어서 적당한 크기로 만드는 것]하는 건 하는데, 땅을 깊이 파야 된단 말이야. 1미터면 1미터 물이 다 흘러갈 거 아니야. 그러니까 비 온다면 게수이는 일을 못해요.

L : 그래서 그렇게 처음부터 좀 온도 같은 거…?

H : 아니 그거하고는 관계없는데. 원래 그건 적어놓고 비가 오면은 일을 안 나가버리지.

L : 비가 오면 아메[雨;비]수당?

H : 아니. 노가다는 안 나와. 컨테이너만.

L : 아메수당은 컨테이너, 노가다는 스톱이고…

H : 응. 컨테이너도 안주는 데 많아.

L : 아, 그래요?

H : 다 주는 것이 아니라니까. 두 군데만 줘요. 두 군데.

L : 그럼, 아저씨는 일어나시면 날씨보고 온도보고 그러세요?

H : 테레비는 4시 반부터 틀어서 보지.

L : 그럼 아저씨가 테레비에 나오는 거 보고 적는 거에요?

H : 그렇지.

L : 그런 거에요? 온도계가 있는 게 아니고?

H : 응. 아침 테레비 보고 일 갔다 와서 적지. 아침에 적는 건 아니지.

L : 일 갔다 오면 까먹잖아요.

H : 안 까먹어. 저녁에도 온도 나오잖아. 내일 기온. 일기예보 보면 내일은 오늘보다 올라간다던 지 내려간다던 지…… (2010/6/24)

아침에 텔레비전을 틀고, 날씨와 온도를 확인하는 것으로 하루를 시작하는 H씨는 정작 본인이 날씨와 온도를 매일 체크하는 이유에 대해서 처음에는 '그의 직업적 관련성'과 무관하게 이해하고 있었다. 오히려, 필자의 유도질문에 의해 "그러고 보니 일과 관계 있을 지도 모르겠네"라고 대답했을 뿐이다. H씨의 날씨와 온도에의 집착은 일기장에 날씨를 적는 느낌과 비슷할지 모른다. 그러나 그것은 건설 및 항만노동 등 야외노동을 장기간 해 온 경험으로부터 오는 습관이 발현된 것으로 볼 수 있지 않을까 싶다.

이주장소에서 "아침 4시 반에는 반드시 일어나서 일기예보를 확인 한다"는 '아침 의식'에서부터 잠들기 직전 일기를 쓰듯 하루를 되새기며, 온도, 날씨, 그 날의 중요한 일들을 적는 '밤의 의식'으로 H씨의 하루는 완성된다. 날씨와 온도 이외의 기록 중에서 빈번히 발견되는 것은 플러스(+) 기호와 마이너스(-) 기호가 붙은 금액, 돈 빌려준 일, 그리고 그날 생긴 일 등이 적혀있기도 하며, 일의 내용 및 일 하던 중 특별한 일이 발생한 경우 역시 기입되어 있다. 또한, 달력의 하단부의 공백에는 필시 H씨가 더욱 중요하다고 인식하고 있는 일들이 한 번 더 적혀있고, 이러한 기록은 H씨의 일상에서 기록해야만 하는 중요한 사건들이라는 것을 추측할 수 있다.

일상 가운데 H씨가 있는 풍경은 노동현장과 자는 장소밖에 없었고, 매일이 그 반복일 경우 고유한 하루하루가 지나가는 것을 확인할 수 있는 것은 달력이라는 공간에서만이 가능할 지도 모른다. 이러한 기록 행위를 통해 노동자의 일상생활을 잘 영위하기 위한 실천적 행위는 계속 이루어지고 있다. 또한 H씨는 그 자신이 달력에 기록한 것을 몇 번씩이나 반복해서 읽어본다. 외부의 시선으로 바라본다면, 무의미하고 무가치한 일상의 반복적 행위에 불과할지 모르겠지만, 일상을 기록하고 그것을 반복해서 읽어보는 실천 행위를 통해, H씨가 타국 낯선 곳에서 그가 '살아가고 있음'을 인식하게 되는 순간이 되며, '이동'의 현실을 그대로 대변하며, 그의 인생의 종적을 확인하고/재확인함으로 이주노동자의 일상의 흔적으로 가치 있게 채운다.

이렇듯 H씨의 달력 기록은 현재 낯선 곳에 살고 있는 H씨만의 '삶의 흔적'이라 할 수 있다. 필자는 그의 '삶의 데이터'를 만나는 순간 지금까지 필자의 평범한 인터뷰가 훨씬 '고토부키'적 현실에 근접할 수 있는 이야기가 될 수 있을지 모른다는 작은 기대감에 부풀어 올랐다.

미등록외국인으로서, 일본의 요세바인 고토부키쵸의 단순노동자로서, 몇 겹이나 중첩되는 구조적 제약 속에서 그는 어떻게 살아오고 있었는가? 필자는 H씨의 달력이라는 '삶의 데이터'를 단서로 고토부키쵸의 한국인 노동자의 생활세계에 좀 더 접근해보기로 했다.

3-2. "달력에 적는다"는 것의 의미

H씨의 달력 기록의 계기는 다음과 같다.

> 일본 와서… 요코하마에, 어디서부터 했으까 … 고토부키에 와서부터 했어…할 일이 없으니까, 저녁 먹고… 일 갔다 오면 할 일이 없거든. 할 일이 없으니까. (2010/5/8)

이렇게까지 꼼꼼하게 기록한 이유에는 필시 특별한 의미부여가 있었을 것이라는 생각에서 기대를 잔뜩 한 채 던진 질문에 대해 "일 갔다 오면 할 일이 없거든"이라는 H씨의 대답에 필자는 상당히 허탈해졌다. 본래부터 기록하는 것이 습관이었는지를 묻는 필자에게 H씨의 대답은 이렇게 이어졌다.

아니야. 딴 데 있을 때는 한 방에서 세 명도 쓰고 네 명도 썼단 말이야. 그러니깐 거기서는 안 적지. 혼자 있을 때는 적지. 고토부키에 왔을 때는 할 일이 없으니까 적었지… 근데 딴 데 있을 때는 딴 데는 보통 너이, 다섯, 여섯 명 있었단 말이야. 방 두 개에. 여섯 일곱 명이 있었다고. 그러니까 일 끝나면 화투 치는 거라. 그렇지 않으면 파친코 가거나. 둘 중 하나라. 낮에는 파친코 가고, 저녁에는 그럴 때는 일 갔다 오면 평일에도 화투 친단 말이야. 그러니까 저걸 적을 시간이 없지. (2010/6/24)

고토부키 오기 전에는 한 방에서 보통 두 명, 세 명, 네 명이 잘 때가 있었거든. 그때는 그렇게 못하지. 근데 고토부키 와서는 혼자 있으니까 항상. 방을 혼자 쓰니까, 테레비도 보다가 자고, 심심하니까, 그런 거나 적어놓고, 그렇게 보냈어 그냥. …그래서 적은 거지 딴 데서, 지금 방에 둘이 서이 잔다고 그러면 못하지. 옆에 사람 또 보면, 뭐 했다 뭐 했다, 혼자 있을 때는 해놓아도 누가 못 보잖아. 보지도 못하게 하고. 볼 생각도 않지. (2010/5/8)

위의 H씨의 이야기에 따르면 H씨의 달력 기록은 고토부키쵸로 이주한 뒤 시간적 여유와 독방을 쓰는 조건이 합쳐지기 시작하면서 생긴 습관이라고 한다. 고토부키쵸에서 생긴 시간적 여유는 '고토부키적'인 노동현실이 적나라하게 드러내는 부분으로 H씨를 비롯한 이주 노동자들의 불안정한 노동상황을 설명한다. 이들 대부분이 아르바이트 형태로 일을 다니며, 내일의 일자리는 어떻게 되는지 모르는 불안정하고 유동적인 노동환경에 놓여 있는 요세바 고토부키쵸의 노동현실을 반증하는 것이기도 하다. 일을 하러 갈 때는 가고, 일이 없는 날에는 쉰다. 매일 정해진 일자리가 없기 때문에 시간적 여유가 있을 수도 있다. 더욱이 자유롭게 일자리를 선택할 수 있었을 지도 모른다. 또, 하루 일당을 받기에 가시적으로 보이는 일의 보람을 느낄 수 있다는 장점 아닌 장점이다. 하지만 그것은 "일거리가 많았던 10년 전의 상황"이지만, 그 당시 H씨는 "할 일이 없으니까" 달력의 기록이 하루 일과가 되었다. 그것은 불안정한 노동현실의 기록이기도 하고, '고토부키적'인 인간관계의 기록이기도 하다.

그리고 또 하나의 조건, "방을 혼자 쓰니까"라는 표현은 '고토부키적'인 현실을 반영하고 있다. H씨가 처음 살았던 고토부키쵸의 간이숙박소는 2평 남짓의 협소한 방으로 한 사람 이상이 살기에는 상당히 비좁은 생활환경이었다. "옆 사람 눈을 신경 쓰지 않고" 기록할 수 있는 환경이 형성되었다고 해서 고토부키쵸에 있는 대다수의 한국인 노동자가 그런 기록을 남기는 것은 아니다. 그런 기록이 남을 수 있었던 것은 H씨의 개인적인 성향에 기인하는 바가 크다고 여겨진다. 그러나 사람들의 시선을 신경 쓰지 않아도 되는 상황에서 달력에 기입하고 있었다는 H씨는 그것과 상반되는 이야기를 시작했다.

H : 지금은, 금년 들어서는 파친코에 대한 건 전혀 안 적어.

L : 왜?

H : 적어봐야 아무 필요도 없을 꺼 같애.

L : 왜요? 적으시지.

H : 조금씩 잃으니까. 신경질 나니까 안 적어버리지.

L : 예전에도 보니까 많이 잃었던데요…

H : 많이 잃었는데, 우에노에서 와서 보면, 한번 씩 달력에 잃었고 따고 한 걸 보니까, 머라 한다고. 그래서 아예 안 적어 버려. 잃을 때는 안 적어버려. 우에노에서 와서 보면은, 달력이 옆에 있으니까 본단 말이야, 그럼 잃었다고 하면 머라고 하니까. 아예 금년부터는 안 적어버리는 거라. 근데 딸 때도 있었는데, 예를 들어서, 삼만 엔 땄다고 적었으면, 육만 엔, 칠만 엔 땄어. 근데, 일부러 남들이 볼까 봐 그런 거니까, 삼만 엔으로 해놓은 거라. 한 사만 엔 땄으면 달력에, 한 칠만 엔 딴 거라. 일부러.

L : 그럼, 아저씨가 이때까지 기입한 건 그런 경우도 있다는 거네요?

H : 그런 경우가 절반은 돼. 잃은 건 똑같고 딴 것은 한 육칠만 엔 땄단 말이야.

L : 어떨 때는 팔만 엔도 있데요…

H : 그때는 한 구만 얼마, 십만 엔 돈 땄어. 근데 일부러 약간 줄였단 말이야. 다른 사람 한 만 엔이나 이만 엔 줘버리고, 빼고 그냥 팔만 엔 적은 거라. 한 삼만 엔 땄다고 적어놓았으면, 한 사만 오천 엔 정도 땄어. 누가 보면 거시기 땄네 뭐하네, 많이 땄네 뭐하면은 팁 달라고 그러니까, 일부러 그런 거라… 그 때 아시아비루(H씨가 예전에 살던 아시아빌딩) 창언이 형님이나 놀러 오

면, 자꾸 얼마 땄냐고 물어본단 말이야. 조금 땄습니다, 그렇게 대답하는 거라. 잃은 건 그대로 적지. 딴 것은 이만 엔 적게 적을 때가 많지. (2010/5/8)

H씨는 파친코에서 잃었을 경우에는 그것을 전혀 기록하지 않는다고 했다. 잃은 것을 적으면 애인이 와서 그것을 보고는 "머라 한다"고 했다. 땄을 경우도 금액을 고쳐서 적는다고 했다. 딴 금액 그대로 기입하면 그것을 본 사람이 자신에게 "팁 달라고 그러니까". 위의 이야기로 판단해보면 H씨와 친한 사람들은 '달력 기록 행위'를 알고 있으며, H씨는 그들이 자신의 달력을 보고 있는 것을 염두에 두고 기입하고 있었다는 사실을 알 수 있다. 그는 그에게 발생할 수 있는 다양한 귀찮은 일을 예방하기 위해 작위적인 기록행위를 수행하고 있었다. 또한 달력에 H씨의 '애인'이 자신의 집에 왔을 때를 기록하고 있는데, 그 표현방식이 도중에 달라진 것을 보고 그것은 왜인지 물어보았다.

L : 젤 첨에 천사님 전화라고 해놓았더만, 나중에는 中이라고 바꿨던데 왜 그랬어요?

H : 응 그게 남 보기도 안 좋더라고. 키무라도 한번씩 본단 말이야. 누워서 이렇게 본단 말이야. 천사라고 하면 뭐하니까, 中자라고, 그럼 잘 모를 수도 있단 말이야. 中자면 무거울 중자 그렇게 해놓았어(가운데 중자임). 요즘에는 왔어도, 온 거 하고 출발 그것만 적지 다른 것은 안 적어. 한 달에 요즘은 두 번 오면 많이 오는 거라. 바쁘다고. (2010/5/8)

파친코의 승패기록의 개찬과 '애인'에 관한 표기 변경에 관한 이야기에서는 H씨가 주위사람들을 의식하면서 달력에 기입하고 있다는 사실이 명확하게 드러났다. 앞서 서술된 이야기에서는 달력에 기입할 수 있었던 것은 사람들의 시선을 의식하지 않아도 된다는 것이 전제가 되었지만 달력에 쓰여진 내용은 타인을 의식하기 때문에 그 세부내용은 H씨가 작위적으로 조작하여 쓴 것이었다. 달력 기입에 관한 이야기가 언뜻 보기에는 모순적으로도 보일 수 있지만 그것은 모순 없이 변화를 시사하고 있는 것이다. 처음에는 혼자라는 것이 전제가 되어 달력에 기록하고 있었지만, 그 장소에서의 생활이 길어짐에 따라 그곳에서 인간관계가 펼쳐지는 가운데 자신(의 삶)을 확인해가는 의식이 되어 가면서, 주위사람들을 의식한 커뮤니케이션의 도구 역할까지 담당해간다. 거기에 '보고/보여지는' 관계가 형성 된다. 달력 기입사항의 조작은 바로 보여 지지 않는 것으로부터 '보고/보여지는' 것으로 이행된 결과라고 할 수 있다.

그렇다면, '보고/보여지는' 것은 무엇을 의미하는 것일까? 여기에 바로 '고토부키적인 생활세계'가 용해되어 있다. 단순히 이주노동자의 생활로 보기보다는 여기에 이주노동자들만의 농후한 인간관계가 네트워크로 확장되어 나감을 의미하고, 이렇게 형성된 네트워크 속에서 노동, 생활, 유희 장면이 밀접하게 연결되어 있다. 이러한 생활세계를 살아가기 위해 '고토부키적 생활의 기법'을 그들 나름 자아내고 있는 것이다.

3-3. 달력을 읽다: 2007년 1월~2월의 경우

여기서는 2개월분(2007년 1월~2월) 달력 기록을 예시로, 그 기록에 대해서 필자와 H씨의 대화를 제시한 후 그 해설에 근거하여 고찰하고자 한다.

〈사진 3〉 2007년 1월과 2월 달력

〈표 6〉 H씨의 2007년 1월분 달력 기록

2007년 1월 (2007년 달력 元気のカレンダー, 日本薬師堂 제공)	
1일	맑음11도, -10,000
2일	흐림10도, +9,000
3일	흐림10도, -52,000
4일	맑음10도, -20,000
5일	맑음10도, -10,000, 이게다20,000, 광복형님 부산통화 2통화, 공항취소, 서울통화1통화
6일	비9도, -40,000
7일	맑음10도, +19,000

8일	맑음12도, - 10,000
9일	맑음10도, 4명, 장교 1시간 30분, 1日째
10일	맑음12도, 6명, 장교30분, 처음시작2명, 안영감, 2日째
11일	맑음12도, 7명, 4명, 안영감, 3日째
12일	맑음11도, 7명, 안영감, 4日째
13일	맑음10도, 7명, 안영감, 서울통화, 5日目
14일	맑음11도
15일	맑음9도, 6명, 부산통화, 6日目
16일	흐림10도, 7명, 대구박氏, 7日目
17일	비, 7명, 대구박氏
18일	흐림, 6명, 장교30분, 9日째
19일	맑음10도, 6명, 장교30분, 현장 갓도 말다툼,10日目
20일	흐림·비10도, 7명, 광주, 장교1시간 미불, 9 - 20日까지 봉급계산완료
21일	흐림·비10도, 서울통화
22일	흐림10도, 7명, 목수영감 20일장교 1시간, 장교 2시간 30분, 차남통화, 1日째
23일	맑음10도, 7명, 안영감, 서울통화, 2日째
24일	흐림9도, 7명, 안영감, 경상도 → 현금지불, 3日째
25일	맑음10도, 6명, 서울통화, 4日째
26일	맑음12도, 7명, 장교30분, 오가모도상, 장남군재대, 서울통화, 5日째
27일	맑음13도, 7명, 오가모도상, 12月分전화요금냈씀, 6日째
28일	맑음·흐림10도, 오전작업청소1명, 서울통화, 부산통화, 7日째
29일	비·흐림9도, 7명, 경상도, + 15,000
30일	맑음13도, 7명, 장교1시간, 경상도, 서울통화, 8日째
31일	맑음17도, 7명, 경상도, 서울통화20분, 서울통화1통화, 9日째

1月달 빠징고
+ 43,000
- 132,000

서울송금23일 160,000
차남 23일 30,000

9日　이게다　- 10,000

야마시다상　2006년分　115,000
구미모도　1日　10,000
야마시다상　3日　5000
이계다ケダ　5日　20,000
이계다　6日　20,000

야마시다　7日　10,000　빠징고 총130,000
이게다　7日　10,000　집에서

〈표 7〉 H씨의 2007년 2월분 달력 기록

2007년 2월	
1일	맑음11도, 7명, 나 이게다 학생 오가모도, 서울통화2통화, 1日째
2일	맑음9도, 6명, 이게다 학생 나, 장교1시간30분, 2日째
3일	맑음10도, 7명, 나 오가모도, 방세 2月分 냈씀 50,000, 3日째
4일	맑음10도, 중국통화, 장남통화, + 40,000
5일	맑음13도, 7명, 나 이게다 학생 구미모도, 1月分 전화요금 냈씀, 서울통화, 4日째
6일	맑음16도, 7명, 나 이게다 학생 오가모도, 5日째
7일	맑음·흐림13도, 7명, 나 이게다 오가모도, 1일째 영감, 6日째
8일	흐림11도, 7명, 나 이게다 오가모도 영감, 7일째
9일	흐림11도, 6명, 나 이게다 오영감 장교 2시간 30분 → 현금지불14,000, 8日째
10일	흐림13도, 7명, 나 이게다 오가모도, 중국통화왔씀, 9日째
11일	맑음11도, - 43,000, 중국통화
12일	맑음13도, 야쓰미, + 25,000
13일	맑음13도, 7명, 나 오영감 오가모도
14일	비16도, 야쓰미, - 45,000, 중국통화
15일	맑음13도, 7명, 나 이게다 제주도, 서울통화, 부산통화
16일	맑음13도, 7명, 나 이게다 제주도, 중국전화왔씀
17일	흐림13도, 7명, 나 이게다 제주도 → 계산완료, + 14,000
18일	비11도, 한국 구정 설날, - 20,000
19일	흐림11도, 7명, 나 오영감 제주도, 서울통화, 중국통화

20일	흐림·비10도, 6명, 나 이게다 제주도
21일	맑음16도, 6명, 나 이게다 제주도, 서울통화
22일	흐림13도, 6명, 나 이게다 제주도 잔업2시간
23일	비13도, 이발, 야쓰미, 중국통화 중국물건금액30,000, +40,000
24일	맑음·흐림10도, 6명, 이게다 제주도
25일	맑음6도, 팁 야마시다12,000, 이게다10,000, 승준이3,000, 구미모도2,000+ 130,000
26일	맑음11도, 6명, 이게다 제주도, 장교30분
27일	맑음13도, 6명, 나 이게다
28일	맑음13도, 6명, 私나 이게다 제주도, 중국통화물건받았다는 통화, 서울통화

2月달 빠징고
+189,000
-158,000

2/3 방세 50,000
2/4 장남용돈 40,000
1月分 전화요금 7,000
2/19 집에 170,000
2/19 차남 30,000
2/23 중국 35,000

★2月분
4日 구미모도 10,000
5日 구미모도 10,000
8日 야마시다 50,000
11日 구미모도 10,000
12日 이게다 20,000
13日 구미모도 5,000
15日 야마시다 10,000
19日 구미모도 10,000
23日 구미모도 10,000
26日 구미모도 5,000

다음은 2007년 1월과 2월분 달력을 보면서 H씨와 필자가 실제로 나눈 대화를 그대로 수록한다.

〈표 8〉 H씨의 2007년 1월~2월 달력에 관한 대화(2010년 7월 10일)

L : 아저씨… 보시면요, 이렇게 보면… 아저씨 플러스 마이너스 이런 건…
H : 잃었다는 이야기야.
L : 다 파친코 이야기에요?
H : 파친코 이야기야.
L : 여기 보시면 광복형님한테는 부산통화, 이건 부산에 통화했다 이 말이고 공항 취소는 뭐에요?
H : 광복이형님이 공항에 도착했다가 다시 빠꾸 돌아간 거라.
L : 공항에 갔는데 취소되었다고?
H : 응. 한번 걸렸거든. 걸렸는데 오다가 걸렸단 말이야. 걸렸다가 바로 조금 있다 들어오니까, 1년 안에 또 들어오려니까. … 3개월 비자로 몇 번 왔다갔다 했을 거야.
L : 〈1월 3일〉 -52,000, 〈1월 6일〉 -40,000?
H : 많이 잃었어, 그때.
L : 〈1월 10일〉 안영감 6명. 이게 뭐에요 아저씨?
H : 안영감 아르바이트야. 아르바이트를 6명 데려갔단 말이야.
L : 왜 다른 사람 이름은 안 적고 안영감만?
H : 일일이 다 못 적지.
L : 왜 안영감만 적었어요? 아저씨
H : 음 … 왜냐면 안영감이 제일 부르기 좋고 젤 친하니까. 그 인원 중에서.
L : 그때 이 아저씨 아파가지고 …?
H : 간 사람이라.
L : 아주 성격도 좀 괴팍해 보이시던데 ….
H : 아니여. 술을 먹으면 그래도, 술 안 먹으면. … 일당을 14,000엔, 15,000엔 주니까 막 서로 오려고 그래요. 그리고 잘해요. 일을 시키면. … 일을 오래해 놓아서 시키면 말을 잘 들어.
L : 그럼 이건 안영감 포함해서 아저씨도 포함해서 6명이군요. 니노미아 갔을 때?
H : 응. 전부 니노미아라.
L : 〈1월 9일〉 1日째 … 일을 처음 시작했단 말이에요?
H : 그렇지. 그러니까 여기서는 1월달이란 말이야. 1월 8일까지 쉬고, 이 날 처음으로 일을 시작했단 말이야. 이 날은 4명 갔다가 그 다음 날은 또 6명이 시작했다는 뜻이지. 4명인데 2명이 더 프라스 되었잖아. 〈1월 11일〉 7명, 4명. 4명은 한 팀으로 4명이 가고, 또 한 팀에는 3명 간단 소리야. 다 합쳐서 7명 갔다는 뜻이야.
L : 〈1월 10일〉 그럼 장교[残業:잔업]가 30분이면 돈을 얼마 줘어요?
H : 장교가 1시간에 1,500엔씩, 아니 2,000엔씩이구나.

L : 그럼 1시간 반이면 3,000엔 줬겠네?
H : 응, 3,000엔.
L : 〈1월 16일〉 그럼 아저씨 여기 대구박氏는 뭔데요?
H : 아르바이트로 대구박씨 데꼬 갔단 말이야.
L : 대구박씨 포함해서 7명이란 말이에요?
H : 응. 그렇지.
L : 〈1월 19일〉 현장 갓도 말다툼…이건 뭐에요?
H : 갓도(加藤; 카토)라고 있어. 이케다가 말다툼했다고. 갓도는 융보[ユンボ:포크레인] 운전수. 일본 사람인데, 우리랑 한 팀이라. 겐바[現場:현장]가 한국 사람 일곱 명이라 두 팀으로 갈라져. 저쪽에 세 사람이 가던가 네 사람이 가던가, 나쪽에 세 사람이 온단 말이야. 세 사람이 왔다가 네 사람이 왔다가. 갓도가 나랑 한 팀이란 말이야. 융보 운전수라. 감독이 … 이게다가 일을 하면서 함부로 하고 아무데나 놓아버리니까 잔소리 하는 거라. 일을 했는데 그 이튿날 또 잔소리를 해버리니까, 현장에서 말다툼하다가 안 한다고 대구박씨하고 나하고 이게다하고 서이 있는데, 둘이가 가버린다고 하는데 어떡해. 나도 따라가야지 은근히 따라가야지. 사무실에 와서 … 다시 시작했어. 하기는.
L : 〈1월 20일〉 그럼 이건 광주는 뭐에요?
H : 이름이 광주라고 있어. 이게다하고 같이 잡혀간 사람이야. 이름이 광주라. 지금 일본에 들어오려고 많이 계속 전화한다.
L : 어디 사람이에요?
H : 전라도 광주사람인데, 이름도 광주야. 지금은 서울에서 살고 있어 … 응 이놈이 아주 짠도리야. 소금이야 소금. 그래서 사람들이 상대를 안 해. 소금이라.
L : 〈1월 20일〉 아저씨 이거 7명, 장교[殘業;잔업]1시간 미불 이건 뭐에요?
H : 그날 내가 내 돈으로 줘야 되는데 안 줬다.
L : 아. 아저씨 돈으로?
H : 장교비는 … 장교고 봉급이고 그 날 그 날 안 나온단 말이야. 한 달 후에 나오는 거지. 근데 보통 20일 만에 돈이 나와요. 15일 만에 달라고 하면 주지. 오야가 다가 봉급을 달라고 그러면 15일 만에 줘요. 근데 아무 말도 안 하면 20일만에도 주고, 한 달 만에도 주고 그래, 돈을. 장교비를 안주니까 내 돈으로 줘야 돼. 근데 그날 내가 돈이 있어도 일부러 안 준거지. 일부러 안 주고 다음에 준다 그러고. 계속 일을 해야 되니까.
L : 왜 아저씨가 데꼬 가는 사람들한테는 매일 줘야 되는 거에요?
H : 일당은 안 주고, 장교 값만.
L : 장교 값을 아저씨가 줘야 되는 거에요? 왜요?
H : 달라고 하니까. 그 자리에서 달란 말은 안 하는데, 장교 적어놓거든. 적어놓는데 장교비를 줘버리면, 다음에 나올 때 내가 가지니까. 줘도 관계없어. 그 사람들이 돈이 없는 사람들이라. 그래서 장교비 같은 건 그냥 줘버려.

L : 아, 돈이 작으니까?
H : 응. 돈이 작으니까, 그 사람들이 또 돈도 필요하고.
L : 일당 같은 건? 안 나오잖아요?
H : 안 나오지. 안 나오니까 안 주는데. 돈이 없잖아. 밥값하고 차비하고 파친코하면 ….
L : 근데 왜 그걸 아저씨가 챙겨줘요?
H : 내가 오야가다니까 나한테 달라고 그러지.
L : 아 … 아저씨가 니노미아의 오야가타[십장]?
H : 한 사람 제일 오야가다가 있는데, 그 팀은 그쪽에서 하고, 우리팀은 이쪽에서 하고. 우리팀은 내가 주는 거지.
L : 몇 명?
H : 우리팀은 나까지 세 명하다가 네 명하다가 ….
L : 그럼 일곱 명이라면 반으로 딱 잘라가지고 〈H : 그렇지〉 한 팀은 저쪽으로 가고 다른 팀은 요쪽으로 갈 때 아저씨가 이 작은 팀을 아저씨가 거의 챙겨가지고. 그러니까 장교는 거의 아저씨가 준단 말이에요?
H : 그렇지.
L : 나중에 한 달분 나오면 아저씨가 받고?
H : 응.
L : 〈1월 22일〉 그럼, 목수영감은 뭐에요?
H : 이름이 … 또 목수도 했단 말이야. 이름을 잘 모르니까.
L : 이 사람도 같이 갔단 말이에요?
H : 응. 아르바이트니까 이 사람도 쓰고 저 사람도 쓰고.
L : 〈1월 22일〉 목수영감이 20일 날 장교 1시간 했단 이 말이에요?
H : 응, 20일 날 장교 1시간 했다는 말이지.
L : (이 날은) 목수영감만 했단 말이에요?
H : 목수영감만 아니고 다른 사람도 다 했는데, 다른 사람은 안 적지. 인자 이런 사람은 처음 오니까, 챙겨주려는 거지.
L : 〈1월 24일〉 경상도는 뭔데요?
H : 경상도 사람 한 사람 있어. 지난번에 구미모도 사는 건물 코너에 사는 데 사람 찔렀다고 방송에 나온 사람이라. 경상도 사람이라. 지금 감방에 살아. 일본 사람을 칼로 … 구미모도 사는 건물에, 삼 층인가 사 층인가.
L : 마루이장?
H : 응 마루이장. 몇 개월 되었지. 4, 5개월 되었는지 모르겠네. 술 한 잔 먹고 일본 사람을 이만한 칼로 조금 들어가게 약간 쑤셔버렸어.
L : 왜요?
H : 몰라. 옆 사람하고 자꾸 말다툼하면서 그래가지고 그날 잽혔어. 경찰이 쫙 와가지고.

L : 그 사람이 경상도 사람?
H : 응. 귀는 먹었어도 일은 잘해. 무뚝뚝한 사람이야. 여자들이 보면 놀래. 무섭다고.
L : 나이도 많고?
H : 응. 나보다 몇 달 많아.
L : 〈1월 26일〉 아저씨 오가모도상은 누구에요?
H : 이 사람 내나 경상도 사람이야. 일은 잘한단 말이야. 시키면 시키는 대로 말도 잘 듣고. 응. 말을 안 들어버리면 내가 안 써버리지. 딴 사람을 써버리지. 나이는 먹었어도 ….
L : 〈2월 9일〉 오영감한테 현금지불? 아저씨 돈으로 했단 말이에요?
H : 응. 돈이 없다고 하니까.
L : 아저씨가 땡겨 줬어요?
H : 응. 이런 날은 보편적으로 오영감이 파친코를 토요일날 하려고 미리 막 달라고 한다. 가불해달라고 그런다고.
L : 〈2월 12일〉 야쓰미? 일을 안했어요?
H : 빨간 날이니까 안 하지. 파친코해가지고 25,000엔 땄다 그 말이지.
L : 〈2월 15일〉 제주도는 누구에요?
H : 이게다.
L : 나, 이게다, 제주도?
H : 제주도라고 한다고.
L : 아니, 이게다도 적혀있고 제주도도 적혀있는데 한 사람?
H : 제주도 사람 또 따로 있었겠지. … 한 사람 있은 모양인데.
L : 〈2월 23일〉 이게 뭐에요? 아저씨. 중국통화, 중국물건 구입, 물건 금액 삼만 엔?
H : 뭐라고 썼냐? 지금?
L : 이건 이발.
H : 이발하고 통화 … 통화하고 물건 보내고 삼만 엔 보내줬다 그 말이여.
L : 아저씨가?
H : 봉투 속에 넣어가지고.
L : 중국물건을 보냈다는 게 아니고 아저씨가 중국으로 물건을 보냈단 그 말이에요?
H : 응. 그랬지.
L : 돈이랑?
H : 응. 돈하고 그 안에다가, 물건 안에다가 넣어가지고 ….
L : 〈2월 25일〉 팁이에요? 팁 야마시다12,000, 이게다10,000, 승준이3,000, 구미모도2,000 이건 뭐예요? 안 줬다고?
H : 안 줬다는 결론인데. … 그날 없어가지고.
L : 야마시다는 한국 사람이에요?

H : 야마시다가 오야가타라. 제일 오야가타라.
L : 아저씨 여기에 적혀있는 일본 이름은 대부분 한국 사람이겠네?
H : 현장에서 일하는 감독, 운전수들만 일본 사람이고, 일하는 사람은 전부 한국 사람들이라.
L : 아저씨 〈★2月분〉이건 뭐에요?
H : 구미모도한테 빌려줬다는 뜻이지. 4일날 10,000엔. 구미모도 또 16,000엔 주고, 8일 날 야마시다 5만 엔 빌려가고, 오야가다가, 구미모도가 또 만 엔 빌려가고, 줬다는 뜻이라. 이게다가 이만 엔, 빌려서 줬다는 뜻이라.
L : 빌려주고 다 받았다는 뜻이에요?
H : 그렇지, 그렇지. 일을 했으니까 (빌려)줘도 관계없지.

〈표 6〉과 〈표 7〉는 H씨의 달력 기록 그 일부를 발췌하여 제시해 보았다. 사실, H씨는 자신만이 알아볼 수 있도록 암호를 적어놓은 듯한 기록방식을 취하고 있기 때문에 필자는 달력을 봐도 그 기록이 무엇을 의미하는지 알 수 없는 부분이 많았다. 기록의 방법과 내용에 대해서 필자가 해독할 수 없었던 부분을 실제로 달력을 보면서 H씨에게 물어보았던 것을 〈표 8〉에 정리했다. 또한, 달력에 적혀 있던 일본이름은 거의 대부분이 한국인이었다. 고토부키쵸에서 일하기 위해서는 일본이름이 요구되었기 때문에 고토부키쵸의 대부분의 한국인들은 일본이름을 가지고 있었음이 달력에서 확인되었다.

〈표 8〉의 대화 가운데 주로 언급되는 것은 일에 대한 이야기였다. 2007년 1월~2월 달력을 작성할 당시 H씨는 니노미야의 하수 현장에서 '키마리'로 일하고 있었다. 그 회사의 한국인 중에 '넘버 투'인 '새끼 오야가다'의 지위에 있던 H씨는 그 현장에서 '키마리'인 3명 이외의 사람들, 즉 아르바이트로 일손이 필요할 때에는 자신과 친한 사람 중에서 일을 잘하는 사람, 지시에 잘 따르는

사람을 골라서 일자리를 제공했다. 아르바이트로 데려가던 사람들의 생활환경도 잘 알고 있었던 H씨는 그들의 편의를 봐서 잔업[殘業: 달력상에는 장교로 표기]비는 그 날 바로 자신의 돈으로 지불하고, 경우에 따라서는 일당까지도 자신의 돈으로 미리 지불했다. 물론, H씨가 지불한 돈은 1개월의 일이 끝나게 되면 회사로부터 전부 회수할 수 있지만 고토부키쵸에서 하루 하루 아르바이트로 생활해가는 사람들에게 그러한 형태의 생활보장은 큰 도움이 되었다. H씨는 그 날의 잔업비를 지불하거나, 지불하지 않거나 하는 방식으로 아르바이트 일손을 계속적으로 확보할 수 있었다.

파친코에서 따고 잃은 것에는 플러스와 마이너스 기호로 그 금액을 표시하고 있다. 땄을 경우에는 친한 사람들에게 딴 돈의 일부를 '팁'으로 주고 있었다. 그리고 H씨는 주위사람들에게 빈번하게 돈을 빌려주거나 돌려받거나 하면서 생활보호를 받을 수 있는 안전망을 가지고 있지 않는 사람들끼리의 상부상조의 모습이 엿보인다.

〈표 8〉의 대화에서는 언급되지는 않았지만 서울에 살고 있는 가족들과의 통화, 당시 중국에 돌아가 있던 '애인'과의 통화, 이미 한국에 돌아간 고토부키의 동료들, 가족에 보내는 송금, 한국의 공휴일에 대한 표시 등에서 H씨의 가족 및 기타 인간관계를 유지하기 위한 노력의 흔적도 보인다. 아래의 인터뷰에는 H씨가 가족에게 보내는 송금과 통화 그리고 그러한 행위가 가지는 의미가 극명하게 드러난다.

H : 돈 부칠 때는 부쳤으니까 내일 찾아라. 또 확인 전화를 해야지.

받았나 안 받았나. 친구들한테는 심심하니까. 할 일이 없으니까 전화를 하는 거지. 송금할 때는 꼭 확인 전화를 해야 되니까. 그게 안 들어갈 때도 있어요. 구좌번호가 틀렸다 던지 했을 때는 그럴 때는 다시 찾아야 되니까. 한 번씩 그럴 때가 있거든

L : 아저씨가 생각할 때 가족이란 것은 어떤 거 같아요?

H : 가족은 우리 식구만이지. 마누라하고 애들이지.

L : 가족이기 때문에 어떻게 해야 된다는 거 있잖아요. 책임이라든지 의무라든지…

H : 응. 난 항상 돈 봉급, 생활비 그거 부쳐주고, 애들 교육 잘 시키라고 그러고, 다치지 않았냐고 항상 조심하라 그러고, 그 이야기지. 이제 다 커버렸으니까 그런 말도 안 하지만. 애기 때는 항상 조심하라 그러고, 엄마 말 잘 들을라고 그러고, 그런 이야기겠지 뭐…난 계속 (송금) 했지. 난 20년 동안 계속했어.

L : (이주해서) 3년 넘으면 송금을 안 하게 된다던데…아저씨는 어찌 계속 송금할 수 있었어요?

H : 안 부쳐주면 마누라가 뭐라 하는데. 왜 돈 안 부치냐고

L : 근데, 다른 집들도 다 그랬을 거 아니에요? 왜 송금 안 해주냐고?

H : 다른 사람들은 술을 먹으니까 많이 써요. 파친코하고, 술집에 가서 많이 쓴다니까. 술 취하고, 거기 아가씨들이 오빠오빠 막 그러지. 그기에 넘어가는 거지. 만 엔에 먹을 꺼 팁도 주고 이만 엔 줘야 해. 오빠오빠 살살해 주면, 그러니까 돈을 못 부치는 거라.

L : 그래도 아저씨는 송금을 계속함으로써 가족과 계속 연결되어 있다고 생각해요?

H : 그렇다고 생각하지. 돈 안 부쳤으면 진작에 어떻게 되었겠지…애들이 있으니까 이혼까지는 안 갔겠지만은…안 좋지. 지금도 계속 돈은 부치니까…옛날이나 지금이나 사이가 좋지. (2010/6/24)

H씨는 20년간 지속적으로 가족에게 생활비를 보내고 있기 때문에 지금도 옛날과 마찬가지로 가족과 사이가 좋다고 했다. H씨가 20년간 송금을 계속 한 것은 송금을 하지 않으면 '마누라가 뭐라' 하기 때문이며, 성장기의 자식들이 있었기 때문이고, 또한 자신은 술을 먹지 않는 사람이기 때문이라는 등의 여러 이유를 대고 있었지만, 송금 그 자체는 이주장소에 있는 본인이 가장으로서 고향에 있는 가족과 연결되는 가장 유효한 수단이었음을 그의 이야기를 통해 알 수 있다. H씨는 자신과 대비하여 "JMC형님의 경우도 20년간 마누라한테 돈 안 보내줬기 때문에 지금 (강제송환으로) 제주도에 돌아가서도 마누라한테 구박받고 있어"라고 말했다. 20년간 계속 송금과 국제전화를 성실하게 해 온 H씨는 가족에 대해서도 강한 자신감을 드러냈다. 필자는 H씨의 부탁을 받고 돈과 물건을 전해주기 위해 서울에서 H씨의 장남을 만날 기회가 있었는데, 그때 그는 "친척들이 우리 엄마보고 이혼하라고 계속 이야기 해왔어요"라고 말했다. 그것은 가족관계가 H씨가 생각하는 것처럼 아무런 문제가 없는 것은 아니라는 것을 의미했다. H씨의 장남을 만나고 나서부터 필자는 H씨의 가족관계는 송금과 국제전화에 의해 겨우 유지되고 있다고 생각하게 되었다. 그리고 필자는 H씨에게 다음과 같은 질문을 했다.

L : 아저씨는 이제 가족들을 위해서 송금하고 전화하는 거 이외에 어떤 것을 하세요?

H : (긴 침묵)…어떤…

L : 딱 보면 아저씨 돈 보내는 거랑 전화 한 번씩 하는 거 밖에…

H : 마누라하고 가족한테?

L : 네. (2010/6/24)

필자 자신이 생각해봐도 참 건방진 질문이었다. 이 질문에 H씨의 곤란해하는 모습을 보면서 내 자신이 강박관념으로 가지고 있던 '바람직한 가족상'에 대해 문득 깨달을 수 있었다. 가족은 서로의 일을 신경 쓰면서 함께 사는 것이라고. 그런 강박관념으로는 떨어져서 생활할 수밖에 없는 가족은 더 이상 가족이라고 할 수 없다.

필자는 H씨에게 '가족의 바람직한 모습'이라는 이데올로기를 강요하며, H씨가 지금까지 살아왔던 경험들을 무시하는 오류를 범했을지도 모른다. 실제로 가족을 유지하기 위해서는 송금과 국제전화 이상의 것을 하고 있다고 말할 수 있는 사람들은 어느 정도 될까? 그러나 H씨의 달력을 보면, H씨가 자신의 소중한 사람들과 어떻게 관계하고 있는지 잘 드러난다. 그것은 H씨 자신의 인생관이나 세계관의 표현이기도 하다.

다음에서는 H씨의 달력으로부터 특히 주목되는 다섯 항목, 즉 파친코, 곰방대 승차법, 산재와 노동조합, 단속을 중심으로 고찰하고자 한다.

3-4. 전문적으로 파친코하기

H씨의 달력을 보면 파친코에 관련된 기록이 상당히 많이 눈에 띄었다. 파친코를 한 날은 그 날의 따고 잃은 금액을 적어두었다. 월말에는 파친코에 든 돈 전부를 계산해서 기록했다. 파친코에서 땄을 경우는 친한 사람들에게 '팁'을 주기도 했다. 파친코에서의 돈의 흐름을 자신이 알 수 있는 — 가끔씩은 감액하여 — 방식으로 적어두었다.

그의 달력에서 알 수 있듯이, H씨에게 파친코는 대단히 중요한 부분이란 것을 알 수 있다. H씨의 파친코에 대한 집념은 단순한 유희의 의미 이상을 포함하고 있는 것처럼 보이기 때문에 그의 이주공간에서의 여가생활에 관한 질문을 자연스럽게 하게 되었다.

H : 집에서는 일본 테레비 보거나, 비디오테이프, 고토부키쵸에 많아요. 후쿠도미쵸에도 많다니까. 비디오가게. 네 군데, 다섯 군데 돼, 지금도…파친코장에 가고. 거의 파친코장에서 살지. 노는 날에 일요일날이고 비오는 날이고 파친코장에 가서…

L : 그럼 파친코장에 가면, 한국 사람들이 다들 놀러 나와요?

H : 응. 사람 많지. 다 있어 다.

L : 그럼 파친코장에 가면 안 심심하겠네요?

H : 심심하지 않지.

L : 파친코도 하고 한국 사람도 만나고?

H : 응, 그렇지.

L : 같이 밥 먹으러도 가고?

H : 같이 밥도 먹고, 같이 빵도 먹고.

L : 그럼 심심하면 파친코장에 가면 되겠네요?

H : 응. 하여간 파친코장에 간다니까, 무조건. 일 안하는 날은…

L : 한국 사람들이 왜 그리 파친코에서 살아요? 이유가 뭐라고 생각하세요?

H : 할 일이 없어, 집에서는. 잠만 자야 되거든. 잠자는 것도 보통이 아니라. 혼자 잠 잘라니까. 근데 파친코장에 가면 심심하지는 않거든. …첫째는 도박이…투기사업이니까 재수 좋으면 돈 버는 거고, 재수 나쁘면 돈 잃고, 한국 사람이 많으니까 이야기도 하고, 또 구경도 할 만 하니까 하도 그림이 많아가지고, 영화관 간 것 같으다니까.

L : 아저씨가 팁을 주잖아요. 파친코에서 받던지 주던지…이건 한국 사람 전부가 그래요?

H : 안줘. 친한 사람만 줘.

L : 아저씨같이 자기들끼리 팁주고 그래요?

H : 그러지. 응 제주 사람들은 제주 사람끼리 많이 그러고, 같이 직장에 있는 사람들끼리 그 사람들끼리 어울리면은, 따면 팁도 주고 점심도 먹으러 가고, 저녁도 먹으러 가고.

L : 따면 한턱내는 분위기?

H : 응.

L : 따면 자기만 가지려고 하는 사람은 없고?

H : 가지려고 하고 싶어도, 보고 있기 때문에 답이 다 나오기 때문에. 보고 있으니까 딴 지 잃었는지 다 아니까. 얼마 땄다는 것까지 거의 나와 버려. 그러니까 밥 사라 그러지. 술 좋아하는 사람은 술 사라고 그러지. 그래서 같이 먹고.

L : 아저씨 그럼 이 팁 주고받고 그러는 것에 대해서 어떻게 생각하세요? 좋게 생각하세요?

H : 응. 좋게 생각하지. 받는 사람도 딸 때가 있으니까, 서로 주고받고, 그러니까 좋다고 생각하지.

L : 상부상조?

H : 응. 다 그런 건 아니고 몇 사람, 친한 사람끼리 그러지. 어떤 사람들은 땄어도 안 땄다고 그러고 혼자 가버려. 슬그머니 피해 가버려. 가버리면 전화를 할거야 어떻게 할 수 없잖아. 많이 그래. 그냥 슬그머니 가버려. …(땄을 때는 주위 사람들이) 안 가고 옆에 가 있단 말이야. 그럴 때는 도망도 못 가지.

L : 그럼, 사람들 심심해서 파친코 가면 자기가 할 돈 없어도 밥은 얻어먹을 수 있겠네요?

H : 응. 밥은 얻어먹을 수 있지. (2010/6/24)

H씨의 여가생활의 가장 큰 부분을 차지하고 있는 것은 파친코다. 필자는 이제까지 만나왔던 한국인 노동자와의 대화 속에서 "일본에 온 한국인 노동자는 파친코로 망한다"라든지, "일본생활에서 파친코 말고는 낙이 없다"라는 말을 자주 들을 수 있었다. 그들은 이주공간에서 외로움을 도박·노름을 하면서 달래고 있었으며, 고생해서 번 돈은 전부 파친코에 탕진한다. 이런 악순환이 계속된다고만 추측하고 있었으나, H씨의 이야기에서는 파친코의 예기치 못한 역할을 발견할 수 있었다.

돈이 있는 사람도 없는 사람도 파친코장에 가면 같은 한국인을 만나서 이야기를 하며 교류를 하게 된다. 경우에 따라서는 안면이 있는 한국 사람에게 밥, 파친코 경품으로 받은 담배나 술도 제공받을 수도 있다. "팁 받은 사람도 딸 때가 있으니까 서로 주고 받고 하니까 좋아"라는 H씨의 이야기를 근거로 판단해보면 파친코장에서의 인간관계는 일방적인 관계가 아니라 '상부상조'가 실현되는 장소이기도 하다. 타국의 파친코장은 구조적 제약 가운데 살아가고 있는 사람들에게는 최소한의 안전망 역할을 하는 공간이기도 했다.

그렇다고 치더라도 H씨의 파친코에의 집념은 특별했다. 파친코로 인한 지출과 수입을 의식하면서 파친코를 한다. 그리고 대부분의 한국인 노동자들처럼 파친코에 자신이 소지한 돈 모두를 써버리는 것도 아니다. 자기 나름의 기준을 세워 절약하면서 파친코를 '계획적으로' 하고 있는 듯이 보였다. H씨의 조선족 '애인'과 첫 만남에 대한 이야기 속에서 H씨가 '파친코'를 '전문적으로' 하고 있었다는 사실을 우연히 듣게 된다.

H : 신주쿠, 신오쿠보에 오움진리교 사건 때 파친코 가짜카드 많이 썼단 말이야. 그때 그 파친코 같이 하러 다녔어. 그 (중국)누님이랑. 오움진리교 사건이 막 터졌을 때, 파친코 가짜카드 많이 썼어. 그 당시에. 파친코 인치카드[본래는 인치키[インチキ;가짜], 전화 인치카드, 전화 가짜카드, 구멍 뚫린 거. 위에 다가 노란 은박지 붙였던 거, 구멍 뚫린 거 또 써 먹고 또 써먹은 거 입력시켜가지고. 그때 파친코장 같이 다니면서 그 (중국)누님이랑 만났거든. 신오쿠보에서. 그 당시에는 백여 명 돼. 한국 사람 중국사람. 파친코하러 다니는 사람. 신오쿠보 다방에 버글버글해. …다방에서 커피 마시면서 가짜카드를 사니까. 길거리에서는 팔기 그러니까. 경찰들이 보고 그러니까. …중국사람. 파는

사람이 5,000엔짜리는 500엔, 8,000엔짜리는 800엔인가 1,000엔에 팔았어. …파친코만 전문적으로 하는 거야. 그러니까 예를 들어서, 5,000엔짜리를 500엔인가 400엔에 준단 말이야. 그럼 10장을 산단 말이야. 10,000엔짜리도 돈 만 엔 주면 10장을 사서, 그놈을 가지고 신주쿠를 가던지, 요코하마를 오던지, 우에노를 가던지, 자기 가고 싶은 데로 가는 거지. 가져가서 딱 그걸 쓰는 거야. 그 카드를 가져 가면은 미세[店;가게, 여기서는 파친코장을 뜻함]가 처음에는 다 써요. 어느 미세를 가든 다 맞게 되어 있어. … 가짜카드 가져오면 맘대로 파친코를 하지. … 그 때 (파친코를 한) 사람들은 돈 많이 벌었어. 나는 먹고 쓰고 다 해서 한 달 노가다한 놈 만치 만 벌었지. 아무 욕심 안 부리고 그냥 놀러나 다니고, 다방에서 놀고. 〈L: 전문적으로 파친코만 했던 때는?〉 오움진리교 때라니까. 고탄노에서 카이타이[解体; 해체작업] 하기 전이라. 고탄노에서 일을 하다가 그만두고, 신오쿠보로 파친코 하러 간 거라. 츠루미(鶴見)에다가 방을 하나 얻어놨어. 여섯 명이서. 기타센쥬에서 노가다 하다가 그만두고 파친코만 하다가 다시 고탄노 카이타이로 들어간 거. 고탄노가 기타센쥬라. 노가다 하다가 파친코 한 건 한 6개월. 6개월 하다가 다시 카이타이로 들어갔어. 파친코를 이제 오움진리교가 끝나니까 단속을 하는 거라. 가짜카드를 못쓰게 하는 거라. 파친코협회에서. 잡히면 이제 한국 가야 돼.

L : 그거랑 오움진리교하고 무슨 상관이 있어요?

H : 경찰이 전부 거기에 투입되었어요. 사건이 크게 터졌지 아마. 몇 개월 만에. 경찰이 그때는 파친코 가짜카드를 써도 법을 안 만들어 놓았어. 초창기에는. …카드를 써도 경찰이 뭐

라고 안하니까. 법적 조치를 안 해놓았으니까. 그때는 안 잡혀 갔어. 비자 없어도. …경찰서 가서도 또 보내고. 그걸 다 아니까. 너도 나도 나와서 전부 파친코 하는 거라. 단속을 안 하니까. … 거기 있다가 단속이 심해지니까 법도 생겼어. 잽히면 한국 간다고 하니까 이제 일하러 가야지 어떡해. 나도 고탄노로 카이타이하러 가고. 딴 사람들은 노가다 하러 가는 거라. 그 당시 돈 번 사람들은 돈을 많이 벌었어. 오메가 찬 사람도 많아. 우리 같이 살던 8명 중에 4명이 오메가 찼어. 시계 비싼 거. (2010/6/24)

포털사이트에서 제공하는 백과사전에 의하면, "CR기(Card Reader)[CR기란 선불카드를 사용하도록 만든 파친코기계를 말한다]'에 대한 설명에서 피할 수 없는 것이 '변조카드' 문제다. 이것은 이미 다 사용한 선불카드의 자기정보를 고쳐서 다시 사용할 수 있도록 변조한 카드로서, 도시에 있는 파친코장에서는 외국인들이 길가에서 변조카드를 매매하는 것이 일상적인 풍경이었던 때도 있었다. 당초는 파친코장도 이러한 위조카드 적발에 주력했으나…"라고 적고 있다. "도시에 있는 파친코장에서는 외국인들이 길가에서 변조카드를 매매하는 것이 일상적인 풍경이었던 때"에 H씨 자신도 그 풍경 속에 있었다. 그 당시가 일본을 대 혼란에 빠뜨린 대사건 '오움진리교 사건'이 발생한 시기라는 것을 H씨는 재차 강조했다. 1995년 3월 20일에 일어난 지하철 사린(신경가스계 독가스의 하나) 사건이 일어났던 시기였다. H씨는 구체적인 날짜는 기억하고 있지 않았지만, 사회적 사건과 연관하여 그 시기를 기억하고 있었다. 오움진리교사건이 일어나던 바로 그 해에 파친코를 전문적으로 하고 있었다고 H씨는 말했다. 그것은 H씨가 살고 있는 일상이 적어도 타인과 공유된 사회적 세계 속에서 영위되고 있음을 이견 없이 인정시킨다. 그것은, H씨의 입장에서의 그 사건의 리얼리티를 외부의 상황을 참조하면서 청자인 필자에게 전달하는 방식으로 이뤄졌기 때문이다. 또한 H씨는 "오움진리교사건에 경찰이 전부 동원되어 파친코 인치카드의 단속이 안 이루어져서 그 동안 맘껏 인치카드로 파친코를 할 수 있었지"라고 말한다. 실제로 오움진리교사건에 경찰이 전부 동원되었는지 어떤지는 확인할 수 없었지만, H씨가 말한 '오움진리교사건'이란 H씨 자신이 살고 있는 실제 현실을 보다 잘 표현할 수 있는 수사법으로 차용한 것이라 볼 수 있다.

원래 가격보다 10분의 1 정도의 금액으로 파친코를 한다. 손해 볼 일은 거의 없다. 이 가게에서 안 되면, 다른 가게로 가면 된다. 파친코에서 얻은 수익만으로도 자신의 생활비, 가족에 보낼 송금 등을 전부 마련할 수 있던 시기였다. 파친코 수익에 의해 동료들은 '오메가' 시계를 찰 정도로 경제적 여유가 생겼다. 당시 8명의 동거인들은 파친코장 근처에 있는 호텔에 묵는 일이 잦았기 때문에 츠루미에 있던 집에는 거의 돌아가지 않았었다고 H씨는 기억했다. 그들은 이 일시적인 '호경기의 파라다이스상황'을 즐기고 있었다. 위법성이 충만했던 그 위험한 매력을 거부할 수도 없이 그대로 빨려 들어갔다. 그 '단꿈'은 길지 않았다. 6개월 후, H씨는 현실로 돌아오게 된다. 그러나 그 6개월간의 "파친코만 전문적으로 하는" 그 시기에 생겨났던 파친코에 임하는 자세는 H씨의 달력에 그 흔적을 남기고 있었다.

3-5. 곰방대 승차법

2007년 3월 14일의 달력 기록을 보면 다음과 같이 기록되어 있다.

14일	맑음13도, 10명, 중국에서 전화왔씀, 전철차표 안됨, 11日째

과연, '전철차표 안됨'이란 무엇을 말하는 것일까?

H : 응. 그날. 3월 달이지. 차표를 항상 아침에 끊어갈 때, 2장 끊는다고. 아냐 1장 끊어가지고 가지. 아침에 탈 때.

L : 한 장을 어떻게 끊어요? 아저씨?

H : 아니, 그러니까, 6명이 가면은 6명 다 끊는단 말이야. 6명.

L : 정규가격으로?

H : 130엔(일본 전철의 기본운임)짜리 끊어. 그래 가지고 니노미아 가서는 니노미아 정기권을 끊어놓은 게 있거든. 오오이소에서. 오오이소에서 끊은 거 10장이면 11장 나오지. 그 놈을 넣고 그냥 나가. 나가면 돼요. 그러면 갈 때 130엔 짜리는 그대로 주머니에 있어. 그대로 주머니에 넣어 놓아라고…올 때는 또 니노미아에서 130엔짜리를 끊어요. 그럼 10장을 끊어났어. 미리. 회수권을. 그래가지고 아침에는 간나이에서 탔단 말이야. 이시가와쵸(石川町)에서 내려. 그냥 이시가와에서 내려. 아침에 샀던 표로. 근데 자꾸 기계가 발달되니까… 계속 그렇게 했는데 안되는 거라. 이때부터. (2010/7/10)

H씨가 언급한 것은 〈그림 6〉에서 나타내듯이, 타는 역과 내리는 역의 승차권은 가지고 있지만, 그 사이의 거리에 대한 요금은 지불하지 않는 곰방대 승차법을 가리키는 것이다.

승차역 (전후 한두 구간) 중간구간 (전후 한두 구간) 하차역		
기본요금(金)	무임승차	기본요금(金)

〈그림 6〉 곰방대 승차의 이미지

이 방법을 누구에게 배웠는지 묻는 질문에 H씨는 "스스로 생각해냈지"라고 자신만만하게 말했다. 중간구간의 요금은 지불하지 않지만, "출발구간과 도착구간에는 요금을 내기 때문에 그다지 부정승차라고 생각하지는 않는다"고 한다. 물론 곰방대 승차는 위반행위지만, H씨에게는 교통비가 절약되는 합리적인 '생활의 지혜(好井, 1995)'인 것이다.

언제부터 곰방대 승차를 하게 되었는지 물어보았다.

그때는 파친코할 때, 오움진리교 사건 때 알았어… 처음에는 파친코에서 갈 때 츠루미[당시 살던 지역]에서 신오쿠보에 올 땐 제돈 내고 와. 그런데 여럿이 우츠노미야나 하치오지나 타카사키나 먼데를 간단 말이야. 파친코하러 멀리 가는 거라. 그 카드를 가지고 멀리 가서 하는 거라. 아무데나 다 쓸 수 있으니까… 혹시 불이 들어올 수 있는 경우가 있으면 안 되는 카드가 하나씩 있다고. 파친코하다가

나오는 거라. 거기서 안 되면 다른 데로 가는 거라. 지금 같으면 큰 욕심을 부렸겠지만, 그땐 매일 잘되니까 한 삼사만 엔 따도 오와리[終り;끝] 하고 돌아오는 거라. 커피나 마시고. … 츠루미에서 신오쿠보로 올 때는 정당하게 돈을 내고, 신오쿠보에서 다른 파친코장으로 갈 때는 가까울 때는 돈을 제대로 내고. 조금만 벌면, 500엔 이상 되는 곳은 130엔짜리 끊는 거라. 그리고 나갈 때는 그냥 나가. 억지로 밀고 나가기도 하고, 손으로 딱 막아서 나가거나, 사람들 나갈 때 따라 나가는 거라. 돌아올 땐 그 에끼에서 130엔짜리 끊어. 그래서 그 앞 정거장에서 내리던지, 아니면 신오쿠보는 하도 외국인이 많아서 그냥 통과시켜버려. 그냥 따라 나오는 거지. (2010/7/31)

H씨의 곰방대 승차는 "파친코를 전문적으로 하던 시기"에 멀리 있는 파친코장으로 원정을 가던 때부터 사용하던 방법이었다.

지금도 어디 먼 데 갈 때는 계속 그러지. 우에노 갈 때도 130엔으로 가지. 우에노까지 620엔인가 그 정도 될 꺼여. 지금도 우에노 나갈 때 그냥 따라 나가버려. 사람이 없을 때는 역무원이 쳐다보니까 안 되지. 〈L: 아저씨 그럼 사람이 없을 때는 못나가잖아요?〉 사람이 없을 때는 못나가는 것이 아니라, 사람이 없을 수가 없지. 사람이 역에 내릴 때는 많이 내리잖아. 사람들이 많이 내릴 때, 그것도 남자 뒤에 따라가는 것이 아니라, 여자 뒤나, 조금 나이 드신 분. 할머니나 할아버지…젊은 사람은 아무래도 동작이 빠르고, 유심히 쳐다보고 이상하게 생각한단 말이야. 하지만 여자나 나이 드신 분 할머니나 할아버지 뒤에 따라가면 관계가 없거든. 아무렇지 않단 말이야. 무서운 것이 없단 말이야. 〈L: 사람 봐가면서?〉 응, 사람 봐가면서. 역무원 앞 쪽으로 안 나가. 중간 이쪽으로 나가지. 〈L: 역무원이 딴 사람이랑 이야기 하고 있을 때를 노려서 나오시나요?〉 아니 뭐 나올 때는 상관없어. 사람이 여럿이니까. 이쪽으로 떨어져 있으니까. 그쪽으로 같이 따라 나가면 되니까. 소리가 안 난단 말이야. 바로 따라 나가면 통과 돼요. 그렇지만 또 소리가 날 때도 있어. 그럴 때는 닫혔다가 또 열려버리니까. 카드를 넣어버리고 안 뽑으면 계속 삐끗삐끗 불오고 소리 난단 말이야 카드를 뽑아버리면 소리 안 나니까. 어디 다닐 데는 걱정 없어. 걸릴 염려가 없으니까. 〈L: 그럼 아저씨는 교통비는 거의 안들이고 다니겠네요. 그 대신 아저씨는 조금 더 일찍 움직여야 되겠네요.〉 난 항상 30분 전에 출발하니까. (2010/7/31)

또한, H씨는 승차 기술에 관한 설명을 이어갔다.

〈사진 4〉 LMH씨가 직접 그려서 설명한 개찰구 통과 방법

옛날에는 지금처럼 이렇게 해서 이렇게 되어 있단 말이야. (이면지에 그림 그려가면서 설명) 여기로 킷뿌[切符;티켓]를 넣으면 여기로 나오잖아. 여기에 들어가면 이쪽에 구멍이 이렇게 있었어. 그럼 들어갈 때 그 구멍을 신문지로 막아버려. 구멍을 막으면 사람 살이 안보이거든, 그럼 그냥 통과되어 버리는 거라 … 손바닥으로 가려도 상관

없어. 손바닥으로 가리고 많이 나와 보고, 신문지로 가리고도 많이 나와 봤어. 차표 없이 나가도 문이 안 닫혀. 아무것도 안 넣고 들어가고 안 넣고 나와 버리고. 그렇지. 신문지 같은 걸로… 〈L: 이건 어떻게 아셨어요?〉 그것은 내가 직접 한 것이 아니라 딴 사람이 하더라고. 그렇게 하면 된다고 그러더라고. 그래서 그 사람한테 배운 거라. 손을 이렇게 하고 많이 나갔어. 신문지로 가리고도. 이건 공짜라. 지금은 안 되는데 옛날에는 이렇게 하고 많이 나갔어. (2010/7/31)

이 이야기를 옆에서 듣고 있던 LMJ씨는 "나 처음 듣는 거야. 이런 거 지금까지 살면서… 아따 연구들 참 많이 했네. 정말 대단하네. 난 못 혀"라고 말했다. 그것에 대해 H씨는 "겁이 많은 사람들은 못 해. 그것도 하도 습관이 되어버리니까"라고 말한다. 그것을 할 수 없는 사람은 "겁이 많은 사람"이라며 웃는 H씨. 일본의 사회제도로부터 어떤 보장도 받을 수 없는 H씨에게는 어차피 하나의 제도에 불과한 그 사회의 규칙에 순종하는 것은 그다지 중요한 일이 아닐 수도 있다.

필자는 히라츠카와 니노미야의 회사로부터 교통비를 받고 있었다는 H씨의 이야기를 생각해내고 회사로부터 나오는 교통비를 그런 방식으로 절약하여 자신의 용돈으로 사용한 것은 아닐까하고 추측하여 물어 보니,

교통비를 오야가다가 주는데 오야가다가 킷뿌를 아침에 사서 준다. 130엔을. 미리 사두지 … 오야가다들은 그 승차방법으로 계산해서 교통비를 줘요. (2010/7/31)

라고 대답했다. H씨의 오야가타는 그런 승차방법 전부를 알고 있어서 그것에 알맞은 교통비를 자신의 밑에 있는 노동자들에게 지급하고 있었다. '뛰는 놈 위에 나는 놈 있다' 였다. 회사에서 나오는 교통비 대부분을 오야가타는 자신의 수입으로 삼고 있었다. 그러한 '부정승차'에 대해 H씨는 어떻게 생각하고 있는지 물어보았다.

그 돈 가지고 과일을 사먹고 밥을 사먹어. (2010/7/31)

H씨의 대답이 왠지 설득력 있게 들려온다. H씨를 비롯한 그곳의 한국인 미등록노동자들은 일본사회에서 살고 있지만 그 대부분이 사회안전망이 없는 상태에 놓여 있다. 정규 사회(formal society)로부터 철저하게 소외되어 있는 가운데, 그들을 소외시키고 있는 그 사회의 규칙에 그대로 순순히 따르는 것은 "겁이 많은 사람"이 하는 짓이다. 기존의 규칙에 따르는 것 보다는 자신의 기준에 의해 교통비에서 아껴지는 돈으로 "과일을 사먹고 밥을 사먹는" 것으로 대체하는 것이 H씨에게는 훨씬 합리적인 행동이었음을 알 수 있다.

3-6. 산재와 노동조합

H씨는 2007년 가을 경 니노미야의 하수공사현장에서 작업 중에 왼쪽 넓적다리를 다쳤다. 그것에 관한 기록도 달력에서 발견된다.

〈2007년 11월〉

15일	맑음20도, 3명, 다리 다쳐 병원 사진촬영, 계산완료, 12日째
19일	맑음16도, 야쓰미, 서울통화 2통화, 정형외과 병원 중앙병원, X레이촬영 1-2주간 치료요망, 뼈에 금이 갔씀
26일	맑음·흐림17도, 야쓰미, 정형외과병원 진통제 약 14일분 4,000, 천사님 만났씀, 옷 바지 8,000, 쇠고기 1,000, 선물 50,000, 한라비디오 서울송금 240,000, 장남 전화

당시의 일을 H씨는 다음과 같이 기억한다.

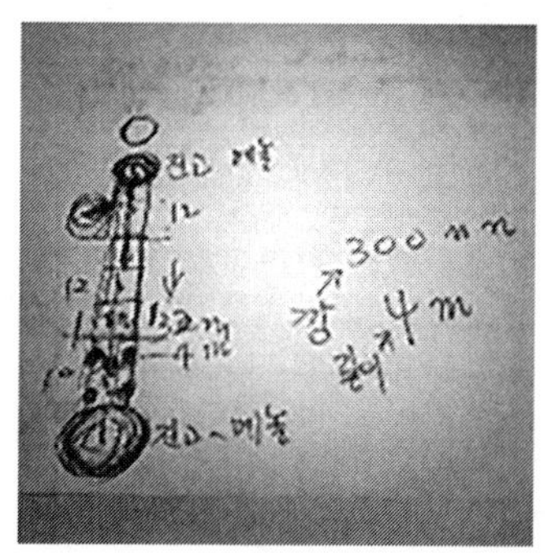

〈사진 5〉 LMH씨가 직접 그려서 설명한 산재 당시의 하수도 공사현장

12시 20분이나 15분 조금 넘었어. 12시 반은 안 되었어. (필자는 그림을 그리면서 설명해주길 부탁했다) 여기가 진코라. 여기 반듯이 가면 여기가 30미터가 된단 말이야. 30미터마다 진코를 놓고. 맨홀이라고 하기도 하고 진코라고 하기도 하고. 한국 사람이 진코라고 그래. 예를 들어서 32미터로 잡자. 30미터를 잡아야 되는데 어중간하게 32미터를 놓고, 하루에 12미터를 해야 돼. 그럼 36미터지. 진코 놓는데도 반나절이 걸려. 그럼 삼등분으로 나눠버려. 하루에 이렇게. 여기가 12미터 여기가 12미터 그럼 여기 10미터밖에 안 되네. 그럼 진코를 놓고, 무조건 여기까지 깡을, 깡 하나가 4미터란 말이야. 그걸 세

개 묻어야 돼. 300미리 깡인데, 엠비. 안에가 30센치 여기서 여기까지 너비가 30센치. 이 구멍이 들어간 데는 조금 커요. 여긴 좀 적고. 폭이 30센치. 30미리 깡이란 말이야. 30미리 깡이 전부 4미터라. 여기 진코에서 저기 진코까지 딱 잰단 말이야. 그럼 여기 세 개, 여기 세 개, 여기 두 개 반, 이점 오란 말이야. 이렇게 맨홀을 여기에 묻어야 돼. 묻어도 여기까지는 마쳐야 되니까 여기까지는 끝내야 돼. 깡이 두 개 반 이점 오 하나하고 맨홀을 묻어야 돼. 하루 분이 이거란 말이야. 안 끝나면 장교를 해야 돼…융보 위치는 바로 위지. 여기서 파 가지. 여기 너비는 1미터밖에 안 되니까. 융보는 2.5나 3미터밖에 안 되니까. 여기서 보고 파버리지. 4미터 파면은 4미터 파놓고는 에이치빔이라고 그래. 마지막날, 진코 있는데 이렇게 파는데 이렇게 깊이 들어가면 땅이 물렁물렁 물이 나와서 안 된단 말이야. 그래서 진코 있는데서 융보에 삽으로 흙을 퍼서 담는단 말이야. 그리고 두 바께쓰 정도 남아서 내가 삽으로 맨홀을… 흙이 이쪽으로 긁어 내주고 이쪽으로 오는데 이쪽에서 야마가 난거라. 야마가 무너진 거라. 맨홀이 설치된 후에 그랬는데. 그렇게 해놓고 야마도메를 해둬야 하는데, 여기서 흙으로 긁어 내주고 오는데 야마가 난 거라. 이쪽이 안전지대니까 오는 도중에 흙이 무너져가지고 2미터 20센치 정도 되니까. 보통 최하가 2미터라. 내려와도 순간에 아차하자. 딱 여기를 때리더라고. 딱 때리는 순간에 정신을 일초 이초 잃어버렸어. 그런 후 이쪽으로 왔지. 융보는 여기 있었지. 이쪽에서 이쪽으로 파온단 말이야. 그러니까 두 삽만 퍼면 되는데 무너졌단 말이야. (구미모도씨에게 설명중…) 진코가 있는 데는 흙이 많이 남아요. 그래서 삽으로 정리해서 바께스에 담아주고 융보 보고 뜨라고 하고 저쪽으로 오는 도중에 흙이 무너진거라. 위에 오야가타 한사람, 한국 사람이랑 감독이 하나 있었어. 위에 있는 사람이 무너진다고 소리를 질렀는데 밑에 있는 사람은 그 소리를 듣기는 들었는데 들으니까 이쪽으로 나오는거라. 벽이 무너진거라. 에이치빔을 박기 전이지. 다 판 뒤에 박을려는 찰나에 무너진 거지. 무너진 후 그 밑에서 쉬고 있었어. 그래서 사람이 내려오는 거라. 날 들어 올려서 위로 옮기려고. 그래서 내가 그냥 가만히 두라고. 한참 앉아있었지. 근데 만약 다친 사람이 그렇게 앉아 있을 때 야쿠쇼[役所;구청]에서 오면 큰 문제가 되는거라. 위에서는 빨리 올릴려고 하더라고. 내가 아프다고 하니까 놔두라고. 그러다가 칠팔 분 있다가 내가 일어섰어. 한 일 미터 이십 정도에 에이치빔으로 야마도메 해뒀단 말이야. 그래서 그걸 짚고 올라가서 밥을 먹었어. 한 십분 정도 밥 먹고, 전화를 하더라고 병원에 가야 된다고. 일어나서 저기 승용차로 가려는데 도저히 못 걷겠더라고. 그래도 절뚝거리면서 벽 잡고 차로 갔지. 부축은 안 해주고 따라오지. 됐다고. 오이소에는 동해대학병원이 있단 말이야. 거기에 가서 입구에서 내리니까 도저히 못 걷는 거라. 휠체어를 끌고 와서 타고 일본 사람이 접수하고, 시티촬영하고 시티촬영을 하는데 생년갓비[生年月日;생년월일]를 물어보더라고, 본인인지 아닌지 확인하려고 물어보더라고. 그래서 다 찍었어. 다시 엑스레이 검사를 했어. 선생이 초짜라 잘 모르는 거라. 그래서 한 사람이 와서 그 사람은 좀 아는지 아무 말도 안 해. 내가 듣기에는 별 말 안하더라고. 거리가 머니까 요코하마로 가야겠다고 하니 엑스레이를 주더라고. 그래서 그 후에 회사로 왔어. 와서 걸어가려는데, 사무실에서 옷 벗는데 가려니까 못 걷겠더라고. 그래서 나중에 오야가다가 병원에 같이 갔던 사람한테 물어보니까 그러더라고. 난 뼈에 금이 갔단 말은 그 당시는 못 들었어. 그 선생이 그랬다던데 저녁에 자고 일어나면 이 뼈가 내려가

면 아주 오래 갈 거라고. 그리고 뼈는 타분[たぶん;아마] 내려갈 거라고 그러더라고. 그래서 인제 집으로 가야 되니까. 일본 사람이 봉고버스로 실어다 준다고 하니까 사장이 안 된다고 택시 불러서 가라고 택시비 주더라고. 그래서 집까지 와서 야마시다가 나를 업고 와 가지고는 다쳤다고 하니까 이게다가 왔어. 이게다는 쿠루마랏싱. 그래서 내가 뼈가 금이 갔단 말은 안 하던데, 이 뼈가 내려가면 굉장히 오래 간다더라 그러니까 이게다가 내가 맛사지 해줄께요 하더라고. 자기가 다친 경험이 있응께. 수건 열장을 사다둔 게 있었거든. 그래서 그걸로 두 세 시간 맛사지를 해줬어… 금요일 날 다쳤어. 토, 일요일에 쉬니까. 월요일에 건인외과[고토부키쵸안에 있는 개인병원] 가니까 딱 찍어보니까 뼈가 금이 갔대. 니노미야에선 이노무새끼 나한테 말을 안 하더라고. 난 못 들었어요. 그러면서 건인외과에서 6개월 끊어주더라고. 다시 중앙병원으로 가서 CT촬영을 해야 된다고 하더라고. JMC형님이랑 누님이 업고 갔지. (2010/7/31)

H씨는 어떤 작업을 하다가 자신이 다쳤는지 그리고 병원에서 있었던 일을 자세히 설명해 주었다. 그 이야기를 옆에서 듣고 있던 LMJ씨는 "다쳤는데 아픈데 무슨 밥을 먹어. 어름하네. 좀 어벙하게 되었네… 그때 큐큐샤[救急車;구급차]를 불러야 했어 그럼 그 겐바[現場;현장]는 다 스톱되고 경찰 다 나오고 그래"라는 반응을 보였다. H씨는 그에 대해,

피도 안 나고 그런데 큐큐샤를 어떻게 불러. 감독이 사장한테 먼저 전화를 하는 거라 사장이 지시를 해야 되는데 사장이 직접 안 오고 밑에 사람을 보낸 거라. 사람들이 빼려고 했는데 내가 좀 움직이

라고 했지…치료비가 오만 오천 엔이 나왔어. 그건 사장이 다 냈으니까 관계가 없지만. 야마시다가 오야가다가 일가서 이야기를 했나봐. 한 달에 일을 못하니까 돈을 줘야 된다. 야마시다가 대충 이야기를 했겠지. 다달이 22만 엔을 주기로, 약값도 사장이 부담하고. 석 달째까지 이놈이 월급도 잘 주고 약값도 잘 주더라고. 그 이후부터는 약값도 조금밖에 안 주고, 돈도 깎으려고 20만 엔만 주려고, 자꾸 그러는 거라. 내가 돈 받으려고 한 달에 한 번씩 지팡이 짚고 니노미야 사무실에 15일에 가는 거라. 넉 달째부터 안 주려고 하는 거라. 20만 엔만 주려고 하고, 21만 엔만 주려고 하고, 회사가 일이 없고 적자라고 하면서 깎으려고 그러는 거라. 약값도 안 받을 때 있고 또 그러다가 오 개월째 가니까 21만 엔만 주고, 20만 엔만 준다고 해서 내가 안 받는다고 하니까 따라 나와서 다시 22만 엔 주더라고 그런데 약값도 안주고, 여섯 번째 간 날은, 또 지팡이 짚고 갔어, 근데 또 깎으려는 거야. 약값도 많이 깎았거든. 근데 각서 쓰란 말은 안 하더라고. 그러면서 이제 6개월 다 끝났으니까, 오지도 말고 전화도 하지 말라, 만약에 전화를 하거나 오면은 케이사츠[警察:경찰]에 신고를 한다고 그러더라고. 아무 말 않고 바로 경리한테 니노미야 주소 적어달라고 했거든 그랬더니 적어주더라고. 그 경리는 내막을 모르니까. 바로 그날 22만 엔 받아서 점심때 바로 가와사끼[노동조합이 있는 곳]로 왔지. (2010/7/31)

H씨의 산재 후의 봉급에 관한 기록은 아래의 달력 기록에서 확인할 수 있다.

〈2007년 12월〉

18일	맑음12도, 야쓰미, 사쵸한테 1개월봉급 230,000 병원치료비 29,740 >> 259,740 11日째

〈2008년 1월〉

16일	맑음9도, -0, 야쓰미, 약 6,860, 봉급 230,000받았씀

〈2008년 2월〉

15일	맑음9도, 1月15=2月15日까지 봉급 230,000

〈2008년 3월〉

19일	흐림·비14도, 회사봉급 230,000, -25,000

〈2008년 4월〉

15일	맑음21도, 회사 200,000, 봉급 5개월째, 장남통화

〈2008년 5월〉

15일	맑음24도, 가와사기 11시경 숙소앞, 봉급 6회째 200,000받았씀

H씨의 기억과 달력 기록은 조금 차이가 나지만, 기록에 의하면 '봉급 5개월째'와 '봉급 6회째'는 확실히 20만 엔으로 감액되어 있다. 니노미야의 사장은 산재로 인한 '6개월간의 치료'에 맞춰서 요양을 위해 6개월간은 매월 22만 엔 — 달력에는 23만 엔 — 의 봉급과 약값(병원비)을 보장하고 있었다. 그러나 사장은 4개월째부터 H씨에게 주는 봉급을 탐탁지 않게 여기고 있었다. 결국 6개월째에는 "이제 6개월 다 끝났으니까, 오지도 말고 전화도 하지 말라, 만약에 전화를 하거나 오면은 케이사츠에 신고 한다"고 위협하며 H씨를 쫓아냈다. 그 때 H씨는 그 길로 바로 "지팡이를 짚고" "가와사끼"로 향했다고 한다. 필자는 H씨에게 "바로 경리한테 니노

미야 주소 적어달라고 했거든 그랬더니 적어주더라고"에 대한 좀 더 자세한 설명을 부탁했다.

> 〈L: 아저씨 그때 사무실 주소를 알아야 된다는 건 어찌 알았어요?〉 주소는 당연히 알아둬야지. 다치나 안 다치나 알고 있어야지. 안 다치니까 적을 일이 없어요. 감독 전화번호를 알 필요도 없고. 다치니까 그런 생각이 나지. 안 다치면 니노미야, 시티유니온 전화번호를 알 필요도 없단 말이야 그런 식으로. 마리아상한테 이야기해서 적더라고 마리아상이 통역하고. 그래서 그 이튿날인가 LMI랑 같이 왔을거야. 첫날은 지팡이 짚고 혼자 왔을거야…그 전에 JMC형님이랑 누님이 마리아상 전화번호 가르쳐줬어. 고발해라고. 나는 그래도 한국 사람들이 내가 고발하고 그러면 그 회사는 한국 사람이 못 다닌다고 생각하고는 고발을 안 했거든. 고발 안하고 있었지. 근데 야마시다가 그러더라고. 샤쵸[社長;사장]랑 이야기할 때 내 말은 빼시오, 내 말은 아예 하지 말라는 거야. 자기는 뒤로 빠진다고 둘이 사장이랑 알아서 해라고 그러더라고. 그러니까 사람들이 그러는 거야, "개새끼 야마시다 오야가다가 다 책임을 져야지. 자기는 뒤로 빠진다"고 고발해버리라고……(2010/7/31)

H씨는 6개월간의 요양이 끝나면 회사에서 산재에 대한 보상금을 받은 뒤 다시 그 일에 복귀하려는 생각이었다. 그러나 사장은 차츰 H씨를 귀찮은 존재로 취급하며 오야가타인 야마시다도 H씨의 곤란한 처지를 모른 척 했다. 사장과 오야가다의 냉담한 반응을 알아채고도 H씨는 노동조합에 '고발' 하는 것은 주저하고 있었다. 자신이 '고발' 하면 그 회사에서는 한국인 노동자가 더 이상

일을 못하게 될 것을 염려하고 있었기 때문이다. 6개월째에는 사장에게 경찰에 신고하겠다는 말까지 들은 후에 H씨는 '가와사끼'에 있는 노동조합에 갈 결심을 굳힌다. 자신의 입장이 위험해져서 더 이상 다른 동료들의 해고를 두려워할 때가 아니었다. 주위 사람들로부터는 이미 노동조합에 관한 정보를 듣고 있었지만, 사장의 마지막 반응을 본 뒤에 '고발'을 결심하고 노동조합으로 직행한 것이다.

H씨의 달력에 노동조합에 관한 기록이 최초로 출현하는 것은 H씨가 6회째의 봉급을 받고 바로 노동조합에 직행한 〈2008년 5월 15일〉보다 일주일 빠른 〈2008년 5월 8일〉이었다. 아래에는 2008년 5월의 노동조합 관련 기록을 발췌해 보았다.

〈2008년 5월〉

8일	맑음22도, 가와사끼 마리아상 사무실
14일	비·흐림17도, 가와사끼 마리아상 데모 참석
15일	맑음24도, 가와사기 11시경 숙소앞, 봉급 6회째 200,000받았씀
17일	맑음23도, 미나토와[원래는 미나토마치, H씨는 미나토와라는 발음으로 이해하고 있었음]병원 엑스레이시티촬영, -4,000
22일	맑음27도, 가와사끼에서 미노미아회사 연락, +진 15,000

H씨의 달력 기록을 보면, 사장을 만난 마지막 날보다 먼저 노동조합에 간 것을 알 수 있다. 또한 노동조합의 조합원 가입서류를 보면, 가입일은 2008년 5월 15일로 되어 있다. H씨는 최후의 결단을 내리기 전에 노동조합에 가서 그 곳이 어떤 곳인지 살펴보고 왔다. 그 때 노동조합에 가입해도 이상할 것이 없을 테지만, H씨는 최후까지도 사장의 반응을 기다려서, 그것을 본 후 노동조

합에 가입하게 된다. 위의 달력 기록에서는 H씨가 노동조합에 가입하기까지의 용의주도함, 혹은 주저함이 엿보인다. 그렇게 간단히 노동조합 가입을 결정한 것이 아님을 알 수 있다. 어느 정도의 위험부담을 감당하며 노동조합에 가입한 것이다. 더 이상 그 회사에서 자신이 일할 희망이 없다는 것을 알아채고, 다른 한국인 노동자가 피해를 입더라도 그것은 어쩔 수 없는 일이라는 타협점이 보이는 결과였다.

〈2008년 5월 22일〉 가와사끼에서 미노미아[원래는 니노미야(二ノ宮)]회사 연락이라는 기록에 대해 H씨는 당시 상황을 다음과 같이 언급했다.

사장이 처음에는 완전히 버티는 거라. 자기가 보험 처리할 테니까 서류를 넘기라고 유니온에 전화가 온 거라. 그래서 마리아상이 묻더라고 이 서류를 넘기게 되면 내가 아주 불리하다고 넘길거냐 어떨꺼냐 물어보더라고 그래서 넘기면 안 되죠, 일단 여기서 하기로 했으니 여기서 해달라고 하니까, 그럼 우리가 알아서 하겠다고 하더라고. 그래서 내가 야쿠쇼[役所;관청, 관공서] 일이라고 하니까 니노미야 야쿠쇼에 전화를 했나봐. 쿠약쇼[区役所;구청]가 구청보다 크고 시청보다 작은 모양이야. 어디 두 개인가 통합을 해가지고. 야쿠쇼 게수이[下水;하수]과에 전화를 한 모양이야. 이 사람이 하라 켄세츠[建設;건설]에서 일하다가 다쳤다고 전화를 했더니 거기서 깜짝 놀란 모양이야. 그래서 감독을 불러낸 거야. 그런 사실이 있었냐 없었냐 해서 확인했나봐. 그래서 (노동조합) 서기장한테로 전화가 온 거야. 불러다가 조사를 했더니 사실이더라 보험처리를 해라고 확인하고 편지도 오고. 불러다가 조사를 했더니 사실이더라 로사이[労災;

산재]처리를 해라 그렇게 편지가 왔다고 그러니 니노미야에서 아무 말도 못하지. (2010/7/31)

이상과 같이 H씨의 산재신청은 순조롭게 진행되었다. 산재 후 사장한테 받았던 6개월분의 봉급을 산재보험에서 나온 돈으로 사장에게 전부 돌려주었다는 기록도 남아있다.

〈2008년 7월, 하단부〉

가와사기에서 7/28 6개월분 봉급 받았서 사죠한테 지불했씀, 4,800 잔액 받았씀

H씨가 회사의 '산재은폐'를 노동조합에 '고발' 한 것으로 인해 니노미야 구청이 회사에게 오버스테이 외국인노동자를 고용하지 말도록 지도한 탓에 하수공사 실력으로는 최고를 자랑하는 야마시다 오야가타는 해고되어 한국으로 귀국했다고 한다. 개인의 재능이 아무리 탁월하다고 하더라도 구조적 제약 속에서는 어쩔 수 없이 힘을 잃어버리게 된다. H씨가 자신의 곤란한 상황을 개선하기 위해 행한 일들이 동료 — 그 사람이 얄미운 사람이라고 하더라도 — 의 생활을 흔들어 버리는 일이 되어 버리는 위험이 H씨의 주저함의 흔적에서 선명히 전달되어 온다.

옆에 있던 LMJ씨는 다시 아주 아깝다는 어감으로 "그때 형이 큐큐샤를 불러야 되었는데 형이 처음이라서…"라고 말한다. 아래에서는 그들의 대화를 살펴보자.

LMJ : 큐큐샤 부르고 형사 부르면 그 날로 스톱되고 그 회사는 그

날로 공사를 따기가 힘들어. 그때 다쳤을 땐 합의가 끝나면 몰라도 …노동법은 보상 다 받어. 공사 일하다가 다치면 보상 다 해줘.

H : 아니야. 너 다치면 딴 데로 이사 가라고 하는 것도, 경찰에 신고 할까봐 그러는 건데, 지금 살던 데에서 이사하라고 그러잖아. 옛날에도 그랬어. 고토부키 이수(지인의 이름)도 고토부키에서 가와사끼로 이사했는데, 그것도 회사에서 신고 할까봐 그런 거야. 그러니까 사장이 고발한다고 그러지…

LMJ : 그래서 형이 여기까지 오게 된거구먼. (2010/7/31)

LMJ씨의 말에도 일리가 있다. H씨의 산재는 전부 보상받는 것이 당연한 것이지만 현실에서는 그 정도로 간단하지 않는 일이었다. LMJ씨는 "공사 일하다가 다치면 보상 다 해줘"라고 당연한 이치를 주장하지만 그것이 사람에 따라 적용되지 않을 경우도 있다는 것을 그다지 이해하고 있지는 않았다. H씨가 노동조합에 가입한 것에 대해 사장의 복수를 두려워하여 이사했다는 사실을 말하자, "그래서 형이 여기까지 오게 된거구먼" 하고 납득했다. LMJ씨는 H씨가 "큐큐샤를 부르고" 금방 끝날 일을 멀리 돌고 돌아서 "여기까지 오게 된 거"라고 여길 지도 모른다. 그 "여기"라는 것은, 새로 이사한 집, 노동조합, 그리고 지금의 H씨를 둘러싼 사회적 세계의 변화를 나타내는 것이라고 해석해 볼 수 있을 것이다.

3-7. 단속

H씨의 산재 입은 몸은 노동법의 보호 아래에 놓여있지만, 오버스테이 체류상태인 H씨는 항상 경찰 혹은 출입국관리소의 표적이 될 수 있다는 사실을 의식한 채 여전히 고토부키쵸에 살고 있었다. 필자도 H씨와의 인터뷰와 다른 한국인 노동자와 만나기 위해서 고토부키쵸를 방문하고 있었다. H씨는 고토부키쵸에 살고 있는 한국인 노동자들을 소개시켜 주었다. 2008년 11월 2일 일요일. 필자는 H씨와 고토부키쵸의 '센터' 앞에서 만났다. '센터' 계단에 앉아서 H씨가 가져온 과일, 음료수 등을 먹으면서 고토부키의 현실을 듣곤 했다. '센터' 계단에서 '고토부키' 마을을 내려다보면서 "저기 화장실 앞에 앉아있는 영감 보이지? 저 영감은 제주도 영감인데 돈도 전혀 없고 힘도 없으니까 일도 못하고 제주도도 못 돌아가고 있지"라든지, "지금 센터 옆을 지나간 여자 봤지? 저 여자는 자전거 타고 당당하게 지나가고 있지? 큰 소리로 말하면서. 저 여자는 일본 사람이랑 결혼했기 때문에 비자를 가지고 있지. 그러니까 저렇게 당당한 거야" 등 그때그때 '센터'에서 눈에 띄는 한국 사람에 대해서 설명하는 것이었다. 일요일이었지만 10분에 한 대 꼴로 경찰차가 '센터' 주위를 돌고 있었다. 그 광경을 보고 H씨는 "요 2, 3년 동안 고토부끼에 백차가 자주 다녀"라고 말했다. '센터' 계단에서 조금 이야기를 나눈 뒤에 식사를 하고 다른 한국인 노동자를 만나러 가기로 했다. 점심을 먹으러 식당으로 가던 도중 또 '백차'가 샛길에서 나오고 있었다. 그 '백차'의 존재를 알아챈 H씨는 돌연 "파친코장 옆에서 보자"고 말하며 그대로 뛰어 가버렸다. 몇 분 후에 합류하여 "정말 최근에는 백차가

자주 다녀. 자주 잡혀가"라 말하며 헐떡이는 숨을 진정시켰다.

최근 단속이 심해졌다는 것을 자주 듣고 있었던 필자는, 평상적으로 이야기를 하고 있던 H씨가 갑자기 도망가는 광경을 눈으로 확인하고 충격을 받았다. 미등록체류자로서 사는 것이 어떤 것인지 조금은 실감할 수 있었다. 솔직히 말하면, 도망가는 H씨를 보면서 도망가지 않아도 되는 필자의 신분에 안심하고 있는 자신을 발견할 수 있었다. 그 당시 자신의 속물스러움을 자각하면서 이렇게 인간을 자의적으로 선별하는, 혹은 그런 선별에 복종하도록 하는, 그런 감정이 어디서부터 비롯되는지에 대해 생각에 잠겼던 것을 기억한다.

기존의 권력으로부터 '도망 간' H씨의 흔적이 명시적으로 나타나 있는 것이, 단속에 관한 H씨의 달력 기록이다. 더욱이 거기에는 '도망갈 수 없었던', 혹은 '도망에 실패했던' H씨의 동료들의 흔적도 많이 남아있다. H씨의 달력에서 그런 흔적을 발췌해보면 다음 같다.

〈2007년 7월〉

20일	흐림28도, 3명, 육관[入管:출입국관리소]경찰 합동단속요루[夜:밤], 3日째

〈2007년 10월〉

30일	맑음22도, 차남생일, 3명, 이시가와엑기수펴앞 경찰검문 ⇒ 오늘 운이 좋았다, 11日째

〈2007년 12월, 상단부〉

바나나 구루마라싱 육관에 검거 아침차에서 한국인 38명 중국인 4명

〈2008년 5월〉

13일	비·흐림15도, 육관 긴끄 단속 한국인 8명 이게다 필리핀 20명

26일	흐림27도, 서울 장남에게 편지 보냈씀, AM 9시30분경 우체국 육관단속경찰

〈2008년 5월, 하단부〉

이게다 5/13 육관단속 한국인 7명 필리핀 11명 운이 좋았다 ⇒ ㊉
5/26 다이찌 현장 경찰 한국인 5명체포

〈2008년 6월〉

12일	비22도, +4,000, 창언이형님 2,000 팁받았씀, 창신관 건물 단속 4명
17일	맑음27도, 아시아비루 육관단속, 가와사끼 당번, 저녁 한국노총 함께 회식 한국인 10명

〈2008년 6월, 하단부〉

5月 13日 육관단속 이게다
6月 18日 한국도착
비행기값 50,000
16日 육관면허 오전 10경 가방

6/17 아침 육관 경찰 아시아비루 집중단속 11명
6月 12日 육관단속 창진관 동별관 한국인 이목수 평양박氏 필리핀 7명

6/30 간난이[원래는 간나이(関内)]엑기 옆 고무 오야지 한국인 2명 경찰단속

〈2008년 12월〉

3일	맑음16도, 경찰단속 한국인 4명, 집에 100,000, 차남 20,000, 朴氏 14,000

〈2009년 6월〉

16일	흐림23도, 당번 5月分 봉급탔씀, 5월분 전화요금냈씀 7,000

〈2009년 10월〉

25일	비·흐림16도, 광복형님통화, 모자 경찰검문 창언이형님 누님 집에서 경찰

〈2009년 10월, 하단부〉

10/25 日요일
모자 경찰에 붙잡힘 ⇒ △△형님 누님 > 경찰검거

<2009년 11월>

2일	흐림·비14도, 육관면허[면회] X, 영사관 가와사끼 > 브라지[프라자]호텔 한국 할머니
4일	맑음18도, 사무가와 청소, 미도리경찰서, 마리아님이 JMC형님 면회 미도리 경찰서
5일	흐림17도, 이세사끼경찰서, (↑)JMC형님-면회 누님-6日 육관으로 넘어감
9일	맑음21도, 누님 육관 면회 혜진, 국제전화신청, 부산통화 광복이 5420
10일	맑음·흐림21도, 병원, 당번, 국제전화 마누라 장남 차남 통화, 육관누님 통화
12일	흐림14도, 날씨 무척 춥다, 미도리 경찰서 JMC형님 면회 혜진이가 오후 3시, 누님것 옷 갖다 日本사람한테 주었씀, 월요일날 누님한테 면회 가기로 약속 日本사람
13일	비12도, 무척 춥다, 제주도 JMC형님집 전화, 육관누님 면회-혜진이가
17일	비12도, 무척 춥다, 당번, 사우나목욕, 육관누님한테서 전화왔씀, 마누라통화

<2009년 11월, 하단부>

11/2 육관면회신청 - 육관에 없음
영사관 도착 - 할머니
11/4 미도리경찰서 JMC형님 확인 - 마리아님
11/5 JMC형님 면회
누님 - 6日날 육관 넘어감
11/9 혜진이가 누님 육관면회
11/10 육관에서 누님한테 전화왔음 AM 10시 40분 045-7690-268 육관번호
11/12 혜진이 미도리경찰서 JMC형님 PM 3시 면회会
11/12 누님옷 챙겨서 日本사람한테 전달
창언, 누님 > 문제 11/12日부로 전부 OK 혜진 고생했네
11/12 JMC형님 제주도집 064-○○○-XXXX
11/13 육관 누님한테 면회 - 혜진이가
11/27 JMC형님 육관에 송치

<2009년 12월>

4일	맑음16도, 혜진이 육관 면회, 허리아픔 걸어다닐수 없는 상태
8일	JMC형님, 누님 > 집에 도착, 공항도착 PM 4시 10분, 당번, 병원, 허리아픔, 국제전화신청 12月分, 12月수도요금 5,300
17일	맑음10도, 한국출국 혜진이, 이게다 전화, 야간 민영이 17,000, 콜프장 앞 ← 경찰차량 경찰 꿈만 같다 콜프장신호등사거리 이것 기적이다 ┼ 성부와 성자와 성신에 이름으로 아멘

〈2009년 12월, 하단부〉

경찰차 12月 17日 야간 00시30분 콜푸장 앞 신호등 사거리 전신주

〈2009년 달력 뒷면에 쓰여진 것들〉

11月 24日 화요일 동경 육관에서 단속 나왔씀 동교육관 男女 직원 20명 정도 아침 6시 40분 - 8시 30분까지 12月 2日 저녁에서 알게 되었씀 3층 한국아줌마가 전화하고 직접 만나 이야기 했씀. 12月 8日 콘테이나 오야가다 희철이 경찰 12月 12日 콘테이나 희철이 부하 경찰 12日 대구朴氏 건물 2층사람 경찰 빠징고 앞에서 15日 쓰쓰기 외 1명 콘테이나 아침 6시 30분 육관 집 앞에서

이상의 달력 발췌분에서는 H씨의 '도망에 성공한' 자신에 대한 감정 표현도 눈에 띈다. 〈2007년 10월 30일〉 '이시가와엑기 수퍼앞 경찰검문 → 오늘 운이 좋았다', 〈2008년 5월 13일〉 '육관단속 한국인 7명 필리핀 11명 운이 좋았다 →', 〈2009년 12월 18일〉 '골프장 앞 ← 경찰차량 경찰 꿈만 같다 골프장신호등사거리 이것 기적이다 ┼ 성부와 성자와 성신에 이름으로 아멘' 등에서 보여 지는 것과 같이 H씨가 경찰, 출입국관리소직원으로부터 도망갈 수 있었던 것은 '신의 가호'이며, "꿈만 같"은 "운이 좋았"던 사건이었다. 단속에서 빠져 나갈 수 없었던 동료들의 뒷처리를 도와주며, 짐을 싸서 보내거나 비행기 비용을 대신 내주었다는 기록도 보인다.

가까운 사람들이 잡혀서 점점 고토부키에서 사라지는 것에 대해 어떻게 생각하는지 H씨에게 질문했더니 다음과 같은 대답이 돌아왔다.

잽힌 사람들은 자기들이 작업복 입고 다니고 나 잡아가라 하고 가방 들고 다니니까, 그렇게 잽히는 거라. 작업복, 운동화 신거나 안전 구츠[靴;신발] 신고 작업복입고 가방 메고 다니니까 '나 잡아가시오'나 마찬가지지… 난 일하러 갈 때도, 가방도 이만한 거[허리에 차는 작은 백] 사서 메고 가고. 우선 완전히 일하러 가는 표시가 전혀 안나. 몇 사람은 그렇게 해서 가고 몇 사람은 자기 집 앞에서 택시 타고 가서 내린단 말이야. 자기가 오야가다니까. 집 앞으로 우리 보고 오라고 그런다고. 〈L: 택시타고?〉 아니, 그냥 자기집 앞으로 오라고 그래. 가면 택시가 딱 집 앞에 서니까. 올 때도 집 앞에 딱 서버리니까, 그 사람들은 그대로 들어가면 되니까. 집 앞에 그대로 서니까, 그 사람들은 잽힐 염려가 없어. 나는 항상 옷을 깨끗이 입고 다니고 항상. 구두 신고 다니고, 가방. 쿠루마랏싱[자동차 수출입시 배에서 자동차를 고정시키거나 해체시키는 작업] 갈 때는 아무것도 안 들고 가지. 현장에다가 운동화 신발도 다 놓고, 전혀 일하러 가는 표시가 안 나지. 가방 들고 가면 일하러 가는 게 표시가 나지. 그래서 아무것도 안 들고 그냥 걸어가면 그냥 지나가는 사람인가보다 그렇게 생각하지. 잽힐 염려는 거의 없어. 집으로 들이닥치면 어쩔 수 없지만. 집으로 와도 문을 안 열어주니까. (2010/7/10)

과연 H씨는 "잽히"지 않기 위해서 자신 나름 노력하고 있었다. '운'과 '신의 가호'와 자신의 '노력'에 의해 경찰, 출입국관리소 직원으로부터 '도망'칠 수 있었다. 강제송환 되어버린 H씨의 동료들은 '운도 나빴지만' 그런 노력을 기울이지 않은 결과 "잽힌" 것이라고 H씨는 이해하고 있었다.

고토부키에서 데라시네(déraciné)로서 살아가고 있는 그들에게

'고토부키'는 하루하루를 운에 맡기며 살아갈 수밖에 없는 부조리한 장소이다. 그러나 위의 이야기에서는 그러한 부조리한 상황을 자신의 노력에 의해 주체적으로 살아가고자 하는 모습들이 엿보인다.

한편, 2009년 11월과 12월의 달력에는 필자의 이름도 눈에 띈다. 그 부분을 좀 더 자세히 기술해보기로 하자.

이전 H씨에게 소개받아서 인터뷰를 한 적이 있던 제주도부부는 2009년 10월 25일에 '단속'되었다. H씨는 산재신청 후 이사하기 전까지 제주도부부와 한 집에서 살고 있었다. 제주도부부는 재일교포로부터 아파트를 빌려서, 방이 두 개였기 때문에 한 방을 다른 한국인 노동자에게 빌려주고 있었다. 거기에서 H씨는 몇 년간 그들과 함께 살고 있었다. 제주도부부는 H씨가 산재로 곤란했을 당시 업고 병원으로 가거나, 노동조합에 대해 알려준 사람들로서 H씨와는 절친한 사이였다. H씨가 이사한 후에 새로 이사들어온 사람이 '모자[항상 모자를 쓰고 있기에 붙은 별명]형님'이었다. 사건이 있던 날 아침, '모자형님'은 담배를 사기 위해서 몇 번씩이나 아파트를 들락날락했다고 한다. 그것을 유심히 보던 경찰이 그에게 여권을 제시할 것을 요구했고, 경찰들과 함께 집까지 와서 제주도부부까지도 경찰서에 연행된 것이었다〈2009년 10월 25일〉. 그 이야기를 들은 H씨가 필자에게 전화를 했다. "형님이랑 누나가 잽혔는데 지금 어디 경찰서에 있는지 모르겠어"라고 걱정스런 말투로 말했다. 필자는 인터뷰에 몇 번씩이고 응해 준 은혜에 보답해야 한다는 생각과, 어떤 순서로 강제송환 되는지에 대해서도 알고 싶었기 때문에 제주도부부에게 면회하러 가볼 것을 약속했다. 필자가 "아저씨? 모자아저씨는 어떻게 할까요?" 하고 물었더니, H씨는 "모자는 괜찮으니까 형님, 누나만 알아봐줘" 라고 대답했다. H씨의 판단으로는, '모자'의 부주의로 인해, 제주 도부부까지 '잡힌' 것은 용서할 수 없는 일이었다. 필자는 그 이후로도 몇 번이고 "모자아저씨는 어떻게 할까요?"라 물었으나 H씨는 같은 대답만 되풀이할 뿐이었다. "모자에 대해서는 잘 모르고 별로 친하지도 않기 때문에 신경 안 써"라고 말하는 것이다. 실제로 실명을 알지 못하면 찾을 수도 없기 때문에 필자도 '모자아저씨' 면회 건은 포기했다.

그 후 몇 번인가 경찰서와 출입국관리국 수용소[외국인보호소]에 면회하러 가서, 제주도부부를 만났다. '누님'이 '형님'보다 빨리 입관[출입국관리국] 수용소로 보내졌다. '누님'을 면회하러 가서 만났을 때 처음에는 필자를 기억하지 못했다. 이야기를 하는 과정에서 점차 필자를 기억하고 몇 번이나 "고마워요, 고마워요"라고 말했다. '누님'은 "다른 것은 아무것도 필요 없어요. 내 수첩만 좀 전해주세요. 그 수첩이 없으면 나는 한국에 있는 가족들과 만날 수 없어요. 아이들 전화번호가 적혀져 있는 그 메모장만이라도 들고 와 주세요"라며 눈물을 글썽이며 부탁하는 것이었다〈2009년 11월 9일〉. 한편 '형님'을 면회하러 경찰서에 가니 '형님'은 꾀죄죄하고 여윈 모습이었다. 그는 필자에게 '간이숙박소 세 곳의 청소 일을 했는데[주로 청소 일을 한 것은 '누님'이었고, '형님'은 가끔 돕고 있었다고 한다] 이달 봉급을 좀 받아줄 것과 집주인에게 연락해서 집을 빼도록 부탁해 줄 것과 부인의 안부에 대해 세 가지 사항을 부탁했다〈2010년 11월 12일〉.

부탁 받은 일을 처리하기 위해서 필자는 입관과 고토부키쵸의 아파트를 오갔다. 그것을 본 H씨는 필자의 행동도 그의 달력에 기록하고 있었다. 지금까지의 생활이 입관에 "잡힌" 순간 새롭게 편성된다. 자신의 짐도 자신이 정리할 권리를 못 가진 채 자신이 살아온 흔적도 그대로 남긴 채 그 장소에서 강제적으로 사라지게 된다.

3-8. 소결

이 글에서는 H씨가 작성한 달력을 매개로 그 가운데서도 특히 다섯 가지의 소재를 중심으로 고찰했다. 달력 기록에는 일본사회의 구조 속에서 H씨는 어떻게 '고토부키'를 살고 있으며, 가나가와 시티유니온이라는 일본의 노동조합과 어떤 관계를 맺어갔는지 나타난다. 외국인노동자 그 자신이 기록한 달력은 그 사회의 외부에 있는 사람들은 잘 알 수 없는 여러 가지 요소들을 아주 많이 포함하고 있었다. 필자는 H씨의 달력을 가능한 H씨 본인의 이야기로부터 재구성하려고 노력했다. 그 달력 기록은 H씨에게는 일기이기도 하고, 취미이기도 하며, 일상의 노동의 흔적이기도 하고, 가계부이기도 하며, 인간관계의 기록이기도 했다. 그러고 보면 H씨는 자신의 삶을 확인하기 위해서 달력에 기록하고 있었던 것이기도 하다. H씨가 그 달력에 기록할 때는 전혀 의도하지 않았을 테지만 그 달력을 촉매로 필자는 고토부키쵸에 살고 있는 한국인 노동자의 역사를 다소나마 지면 위로 끌어올릴 수 있었다.

H씨는 산재보험처리가 끝나면 귀국할 것이라며 "이제 돌아가니까 달력 기록은 별로 안 해"라고 말했다.

H : 지금 생각으로선 한국 나갔다가, 정 할 일 없고 어려우면, 다시 고토부키에 들어와서 혼자 몸뚱이니까 일할 수 있다고 생각하고 있지.

L : 그러면 아저씨는 돌아가지만 다시 돌아올 수 있다는 전제를 가지고 가시는 거네요?

H : 그렇지 그렇지. (2010/6/24)

(한국 가는 거) 두렵지. 가서 무엇을 해야 돼. 첫째는. 가서 직장이 있어야 되는데, 직업이 없으니까. 가는 생각도 추석 전에 간다고는 했는데, 생각해볼 문제라는 거야. JMC형님이 하는 말이 한국에 와보니 할 일도 없고, 돈 때문에 참 큰일 났다, 잘 생각해라 잘 생각해라, 돈 아껴야 된다. 또, 한국가면 물가도 비싸고, 뭐 봉급도 이 나이에 가면, 할 수 있는 게 경비 밖에 더 있나, 경비해봐야 돈 백만 원 준다는 거야, 돈 백만 원도 안준다. 그래봐야 돈 백만 원인데, 그럼 여기 돈으로 십만 엔밖에 안 되는데, 그것 받고 … 가만 생각해보니까 십만 엔으로 무엇을 하냔 말이야. 9월달에 간다고 했더라도 좀 다시 생각을 해보려고. 컨테이너가 일이 여름철엔 조금 없는데, 가을부터 내년 봄까지 일이 많거든. 내 실력가지고 한 달에 한 사오십만 엔 벌 수 있단 말이야. 간다고는 했지만은 생각해 볼 문제라는 거야. (2010/6/24)

사실은 귀국한 사람들이 가능하면 한국에 안 오는 것이 좋다고 말해. 귀국해도 일자리가 없다고… 지금 일이 바쁘니까 꽤 돈을 벌 수 있어. 그래서 귀국할 지 안 할지 망설여져. (2010/8/21)

필자가 이 글을 쓴지 몇 년이 지난 시점에도 H씨는 여전히 고토부키쵸에 살고 있었다. 귀국하려고 마음먹은 적도 있지만, 극심한 단속으로 인해 고토부키쵸의 일손이 부족해져 H씨와 같은 베테랑은 골라서 일을 갈 수 있을 정도로 일거리가 많아졌다. H씨가 언제 귀국을 할지는 미지수지만, H씨는 자신의 합리적인 판단으로 그것을 결정할 것이다. H씨는 여전히 '한 그루의 사과나무를 심듯이' 달력에 자신의 하루하루의 흔적을 적어가며 자신의 기록들을 재차 음미해가며 일상을 영위해 가고 있다. 그 덕택에 필자는 한국으로 귀국한 뒤에도 H씨의 그 후 2년치의 달력(2010년~2011년)을 얻을 수 있었다. 필자에게 달력을 주게 된 2009년 이후로 기록된 내용들을 살펴보면 필자도 H씨에게는 한 명의 '관객'으로 등장했음을 알 수 있는 흔적들이 발견된다. 아쉽게도 이 글에서는 그것까지는 분석대상으로 삼지 못했지만, 금후 5년간의 달력과 H씨의 고토부키쵸 거주가 계속되게 되면 얻을 수 있는 그 후의 달력들을 고찰하면서 한층 심화된 분석을 시도하고자 한다.[104)]

104) H씨는 2015년경 출입국관리국에 자수하고 한국에 입국하게 된다. 남편의 오랜 일본생활에 대한 분노를 참지 못하는 부인과의 불화로 인해 한 집에서 살지 않고 H씨는 건설현장을 따라 이동하며 살고 있었다.

제5장

'이동'실천과 친밀한 관계성: 이미지로서의 가족

이 장에서는 '이동'실천에 의해 한국인 이주노동자들의 친밀한 관계성에 어떤 변화가 발생했는지를 고찰한다. '이동'을 계기로 대부분의 이주노동자들은 친밀한 관계성의 변용을 경험한다. 특히 장기간에 걸친 타향(他鄕)에서의 생활은 그곳이 이미 타향이 아닌 자신의 일상의 현실로서 관계성을 맺어가게 된다. 그들은 의식적이든, 무의식적이든 그 관계성에 휘말려, 어쩔 수 없이 자신의 친밀권의 변용을 경험하게 된다. 또한 현실사회와 그들이 살고 있는 의식 및 신체와의 격차가 한층 드러나는 곳이 사실은 섹슈얼리티와 가족규범이라는 친밀한 관계성의 영역이기도 하다. 그런 까닭에 이 장에서는 '이동'실천과 친밀한 관계성과의 관계를 주목하고자 한다.

이 장에서는 두 가지의 라이프 스토리를 다룰 것이다. 하나는 제주도 출신 남성노동자의 사례이며, 또 하나는 육지 출신 여성노동자의 사례이다.[105] 이 두 사례를 고찰하고자 한 것은 첫째,

105) 이 두 사례의 경우 '이동'실천에 의한 친밀권의 변용에 있어서 특정 지역과 젠더의 전형적인 모습을 나타내는 것은 아니라는 점을 밝혀둔다.

필자가 인터뷰를 한 이주노동 경험자의 대부분은 자신의 친밀권에 대해 그다지 말하고 싶어 하지 않았기 때문이다. 그러나 이 두 사람의 경우 비교적 적극적으로 자신의 가족에 대해 이야기 해주었기 때문에 풍부한 구술 자료를 획득할 수 있었다. 둘째는 두 사람의 경우 가족 혹은 가족의 이미지를 말할 때 가부장제[106]의 가치규범과 젠더 질서를 상당히 의식하면서 발화했기 때문이다.

공간적 '이동'실천은 한국인 이주노동자들의 성장과정 동안 고향에서 체화된 가부장제의 가치의식도 이동/변용시키고 있는 것일까?

이 장에서는 위와 같은 의문을 풀기 위해서 남녀 두 명의 라이프 스토리를 분석한다.

106) 이 장에서는 가부장제라는 용어를 한국사회의 유교사상을 토대로 한 가장에 의한 지배(patriarchalism)라는 관념에 의거하여 사용하고 있으나, '성과 연령에 의한 부와 권력 배분의 불균등성(patriarchy)'(上野 1994)라는 젠더론에 따른 가부장제의 의미로도 사용하고 있다. 원래는 이 두 관념을 구분하여 사용해야 하겠지만, 현대의 한국사회의 가족을 분석할 때, 두 관념의 구분이 거의 무의미하다. 이러한 특질이야말로 현대 한국사회의 가부장제의 특징이라고 말할 수 있을 것이다.

제1절

JMC씨의 궤적: "일본 가서 한 3년 되니까 도저히 혼자서 밥 해먹고 살 수가 없어서, 아는 아줌마한테 좋은 여자 한 명을 소개해 달라고 그랬어"

이 절에서는 제4장의 제4, 5절에서도 잠시 언급됐던 JMC씨의 사례를 다룬다. 1944년, 제주도의 구좌읍 김녕리에서 태어난 JMC씨(이하, C씨로 표기)는, 제주도에서 전기회사를 운영하고 있었지만, 사업이 잘 안 되서 "일도 많고, 꽤 돈벌이도 된다"는 고토부키쵸의 정보를 얻어 도항했다. C씨는 1988년 서울올림픽 이전에 단기체류비자로 일본에 발을 디뎠다. 그 후 일본 국내에서의 비자기간 연장 혹은 한국에서 돌아간 후 비자 수속을 반복하면서 새롭게 비자를 취득하여 다시 일본으로 들어와서 합법적인 체류상태로 일본에서의 이주노동을 계속했다. 그러나 1994년 무렵에 그대로 고토부키쵸에 머무는 것을 선택한다.

그때는 일들이 많았으니까. 일해서 벌고, 좋았지. 90년, 91년도까지 괜찮았어요. 난 6번째 왔어. 갔다 왔다 5번 하고. 6번째 좀 이렇게 있는 거야. 대한항공이 날 공짜로 태워 줄 만하지. 93년도인가, 94년도에 눌러앉았어. 〈L: 왜 눌러앉았나요?〉 돈 벌어 보내야 애들도 공부를 하고. 〈옆방에 사는 모자아저씨[107]: 처음에야 다 그랬지.〉 아이가 4명에, 전부 학생이고. 그 당시 (애들이) 국민학생에서 대학생까지. 벌면 돈을 보내줘야지. 재산은 못 모여도. 제사는 못 모셔도. 내가 작은 아들이니까. 왔다 갔다 할 때는 젊을 때니까, 나이가 드니까 이제 …. 사실은 (일본에서) 오래 살려고 안했지. 어쩌다 보니까 …. (2009/7/2)

C씨도 학령기의 자녀를 둔 다른 기혼 남성노동자와 비슷한 도항동기를 말했다. 학령기에 있는 4명의 자식을 교육시키기 위해서는 일본으로의 이주노동을 감행하여, 제주도와 일본을 왕래하면서 일을 하고 있었지만, "나이가 드니까" 왕래가 힘들어졌다.[108] 그 때문에 C씨는 2009년 10월 말경 자택에서 경찰에게 단속될 때까지 20년 이상의 시간을 고토부키쵸에서 생활했지만, 동년 12월 초순 동거하고 있던 파트너와 함께 한국으로 강제송환되었다.

107) 항상 모자를 쓰고 있기 때문에 붙은 별명이다.

108) C씨는 일본에 "눌러 앉았"던 이유에 대해, 제도적인 측면을 강조하여 말했다(2008/10/25). "그때 시모노세끼 … 노태우 정권으로 바뀌 가지고. 노태우정권이 들어서면서 노태우가 방문을 시모노세끼로 옵니다. 시모노세끼로 온 후에, 동네사람이 여기 와있는 사람들이 연기신청을 해달라고 합니다. 뉴칸[入管 : 일본, 입국관리국]에 갔어요. 빠꾸가 됩니다. 지금까지 되었는데 왜 빠꾸를 시키냐고 이유를 물었습니다. 그랬더니, 당신 정부에 가서 항의를 하라고. 당신 정부에 가서 이야기를 하시오. 그 때 확실히는 모르겠지만, 그 때 느낌이 대통령이 와서 연기신청을 보류해달라고 한 것이지 않겠냐고. 그런 이후로 지금까지 연기신청이 안됩니다. … 그때는 일반 관광비자도 3개월씩 줬거든. 중간에는 1개월, 15일뿐이 안 줬잖아요. 그 후에(노태우 일본방문) 부터 그렇게 되더라고. 느낌이 그렇게 되더라고." C씨의 말에 동거인인 Z씨는 "대통령 올 때 마다 바뀌어져"라고 맞장구를 쳤다. 제도적으로 합법적 체류방법이 닫혔기 때문에, 어쩔 수 없이 "눌러 앉았"던 것이 된다. 더욱이 재정적인 측면에서도, 신체적인 측면에서도 "눌러 앉았"던 것이 합리적인 판단이었으리라 생각된다. 왕래할 때 든 비행기 삯과 기타 부대비용도 왕래 시 드는 시간적 손실의 절약 - 그 시간분, 일을 하면 상당한 수입을 얻을 수 있었다 - 그리고 나이가 들어감에 따라 체력이 약화된 것으로 그는 이제 왕래가 힘들어졌다고 말한다.

제4장에서 이미 기술한 바와 같이, 필자는 H씨의 소개로 C씨의 자택을 방문하여 인터뷰를 했다. 그것이 계기가 되어 그들이 경찰서, 입관 수용소[한국의 외국인보호소에 해당]에 있을 때 면회와 짐정리 등을 도왔다. 그들이 고향인 제주도에 돌아온 후에 필자는 제주도를 방문하여 다시 만날 기회를 얻었다. 그 때, 그들의 현재 상황과, 고토부키쵸에 있었을 당시는 들을 수 없었던 몇 가지 이야기들을 듣게 되었다. 이러한 그들과의 이야기를 토대로 '이동'실천의 와중에 있었던 C씨의 젠더 규범과 친밀권의 변화, 특히 고향의 가족과 타향의 가족에 주목하여 고찰하고자 한다. 이 장에서는 인터뷰가 행해진 환경, 주변인물, 그 정황의 변화를 고려하면서 분석한다.

1-1. 최초의 대면, 최초의 인터뷰(2008년 10월 25일)

이 날 필자는 고토부키센터에서 '유니온'의 조합원인 H씨와 만나서 최근의 고토부키쵸의 상황에 대해서 이야기를 듣고, 고토부키쵸에서 한국인이 자주 들리는 가게, 파친코장 등을 안내받았다. H씨에게 한국인들과의 인터뷰가 필요하다고 말하자, 최근까지 살고 있던 집의 동거인인 제주도부부와의 만남을 주선해주었다. 필자는 사전 준비도 시간 약속도 전혀 하지 않은 채 방문하는 것에 대해 걱정하였으나, H씨는 "아이구 괜찮다니까. 내가 같이 가니까"라며, 그들과의 절친함을 나타냈다. 고토부키쵸의 한국계 상점에서 그 집에 가져갈 과일과 빵을 사서 고토부키쵸 내에 있는 어떤 아파트로 향했다. 대낮의 방문이었으나, H씨는 아주 큰 목소리로 "형님! 형님! 저예요. 문 열어줘요."라고 외치며 문을 두드렸고, 조금 있자 문이 열렸다.[109] 집안에서는 60대 정도로 보이는 남성이 파자마 바람으로 나왔다. 함께 집에 들어가니, 비슷한 연령대의 여성(이하, Z씨로 표기)도 나왔다. 두 사람 모두 자다가 깬 듯 보였으나[110], 한낮의 불청객을 맞아주었다. 그 집은 방 2칸에 식당 겸 부엌이 있는 구조로 우리들이 들어갔던 방에서는 한국 드라마가 흘러나오고 있었다.

H씨는 나를 "마리아상의 딸"이라고 소개하며[111], "대학원 논문 때문에 고토부키에 관해서 이야기가 듣고 싶다고 해요"라며, 그들을 방문한 이유를 설명했다. 그것에 대해 C씨는 다음과 같이 말했다.

C : 고토부키쵸가 생긴 역사부터 기록을 해줘야 한다니까.

H : 이 얘기 함 해줘 봐요. 하하하

C : 쇼와[昭和; 1926년~1989년] 32년인가, 요코하마시 중구. 고토부키쵸가 생긴 것이 쇼와 32년이지 않겠느냐. 확실히는…

C씨가 이야기를 계속하려고 하자, Z씨가 돌연 고토부키쵸의

---

109) 근년, 경찰과 입관 직원에 의한 미등록 체류자에 대한 단속이 강화되고 있는 가운데, 그들이 살고 있는 자택을 표적으로 한 불심검문도 증가하고 있다. 그 때문에 미등록 체류자들은 타인의 갑작스런 방문을 달가워하지 않는다. H씨는 제주도부부를 방문할 때, "지금 갈께요"라며 전화로 알려주고, 문을 두드릴 때도 제주도부부가 H씨가 온 것을 알 수 있도록 큰 목소리로 외친 것이다.

110) 제주도부부는 당시, 새벽부터 간이숙박소의 청소 작업을 하고 있었기 때문에, 오전에 일에서 돌아오면, 낮잠을 자곤 했다고 한다.

111) 필자는 마리아상의 실제 딸은 아니지만, 마리아상의 사회적 신뢰성을 담보하고 있는 H씨의 이러한 소개 방식은 제주도부부에게는 이방인인 필자에 대한 경계심을 풀고, "일본에 온 젊은 한국인 여성"에 대한 혐오감을 품고 있던 C씨에게는 유효하게 우호적으로 작용했다.

재일교포에 대해서 이야기를 꺼냈다. Z씨가 고토부키의 건물 주인이 "이거 경중 다 경상도 사람들"이라며, 고토부키쵸의 재일교포들의 고생과 성공이야기를 몇 분간 지속했다. 필자는 Z씨의 이야기에 흥미를 가지고 Z씨에게 질문했다. 필자와 Z씨와의 대화를 옆에서 듣고 있던 C씨는 다음과 같이 말을 꺼냈다.

C : 할망 이야기 중간이지만은, 이게 대학교 논문을 하고 있는데 ….

H : 형님이, 형님이 이야기해.

C : 이런 거를 …. 고토부키쵸 목숨 수를 뜻을 깊게 해석을 하면, 우리가 복 받은 동네라고. 옛날에 우리가 소지[掃除;청소]하던 집(주위)에 가면 〈Z: 여(기)도 경상도사람〉 고토부키쵸의 유래. 고토부키쵸가 몇 년도에 만들어졌다는 게 써 붙여 있었거든요. 거기에. 그때 딱 한군데만 써 있더라고. 다른 데선 없어. 그래서 내가 그걸 기억해내는데. 아마 32년쯤.

Z : 대동아전쟁 전?

C : 대동아전쟁 전이죠.

Z : 전쟁 전에 한국 사람들이 끌려 온 거지.

L : 쇼와 32년이면. 전쟁 끝난 후인데 ….

C : 아. 그런가. 전쟁이 끝난 후겠다. 내 생각에는 여기가 복 받은 지역이라고 해서 …. 일본에 왔을 때는 … 저는 한 이십년 되었습니다.

C씨는 필자와 Z씨와의 대화를 끊고 "할망 이야기"는 "대학교 논문"에는 도움이 안 된다며, 다시 이야기의 주도권을 잡았다. 그

후 C씨는 "대학교 논문"에 어울리는 고토부키쵸의 역사 및 유래에 관한 '거대서사(master narrative)'를 들려주고자 했으나, 이야기의 도중 필자가 C씨의 정보를 수정하자, 그는 '거대서사'는 그만두고, 고토부키쵸에서의 자신의 경험을 이야기하기 시작했다. 20년간을 고토부키쵸에서 살아왔으며, 그 변모를 다른 누구보다도 잘 알고 있던 C씨는 다음과 같이 말했다.

> 그때는 벌어서 집에도 보내고 그랬는데, 이제는 나이가 들어서 그렇게도 못하고 돈을 보낸다는 것은 옛날이야기고, 여기 실정이 옛날에 일본 와서 돈 벌었다지, 지금은 그런 거 없어. 지금까지 쭉 그러다가 근간에 와서 단속이 심했어요. 처음에는 동경에서부터 시작해서 외국인 단속을 시작하다가 … 예전에는 오마와리상[お巡りさん; 순경]한테 인사도하고 오하요고자이마스[おはようございます;일본의 아침인사]라고 인사도 하고 그랬는데, 이제는 보기만 해도 피할 정도로 … 그런 것이 외국인이 와가지고 사는 데는 상당히 마음이 조마조마하다. 돈 벌러 온다는 생각을 … 특히나 우리같이 나이 먹은 사람은 몰라도. 한국에는 오십 정도만 되도 할아버지 취급을 해가지고, 일거리가 있어도 안 써주거든요. 지금은 모르겠지만, 우리가 있을 때만 해도.

C씨는 지금의 상황을 예전과 비교하면서, 지금은 돈도 벌 수 없으며, 상당히 위험해져서 외국인이 고토부키쵸에 와서 사는 것은 상당히 불안하다고 했다. 그러나 C씨 자신이 고토부키쵸에 계속 있는 것에 대해서는 "한국에는 오십 정도만 돼도 할아버지 취급을 해가지고, 일거리가 있어도 안 써주거든요"라며, 60대 후반

의 C씨가 한국에 돌아오면 할 일이 전혀 없음을 나타냈다. 그것은 일자리가 많이 줄어든 불안한 고토부키쵸에 계속해서 살고 있는 것을 정당화시킨다. 그러나 자신보다 젊은 사람들에게는 다음과 같이 말한다고 한다.

> 우리는 이럽니다. 빨리 한국에 들어가라. 여기 와서 뭐 할꺼냐. 여기 와봤자 정신만 망가져버리지. 한국에 가서 기반을 잡아야지. 여기 와서 살지 말아라. 우리가 그렇게 이야기 합니다.

C씨는 돈 벌러 고토부키쵸에 온 한국 젊은이들을 우려하고 있었다. "여기 와봤자", 삶의 "기반"도 잡을 수 없고, 결국은 "정신만 망가져 버리지"라고 단정한다. 아래에 계속되는 C씨의 구술에서도 확인되지만, 그는 특히 일본에 온 젊은 한국인 여성에 대해 부정적으로 말하면서, "정신"이라는 단어로는 구체적으로 한국인의 섹슈얼리티를 대응시켜, "기반"은 한국적인 라이프스타일을 나타내고 있다. 그런 것들을 잃어버린 사람들에 대해 C씨는 한탄하고 있지만, 실제적으로는 타인에 대해 말하면서, 자신이 잃어버린 것들을 무의식적으로 드러내고 있었다.

> 일본 뉴스에서 외국인을 상대로 위장결혼. 단속을 했던 모양이에요. 위장으로 결혼을 하고, 여자들이 젊은 여자들이 여기 오면 못써요. 나는 아들이 있어서 아직 결혼을 안했지만. 아들이 있다면 일본에 왔다 간 여자하고는 결혼을 안 시키려고 합니다. 놀러왔다는 여자하고는 결혼을 안 시킵니다, 마음은. 실정을 다 아니까. 착실하게 옛날 우리나라 아름다운 여자상을 외국에 와서 다 망가져 버립니다.

부부간에 와서 이혼한 사람도 많습니다. 첨에는 남편 밥해준다고 와가지고, 일하러 다니다가, 일본 사람들한테 전부 뺏기는 거야. 그리고 이야기도 못하고. 일본 가정법도 우리나라 가정법이랑 다르기 때문에. 여자들은. 젊은 사람들은 전부 일본 사람들한테 뺏겨 가지고 이혼당하고, 가정이 파탄되는 것이 여기 온 사람들이. 여자는 특히나 젊은 여자는 와선 안 됩니다. 또 오게 만들지도 말아야 되고. 여기 처음에 ….

C씨가 표현하고 있는 "옛날 우리나라 아름다운 여자상"이란 것은 유교사상에 부합되는 순종적이고 희생적인 여성의 모습을 지칭하는 것이겠지만, "첨에는 남편 밥해준다고 와가지고, 일하러 다니다가, 일본 사람들한테 전부 뺏기는 거야"라는 구술에서는 남편을 위해서 식사를 준비하는 것이 여성의 역할이라는 가족 이미지, 성별역할분업을 확인할 수 있다. 일본 입국 시까지 자신이 담지하고 있던 그러한 가치규범은 지금 한층 그에게 극명한 것으로 새겨져 있다.

처음부터 일본 도항의 계기가, 남편의 식사를 위해서라는 발상, 즉 남성 배우자의 가사노동을 담당하기 위해서 종속적인 '이동'을 했다고 하자. 그러나 "여기"에 있으면 여성 자신도 일자리를 구해 일을 나가게 되고, 그녀들의 일자리는 주로 서비스업에 한정되어 있기 때문에, 그곳이 스나쿠[スナック;일반적으로 여성이 카운터를 사이에 두고 접객하는 술집으로 술 이외에 간단한 안주와 가라오케가 구비되어 있음]든, 그곳이 식당이든, 그런 장소에서 만난 일본인 남성에게 자신의 부인을 "뺏기는" 남성들은 결국 "이혼당하고, 가정이 파탄되는 것"이라며 C씨는 통탄했다.

"전부" 그런 길을 걷기 때문에, "여자는 특히나 젊은 여자는 와선 안 됩니다. 또 오게 만들지도 말아야 되고. 여기 처음에"라고 강력한 어조로 말했다. 한국인 여성을 일본인 남성에게 "뺏기는" 이란 말 자체가 한국인 여성은 한국인 남성의 소유물이라는 발상으로부터 초래된 표현방식이다. 한국인 여성의 주체적인 선택에 의해 한국인 남편이 '버려지고', 일본인 남성이 '선택되었다'는 여지는 아예 사장되고, 한국인 남성은 자신의 소유물, 즉 한국인 여성을 일본인 남성에게 "뺏기는" 일을 당한다는 표현으로 귀결된다. 여성에 의한 선택을 성장과 변용의 과정 - 주체성 및 능동성의 가능성 - 으로는 전혀 인식하지 않은 채, 오로지 "정신만 망가져 버리"게 된 병리와 해체의 이야기로 표현한다. 한국인 여성을 일본인 남성에게 "뺏기는" 것은 민족의 위기로서 C씨는 의식하고 있었다.

더욱이, C씨는 이러한 "실정을 다 아니까", 자신의 아들에게는 "일본에 왔다 간 여자하고는 결혼을 안 시키려고 합니다. 놀러 왔다는 여자하고는 결혼을 안 시킵니다"라고 자신의 마음가짐을 표명했다. 남편의 종속물이어야 하는 부인이 그 남편 그리고 그 가정에서의 종속적인 역할을 내팽개치고, 주체적으로 움직이는 것이 C씨가 통탄해 마지않는 "파탄"을 야기했다고 C씨는 믿고 있었다. 그 속에는 한국인 남편들에 의한 가정 "파탄"의 가능성에는 일말의 의심도 없었다.

'이동'실천에 의해, 주체적인 선택과 실천을 경험한 한국인 여성들에 대한 경계심은 다른 한국인 남성노동자의 구술에서도 발견된다. 제주도 출신의 JMG씨(1959년생)는 1989년에서 1992년에 걸쳐, 고토부키쵸에서 생활했다. 당시 미혼이었던 JMG씨는 "고토부키에서 이모(원래는 모친의 여자형제를 지칭하지만, 실제적인 친족관계가 아니더라도 친분이 있는 연배의 여성을 가리킬 때 자주 사용한다)가 소개시켜 준 여자가 있는데, 괜찮은 여자였는데, 그 여자는 일본말도 잘 알고, 길도 아니까, 나와 싸우면 일본 가버릴까봐 결혼 안 했다"고 말한다. 또한 제주도 출신인 JME씨(1957년생)의 경우는, "바람 쐴 겸 한 2개월만 놀다 올" 목적으로 일본에 들어와 고토부키쵸에서 어떤 유부녀를 알게 되어, 그녀와의 사이에서 아들이 태어난다. JME씨는 본부인과는 이혼하여 그 여성과 재혼하지만, 10년 후 부인은 가출해버린다. JME씨는 부인을 찾기 위해 다시 고토부키로 들어온다. JME씨는 가출한 부인이 갈 곳은 고토부키쵸밖에 없다고 확신하고 있었다. 그는 "일본 간 사람들은 다 또라이 또라이, 내가 보기엔 다. 부부지간에 간 것들도 다 바람나고, 내자체가 또라이인데, 내가 부러운 거 아무것도 없이, 여자 한번 건들었다고 또라이 짓을 하고 다녔으니, 내가 또라이지. 내가 또라이니까 다른 사람도 다 또라이지. 사실로."라며 자신을 책망했다. '이동'을 경험한 여성은 다시 '이동'한다. 그 '이동'에 의해 가정이 파탄난다고 믿고 있는 JME씨와 JMG씨의 사고방식은 C씨와 닮아 있다. 현실 사회의 섹슈얼리티와 가족상이 조금씩 변화하고 있음에도 불구하고, 그들의 독단적인 섹슈얼리티와 가족 관념은 예전 그대로 그들의 의식과 신체 속에서 재생하고 있음을 알 수 있다.

C씨는 한국인 남성으로서, 일본인 남성에게 한국인 여성을 "뺏기는" 울분을 씻어버리는 듯 자신의 일본관에 대해 다음과 같이 말했다.

일본은 정부가 부자지, 국민이 부자인 느낌이 안 들어요. 일본이

세금이 많이 붙어서. 소득세 이런 것이 정부 수입이 많으니까 정부는 좋아요. 국민은 안 그런 거 같애. 우리나라만큼 편안하게 살지 못해요. 우리나라 사람들은 그래도 인정이 있어가지고, 그 사람 좀 도와주기도 하고. 여기 고토부키쵸 안에서 서이가(셋이) 술을 먹다가 싸움을 합니다. 한 사람은 서서 구경만 합니다. 한국 사람은 싸우면 말리지 않습니까. 여기 사람들은 구경만 합니다. 때리다가 주고받고 한 사람이 쓰러집니다. 그럼, 구경하던 사람이 때리는 사람을 말리지 않고, 같이 가서 밟아요. 일본은 그렇습디다. 거의 그렇습니다. 여기는. 일본의 국민성은 쎈 사람에만 붙는다. 그런 게 있어요. 일본은 가만 보면 아메리카, 아메리카, 아메리카한테는 꼼짝을 못합니다. 쎄니까 자기보다. 인간적으로 볼 때는 아주 우리보단 막 저거한 사람들인데, 자기네가 보기엔, 아메리카사람이 아무리 거지같이 댕겨도, … 이런 인간들이에요. 솔직한 이야기로. 그런 느낌이 팍팍 들어요. 국가적으로 자기보다 좀 못사는 나라, 생활수준이, 경제 수준이 낮으면 아주 깔봅니다. 잘 지내다가 한번 삐끄러지면 끝입니다.

C씨는 "일본의 국민성"을 그 나름대로 해설한 후, 자신이 일하러 갔을 때 목격한 광경에 대해서 아래와 같이 설명한다.

내가 우리나라에 지금 세월이 흐르니까 어떻게 되는지는 모르지만, 내가 어느 창고에 일을 갔는데, 거의 총책임자가 회사 과장인데, 나이가 먹었어요. 그 사람 아들이 그 현장에 일을 하고 있었습니다. 결혼도 안한 앤데, 아버지한테 담배 하나 달라고 그래요. 앞에서 피고 그럽니다. 우리 한국에 있을 때는 진짜로 있을 수 없는 일이다. 지금은 모르겠습니다만, 아버지한테 담배 달라고, 그럼, 또 그 아방이 주고. 어디 감히 그런 … 내가 알기론 우리 한국에서는 자기 아버지 아닌 자기 아버지 또래에도 그렇게는 못합니다. 담뱃불 피고 싶으면 돌아서 담뱃불 피우지. 일본은 그것을 아무렇지도 않게 그런 느낌을 가지는 모양이에요.

C씨는 자신의 아버지 앞에서 담배를 피우는 일본 젊은이를 보고 놀랐던 경험을 말하며, '가정 내 질서의 붕괴'에 대한 반감을 드러냈다. 이 사례에서 그에게 모국이란, 일본적이지 않다는 표현 정도로만 설명할 수 밖에 없는 소원한 장소가 되었다는 것을 확인시킨다. "일본의 국민성"을 부정적으로 말하는 것을 통하여 그는 자신의 모국에 대해서 말할 수 있는 언어를 획득하고 있음을 나타낸다. 그것은 실제적으로 '이동'실천이 그들의 의미세계에 얼마나 깊숙이 영향을 끼치는지를 드러낸다. 필자는 C씨가 일본에 대해 상당히 부정적인 이미지를 가지고 있으면서도, 왜 계속 여기에서 살아가고 있는지에 대한 의문을 떨칠 수가 없었다. 인터뷰가 끝나고 돌아가는 길에, C씨는 제주도에 부인과 가족이 있으며, Z씨도 한국에 자식들이 있다는 이야기를 H씨로부터 들었다.

1-2. 두 번째 방문, 두 번째 인터뷰(2009년 7월 2일)

필자는 Z씨와의 심도 있는 인터뷰를 위해 H씨의 도움을 얻어 두 번째 방문을 했다. H씨는 먼저와 마찬가지로 과일과 빵, 과자를 몇 가지 사서, C씨와 Z씨가 살고 있는 집으로 향했다. 집에 들어가자, C씨는 옆방에 세 들어 살고 있는 모자아저씨와 바둑을 두고 있었다. 정작 이야기를 듣고 싶었던 Z씨가 어디에 있는지를 C씨에게 묻자, "몸이 안 좋아서 옆방에서 자고 있다"고 했다.

C씨와의 인터뷰가 다시 시작되자, 필자는 이전 인터뷰에서 품었던 의문을 풀 수 있었다.

> 사실은 오래 살려고 안했지. 어쩌다 보니까. 나이가 드니까 이런 생각이 든다. 밥만 먹어줘도, 자식들 돕는 거다. 내가 여기서 식생활하는 것만 해도 … 예를 들어서. 고향에 가면 일자리가 있나. 사업을 하는 것도 아니고, 가서 뭘 할꺼야. 자식들이 돈 안주면 생활하기 곤란하니까. 그렇다고 자식들한테 돈 안준다고 할 수도 없는 거고. 알아서 줘야 하는 거니까. 주긴 주겠지만. 여기서 먹고 살만 하면은 1년만 눌러앉아도 자식들에게 보탬이 된다는 거지. 나이가 들어가면 … 부모들 생각이라. 내가 연락을 하지. 돈 벌어서 보내기는 이제 틀렸으니까. (자식들에게) 돈 벌어서 보낸다고 생각을 하지 말아라. 이제 가면 너희들이 돈을 줘야 되니까. 때가 되면 간다. 〈L: 빨리 오라고 안 그러세요?〉 오라고도 안하지. 내가 먼저 이야기를 해버렸으니까. 오라고 하면 오라고 한 사람이 책임을 져야 되니까.

C씨는 일본에서의 체류에 대해 "사실은 오래 살려고 안했지. 어쩌다 보니까"라고 말한다. 일본에서의 장기 체류가 '의도하지 않은 결과'라고 말하면서도, 나이가 든 C씨의 존재는 가계의 생계부양자 역할은 거의 기대할 수 없는, 오로지 생산재의 소비자일 뿐이라고 단언했다. 그렇기 때문에, C씨는 "여기서 먹고 살만 하면은 1년만 눌러앉아도 자식들에게 보탬이 된다는 거지"라고 언급했다. 그것이 지금 그의 '이동'을 정당화시키는 이유가 된다. 20

년 전의 도항이유는 '자식들의 교육비' 때문이었으나, 지금 현재는 "자식들의 부담"이 되지 않기 위해서 "여기"에 머무는 것이다.

고토부키쵸에서는 이미 일거리가 급격히 줄었고, 나이 들어 예전처럼 육체노동을 할 수 없게 된 C씨는 어떻게 생활을 유지하고 있을까?

> 나 같은 경우는 지금은 그만뒀지만, 그만둔 게 아니라 IMF 때문에 회사가 일을 못 맡아가지고 안했는데 내가 뱃일 책임 오야카타였어요. … 난 이제 놉니다. 아침에 소지[청소]나 5시간 정도 거들어주고. 그래도 먹고 삽니다. 이제 나이 들어서.

IMF 이전까지는 뱃일 책임 오야카타로서 돈을 벌 수 있었던 C씨는 IMF의 영향으로 일자리를 잃어버렸다. 그 후 '키마리[決まり;일이 정해져 있는 것]'로 일하는 것이 불가능해지고, 가끔씩 아르바이트로 일하러 가는 것뿐이었다. 별다른 수입이 없는 C씨의 생활을 지탱한 것은 Z씨의 노동이었다. Z씨는 고토부키쵸의 간이숙박소에서 청소를 하고 있었으며, "5, 6년 전부터" C씨는 Z씨의 청소를 거들어주며, Z씨로부터 용돈을 얻고 있었다. 동거생활에서의 생활비는 거의 Z씨의 급여로 충당했다. 따라서 C씨는 "그래도 먹고 삽니다"라고 말할 수 있었던 것이다. 자신의 "자식들의 부담"이 되지 않기 위해서 Z씨에게 기대어 "여기"서 계속 생활하는 것이다. 역시 이런 C씨의 이야기는 Z씨의 앞에서는 할 수 없는 것이리라. Z씨가 옆방에서 잠들어 있어 인터뷰 자리에 부재했기 때문에 C씨가 "여기"에 계속 있는 이유에 대해서 솔직히 말할 수 있었던 것이다. 한편, C씨는 Z씨가 몸져 누워버린 원인에 대

해 노여움을 품고 다음과 같이 언급했다.

나 같은 경우는 요즘 상당히 당하고 있거든. 우리 할망이 소지를 10년을 했어. 짤라버렸는거라. 짤라버렸는데, 그 집(간이숙박소)에서 같이 일하는 사람이 한국여자가 작년 잡혀갔거든. 근데 4개월 만에 왔더라고. 〈모자아저씨: 밀항으로 온 거지.〉 이 여자가 (사장한테) 이바구를 해서 우릴 짤라버린거라. 자기가 소지를 해버릴라고. 그래서 이틀 후에 또 잡혀갔어. 두 번째 온 아줌마가. 일본 사람들은 거의 일하다가 자기가 싫지 않으면 그만두라 안하거든. 일을 잘못하면, 이렇게 이렇게 해라고 하고. 〈L: 그럼, 지금 일을 못하는 상황?〉 우리 할망이 10년을 했는데 〈L: 그 사람도 없는데 다시 들어가시면 안 되나요?〉 그 동생 신랑을 시킨다고. 한국 같았으면, 그냥 …. 내가 만약 들어간다면, 전부 뉴관[入管;출입국관리국]에 가서 다 알리고 갈 수 있어. 물론 그렇게 안하겠지만 …. 그렇다고 한마디, 말이라도 하면 … 우린 먹고 살기는 하니까. 그렇게 이야기를 하면 되는데. 그렇게 잡혀 가면, (일자리를) 돌려줘야지 이 새끼들이. … 그러니까 싸우지 않으려고 해도 싸울 수 있어요. 상대방이 싸움을 거니까 그러지. 죽어도 남을 해코지 안 하는 성격이라서 … 남을 도와주려고 하는 성격이지. 내가. 한국에서도 전부 사회봉사를 했습니다. 라이온스클럽으로 해가지고. 그렇게 해서 온 사람이라서 누구한테 해코지를 안 합니다. 한국이라면, 저런 아이들 이야기도 안합니다.

C씨에 의하면 "우리 할망"인 Z씨가 10년을 해왔던 청소 일을 할 수 없게 되었기에, 그 충격으로 몸져누웠다고 한다. 일자리와 관련된 시기와 질투로 인해 같은 나라 사람끼리 출입국관리국에 신고하는 경우가 빈번히 발생한다. C씨도 다른 사람들과 같이

"전부 뉴관에 가서 다 알리고 갈 수 있어"도 "죽어도 남을 해코지 안 하는 성격이라서" 그러지 않을 뿐이라고 강조했다. 또한 C씨는 한국이라면, 이야기도 않을 사람들과 "여기"에서는 상대하면서 살아가지 않으면 안 되는 상황에 대해 한탄했다. 그러나 "그래도 먹고 삽니다"라는 말에서는 지금까지처럼 "여기"서 살 수 있다는 자신감이 번져 나왔다. 그것은 물론 Z씨의 노동으로 얻어지는 수입이 있었기 때문에 가능한 일이다.

1-3. 제주도 방문, 세 번째 인터뷰(2009년 12월 27일)

C씨와의 세 번째 인터뷰는 C씨와 Z씨가 한국에 강제송환된 후 제주도에서 행해졌다. 2009년 10월 하순에 단속되었을 때, 두 사람은 각각 다른 경찰서에 수감되었기 때문에 C씨는 Z씨를 걱정하여 "우리 마누라한테 Z아주머니에 대해 부탁해뒀어. Z가 너무 걱정이야. Z는 제주도에 돌아가면 아는 사람도 없고, 아무 것도 몰라. 그래서 우리 마누라한테 이런 아주머니가 제주공항에 가니까 좀 여러 가지 돌봐달라고 했어"라고 말했다. 지금까지 C씨에게 "우리 할망"이라고 불리던 Z씨는 강제송환을 계기로 "아무것도 모르는 아주머니"로 표현되어, 더욱이 C씨의 부인에게 돌봄을 받게 될 웃지 못 할 광경이 연출될 찰나였다. 그러나 출입국관리국의 수용소에서 C씨를 계속 기다린 Z씨는 C씨와 함께 귀국할 수 있었다. 한국에 있는 자식들에게 미리 연락하여, Z씨는 순조롭게 귀국한 것처럼 보였다.

12월 하순, 필자는 제주도를 방문하여, 제주시에서 C씨와 만나서 함께 고속버스를 타고 Z씨가 있는 서귀포시로 향했다. 필자가 연락했을 때, 마침 C씨는 손자의 태권도 경기를 보러 도장에 가는 길이었다고 했다. C씨의 제주도에서의 새로운 생활의 한 단면을 엿볼 수 있었다. 고속버스 안에서 이제까지 듣지 못했던, C씨와 Z씨와의 만남에 관해서 들을 수 있었다.

고토부키에 있는 같은 고향 아줌마한테 부탁했어요. 일본 가서 한 3년 되니까 도저히 혼자서 밥 해먹고 살 수가 없어서, 아는 아줌마한테 좋은 여자 한 명을 소개해 달라고 그랬어.

사람이 그리워서 타향에서 다른 가족을 형성하는 경우는 자주 발생하는 일이지만, 혼자서 일본으로 건너왔기 때문에 갑자기 가사노동을 하게 된 C씨는 어떻게 해서든 가사노동을 해결하기 위해서 "좋은 여자 한 명을 소개해 달라고" 동향인 여성에게 부탁해서 소개받은 사람이 바로 Z씨였다. Z씨는 귀국한 후에는 아들 가족과 함께 살고 있다고 했다. 필자가 정장을 한 C씨의 옷차림을 칭찬하자, 다음과 같이 말했다.

나는 일본에서 나올 때, 옷도 전혀 없었고, 입은 옷 밖에 없는 상태였어요. 지금 입고 있는 옷은 제주도에 와서 산 옷인데, 나는 이것 밖에 없어요. 그리고 핸드폰이 없으니까 필요한 연락을 마음대로 할 수 없어서 불편해요.

이 구술로부터 필자는 두 번째 인터뷰 때 C씨가 "자식들이 돈 안주면 생활하기 곤란하니까. 그렇다고 자식들한테 돈 안준다고 할 수도 없는 거고. 알아서 줘야 하는 거니까"라고 말했던 것을 떠올렸다. 필시 C씨는 자신에게 필요한 물건을 살 여유가 없기 때문에 자식들이 그것을 알아채고 스스로 해주기를 바라고 있는 듯 했으나, C씨가 생각하듯 자식들은 마음을 써주지 않는 듯 했다. 필자는 C씨에게 제주도 집에 돌아온 후 힘든 점은 없는지 물었다.

우리 애들은 2남 2녀로, 장남과 차녀는 지금 함께 살고 있는데, 장남은 이혼하고 사법고시 준비 중이고, 차녀는 취직활동 중이에요. 가족들은 모두 늦게까지 자고 늦게 일어나는데, 나는 일찍 자고 일찍 일어나기 때문에 그것을 맞추는 게 너무 힘들어요. 내가 아침 일찍 일어나서 움직이려고 하면 가족 모두가 너무 싫어합니다. 밤 12시까지 시끄럽게 텔레비전을 보고 자고, 아침 10시 정도에 일어나서 하루를 시작해요. 방은 마누라랑 같이 쓰지만, 나는 침대에서 마누라는 바닥에 자요. 나는 침대에서 자는 게 정말 싫은데, 참고 있어요. 또 마누라하고는 아무 말도 안합니다. 마누라는 매일 불경만 읽고 기도만 해요.

C씨는 새로운 생활에서 오는 스트레스에 관해 언급했다. 고토부키쵸에서는 아침 청소일 때문에 일찍 자고 일찍 일어나는 것에 익숙해진 C씨에게는 제주도에서의 생활이 간단히 적응될 것 같지 않아 보였다. C씨는 가족과의 생활 패턴의 차이를 지적한 후, 부인과의 깊은 골을 나타내는 말을 했다. 고토부키쵸에서의 소문은 곧 제주도에도 전해졌기 때문에 십중팔구 C씨의 부인은 남편의 타향에서의 생활상을 알고 있었으리라 짐작된다. 20년의 세월을

남편에게 배신당하며, 혼자 힘으로 자식들을 성장시켰다. 장기간의 부재 후, 그녀에게 드디어 돌아온 것은 노인이 된 남편이었다. C씨는 "마누라하고는 대화가 없어요"라고 말하며, 부인이 매일 불경과 기도만 하고 있다며, 부부사이의 거리감을 드러냈다.

위와 같은 이야기를 하면서, 우리들은 Z씨가 살고 있는 서귀포시에 도착했다. Z씨는 우리들을 반갑게 맞아주었으나, 이전 고토부키쵸에서 만났을 때 보다는 활기가 없어보였다. 맞벌이하는 아들 부부 대신에 집안일을 담당하고 있었기에 밖에 나가고 싶어도 "길도 전혀 모르기 때문에 외출도 할 수 없어"라고 했다. Z씨에게 필자는 인터뷰를 부탁했지만, 그녀는 "내 과거는 너무나 처참해서 되도록 내 과거를 돌이키고 싶지 않아. 아무것도 기억하고 싶지 않고, 아무것도 기억할 수 없어"라며 상당히 괴로워하며 대답했다. 타인의 인생에 대해 꼬치꼬치 캐물어 그것을 자료로 삼고 있는 필자는 그토록 괴로워하는 Z씨를 보며, '이 여성의 '이동'에 담겨진 과거는 어떤 것이었기에 이토록 과거에 대해 말하길 꺼려하는가'라는 호기심이 솟았다. 그러나 Z씨의 침묵은 필자의 글이 무언가의 누락을 끌어안으며 존재하는 하나의 이야기에 지나지 않는다는 사실을 깨닫게 했다. 즉 하나의 이야기를 선택하여 만들어감으로써, 어디선가 무언가를 놓칠 수밖에 없다는 딜레마를 필자에게 인식시킨 것이다.

Z씨의 인터뷰는 접고, 우리 셋은 이미 제주도의 이방인이었기 때문에, 여느 관광객들처럼 택시를 타고 서귀포의 중문관광단지로 갔다. 자신이 태어나 성장한 제주도라 하더라도, 멀어져 버린 고향은 C씨와 Z씨가 돌아온 후에도 이방인이 될 수밖에 없는 현실과 조우하게 한다.

날씨가 급변하여 비가 내리기 시작했다. 우리들은 중문관광단지의 돌고래쇼를 보기로 하고, 쇼가 시작될 때까지 비를 피해서 매점에서 기다리고 있었다. 매점주인은 우리들을 보고, "가족끼리 나들이 오셨나요?"라며 물었으나, 우리들은 누구도 아무런 대답도 못한 채 쓸쓸한 웃음만 지을 뿐이었다.

1-4. 제주도 방문, 네 번째 인터뷰(2009년 12월 28일)

다음날, C씨는 필자에게 고토부키쵸에서 생활했던 어떤 여성을 소개해주기 위해서 필자가 묵고 있었던 여관을 방문했다. 아마도 C씨는 전날 Z씨가 필자와의 인터뷰를 거절한 것에 대해 다른 사람이라도 소개해주려고 마음먹은 듯 했다. C씨를 또 다시 만나게 되어 필자는 계획에도 없던 C씨의 이야기를 더 들을 수 있는 기회를 얻었다. C씨에게 Z씨를 소개해준 동향인 여성이 화제에 오르자, 그는 혐오감을 드러내면서 다음과 같이 말했다.

성산쪽 사람. 지금도 거기에 있어요. 여론이 안 좋아가지고. 나도 이야기도 안 해요. 만나면 인사만 조금 하지. 일본 와서 일본 사람하고 결혼해서 그러는 사람, 대부분 그러는데, 사람으로 안 봐요. 나도 일본 와서 돈 벌러 왔지만, 일본으로 인해서 고생한 사람이에요. … 일제 앞재비 때 내가 태어난 거니까. 그리 안했으면 옛날 이씨조선이 망하지도 않았을 거고. 그리고 남북한이 안 갈라졌을 거고. 그러니까 좋게 안보이거든. 돈 벌러 왔지만 …. 그러니까, 그 사람이 일본남자랑 산다고 하니까, 좋게 안 보이는 거지. 지금도 나 아는 사람, 자기 신랑이랑 같이 갔다가, 신랑 버리고 일본남자랑 자리 잡은 사람 많아요. 나는 그 사람들 사람취급을 안 해버립니다. 또 한국와도 한국 사람들 좋게 생각 안 해요. 그런. 사람이 아니니까, 일본 사람이랑 살았다고 하면, 상대를 안 합니다. 솔직히. 일본 사람을 특히, 남편을 버리고 가는 거니까. 사람취급, 사람같이 생각 안합니다. 지금도 많아요. 제주도 사람들이 … 내가 아는 사람들도 많이 있어요. 결혼을 할 목적이 있지만, 그게 혼자만 있는 사람 같으면, 좀 이해가 가지. 그러고 또 한사람한테만 가는 게 아닙니다. 과거, 소개한 아주머니는 일본 사람도 일본 사람이지만은, 한국 사람 중에서도 돈을 잘 버는 사람들에게 접근을 해요. 지금도 육지분 노가다 오야지한테 접근을 해요. 그 사람은 또 가정을 버리게 되죠. 한국에서 부인이 갑니다. 자기 친부인이 갑니다. 그럼 그 친부인을 푸대접해서 고향에 보내버리게 됩니다. 그래서 그 아주머니는 그렇게 해서 남자를 돈을 뜯어내고, 그런 사람은 절대 이해가 안 되는 사람입니다. 〈L: 그럼 그 아주머니는 (외국인)등록을 가지고…?〉 안가지고 있습니다. 〈L: 그럼, 한국 남편을 버리고 일본에 계신 거에요?〉 여기서 돈 벌어서 남편한테 보냅니다. 여기서 남편은 주차장 …. 그 돈으로 여기서 (제주도) 남편은 주차장 관리하고. 사람으로 할 짓이 못됩니다. 그 사람은 가정을 지켜야 될 사람 아닙니까, 그 사람의 등을 쳐버리면 … 그 아주머니가 잘못한 거죠. 자기 가정을 위해서 잘된 건지도 모르지. 여러 사람한테 피해를 주니까. 한 두 사람이 아닙니다. … 근데, 눈에 다 보이는데, 한국 사람들이 모임이 다 있거든. 쑥덕공론으로 (그 여자) 나쁜 여자라고 … 내가 알기로는 부산사람이구, 제주 사람이구, 파친코하고 있는 사람들(과도 살았고) … (같이 살던 남자들이 단속되서 나갔다가 다시) 그 사람들 들어와 보면, 딴 사람이랑 (살고 있어요) …

돈이죠. 그냥 사는 게 아니죠…. 같이 살기만 하는 게 아니고, 따로 살면서도 접촉하면서. 내가 알기론 한국 사람만 해도 몇 명이 되는데 … 지금도 주사 맞고 그런다더라구요 … 〈L: 주사? 아, 젊게 보이는 주사요?〉 아니, 남자관계에 대한 주사. … 그런 사람이 있음으로 인해서, 여러 사람의 가정이 파탄이 나는 거야. 그 부인들 있는 사람이거든. 한 사람이 아파서, 마리아상이 왔어요, 쓰러져 가지고, 오씨라는 사람이에요, 그 사람이 그 아주머니랑 같이 살았어. 근데 부인이 왔어요. 이제 그 파친코장에 부인도 가고, 그 아주머니도 가고, 오씨도 같이 갑니다. 오씨가 돈을 따면, 그럼 부인한테 줘야 되는데, 그걸 전부 그 아주머니한테 다 줍니다. 그러니, 부인을 도외시하니까 가정이 파탄되는 거라. 부인은 일하고 고생하는데, 근데 그 남자는 돈벌어갖고 그 아주머니한테 다 주니까, 각시가 하다가 하다가 (못 견뎌서) 완도 앤데, 하도 너무하니까 들어와 버릴려고 차비를 달라고 해도, 신랑이 대줘야 하는데, 안줘서 울면서 갔어요. 그 아주머니는 가정을 여럿 파탄 냈어요. 아파서 병원에 가서, 마리아상이 해가지고 고향에 보냈는데, 고향에 가면 자식이 … 원 부인한테 가야 되는데, 자식이 있으니 안 받아들일 수도 없고, 부인이 심정이 어떻겠어요 … 그러게 여럿사람 못살게 굴었어.

즉 C씨에게 Z씨를 소개해준 동향인 여성은 지금도 고토부키쵸의 남성들을 차례차례로 바꿔가면서 그들의 돈을 "뜯어내서" 제주도에 있는 남편에게 보내고 있다고 한다. C씨는 고토부키쵸에 들어온 남성들의 가정 파괴의 주범으로 그 동향인 여성을 지목하면서, 여성들에게 문제의 원인을 찾고 있었다. 동향인 여성의 상대가 된 남성들에게도 문제가 있었다고는 그다지 생각하지 않는 듯 보였다. C씨는 그녀와 관련된 사례로서, 고토부키쵸에서 삼각관계를 유지했던 그녀와 오씨라는 남성과 그의 부인에 대한 이야기를 하면서, 오씨가 고향에 돌아가게 되면 "고향에 가면 자식이 … 원 부인한테 가야 되는데, 자식이 있으니 안 받아들일 수도 없고"라고 했다. 이 구술에는 남편은 밖에서 부정을 저질러도 "자식이 있으니" 부인은 꾹 참고 남편을 받아들이는 수밖에 없다는 인식이다. 한국 사회에서는 기혼여성이 남편과의 이혼을 원해도 자식들 때문에 이혼을 보류하는 경우가 자주 목격된다. 실제로 필자가 인터뷰를 하게 된 기혼 여성 이주노동자들은 자식들에게 '결손가정 아동'이라는 딱지를 붙이지 않기 위해서, 형식적으로 '정상'가족의 형태를 유지하려고 이혼하지 않는다고 답하는 경우가 많았다.

한편, C씨는 "부인이 심정이 어떻겠어요"라고 오씨의 부인의 기분까지 잘 파악하고 있었다. 그렇다면, C씨는 자신의 부인의 기분도 알고 있으리라 추측된다. 더욱이 20년간 다른 여성과 살았던 남편이 제주도의 본가로 돌아와도 자식들이 있기 때문에 쉽게 내쳐지지 않을 것이라는 것을 숙지하고 있었을 것이다. C씨는 자신의 상황은 아랑곳 하지 않고, 여전히 "여럿사람 못살게 굴"던 나쁜 사람으로 지목하는 것은 '불륜'을 한 다수의 남성들이 아니라, 그 남성들의 상대가 되어 준 여성이었다. 그 여성에 대해 C씨는 "사람으로 안 봐요"라고 선언했다. 1-1절에서 "여자들이 젊은 여자들이 여기 오면 못써요"라는 C씨의 판단을 형성한 것은 그 아주머니의 사례가 지대한 영향을 끼친 것이라 생각된다. 여성과 남성이 동일하게, 배우자 이외의 사람과 성관계를 맺게 되어, 가정을 돌보지 않는 상황에 놓였을 때, 사회적 제재와 비난은 여성에게 더 가혹하다. C씨의 구술에서는 가부장적 이중적 기준이 강렬히 드러난다. 이와 같은 사고방식은 비단 C씨에게만 발견되는 특수한 것이 아니다. 필자가 인터뷰한 남성 노동자들 대부분은 부인 이외의 여성과의 사귐을 인정하고 있었으며, "남자니까 어쩔 수 없다"고 정당화시키고 있었다.

> 저는 우리 애들에게도 그렇게 합니다. 절대 남에게 (피)해주지 말아라. 나도 태연한 성질이 되어가지고, 일본 가기 전에는 라이온스 클럽도 하고, 사회봉사도 많이 했습니다. 학교에서 육성회장도 하고, 전부 학교 못가는 애들에게, 돈도 조금씩 주고 그렇게 하면서 생활을 했고, 검찰청에서 선도위원으로 위촉을 해서, 불량한 청소년들 선도도 하고 그랬는데, 될 수 있도록 좋은 일을 해야 돼. 그래야 자식에게 덕이 가지. 내 자신이 떳떳하거든, 밖에 나가도 편안하니까. 내가 일본 가서도 그랬거든, 나에게 적을 안 뒀어, 일체.

C씨의 구술에서는 Z씨 및 자신의 부인에 대한 미안함은 조금도 찾아볼 수 없었다. C씨에게 친밀권이라는 것은 제주도에 두고 왔던 부인과 아이들의 영역으로, 결혼제도로 공적으로 유지되는 친밀권(親密圈)이었다. '이동'실천에 의해 거리적인 공백이 발생함에 따라, 점차 고향에서의 가족이 허구 혹은 가상의 것이 되어 버린다. 그리고 C씨는 실제적인 친밀권을 자신이 현재 존재하는 생활권 내에서 형성하게 되어, 결국 이중의 친밀권을 구성하고 있었다. 그러나 귀국을 하게 되는 상황에서는, C씨가 체화하고 있는 젠더질서가 극명히 드러났고, 그것이 바로 전통적인 가부장제에서 유래하는 남성성이라는 것이 확인되었다. 그렇다면, 여성들은 어떤 식으로 자신의 친밀한 관계를 형성하고 있었을까?

제2절
LFB씨의 궤적: "나는 곰보고 째보고 일만 많이 하는 사람이면 오케인 거야"

필자가 LFB씨(이하, B씨로 표기)를 처음 만난 것은 2007년 5월 12일이었다. 그녀는 남편인 LMF씨(이하, F씨로 표기)의 산재(해체작업 중 추락사고에 의해 대퇴부 손상)에 때문에 유니온에 상담하러 왔었다. 그녀는 화장을 곱게 하고 잘 차려입고 나와 남편과의 외출을 즐기는 듯 보였으나, 언뜻 보기에도 고생의 흔적을 숨길 수가 없었다. 그것이 F씨에 대한 첫인상으로, 그로부터 3년 정도 흐른 뒤에나 그녀의 이야기를 들을 수 있었다. 2010년 4월, B씨와 F씨는 경찰 단속을 피해 B씨의 딸네에서 잠시 신세지고 있었다. 필자는 그 상황을 알아보기 위해서 그곳을 방문했으나 마침 B씨의 딸은 출산 때문에 입원 중으로 그 집에는 B씨와 F씨 둘만이 있었다. 신축 맨션으로 깨끗하지만 좁은 집에는 독립된 방이 한 칸 밖에 없었기에, 두 사람은 거실에서 생활하고 있었다. "집에서 담배를 피우면 딸한테 혼난다"며, 부부는 베란다에서 담배를 피기 위해 교대로 오고 갔다. 딸의 눈치를 보면서 얹혀사는 일은 꽤 괴로운 듯 보였으며, "빨리 귀국하고 싶다"고 말했다. 필자가 B씨에게 "언니가 지금까지 살아온 인생에 대해서 이야기 좀 해 주세요"라고 부탁하니, 그녀는 "좋은 이야기가 전혀 없어. 그래도 듣고 싶어?"라고 해서 "네, 괜찮아요. 있는 그대로 이야기 해주세요"라고 필자는 대답했다. 그 후 B씨는 자신의 이야기를 시작했다. 아래에서는 B씨의 구술에 주목하여 고찰하고자 한다.

2-1. 첫 결혼생활

1954년, 충청북도 옥천군에서 태어난 B씨의 이야기는 결혼과 관련되는 내용이 주를 이뤘다. 남편과의 만남, 결혼에 도달한 경위와 가난 때문에 힘들었던 결혼생활과 세 자녀의 양육에 대해서 그녀는 북받치는 감정을 억제하면서 이야기를 시작했다.

엄마 아버지 다 계셨고, 형제는 팔남매, 딸이 다섯명, 남자애가 셋. 딸 중에서 내가 막내. 다섯째 딸. 시골에서 농사짓고, 그러다가 우리 애들 아빠를 21살에 대전에서 만났어. 대전에서 일은 안하고, 둘째 남동생이 중학교를 다녔어. 자취를 하고 있었을 때, 농사지을 때는 시골에 와서 농사짓고, 농사 안 지을 때는 자취방 와가지고, 밥 해주고, 뒷바라지 했었어. 그러다가 우리 애들 아빠를 만났어. 부모 허락 없이 결혼을 했어. 스물하나에 만나서, 스물하나에 결혼을 했어. 그것도 결혼을 하려고 한 게 아닌데, 남자가 자기 부모한테 인사를 하러 가자고 하더라고. 그래서 그 당시에는 아무 철도 몰라서, 스물하나였으니까. 시골에서, 세상물정도 모르고, 배운 것도 없고 그러니까, 한마디로 순진하지. 남자만 쫄래쫄래 따라갔다요[112]. 남자집이 문경이었어요. 문경에 갔는데 그 당시에 남자 나이가 스물아홉이었어. 난 스물하나.

B씨의 구술에서는 전 남편을 가리킬 때, "애들 아빠"라는 단어를 자주 사용하고 있다. 도중에 "남자", "남편", "서방" 등의 단어도 조금씩 나오고 있지만, 기본적으로는 전 남편을 가리켜 "애들 아빠"라고 칭하며, 지금의 남편에 대한 명칭과 구분해서 사용하고 있다. B씨는 "순진" 하고, "세상물정도 모르고", "배운 것도 없고" 할 당시, 자신에게 관심을 가진 남자를 "쫄래쫄래 따라" 간 것에 대해서 다음과 같이 덧붙여 설명했다.

대전에서 그 집이 자취하던 집이 한약방이었어. 낮에 점심밥을 해주고, 한가해서 대문밖에 나와서 있는데, 내가 처녀 때는 이뻤다요. 눈도 지금은 교통사고 나서 이렇게 되었지만, 처녀 때는 보는 사람들마다 다 이쁘다고 그랬어. 그랬는데, 대문 앞에서 바람 쐬고 앉았는데, 지나가다가 말을 건네더라고. 길을 물어서 가르쳐줬더니, 그 한약방이니까 전화번호를 보고 그 번호를 적어 갔나봐. 한약방에 전화해가지고 거기에 있는 아가씨 좀 바꿔달라고 해서 바꿔 주더라구. 받았더니, 그 앞에서 말 물어보던 남자라고 그러면서, 한번 만나자고 그래서, 내가 여러 남자 경험이 있었으면 안 만났을지도 모르지

112) 이 절의 주요인물인 B씨와 F씨는 한국어의 서술형 어미인 "-다"에 자주 "요"라는 말을 붙여서 사용했다. "-다요"는 한국어적 표현이라기보다 일본어적 서술형 어미인 "だよ(다요)"를 습관적으로 자신의 한국말에 붙여서 사용하고 있었다고 판단된다. 일본의 한국인 이주노동자들의 언어는 한국어적 요소와 일본어적 요소가 혼종되어 있다. 그들의 혼종성을 드러내는 '이동'의 흔적들은 언어생활, 식생활, 주생활 등 생활세계 전반에 걸쳐서 나타난다.

만, 첨 남자한테 그런 말을 들으니까 처녀의 마음에서 조금 그런 게 있잖아. 그래서 우레시쿠떼[うれしくて;기뻐서] 나간거야. 그래서 만나서 차 한 잔 마시고, 두 번째 만났을 때 끝났던 거야. 여관을 데려가서 나를 처음으로 그런 소리를 내가 언니들하고만 있다 보니까, 언니들이 그 전부터 자는, 처음으로 준 남자랑 결혼을 해야 행복하다고 그러대. 그게 왜냐하면, 첫사랑을 준 사람한테 결혼을 안 하면은, 부부관계 할 때마다, 넌 전에 다른 남자가 있지 않았었냐고 (그래서) 불행이 시작된다고 그 말을 명심을 한 거야, 내가. 이 남자 아니면 다른 데 시집을 못 간다고 인식이 되어 버린거야. 그래서 마음에는 안 들었지만, 이 남자에게 몸을 줬으니 이 사람에게 결혼을 해야 된다는 게 있었어. 그렇지 않았으면 지금 마음 같았으면, 백번 차버렸지. 그래서 내 신세가 이렇게 됐지.

전 남편과의 첫 만남 당시, "순진"했던 "처녀의 마음"과 언니들에게서 그 전부터 들었던 "처음으로 준 남자랑 결혼을 해야 행복하다"는 말에 B씨는 "이 남자에게 몸을 줬으니 이 사람에게 결혼을 해야 된다"고 생각했다. 그러나 그녀는 "지금 마음 같았으면", 전 남편과 같은 남자는 "백번 차버렸지"만, 과거의 자신은 그것이 가능하지 않았기 때문에 "그래서 내 신세가 이렇게 됐지"라고 개탄해 마지않았다. 이후로 B씨의 긴 고생이야기가 계속 되었다.

첫아들 낳고도 이 남자가 어디 가서 진득하게 일을 못해. 3개월을 못 있어. 맨날 꿈만 크지, 말로만 뭐 한다 뭐 한다 그러지, 끈기도 없어. … 큰 아들 데리고, 세 명이 나와서, 대전으로 나와서, 고물상 일을 했어. … 거기서 일을 하다 보니 돈이 조금 모아지더라고, 그러다

가 월세방을 얻었다요. 그 당시에 거기서 임신이 된 거야. 그래서 딸을 낳았어. 그러다가 거기서도, 그 당시 고물상이 비가 오면 일을 안 하니까 고물상 일꾼들끼리 화투치기를 한다요. 근데 우리 애들 아빠가 노름을 좋아한다요. 화투치는 걸 좋아해요. 그래서 화투치고 집세를 못 내게 생겼어. … 방 한 칸짜리에 살고 있는데, 어느 날 갑자기 형사가 와서, 우리 애들 아빠를 데리고 가더라고. … 애들 아빠는 그 당시에 우리 애기가 어리니까, 과일 같은 거 쥬스해서 먹일려고, 지금처럼 쥬스 갈아놓은 거 파는 것도 아니고, 과일 사다가 쥬스라도 만들어서 맥이려고, 자기 자식이 있으니까 맥일려고 중고로 샀던 모양이야. 그걸 가지고 이것이 사건이 걸려 들어간 거야. 그래서 꼼짝없이 형무소에 갔지. 그래서 경찰서에 그거 장물아비로 걸린 거야. … 면회가면은 우느라고 면회가 돼? 안 되지. 어린애가 아빠 아빠 왜 거기 들어가 있어, 나와 나와 그러지, 그런 소리 들으면 애아빠도 울고, 나도 울고 그러지(울먹) (형무소에서) 6개월 동안 살았는데, … 그래서 도저히 내가 밥은 먹고 살아야겠지, 어디 일자리를 구해야겠는데, … 속리산에 도착했더니, 엄청 커. 학교 같애 집이. 학교같이 4층 건물이 있어. 여기가 어디냐고 하니까 여관이래. 왜 여관으로 왔냐고 했더니, 아주머니가 일할 데는 여기라고. 첨엔 여기라고 안 했는데, 그랬더니 내려라고 하더라고. 오갈 데도 없지, 짐은 거기 다 내려서 창고에 들여놓더라고, 그러면서 방을 데려가면서 여기가 아주머니가 지낼 방이라고 하더라고. 그래서 거기서 일을 하게 된 거야. 거기서 방이 오십 칸 되는, 수학여행 오는 학생들이 토마루[とまる;묵다]하는 데야. 아침에 3시 반에 일어나서 밥 하고, 여관 빨래 다 해야 되고, 옛날에는 세탁기가 없었다요. 리어카에다가 여관 이불 다 싣고 가서 냇물에 가서 빤다. 그래서 거기서 쭉 생활했어. … 재

판에 가니까 집행유예가 나오더라구. 담당검사를 만나니까, 석방하니까 언제 오라고 그러대. 석방해서 나오니까 남편이 군대 갔을 때, 빳따로 맞으니까 허리를 잘 못썼어. 그런데 석방하고 나왔는데, 허리가 구부러져서 굽어서 기어서 나오더라고, 왜 이렇게 되었냐고 했더니, 교도소에서 운동을 못해가지고, 움직이질 못해서, 허리가 더 나빠졌다는 거야. 그래서 데리고 친정으로 갔지. 밤차를 타고 맨 마지막 버스를 타고 친정에 갔어. 친정에 가니까 부모도 기가 맥히지. 내 새끼도 거기 하나 맡겨놓았는데, 그리고 애기도 하나 딸렸지, 남편이라고 석방하고 나왔는데, 허리도 완전히 할머니 지팡이 짚고 나왔지. 바로도 못 드러눕고, 요렇게 쪼그리고 드러눕는거야. 허리가 아파가지고. 그래서 친정에서 한 삼일을 있었는데. 그래도 우리 부모가 참 그 당시에는 참 섭섭하더라고. 냉정하더라고. 보통 부모들 같으면, 시골부모는 죽으나 사나 여기서 같이 먹고 살고 죽자 그럴 건데, 너 거기 못 보낸다 그럴 텐데, 난 내가 부모가 되니 그렇게 되던데, 그런 말 한마디도 없어. 그리고 우리 아들도 데리고 가라는 그런 식이지. 내가 여관에서 어떤 생활을 하는지 모르니까 그렇게 했는지 모르지만, 갈 때 "야도 같이 데리고 가거라" 그러더라고. 그래서 애기도 데리고 남편도 데리고, 그래서 가족이 넷이나 된 거잖아. 다시 여관으로 왔다요. 여관에서는 또 그런 남편을 데리고 오니까, 일도 못할 거 같아서 탐탁지 않게 생각하더라고. 여관에서는 청소라도 할 수 있으면 밥이라도 먹여 줄 텐데, 별로 안 좋아하더라고. 그래서 별로 좋아하거나 말거나 그냥 나뒀어. 남편이 하루 종일 방에 누워있으면, 내가 하루 종일 일하고 돌아와서 물수건으로다가, 고무장갑 끼가지고 찜질을 다 했어. 그러니까 허리가 차츰 낫데. 아들은 거기서 한 살 두 살 되니까 천덕꾸러기가 되는 거야. … 아빠는 아빠대로 몸 아프다고 드러누워 있지. 그래서 우리 큰아들 혼자서 놀 때가 없어서 방황을 하더라고(울먹) 바깥으로 나가고. … 여관에서 한번은 그러더라고 자기가 한 달 치 월급을 줄 테니까, 그때 한 달이 안 되었을 때니까. … 거기서 일한지 8개월 만에 나온 거지. 형무소에 들어가고 나서 바로 거기 들어 간 거야. 그러니까 두 달은 우리가족이 거기서 같이 살았던 거야. 그래서 돈 6천원을 가지고 대전으로 다시 나왔다요. 대전으로 와보니 오도 갈 데가 있어, 다시 에키[駅; 역] 앞에 가면은, 거기 창녀촌, 창녀들 몸 파는 데 있어. 그런 방을 여인숙을 들어 갔다요. 여인숙에서 방을 하나 달라니까 주더라고. 그건 맨날 맨날 내야 돼. 여인숙비는 그 당시에 하루에 5백원인가 했어. 가족들이 그렇게 밥을 못 먹는 거야. 밥을 굶어가면서 이 애기가 젖이 펑펑 쏟아지는 거야. 여관에서도 밥을 못 먹어가지고, 하루에 한 끼, 여관이 연탄불이었거든, 여관집 주인한테 냄비 하나 빌려가지고, 냄비 하나에 라면을 끓여가지고, 하루에 한 끼, 그 식구들이 하나는 젖먹이고, 세 식구가 같이 먹는 거야. 애기가 배가 고픈데도 밥 달라는 소리를 안 하는 거야. 배가 고프니까 엄마 물 줘 물 줘. 물만 자꾸 먹더라고. 애기 엄마가 라면만 먹다보니까, 속에서 안 받어. 한번은 전부다 오바이트해서 배속에서 라면만 다 쏟아지더라고. 그랬는데 여관 주인이 한번은 이러더라고. 내가 여관 주인한테 일할 데 없는지 부탁했는데, 그 당시 남편도 허리가 조금 나아졌는데도… 그러니까 그러지 말고 에끼 앞에 가서 손님 데리고 오는데 이천원을 준다고, 아가씨한테 천원을 주고, 나한테 천원을 준데. 손님 하나 데리고 오는데. 그럼 그걸 한번 해보라 그러데. 하루에 세 명을 데리고 와도 그걸로 삼천원은 번다 이거야. 큰돈이다 싶은거야. 그래서 내가 이제 그걸 하겠다고, 에끼 앞에 앉아있었어. 에끼 앞에 한사람 오

는 사람 있으면 데리고 오려고. 그 당시에는 내가 스무세살 밖에 안 되었어. … 그 당시에도 스무세살이면 처녀나 마찬가지잖아. 그래서 앉아있으니까 내가 남자한테 좋은 아가씨가 있으니까 하루밤 토마루[泊る;자다, 머무르다]하고 가라고, 자고 가라고 그러니까, 이렇게 보더니, 다른 아가씨보다 나는 아가씨가 더 좋은데, 하면서 나하고 하면 가겠다는 거야, 그래서 그놈들이 다른 사람을 소개시키려고 하면 나를 꼬시는 거야. 그래서 나는 그런 농담하지 말라고 하면, 내가 안 간다고 하면, 저들이 가자고 가자고 하는 거야. 그래서 이제 다른 사람을 또 놓쳐버리고, 그래서 에끼에서 혼자 걸어오는 사람 있으면 기다렸다가 쫓아가면은 … 나중에는 에끼에 앉아있으니까 우리 애기 아빠가 오는 거야, 멀리서 보면 알아 허리가 굽었으니까, 우리 애기 아빠가 나를 끌고 가는 거야. 굶어 죽어도 같이 굶어 죽지, 가자 그러는 거야. 남자니까 그런 계통을 아니까. 그래서 내가 왜 그러느냐고, 한 사람만 데려와도 천원벌이 하는데, 우리식구 밥은 먹고 살 거 아니냐고. 그러니까 못하게 하는 거야. 못하게 하니까 오갈데도 없는 거야. 그 여관에 계속 있을 수도 없고, 그래서 다시 원래 일하던 고물상으로 간 거야. 그런데, 식구가 네 식구가 되었으니까 그 주인집에서도 우리를 안 받아주는 거야. 그래서 정 그렇다면 고물상 터에다가 집을 지어놓고 살라고 그러더라고. 돈이 있어야 집을 짓지, 무슨 집을 지어. 그럼, 여기에 홈레스히토[ホームレス人;홈레스, 노숙자] 모양으로 단보로[段ボール;소포용 종이상자], 함석 같은 걸 주어다가 그렇게 집을 지었다요. 고물상 마당 안에다가. 그렇게 우리 애들 아빠랑 고물상에 일하는 사람들이, 막 못으로 두드려 박아서, 기둥은 나무들 버린 거, 단보로로 해가지고, 그러니까 거기서 네 식구가 사는거야. 거기서 살았어. 거기서 살면서도 돈이 있어야

지. … 그 마당에 천막을 치고 사니까, 하수도가 안 나가는거야. 물이 자연적으로 스며들어가서 빠져 나가는거야. 비가 얼마나 오는지, 마당에 집을 지어 놓았더니 비가 집으로 다 들어오는거야. 그러니까 고물상에 일하는 사람들은 비가 오니까 일은 못하고, 다른 방에 들어가서 바둑을 두고 있는거야. 그러니까 나는 비가 쏟아지는 방안에서, 비를 아무리 퍼내도 나가는데가 없으니까 안 되는거야. 남편이란 작자는 거기서 바둑만 두고 있지, 그래서 내가 "시발놈아, 방안에 이렇게 물이 들어오는데 그 지랄하고 있냐"고, "방안에 물을 좀 빼" 보라고 어떻게 할 도리가 없으니 손을 못 대는 거야. … 그 당시 대전에서, 애기도 둘이니까, 우리 시동생한테 연락이 왔더라고, 그당시 시동생이 애기가 10년동안 없었어, 너무 허전하고 그러니까 자식이 있었으면 좋겠다고. 애기를 자기가 키워줄 테니까 그럼 형수도 어디 일을 할 수 있으니까, 자기가 키워주겠다고 조카딸도 자기딸이나 마찬가지니까 키워줄 테니까 형수도 돈 벌고 그럼 형편이 나아질거 아니냐고, 그러더라고. 그래서 애들 아빠하고 애를 맡기러 구리시까지 왔다. 그 당시 젖을 먹였거든. 그러니까 돌도 안 지난 애기를 떼놓은거야. 애기를 떼놓고 돌아설 때는 기가 맥히지, 눈물이 쏟아지고 발길이 (울먹) 돌아서, 에미가 자식을 떼어 놀 정도면, 그래서 가가지고 대전에 돌아가서 이제 애기가 없으니까, 큰 애도 좀 커서 동네에서 놀고 그럴 때니까, 위험할 때가 아니니까. 차가 다니고 이런 동네는 아니니까. 애기아빠가 고물상하면서 애를 봐주고 그럴 때니까. 거기서 나는 남의 밭에 일하러 다녔다요. 남의 집에 미나리 밭에 다니면서 미나리 같은 거 훑어가지고… 일을 했어. 그래서 거기서 한동안 그렇게 살면서, 애기가 보고싶은 건 말 할 수도 없지. 그래서 도저히 안 되겠어. 도저히 애기가 보고싶어서 안 되겠더라고.

그 당시 그래도 돈을 몇만 원을 모았어. 지독하게 해가지고. 그 당시에 한 육만 원을 모았어. 구리시로 올라와가지고, 월셋방을 하나 얻었어. 우리 딸은 이제 우리 시동생도 구리시에 살고, 구리시에 와서도 내가 일을 해야되는 형편이야. 근데 우리 시동생은 꽤 괜찮게 살았어. 그 당시에도 전셋집 살고, 마누라는 일 안하고, 우리 시동생은 직장다니고. 구리시에 와서 내가 일을 구했어. 우리 애기 아빠는 노가다 일을 하러 다니고. 구리시에 와서 토마토 비닐 하우스에서 일을 다녔어. 거기 와서 보니까 또 임신이 덜커덕 된거야. 그러니까 그 당시에도 애기 뗄 맘은 없었어. 한 팔개월 동안 배가 부를 때까지 일을 다녔어. 토마토 밭에서 조금씩 일해가면서 돈을 모았어. 그러다가 거기는 이 물이, 공중 수돗물도 아니고, 우물이었어. 산비탈이어가지고, 우물에 물을 지고 다녔거든. 임신해가지고 우물로 물을 다 지어다니고, 빨래 빨고 다했거든, 그래서 돈을 악착같이 벌어가지고, 집안에 물이 나오는 곳으로 이사를 했다요. 그러면서 79년도에 애를 낳았어. 아들. 12월에 애기를 낳았다요. 그러다가 더 좋은 데로 와서 동네 파출부를 다닌거야. 동네에 세집을 다녔어. 막내 아들을 데리고 다니면서 일하고 다닌거지. 막내가 어리니까 남의 집에서 일하고 다녀도 막내가 막 어지러는 거야. 그러다가 애기를 도저히 안 될거 같아서, 애기를 나중에는 기어다닐 때에는, 여기에 다리에 끈을 묶어서 여기만 다니도록 말썽부리지 않도록 묶어 놓았는데, 그렇게 몇 년을 했는데, 나중에 걸어다닐 때쯤 되니까, 이게 기저귀를 채웠어도 이게 걸어다니면서 말썽을 부리니까 주인이 그걸 싫어해요. 그래서 나중에는 안 되겠다 싶어서, 길거리에 도로 옆에 전봇대에 기저귀끈으로 길게 해서, 거기서 일을 하면 애가 어딜 못가잖아 도망을 못가잖아. 찾으러 다니게 되면 위험하니까, 그러니까 정지에서 일을 하면, 도롯가 옆이라서, 사람다니는 길이라서, 토마토 밭에서 일을 하면서 토마토를 어찌나 먹었는지, 애기가 하얗게 탐스러워, 뽀얗고, 지금도 나이가 먹어도 몸집이 커. 지나가는 사람들이, 저 애기가 누구애긴데 저렇게 천하게 키우냐고 그런 소리가 들리는 거야. 그런 소리 들릴 때 애미로서는 얼마나 가슴이 아픈거야. 너무 이쁘니까 지나가는 사람들도, 아이구 애가 탐스럽고 그렇다고… 거기서 일을 하면서, 어떻게 돈을 모아가지고, 그 당시 애들 아빠도 노가다 일을 하지, 그러다 보니까 집을 전세를 얻었다요. 그래서 생활이 조금 나아졌어. 그러다보니 우리 딸도 조금 컸어. 어렸을 때에서 몇 년이 지나서, 한 여섯살이 되니까 우리 시동생 마누라가 임신을 한거야. 그 당시는 우리딸을 참 이뻐했어. 호적을 … 그 당시에는 내가 결혼을 빨리했기 때문에, 혼인신고가 안 됐다요. 호적상으로 내가 본 나이보다 여섯살이나 작아. 그래도 결혼을 했어도 만 18세가 안 된 미성년자라서 혼인신고가 안 돼. 그래서 우리 큰애하고 막내아들하고 전부 다 같이 호적신고를 했어. 호적신고하고 같이 했어. 혼인신고 할 수 있을 때. 우리 애들 아빠가. 우리 딸을 호적에 올리려고 봤더니, 호적을 우리 시동생 앞으로 넣어버린 거야. 왜 넣었냐고 그랬더니, 어차피 딸은 시집가면 다 남의 집으로 가는 거니까. 어차피 형님 앞으로 넣어도 마찬가지라고 그러더라고. 딸을 하나 작은 집에 줬다고 생각하고. … 그 당시 엄마라고 안하고, 저거 작은 엄마가 지가 엄마고, 나를 큰엄마 큰엄마 부르라고 했다고. 그 당시 딸이 여섯살 땐데 나한테 큰 엄마 큰 엄마 불렀다고. 친딸이 나에게 큰엄마라고 했던거야. 그런데 임신을 하고 나니까, 그전에 그렇게 이뻐했는데, 그 여자가, 동서가 맘이 변해버린거야.

… 애를 날 달라고 그랬더니 안주더라고. 세 번 네 번을 말했는데

안 들어. 그래서 나중에는 정 부부싸움이 잦아지니까, 데려가라고 그러더라고. 그래서 이제 우리시동생이 너거 큰집에 간다고 했더니, 지 딴에는 우리집에 오고 싶었던 모양이지. 오빠도 있고 동생도 있고 하니까. 어느 날 가봤더니, 큰엄마 나 큰집에 가지 이러더라고. 그래 큰집에 온다 그러니까, 언제 가는데 그랬더니, 내일 와, 좋다 하더라고. 지 봇따리로 큰 집에 왔어. 지 오빠 있고 동생 있으니 기가 죽어. 살다보면 지 오빠랑 싸우지. 싸우다 보면, 지 오빠가 "니집에 가", 그러니 서러워가지고… 지도 지가 살던 집에는 질렸던 거지. 막 두드려 맞고 그러니까. 막 울고 그래 귀퉁이에서, 크게 울지도 않고, 그게 말하자면 여기서 말하는 히키코모리[ひきこもり;은둔형 외톨이], 그런 식으로 훌쩍훌쩍 우는 거야. "(딸에게) 왜 울어?", 그럼 "오빠가 나 집에 가래", 그럼 그런 소리한다고 아들을 내속으로 키웠으니까 막 때려도 괜찮잖아. "야 이노무 새끼야 니 동생이라고, 엄마가 낳은 동생이라고", 그 애를 막 때리고 그런다고. (울먹) 그러다보니까 습관이 되어가지고 같이 살게 되었어. 생활도 자리 잡게 되고, 괜찮게 되니까, 애들도 적응이 되고, 잘 놀고 그랬는데, 생활이 괜찮게 되었는데, 그렇게 하다가 돈도 모이고. 우리 애들 아빠가 한약을 잘 알아가지고, 한약방에서 일을 했어. 경동시장(서울 동대문구 제기동에 위치하는 재래시장으로 한국 최대의 한약재시장)에 나가가지고, 한약계통으로 나가가지고 돈벌이가 괜찮았어. 경동시장은 남대문 있는데 경동시장이라고 있어. 한약상가. 경동시장에서 일을 하고 돈벌이도 괜찮았어. 그러다가, 우리가 한약상가를 하나 내었어. 그것도 한약상가를 내도, 법이 바뀌어져 가지고, 한약상가를 하려면 한약사 자격증이 있어야 돼. 한약사 자격증이 없어서 걸렸다. 우리 애 아빠가. 사람이 살다보면은 별꼴을 다 보는데, 그래가지고 한약상가를 하다가

거기서 벌금을 천만 원을 냈어. 일본 오기 전에 냈어. 일본에는 내가 1992년도에 왔어.

B씨는 이상과 같이 결혼생활에 대한 이야기를 했다. 앞 절에서 살펴보았던 고전적인 가부장제 속에서 억압되어 고생하는 여성의 모습을 여실히 드러내고 있다. 그녀의 구술 속에서는 B씨의 삶과 그녀의 딸의 삶이 남성에게 종속되는 형태로 재생산되며, 무능력하고 한심한 남성과의 생활에서 고단함이 묻어나온다. 그 남편과의 생활과 세 자녀의 양육에서 고생하던 B씨는 "생활도 자리 잡게 되고 괜찮게 되니까", 또 다시 사회제도의 변화로 인해 생활의 곤궁을 맞게 된다.

2-2. 도항 동기와 일본에서의 생활

어려워진 생활을 어떻게 해서든 개선시키기 위해서 B씨는 일본 도항을 결심한다. 당시의 상황을 다음과 같이 회상한다.

경동시장에서 그렇게 하다가 벌금 내고, 엎친 데 겹친 격으로 노름을 했다요. 우리 애들 아빠가. 완전히 빚을 져갖고 전세 살던 것도 다 날려버리고, 이제 빚 갚는다고 나중에는, 보증금 600만 원에, 월세 15만 원을 살게 되었어. 그 당시 그래가지고 내가 중국집에 일하러 다니면서 내가 도저히 안 되겠더라고. 내가 일본으로 가자 그러니 갔고, 전에도 우리 애들 아빠가 혼자서 일본에서 살다가 6개월 만에 돌아왔어. 옛날이지. 결혼하고 나서. 내가 98년도에 왔었으니까,

92년도 정도에 왔어. 우리 애들 아빠가. 나는 98년도에 왔고. 한 6개월 정도 있었다요. 비자는 그 당시에는 역시 불법체류지. 여기서 노가다 일을 하다가 그런데 가족들이 너무 보고 싶어서 결국 귀국을 했어요. 그러다가 그 당시에 다시 혼자서 간다고 하더라고. 애들도 있고. 내가 그랬어. 또 6개월 만에 가족이 보고 싶어서 다시 또 돌아오면 비행기표가 아까우니까, 내가 가야만이 당신이 오래 일할 수 있으니 같이 가자. 그러니까 그 당시에는 큰애가 중학교 3학년. 아니다. 내가 온 게 92년이다. 아저씨가 온 게 80년대. 올림픽 전에 관광비자로 왔던 거야. 끝나고 왔나 하여튼 왔어. 어쨌든 올림픽 전후야. 아무튼 그 당시에 아들이 중학교 3학년, 딸이 중학교 2학년, 막내가 국민학교 5학년. 그랬어. 그랬는데 한 날은 우리 딸이 참 어렸을 때는 말도 잘 듣고 참 착했다요. 진짜 동네에서는 효녀라고 그랬어. 동네에서는 효녀 심청이 보다 더 낫다고 그랬어. 근데, 참 집안이 쪼그러져서 다 망했으니까. 그래서 애들을 다 불러놓고, 이만저만해서, 애들이 이만해도 철이 들어서 알아들을 건 다 알아듣고 이만저만해서 엄마 아빠가 일본에 갔다가 2년 있다가 올 테니까 전세금만 벌면 돌아오겠다고 그랬더니 그렇게 하라고 하더라고. 그래서 갑자기 여권을 만들어갖고, 그 당시도 돈이 없어서 친정에 가서 50만 원을 빌렸다요. 아버지한테 가서.

B씨는 무허가 "한약상가" 때문에 벌금을 내고, "엎친 데 겹친 격으로" 남편의 도박벽으로 빚마저 생겼다. 빚을 갚기 위해서 더 작은 집으로 이사를 하게 되지만, 이리저리 불어나는 빚을 갚을 방도가 없게 되자 B씨는 남편과 함께 일본으로 일하러 갈 것을 결심한다. 아직 어린 나이의 자녀들만 두고 이주노동을 하게 되는 것

에 대하여, “애들이 이만해도 철이 들어서 알아들을 건 다 알아듣고” 해서 B씨 부부는 일본으로의 이주노동을 하게 된다.

> 그러니까 남편이 사쿠라모토[桜本;가와사키시의 사쿠라모토는 재일교포들이 많이 살고 있는 지역]에 살았었거든. 사쿠라모토에서 한국 사람들하고 같이 살았어. 같이 살았으니까 어떤 여자가 어디 가서 일하고, 거기 일본에 살았으니까 여기에 일할 데가 여자들이 많다는 건 알고 있었지. 나는 아무것도 몰랐지. 거기 가면 여자들도 한 달에 20만 엔은 준다 그런 소리가 들려갖고. 그 당시 20만 엔이면 그 당시 한국 돈으로 120만 원 돼. 그 당시 6대 얼마였어. 120만 원 벌면 괜찮다 싶었지. … 내가 중국집에서 일할 적에도, 중국 주인이 여기서 기술 가르쳐줄 테니까 120만 원 줄 테니까 나를 일본에 가지 말라고 하더라고. 일본에 가면 고생이니까, 자기가 중국요리 가르쳐줄 테니까 여기 주방에서 일하면서 120만 원 줄 테니까 가지 말라고 하더라고. 그래도 나는 갔어.

B씨는 당시 일하고 있던 “중국집”에서 일본에서 일할 경우 벌게 될 급여와 동등한 조건을 제시받았음에도 불구하고, 어린 자녀들만 남겨두고 남편과 함께 일본으로 건너간다. 그 이유는 남편 혼자 일본에 보내게 될 경우, 예전처럼 돈은 벌지도 못하고 금방 돌아올 것이 예상되었기 때문이다. 생활력이 강한 B씨와 의존적인 남편이 함께 동행한 일본에서의 삶에서도 B씨의 고생은 계속된다.

> 92년 9월 4일에 둘이서 관광비자로 왔어. 와 가지고 가와사키에

보면은 … 회사가 있었어. 인부다시[人夫出し;인부를 공급하는 일] 하는 회사가 있었는데, 옛날에 우리 애들 아빠가 왔을 때 여기서 일을 했던 거 같애. … 주인은 알고 있는 거야. 주인은 재일교포야, 조총련. 여기서 방을 하나 주는데, 하나 비운 거, 그런데 여기서는 끓여먹을 것도 없고, 요만한 가스봄베(가스버너) 사다가, 냄비 하나 사다가, 냄비밥만 해서 먹고, 그렇게 했어, 간장만 찍어먹고. … 그 당시는 와가지고 금방 일자리가 없잖아. 그 이튿날부터, 그 집안이 엄청 더럽더라고, 그래서 내가 청소를 해주겠다고 하니까 그러지 말고, 아르바이트를 하라고 하더라고. 시간당 500엔을 준데. 500엔으로 계산하니까 한국 돈으로 꽤 되더라고. 괜찮다 싶더라고. 그래서 하루에 하면은 500엔으로 3시간 4시간씩 하면은 2천 엔 정도 되더라고. 그것도 돈벌이가 안 되니까, 그 주인아줌마한테 아주머니 나 일할 데 있으면 소개 좀 해달라고 그랬더니, 주인아주머니도 교포야. 어디 연락해본다고 하더니 연락되었다고 같이 면접을 가자고 하더라. 야키니쿠[焼き肉;고기집]더라구. 그래서 보더니, "사람 부지런하게 생겼구만" 그러더라고 주인이, 그럼 내일부터 나올 수 있느냐고 내일부터 나오겠다고. 그래서 그 야키니쿠에 가서 일을 했는데, 3시부터 밤 10시까지 일을 했어. 그 당시에는 12만 엔뿐이 안주더라고. 야키니쿠야가 츠루미이치바[鶴見市場;가와사키 츠루미에 있는 시장]. 오자마자 4일 만에 일하러 갔는데, 야키니쿠에서 일하고 딱 3일 되었는데, 애들이 걱정이 되잖아. 애들을 그 당시에 한국 돈으로 15만 원만 주고 왔어. 15만 원만 주고 오고, 우리가 비행기표하고 다 하고 난 뒤, 애들이 걱정이 되니까 야키니쿠집 주인한테 말을 하니까 야키니쿠집 주인이 이것저것 물어볼 거 아니야, 애들을 셋이나 두고 왔다고. 어른 없이 애들끼리 있었지. 우리딸이 다 벤또[弁当;도시락] 만들고 빨래 다하고 한 거야, 지 오빠하고. 와가지고 3일 만에 미안하지만 집주인한테 이야기를 했어. 이만저만해서 애들한테 한국 돈으로 15만 원만 두고 왔는데, 아마 엄마가 없으니까 애들한테 인스턴트만 사다두고 돈이 떨어졌을 것 같은데, 아직 일을 시작하지도 않았지만 마에가리[前借り;가불] 좀 해달라고 하니까, 돈을 20만 엔을 해주데. 내가 참 좋은 주인을 만났다요. 재일교포(조총련계). 여기서 재일교포라고 해도 그런 사람이 없어. 일도 안한 상태에 삼일 만에 20만 엔을 해주는 사람이 없어. 그렇게 했는데, 그 돈을 갖다가 애들 아빠한테 애들한테 부치라고 했더만, 우리가 쓸 거 좀 남기고 애들한테 부치라고 했더만, 난 여기 내막을 아무것도 몰라. 그 이날 되면 돈이 들어간 … 아 그게 아니라, 한번은 유락쵸[有楽町;도쿄 중심가 중 하나로, 한국외환은행 일본지점이 있음]에 가서 부쳤다요. 돈을. 한번은 잘 받아갔는데 ….

B씨 부부는 예전에 남편이 일하러 온 적이 있는 가와사키의 사쿠라모토에서 방을 빌렸다. 집주인은 재일교포로 근처에는 한국에서 온 노동자들이 많이 살고 있었다. 남편은 가끔식 노가다 일을 하러 다니고, B씨는 집주인에게 고기집에서 일자리를 소개받고, 새 직장에서 선불로 받은 돈으로 자녀들에게 생활비를 보냈다. 처음에는 유락쵸까지 가서 한국계 은행으로 가서 송금을 했다. 그러나 다음과 같은 일이 벌어졌다.

두 번째에 돈을 또 중간에서 보내야 돼. 또 두 번째에 애들 학비도 내고 그래야 되는데. 그때 집에 있는 돈이 6만 엔이 있었어. 그래서 애들 아빠보고 유락쵸에 가서, 그땐 가와사키에서 돈 부치는 걸 몰랐어. 유락쵸에 은행에 외환은행에 가서 부친다고 갔어. 일주일 있으면 들어간다는 돈이, 그때 애들한테 전화를 하니까, 그것도 사쿠라모토, 가와사키에서 삼십 분 정도 걸어가야 국제전화가 있다요. 하도 밤늦게 내가 오니까, 아침마다 가가지고, 전화를 했어. 매일 가가지고, 그래서 이상하네 이상하네, 돈이 안 들어왔다고 하니까. 제 아버지는 들어가겠지 들어가겠지 하고 있는 거야. 그러다가, 이상하다 이상하다. 그래서 애들한테 전화를 하는데 안 들어왔다는 거야, 그래 비가 엄청 쏟아지는 거야. 그래도 전화를 하러 갔어. 한번은 꼬치꼬치 물어봤어. 우리 애들 아빠가 미안하다는 거야. 왜 그러냐니까, 사실은 그 돈을 파친코에서 다 잃었다는 거야. 그러니 니가 애비냐, 물론 노름하는 사람이 더 따서 돈을 부칠 욕심이 있었겠지. 더 따갖고 부치려는 욕심이 있었겠지. 그래서 내가 그 방에서 두드려 팼다요, 막, 남자를 … 내가 니가 애비냐고, 제비새끼처럼 먹이를 갖고 오기를 눈 빠지게 기다리는 새끼들을 생각해서도 니가 어찌 이럴 수가 있느냐고(울먹) 막 두드려 팼어 막, 너무 분해가지고, 나는 굶어도 나는 굶어도 괜찮아. (가슴을 치면서) 내 새끼들 생각하니 너무 가슴이 아파. 도저히 그걸 누구한테 챙피해서 말을 못하고, 그래도 일을 하러 갔다요. 일하러 가서 그 사실은 말을 못하고, 또 주인한테 이야기를 했어. 그래서 주인이 10만 엔을 해주데. 그래서 그 돈으로, 사쿠라모토에 어디 가와사키에 돈을 부치는 데가 있다고 들었어. 버드나무집이라는데. 그래서 밤에 일 끝나고 나면, 2시에 끝나면, 내가 츠루미이치바에서 가와사키까지 가서 돈을 부쳐. 남편을 못 믿어가지고. 내가 직접 부치러 다니는 거야. 그래서 돈 부치면 사쿠라모토는 그 이튿날 돈이 들어왔어. 늦으면 그 다음날. 그래서 그것이 에미의 마음인가봐. 안 먹어도 새끼들이 돈이 들어갔다고 하면 맘이 편안해지고 내 맘이 뿌듯하더라고.

B씨를 한국에서 떠나오게 했던 남편의 도박벽은 일본에서도 여전히 반복되었다. 더욱이 남편은 자녀들에게 보낼 송금까지 파친코로 사용해 버렸다는 것을 말 할 때 B씨의 몸과 목소리가 심하게 떨리고 있었다. 그러나 그녀는 "더 따서 돈을 부칠 욕심이 있었겠지"라며 남편에 대한 두둔도 잊지 않았다. "애들 아빠"라는 것은 B씨에게 놀랄 정도의 위력을 발휘하는 것처럼 보였다. 용서하기 힘든 일을 저질러도 "애들 아빠"라는 권위 때문에라도 용서하게 된다. 남편이 저지른 일은 B씨가 전부 뒤처리를 했다. 필시 그것이 남편에게는 관성이 되어, 당연한 것으로 받아들이게 된 것이라 짐작된다.

여기서도 뭐 남편은 조금 일 있으면 일하러 나가지만, 파친코바카리[パチンコばかり;파친코만] 하지. 그러다가 3년이 되었어. 3년이 되었는데, 그럭저럭 빚진 것도 다 갚고 하니까 애들 아빠가 여기서 자꾸 파친코만 하니까 안 되겠더라고. 애들은 고등학생도 되고 그러니까, 군대도 가야되고, 여기서 있어봐야 파친코만 하니까 차라리 한국에 가서 애들이나 잘 보살피라고, 그 대신 나는 야키니쿠에서 확실한 직업이 있으니까, 나야 한 달에 20만 엔 넘게 타고 하니까, 그 돈을 내가 한국으로 부쳐주겠다. 그래서 내가 보냈어. 내가 92년도에 왔으니, 95년도인가, 96년도 3년 만에 (남편을 한국으로) 보냈어. 보내고 나니, 나는 한 달에 22만 엔씩 타고 하니까, 여기서 집세 내고 전기세 수도세 내고 그러니까, 18만 엔 정도 한국에 부쳐 줬다요. 3만 엔은 야칭[家賃;집세]내고, 전기세 수도세 그런 거 내면 만 엔 정

도 쓰지. 그러고 보니 한 달에 나한테 3천 엔밖에 안 떨어지더라. 고거 갖고 나는 한 달을 사는 거야. 한 달씩 살고 그러다 보니까, 차비는 안 들었어, 걸어 다녔어. 거기서 있으면서, 13년 동안 일을 한 거야.

B씨는 일은 하지 않고 파친코만 하는 남편을 자식들에게 돌려보낸다. 이로써 이제까지 가계의 실질적인 생계부양자였던 그녀의 위치가 형식적으로도 정리되었다. 그녀는 집안 살림의 가장 큰 지출원이었던 남편을 자식들의 양육을 위해 귀국시키고, 야키니쿠집에서 번 자신의 급여의 대부분을 송금하는 형식으로 3명의 자식과 남편의 생활을 부양하게 된다.

우리 딸이 온 지가 10년이 넘었다요. 12년 되었다. 딸이 21살에 들어왔어. 한국에서 고등학교 졸업하고, 고등학교 졸업했을 때는 아버지가 없었어. 그렇게 하고선 우리 아저씨가 1년 있다가 다시 들어와서 1년을 있었다요. 그러니까, 우리 딸이 고등학교 졸업을 하고선, 바람이 난 거야. 말하자면 놀러 다니는데 바람이 난 거야. 보내주는 돈으로 놀러 다니고, 오빠는 군대를 갔고, 파란만장해. 그래가지고, 한번은 우리 아들한테 전화를 해서, "누나 바꿔"라고 하니, 누나 없대. 어디 갔냐고 하니 친구 만나러 나갔대. 그래서 너 돈 주고는 있냐고 했더니, 응 누나가 짜장면 시켜 먹으라고 돈 주고 나갔다고. 맨날 짜장면만 먹는다고. 우리 막내는 아무것도 모르고 솔직하게 말하잖아. "누나는 몇 시에 들어와?" 그랬더니 새벽에 들어와 그러잖아. 그러니까 완전히 디스코 놀러 다니고 그러는 거야. 그래서 안 되겠다 생각해가지고, 1년 있다 우리 아저씨를 가라고 그랬어. 보내 버렸어.

자식들의 곁으로 귀국시킨 남편은 1년 후 다시 일본으로 돌아온다. B씨에게는 "파란만장"한 나날이었지만, 남편에게 부인이 있는 일본에서의 생활은 돈 걱정도 가사노동의 스트레스, 자녀들의 뒤치다꺼리도 없이, 파친코로 놀 수 있는 비교적 안락하고 쾌적한 시간이었음에 틀림없다. 한편 B씨는 차남과의 전화에서 장녀가 "바람"이 난 것을 알아채고 또다시 남편을 귀국시키지만 그 후에도 남편은 일본으로 왕래를 반복하면서 부인으로부터 원조를 받아 생활한다.

2-3. 새로운 만남

B씨의 이야기 도중, 옆에 있던 F씨가 끼어들었다.

F : 당신 잠깐만 있어봐. 그래 가지구, 신주쿠에서 내 친구가 있는데, 〈B: 스나쿠하다가 만난거야.〉 그 집을 그 건물을 펜끼일(페인트칠)을 해줬던 건가 봐. 그걸 하는데 500만 원 달라고 그러는데, 450만 원에 해가지고, 펜끼일을 해줬나봐.

B : 대충대충 해. 그렇지 않아도 시간 없으니까 ….

L : 누가 펜끼일을 어디를 했다고?

B : 내 친구가 야키니쿠하는 집을. 3층이니까. 그 친구가 해줬는데, 그 친구가 나는 츠루미 사는데, 내가 신주쿠에서 일하고, 내 친구가 츠루미에 가면 촌뜨기 같은 아줌마가 있대. 같은 아줌마가 있는데, 얼굴도 이쁘지도 않은데, 한번 만나보겠냐고, 그래서 한번 만나보겠다고. 그럼 같이 가자고 그렇게 되었어. 츠루

미 가서 전화를 해도 머라고 하더라고, 2층 스나쿠야. 거기 가서 밥을 먹었지. 보쌈에다가 해서, 그걸 좋아하니까.

L : 스나쿠에서 밥을 드셨다구요?

F : 응. 왜냐하면 스나쿠에서 밥을 다 주거든. 밥 달라고 그러면. 내 저녁마다 가가지고, 3일 4일 계속 갔지. 일하는 사람 다 데리고 밥 먹고 그랬는데, 이제 나는 이 사람 솔직히 마음에 드는 것은 없었어. 왜냐하면, 그 야키니쿠 할매가 일본 여자 착하고 그런 아줌마가 있는데 한번 만나보라고 놀러가라고 그러더라고. 그런데 같이 앉아있으면 할머니가 계속 그런 소리만 하니까, 약이 오른 거야. 그러니까 내가 이야기를 했지. 빚은 얼마나 있고, 어떻게 되었는가 물어보니까, 빚은 하나도 없대. 그러니까 그 당시에 이 사람 남편이 저 구석에 앉아 있었는가봐. 그래가지고, 나는 이제 알고 있는데, 이 사람은 감췄는 거라. 또 며칠 있으니까, 돈을 29만 엔만 빌려달라고 하더라고, 29만 엔을 한국에 부쳐야 된다고 빌려달라고 하더라고, 그래서 내가 돈을 찾아서 한국으로 입금을 시켜줬어. 큰아버지가 한국에 갔었어. 가면은 돈을 준다고, 여기 있으면 파친코하고 그러니까.

B : 파친코를 엄청 좋아해.

L : 그럼 또 온 거네요. 스나쿠 하신 게 언제였어요?

B : 2003년도.

F : 그래서 그 돈을 부쳐줬어. 그 돈을 한꺼번에 29만 엔을 나를 줬으면, 나도 쓴 보람도 있고, 좋았을 텐데. 5만 엔도 주고, 3만 엔도 주고, 10만 엔도 주고 … 장사하면서 그거 받아서 줬는가 봐. 마지막으로 10만 엔이 남았는데, 내가 사실 와서 돈 달라고 못하겠더라고. 그래서 한 열흘 되었는데, 내가 10만 엔은 언제 줄

건가 그랬더니 내일 줄께, 하더라고. 그래서 그 이튿날 내가 전화를 해보니까, 꼬깃꼬깃해 가지고, 그 돈을 주더라고(웃음)…그 당시에는 이 사람하고 딸래미하고, 몰랐는데, 그 당시만 해도 저게 딸래미인지 몰랐어.

F씨는 B씨와의 만남을 위와 같이 회상하고 있었다. 친구로부터 "촌뜨기 같은 아줌마"를 소개받고, "솔직히 마음에 드는 것은 없었"고, "야키니쿠 할매"가 일본 여자를 소개시켜 준다는 말도 있었지만, 두 사람은 곧 동거를 시작한다. F씨는 B씨에게 우선 "빚은 얼마나 있고, 어떻게 되었는가" 물어본다. 상대방의 경제 상황을 물어본다는 것은, 두 사람의 만남이 어떤 부분에서는 맞선과 같은 요소가 있었다는 것을 의미한다.

당시, F씨는 B씨에게 돈을 빌려주고, B씨가 그 돈을 갚는 과정에서 장사하면서 번 돈으로 조금씩 갚고, "꼬깃꼬깃"한 돈 모아서 자신에게 갚아 주는 모습을 보면서, 가능한 돈을 갚으려고 노력했던 B씨의 성실함이 전해져 그것이 호감으로 발전했음을 드러냈다. B씨는 남편에게 돈을 주기 위해서 F씨에게 돈을 빌렸다. 남편은 매번 일본에 들어와서 부인과 딸이 운영하는 스나쿠로 와서, 돈을 얻기 전까지는 한국에 돌아가지 않은 채 파친코를 했다. 그래서 B씨는 남편에게 "한국에 돌아간다면 돈을 주겠다"는 약속을 하고, 남편을 귀국시킨 후, 남편에게 송금할 돈을 F씨에게서 빌린 것이다.

한편, B씨가 스나쿠를 개업한 계기에 대해서 생각해 보자. B씨는 오랜 기간 일하고 있던 야키니쿠가게 주인으로부터 "점점 일본경기가 안 좋아져서…, 주인이 나보고 2층 스나쿠하던 데가 비

워져 있으니까 스나쿠를 한번 해보겠냐고" 권해서 B씨는 스나쿠 운영을 시작하게 되었다. 2002년부터 2003년까지 2년간 필자는 이바라키현 츠쿠바시(つくば市)에 있던 야키니쿠가게에서 아르바이트를 했었는데, 그 가게도 B씨가 일했던 가게와 마찬가지로 광우병 소동으로 갑자기 손님이 뚝 끊겨서 가게 주인은 야키니쿠가게에서 스나쿠로 업종변경을 했다. 업종 변경의 배경은 우연의 일치가 아니다. 그것은 미등록 상태의 한국인 여성들에게 가능한 상업 활동이 야키니쿠가게 아니면 스나쿠로 거의 한정되어 있는 구조에서 비롯되는 것이다. 동시에, 미등록 상태의 젊은 여성인 B씨의 딸은 (인터뷰한 시점에서) 12년 전에 21살의 나이로 일본에 들어와서 "한국에서 (일본으로) 와서는 가와사키 한국크라부(한국클럽)에서 일을 했어. 츠루미에서도 스나쿠에서 일을 하고. 가와사키에서는 남바원으로 일하고, 진짜 얼굴도 이쁘고, 뭐 스타일도 좋고, 호리호리하니까, 뭐 남바원으로 이뻤다요. 그러니까 거기 사람들도 너는 여기 가와사키에서 일하기 아깝다고 누가 아카사카[113]를 소개시켜 준 거야. 아카사카에서 일하다가 아카사카에서는 하루 나가면 2만 5천 엔씩 받았다요."라며 자신의 딸의 인기를 자랑했다. B씨가 스나쿠를 개업하게 되면서, 딸에게 "아카사카 하지 말고, 여기 와서 일을 하라고 애가 술을 안 좋아해. 내 가게에서 하면 니가 술을 안 마셔도 괜찮고"라며 자신의 가게에서 일하도록 권유했다.

113) 아카사카(赤坂)는 도쿄 미나토구의 일부로, 전국적으로 지명도가 높은 곳으로 고급상점과 고급술집 그리고 호텔들이 있고, 특히 이곳을 중심으로 90년대에 고급 한국클럽이 많이 생겼다.

L : 스나쿠를 따님이랑 같이 했었어요?

B : 응.

F : 장사는 딸래미가 다 하는 거야. 손님들이 딸래미 보러 오는 거야. 노래도 잘 부르지, 날씬하지, 스타일도 좋으니까 … 그래 가지고 돈을 다 갚았는데, 나중에 내가 딸래미인 줄 알아버렸어. 왜냐면, 마마는 한국 가라고, 지 맘대로 그리 하더라고. 내가 그때까지는 엄마인지 몰랐거든. 나중에 보니까 딸래미하고 엄마인지 알았어. 그리고 나중에 빚이 얼마가 있느냐하면 그 스나쿠 하면서, 빚이 320만 엔이 딱 져있는 거야. 야칭[家賃;집세]이 얼마냐 하면, 16만 엔을 받고 있는 거라. 그 할매가. 하루에 6천 엔 꼴 되지. 나중에 장사를 하는 걸 보니까, 우리아게[売り上げ; 매상] 올린 총 계산을 하니까, 이제 나도 돈을 안내고 먹지, 나는 돈을 내고 먹거든, 근데 이제 알아 버려갖고 돈을 안내고 먹지. 손님이 한사람 떨어져 버렸지, 그러니 우리아게가 줄지. 그러니까 80만 엔 정도 올리더라고, 이것 가지고 유지가 안 되니까 차라리 여기서 그만두자고, 더 이상 여기서 빚지면 안 되니까, 그만 두고 나니까, 그 할매가 방을 빼라는 거라, 기가 차는 거라. 그 할매가 보증 서줬는데, 할매가 그만큼 도와주고 그랬으면 뒤끝도 잘 봐주고 그래야지. 자기가 보증을 섰으니까 방 나가라고 그러더라고. 그래서 그 당시에 딸래미는 신주쿠로 이사 다 해가지고.

L : 그 스나쿠는 언제 끝냈어요?

B : 2004년도.

L : 2003년에 시작해서 2004년에 끝냈어요?

B : 6개월 만에.

F : 그게 빚이 320만 엔을 져버렸는 거라.

B씨는 "나하고 같이 해보니까 지(딸) 일당도 안 나오고, 가게 그만두자 그만두자 하더라고. 그래가지고선 가게를 집어치웠잖아"며 스나쿠를 그만두게 된 경위를 설명했다. 6개월간의 스나쿠 운영으로 빚만 320만 엔이 남겨졌으나, 그 스나쿠 덕분에 B씨는 F씨와 만나게 된 것이다. 한편, F씨는 B씨의 남편을 "큰아버지"라고 부르고 있었는데, 자신의 부인의 전 남편에게 친근감을 표시하는 묘한 호칭의 내막을 알아보고자 다음 항에서는 그들의 그 후의 동향을 살펴보도록 하겠다.

2-4. "큰아버지"와의 관계

F : 그래서 다 해줬다고. 그래서 320만 엔을 갖다가 한 달에 10만 엔씩 갚아주기로 했어. 집주인한테. 그 10만 엔씩을 계속 갚아나갔어. 나는 일하고. 계속 갚았는데, 또 엉뚱하게 또 무진[無尽;낙찰계]이 하나 들어갔어. 200백만 엔짜리를 들어갔는데…

B : 100만 엔! 100만 엔!

F : 200만 엔이야. 무진은 200만 엔짜리 들어가지고, 100만 엔은 한국에 보내주고, 당신이 80만 엔 가져온 거 아니야. 그래가지고, 무진을 하나 넣으면서, 10만 엔씩 계속 갚아가는 거야. 그러다 보니까 무진을 탈 때가 되었는데 말을 안 해. 무진 탈 거 할매한테 받아온나. 그러니까 말을 안 해. 부부지간에 거짓말하고 속이면 같이 못 살거든. 나중에 알고 보니까 큰아버지가 간이 안

좋아가지고, …

B : 내장암.

F : 내장암이 걸려가지고, 100만 엔을 나 몰래 부쳐줬더라고. 그라고 200만 엔을 타면, 오차다이[お茶代;차값]라든지 빼는 게 조총련이기 때문에, 한 20만 엔은 떼요. 그래서 180만 엔을 가지고 와가지고, 100만 엔은 부치고, 80만 엔을 나를 주더라고. … 이제 320만 엔이라는 돈을 조금씩 다달이 갚아서 다 갚았어.

F씨는 B씨와 2004년도부터 동거를 시작한다. 두 사람의 벌이에서 스나쿠로 진 빚을 전부 갚았다. 또한 함께 들고 있던 200만 엔짜리 무진이 끝나자, B씨는 그 금액의 반에 해당하는 100만 엔을 한국에 있는 남편의 암치료를 위해 F씨 몰래 송금했다. 그것에 대하여 F씨는 "부부지간에 거짓말하고 속이면 같이 못 살거든"이라며 싫은 내색을 했다. F씨는 B씨와의 관계를 "부부지간"이라는 말로 연신 강조했다. F씨는 B씨와 사실혼 관계라고 치더라도, 두 사람의 관계를 이어주고 있는 것은 부부라는 호칭뿐이다. 둘 중 한 명이 변심할 경우 두 사람의 관계는 아무것도 아닌 관계로 금방 변할 수 있기 때문에서인지, B씨보다는 F씨가 더욱 "부부"라는 말에 집착했다. F씨의 불만은 B씨가 전남편에게 송금했기 때문이라기보다는, 남편인 자신에게 사전에 아무런 상의가 없었다는 것이 불만이라고 했다. 같은 조합원이었던 H씨의 말에 의하면, "F씨는 엔 환율이 올라갈 때는 가진 돈을 모두 한국 B씨의 아들에게 송금해 두고, 그것도 모자라 주위 사람들에게 엔을 빌려서 한국으로 송금을 해버리고, 엔이 낮아지면 그제서야 돈을 갚는 아주 얌체 같은 사람"이라고 했다. F씨와 B씨는 주변의 빈축을 사면서

까지 환율을 이용하여 부를 축적하면서, 귀국 후의 두 사람의 생활을 준비하고 있었다.

한편, F씨와 B씨는 가족과의 관계에 대해 다음과 같이 말한다.

F : 그래서 지금까지 싸움도 한번 안 하고 우애 있게 한국에 가서 잘해보자고, 그리고 큰아버지도 지금 나하고 같이 사는 거 아니까, 아들이 둘이 있거든, 큰 아들래미는 장가갔고, 이번에 가가지고, 장가갈 때 돈 부조 많이 했다요, 큰아버지는 지금 뭐하느냐면 아파트 수위를 하는데, 그 사람도 포기를 해가지고, "둘이서 잘 살아라"고 하고, 또 아들들도 다 여기 와가지고, 일도 많이 했다요. 나하고 같이 노가다일도 하고, 3개월 비자 가져와 가지고 일하고 가고, 가족들도 오케이 하고, 딸래미도 오케이하고, 이제는 뭐 한국에 가가지고 호적만 정리를 하면 돼.

L : 아직 이혼이 안 되셨어요?

F : 이혼이 이제 됐지.

B : 나는 아직 안 되어 있어.

F : 나는 이혼이 되어 있지. 난 뭐 오래 됐지. 근데 이 사람은 가면은 내가 … 원래 (큰)아버지가 다 알아서 다 해줘. 왜냐하면 지금까지 고생을 많이 했는데, 새로운 남자 만났으니까 이해를 많이 해, 전화도 많이 오고. 한국에 오면 지금까지 내가 도울 수 있는 건 다 도와 주겠다 이야기를 했는데, 냉정하게 딱 끊은 게 아니고, 애들이 벌써 다 장가갈 땐데, 그리고 나보다 나이가 더 많아. 내가 50년생.

B : 46년생인데.

F : 46년생이면, 4살 많다요.

B : 애들 아빠가 내가 지금까지 자기랑 만나서 얼마나 그랬는지 자기도 알잖아. 새로운 남자 만나서 나 고생 안 시키고 그러면, 자기는 그걸로 만족한데. 모든 걸 다 자기가 죄를 지었으니까 이제래도 좋은 남자 만났으면 그 사람한테, 자기가 못해준 거 다 해주면 그걸로 족하데. 도울 수 있으면 자기가 다 돕는다고.

F : 딸래미도 나한테 참 잘해. 그리고 아들래미도 지금 결혼했고, 나한테 참 잘해.

F씨는 자신과 B씨와의 화목한 생활을 강조했다. 더욱이 B씨의 세 명의 자녀들과도 상당히 우호적인 관계를 유지하고 있다고 했다. F씨는 B씨의 아들들이 일본에 왔을 당시, 일에도 데리고 다니고, 결혼한 장남에게는 결혼자금을 제공했으며, B씨의 딸과도 좋은 관계를 유지하고 있음을 어필했다. B씨의 남편과의 관계도 "냉정하게 딱 끊은 게 아니고" F씨와 B씨는 나중에 귀국하게 되면, 남편의 협조로 두 사람은 호적상으로도 정식 부부가 될 것을 전망하고 있었다.

L : (B씨에게) 어때요 아저씨?

B : 참 착해요.

F : 흐흐흐.

B : 참 착하고, 마에[まえ;전, 이전] 남편보다 활동성이 있고, 일을 싫어하는 사람이 아니니까, 내가 처음에 이 사람 만나서 손을 잡으니까, 손이 덮개인 거야, 일을 많이 해서. 아 이 사람 같으면 일을 … 나는 곰보고 째보고 일만 많이 하는 사람이면 오케인거야.

B씨는 F씨를 선택한 이유에 대해서, 전 남편과 비교하여 F씨의 근면함을 높이 평가했다. "나는 곰보고 째보고 일만 많이 하는 사람이면 오케인거야"라는 B씨의 구술에서 전 남편과의 결혼생활에서 가장 견디기 어려웠던 부분이 부각되었다.

한편, F씨는 자신의 고향 가족들에 대해서 다음과 같이 말했다.

F : 나는 어렸을 때 (결혼) 했지. 나는 어렸을 때 해가지고 나는 큰 애는 22살 때 낳아가지고 애들이 전부 크다요. 여기 주민등본하고 전부 떼어오라고 해서 누가 떼어왔는데, 애들이 전부 시집가고 그랬는데, 그래가지고, 돈도 남아가지고 헤어질까하다가 이래하다가 다 팔아먹고, 그 당시에 애엄마가 바람이 났다요. 나는 알고 있는데, 본인은 … 나는 모르는 척했지. 그때가 80년대 후반이지. 88올림픽 하기 전이니까. 그래가지고 내가 일본에 온 동기는 … 그 당시도 남자가 있었다요, 애엄마가. 동네 사람이 아니고 돈 있는지 뭐 있는지, 길거리 가다가 동네 집에 가서 가만히 들어보면, '자지에 금을 박은 사람'이니 그런 소리를 많이 하더라고, 그런 소리를 많이 들었다고. 그래 그 여자가 자지에 금을 박은 사람인지, 다이야를 박은 사람인지 나는 그런 걸 모르거든. 그래 그런 소리도 하고 꼭 일요일만 되면 옷을 싹 빼입고 나가길래 그런가보다 하고 내가 다시 뭔가 머리 좀 식히기 위해 일본에 온 거고, 일본에 올 땐 돈 벌러 온 건 아니야, 돈 벌러 온 거는 아니고 관광으로 온 거지. 돈 100만 엔을 호주머니에 넣고 돌아다녔는데, 한 푼도 안 썼다요. 관광하는 사람들 따라다니는데, 하루에 3,500엔씩 그 민박에 들어가 가지고, 그 민박에 사람들이 회사에서 단체로 온 사람이야. 그래서 그 돈 다

부쳐주고 일도 잘 되고 그래가지고서, 돈도 부쳐주고 척척척 다 줬어. 왜냐면 애들도 있고 그래가지고, 여기 앞전에 다쳐가지고 있던 것도 돈 받아가지고 백프로 전부 다 부쳐주고, 나 여기서 돈 벌어서 내가 생활하고, 또 여기서 벌어가지고 다 부쳐주고 그랬는데 ….

L : 그럼 아저씨는 딸 네 명이랑 연락합니까?

F : 연락하면 애엄마(B씨를 지칭)가 옆에서 다 들어서 알지만은, 저… 아빠라고 안 한대.

L : 왜요?

F : 몰라. 그리고 가끔 애엄마(전 부인)한테 전화하면은 〈L: 결혼하셨겠네? 먼저 부인〉 아 혼자 산다야. 교회 다니는데 혼자 산다고 하는데, 집에는 혼자 사는가봐. 전화하면 옆에서 듣거든, 그럼 "용건만 이야기 해" 그러면서 끊어버리는데, 지금 애엄마(B씨)가 딱 들어도 알잖애. 지금까지 내가 전화를 가끔 하면 "용건만 간단히 해" 하면서 끊어버리고, 거기에 내가 전화를 하면 내 전화번호가 다 입력이 돼. 지금까지 전화 한 번을 온 일이 없어. 딸래미들도.

F씨는 부인이 바람이 났기 때문에 "머리 좀 식히기 위해" 일본에 왔음에도 불구하고 노동현장에서 번 돈을 고향 가족에게 계속적으로 보내고 있었다고 말했다. 그러나 F씨와 고향 가족과의 관계는 딸들의 결혼을 타인에게 부탁해서 입수한 자신의 '주민등록등본'을 확인해서 알 정도로 멀어져 있었다. B씨와의 동거를 시작한 이후에도 전 부인에게 전화를 해보지만, "용건만 간단히 해"라며 전화를 끊어버리는 전 부인의 행동과 고향 가족들이 전혀 연

락을 하지 않는 것에 대해 서운함을 표현했다. F씨에게 고향 가족이란 전 부인과 네 명의 딸이 아니라, 지금의 부인인 B씨의 가족을 가리키고 있었다. F씨의 구술에서 '애엄마'라는 용어를 전 부인과 B씨 양쪽 모두에게 사용하고 있었기 때문에 F씨가 가리키는 가족의 범주 혹은 친밀한 관계성의 영역은 F씨의 주관성에 의해 자의적으로 의식되고 있었다. F씨의 네 명의 딸의 어머니인 전 부인과 자신과 혈연관계가 없는 세 명의 아이들의 어머니인 B씨를 동일한 단어를 사용하여 지칭하는 것은 F씨의 가족에 대한 관념 자체가 자신의 현재 상황에 따라 주관적으로 재편되고 있다는 것을 말해준다. 또한 귀국 후에는 B씨의 고향에 돌아가서 함께 농사를 지을 계획을 세우고 있다. B씨의 가족 및 고향과 연결됨으로써 자신에게 있어서의 가족과 고향을 유지시키려는 F씨의 감정의 동태가 엿보인다.

고생 끝에, F씨를 만나 행복해지고, 성실하게 일하고 있는 B씨의 현재의 모습에서 우리는 '이동'이 내포하는 가능성을 느낄 수도 있을 것이다. 그러나 F씨가 말하듯이, B씨는 지금까지 그래왔던 것과 같이, 전 남편과의 관계를 "냉정하게" 단절시키는 일 없이 그들이 귀국한 후로도 전 남편은 "큰아버지"로서의 위상을 그대로 유지하고, B·F부부의 부양가족의 일원으로서 계속 존재할 것이라 추측된다. 전 남편과의 괴로운 관계성으로부터 B씨가 해방된 것이 아니라, B씨의 원래의 가족관계 속으로 F씨가 포섭됨으로 인해 이 '확장된' 가족은 유지되고 있었다.

제3절
소결

기존 라이프 스토리 연구에서 이미 지적한 바와 같이(桜井, 2003; 6-20), 필자가 경험한 라이프 스토리 인터뷰에서도 남성들은 자신의 일과 지역 사회조직에 대해서 이야기 할 때, 그리고 여성들은 가까운 인물과의 관계나 생활에 직면한 체험을 말할 때 한층 더 말에 생기가 느껴졌다. 이 장에서 소개한 두 남녀, 제주도 남성 C씨와 육지여성 B씨 경우도 유사한 경향을 나타냈다. C씨는 인맥, 능력, 봉사, 라이온스클럽, 뱃일 오야가타 등 비교적 잘나가던 시기를 이야기할 때 활기를 띠었다. 한편 B씨는 남편이나 자녀 이야기 중심으로 이야기 하면서 중간 중간 일 이야기를 삽입하는 방식으로 풀어나갔으며 주로 고생한 이야기에 집중하여 구술했다. 인터뷰를 진행하면 할수록 라이프 스토리를 풀어가는 방식에 젠더 차이가 부각되었다.

이 장에서는 두 사람의 라이프 스토리를 통해 친밀한 관계성에 대해 검토했다. 필자가 선택한 이 두 사람의 라이프 스토리는 상당히 한정된 구술이다. 그들이 담지하고 있는 젠더 의식, 가족규범은 지금의 젊은 세대들의 시각으로 판단하기에는 '옛날이야기' 일 지도 모른다. 그러나 이 두 라이프 스토리에서는 그 연령대의 사람들이 경험할 수도 있었던 어떤 특정 시기의 '이동' 실천에서의 친밀한 관계성의 변용을 보여주고 있다. 제1절에서 다룬 C씨의 경우, '이동'을 계기로 '고향의 가족'과 '타향의 가족' 양쪽을 확보하는 형태로 자신의 친밀권의 영역을 유지하고 있었다. 그러나 귀국과 동시에 그의 '타향의 가족'은 해체되어 결국 '아무 것도 아닌 관계'로 변화되고, C씨의 친밀권은 새롭게 '고향의 가족' 속으로 편입된다.

제2절에서는 B씨의 이야기를 중심으로 한국 사회의 가부장제에 의해 억압되는 여성상을 구현하고 있는 인격체가 '이동' 실천에 의해 새로운 남성을 만난다. 그것은 기존의 가부장제에 대한 반격이라고도 생각될 수 있겠지만, 결국 새로운 남성의 출현에 의해서 종래의 젠더 질서를 전복시키는 일 없이 오히려 기존의 가족규범이 강화되는 방식으로 작동되었다.

이동 행위로 인해 가족이나 고향과는 단절된 것처럼 보이는 사람들은, 가족이나 고향과의 연결을 유지시키려는 의식적 행위 수행에 따라 타향에서도 고향에 살고 있는 것과 다름없어진다. 그러나 행위가 수행된 이상, 그들의 현재의 고향이 그들의 과거의 고향과 동일한 것이라고 단정할 수 없어진다.

이주노동이라는 행위는 어느 정도 개인의 주체적 결정의 발로이겠지만, 그 행위성은 사회적 상황에 따라 달리 나타나게 된다. 이와 같이 그들의 시각도 이동에 의해 어느 정도 변화한다. 더불어 고향이나 가족의 규범은 다소의 변화를 동반하며 계속 반복되면서 이주자의 세계관을 형성하게 된다.

'이동'에 의해 그들의 가치관과 규범도 '이동' 하는지에 대한 물음에 대해, 그러한 변화는 그리 간단하게 일어나는 것이 아니라는 것을 이 글의 사례가 잘 보여주고 있다.

2009년 12월에 귀국한 C씨는 원가족이 있는 집에서 몇 개월 머물면서 정서적으로도 생활습관의 측면에서도 불편함을 느끼던 차에 자신의 누나가 경영하는 귤 농장으로 옮겨가 일을 도우며 지냈다. 제주도에서도 C씨는 Z씨에게 자주 연락했지만, Z씨는 C씨에게 화를 내며 연락을 거부했다고 한다. 귀국한 지 만 3년 정도 되는 2012년 11월 C씨는 귤 집판장으로 일하러 나가던 중에 쓰러져 결국 고혈압으로 사망했다. C씨 보다 네 살 연상인 Z씨는 그 후로도 "아침 5시부터 저녁 8시까지 마늘쫑농장에서 계약직으로" 일하고 있다고 했다. 한편, 2011년 여름 귀국한 B씨와 F씨는 "한국에 들어가면 꼭 연락할께"라고 했으나, 이후 연락두절상태이다.

제6장

‘이동’에 대한 투기/ ‘이동’의 정당화: ‘이동’을 둘러싼 다양한 이야기들

어떤 이야기에서 시작해보자.

JMA : 어린 아이들 내버려 둬가지고, 지금 밀항으로 가가지고, 초청으로 가가지고, 애들 내버리고 살아가지고. 할머니 할아버지, 부모가 돈을 보내니까 할머니가 애들 다 키워서, 할머니랑 부모님 사이가 틀려. (애들이) 할머니한테만 가지 아버지한테는 안 가. 어머니, 아버지라고 말 안하는 아이들 있어. (자신들이 이미 성장해서) 고등학교, 대학교 가서 오니까, 부모하고 정이 없잖아. 그러니까 할머니한테만 가는 거지. 어머니한테 어머니라 안 부르고. 아버지라고도 안 부르고. 그런 애가 많았어. 김녕 아이들. 우리 고향에 그런 아이가 있었어.

L : 제주도에 그런 사람들이 많겠네요? 〈JMA: 응, 많지〉 부모님들이 다 돈 벌러 가버리고, ….

JMA : 할머니 손에서 큰 아이들이 많지. 우리 아이들 넷도 할머니 손에서 컸지. 막내아들은 어릴 때 할머니가 고생 많이 했지.

L : 70년대부터 2000년도 정도까지 일본에서 일하신 것에 대해서 어떻게 생각하십니까?

JMA : 근데, 그게 마음과 뜻대로 안될 때가 많았기 때문에 후회가 많아. 제일 후회가 되는 게 뭐냐 하면은, 돈도 돈이지만, 자식 교육을 잘하지 못한 게 … 붙어 있었으면 결혼도 시키고 다 자기 갈 길 찾아 갈 건데. 헤어져서 살았기 때문에 마음대로 못했기 때문에 후회가 많아. 딴 건 없어. 먹고 쓰는 건 후회가 없는데, 자식 교육이 젤 후회가 많지. …

JMA : 그렇지. 정이 없지. 자식들은 결혼할 때까지 부모가 옆에서 해줘야지, 몇 년씩 떨어져 살다보면 정이 없어. 우리 지금 할망이, 저것들이 할머니라고 잘 안한다고. 전화를 해서 "할머니 어디 괜찮아요?" 이런 게 없어. 잔정이 없거든. 같이 컸으면 "할머니 괜찮아요?" 그런 게 없어. 외로워 진짜. 할망은 나한테, "자기만 가서 잘 얻어먹고 온다"고 시기하잖아. 애들이 나 없으면 "할아버지 어디 갔어? 어디 갔어?" 난 그렇게 (일본에서) 일찍 들어왔지만, 난 애들 초등3학년, 1학년에 왔으니, 지금은 정이 들었으니. 그때 안 들어 왔으면, 할망이랑 같은 경우였겠지. 말하는 거 보니까, 전화도 안 해주고 그런다고 섭섭해 하더라. 억지로 할 수 없는 거지 … 부부의 경우는 정도 없는 거야. 젊은 때 자기 혼자 나이 먹어서 돌아오면 어색하잖아. 서로가 배신감만 생기고, 없는 감정만 푹푹 생기고 … (L : 늙어서 갈 데 없으니까 온다고?) 응, 그렇지. 돈을 가져오는 것도 아니고 … 경로당에 가고 그 담에 집에 가고 … 친구들이 없어. 다 돌아 가가지고. 오늘도 한 명 죽었을 거야. 나오니까, 큐큐샤[구급차]가 바로 앞에 대더라고. 누구누구

네 집에 서더라고. JMB랑 동창인데, 나이는 우리랑 같아. …

L : 김녕리에 젊은 남자가 하나도 없었다는 시기가 언제였어요?

JMA : 나, 밀항 다닐 때. 그때가 많이 갔지. 그 후에 걸려서 많이 돌아왔어. 그 후에 또 초청비자가 나오잖아. 그래서 또 들어 가가지고, 그래서 부인들이 농사지으려니까, 농사짓지 못하잖아 … 밭 갈아야 되지. 그래서 남자들 일 잘하는 사람 있으면 말이야, 찝쩍거리면 말이야, 살아버리지 … 부인들도 혼자고 외로우니까, 그렇게 한 사람이 있어. 지금 세대는 보니까, 얼라 세개 낳아도 나가 버리더라. 그런 사람 많더라 이제. 우리 동네도 세네 명 있어. 아이들은 할머니한테 맡기고. 남자들은 농촌에서 할 일이 있나, 그래도 노산봉 생겨서, 직장에 많이 들어가 있어. 그것이 관광지대를 만들었어. 영화 촬영, 길 포장 같은 거, 우리 고향 위에 만들었어. 거기 가까우니까, 우리 김녕사람들은 거기 직장 잡아서 많이 가있어. 내가 젊었으면, 거기 직장 잡아서 일했을 텐데. …

L : 일본에서 돈을 벌어 오시는 분도 있지만, 거의 못 벌어 오시는 분이 많은 것 같은데…

JMA : 그으렇지(흥분된 어조). 지금 일본 갔다 와서 병신 된 사람이 많아. 한 명은 자살했어. 자식들이 괄시해서. 당신이 우리한테 뭐 해줬냐고, 아버지만 갔는데, 자살했어. 사람들한테서 몰래 그런 말이 나와. 그리고 하나는 부부간 하고 살고 있지만은, …지금 우리 친구 동창, 우리 할망도 아는데, 그것도 대판(오사카)서 살다가, 프락치(플라스틱)를 해 왔는 모양이더라구. 플라스틱 공장에서 일하다가 왔는데, 부부간에 사이가 벌어져가지고, 일본 있을 때 돈 안 벌어왔다고, 지금도 같은 집에 살지만 별거 생활해. 거기서 왜 그렇게 처가 그렇게 하느냐니까, 일본에 있을 때 작은 마누라 해가지고, 살다 와 갖고, 돈은 안 벌어줬다고 해가지고, 보내기는 보냈는디, 안 보냈다고 해가지고 지금도 따로 … 나이가 우리랑 동갑인데도 그렇다. 자식들도 시끄럽게 하지. 손자들도 그렇잖아. 자기 할아버지, 손자들은 잘 봐주는 갑더라. 용돈도 갖다 주고. 우리 동창에 전에 서너이 밖에 안 살았어. 경로당에 가서 놀다가 다섯 시쯤에 집에 와서 밥 먹고 살지 … 몇 년 동안 방 안에서만 살아. 그 분이. 나이 먹고 할 일도 없고, 농사도 못 도와주고, 완전 기가 죽었어. 자수해서 나왔지. 작은 마누라 얻은 사람이 돈도 없고 그러니, 별 볼 일 없으니 돌아온 거지. 촌에 그런 사람 많아. …

L : 자식 교육이 후회가 되시면, 시계를 거꾸로 돌린다면 일본 안가시겠어요?

JMA : 내가 60만 되도, 일본에 가고 싶지. 〈L: 일본이 매력적이세요?〉 그 있잖아. 생활로 봐서는, 딱 노력하는 거, 그거 찬성이지. 여기서는 자기가 해도 마음대로 되는 일이 없어, 한국에서. 일본은 고생하면은 돈만 버는 거면, 여기서 아이들이 마음대로 쓰니까. 우선 그거지. 생활이 되는 거뿐이지. 딴 거야 자기 나라 나쁘다고는 할 순 없지. 자기 조국인데, 나라가 잘 되길 바래야 되는데, 이렇게 자꾸 싸우는 것만 보면…

제주도 출신 남성 JMA씨(1936년생)는 1970년대부터 일본 밀항을 반복하고, 그 후 1980년대에는 재일교포 친척으로부터 초청비자를 받아서 일본으로 입국하여 2001년까지 체류했다. 그의 부인도 80년대에 일본에 들어와 거의 20년간을 언니가 경영하는 고기집에서 일하다가 귀국하게 된다. JMA씨는 부모들의 '이동'에 의해 초래되는 가족관계의 위기에 대해 언급했으며, 특히 자신의 부인의 경우를 예도 포함하여, '이동'실천을 행한 사람들의 귀국 후의 가족관계에서 생기는 고통스러움과 외로움을 지적했다.

'이동'실천이 가족관계에 미치는 부정적인 영향을 말하는 JMA씨는 상당히 심각한 얼굴로 자신의 '자식 교육'에 대해서 안타까움을 표했다. 그것을 본 필자는 "자식 교육이 후회가 되시면, 시계를 거꾸로 돌린다면 일본 안가시겠어요?"라는 질문을 던져 보았다. 당연히 가족 곁에 있겠다는 말을 JMA씨로부터 들을 것이라는 예상을 깨고, 그는 아주 천진난만한 얼굴로 "내가 60만 되어도 일본에 가고 싶지"라고 대답했다. 자신이 처한 여러 가지 상황들에 부정적인 변화가 발생된다 하더라도 한번 '이동'실천을 해 보았던/알게 되었던 주체로서는 '이동'이 그런 위험과 수고를 감수할 만큼 유인력 있는 행위였다. 다음에는 '이동'을 둘러싼 여러 이야기들을 토대로 '이동'실천에 담겨진 의미와 의지들, 어떤 정당화 과정에 의해 '이동'실천이 유지되고 있는지 살펴보기로 하자.

제1절
제주도 출신 남성노동자의 초상

1-1. 일본에서는 체면 그런 거 안 차려도 된다

제주도는 공업입지로서는 불리한 조건을 가지고 있고 도시화는 늦어져, 농업사회적인 성격이 강하게 남아 있기 때문에, 동질성이 유지되는 지역공동체적 성격이 강한 사회라고 할 수 있다(신행철 2004: 24). 도서성(島嶼性)에서 비롯되는 공동성으로 인해 단결과 속박이 강하게 작용하며, 마을사람들에 의해 작은 일 하나하나에도 간섭하는 모습이 다른 지방보다 두드러진다. 유교사상으로 육체노동에 대한 경시 풍조가 만연했고, 지역 발전에 대한 불균형적인 지원으로 인해 제주도에는 제한적인 산업구조가 형성되어 제주도 사람들은 일자리를 얻기 위해, 돈을 벌기 위해 섬 밖으로 향했다. 섬 밖의 세상은 거의 대부분이 일본이었다. 지금 예시하고자 하는 두 사람의 구술자들은 20년 정도의 연령차이가 있고, 첫 도일 시기도 20년 정도의 간격이 있으나, 두 사람의 구술에서는 제주도의 체면을 중시하는 사회적 관계에 대해 거의 유사한 이야기가 발견되었다.

그렇게 좋아. 난 젊으면 일본에 가서 또 일하고 싶어. 난 그렇데, 노력하니까, 일하면 일한 대가를 잘 받고, 여기는 경기가 영… 여기서나 얼마 받는 줄 알아. 57만 원뿐이 안 돼. 내가 24시간 일하고. 일본은 말을 못했지만 그래도 벌고, 그렇지만 자기 나라에 와도 젊은 사람도 일할 데가 없어. 아침 8시에 와가지고 내일 아침 8시까지 요새 며느리가 다 해주고 그러니까, 일본서 벌어온 걸로 다 먹고 있지. 여기서 번 걸로 용돈 쓰고. … 일본에서 번 돈으로 집도 사고, 제주시에 며느리이름 넣고 나이름 넣고, 근데 밥은 먹을 수 있어. … 우리 한국은 경제적인 면에서, 그렇게 노동 쪽을 해가지고, 직업을 가질 수 없잖아. 일본은 가면 말이야, 우리가 제주도에서 못 살아도 자존심이란 게 있는데, 김녕에서 괜찮게 엉겁게 살아가지고, 돈은 없지만 말야, 놀았지만 말야, 수서(하찮은, 더러운) 일은 … 제주시에서 일하고 싶지 않지. 그래서 일본에 간 거지. 자존심이지, 에라이 죽어야 돼. 자존심이 있어서 안 돼. 나도 안 해본 거 없어, 차도 타보고, 근데 돈을 못 모으더라고. 농사지어봤자 농사도 안 되지. 그러니까 밀항 가버린 거지. 그래도 우리집이 처음엔 구멍가게야. 쌀 같은 거, 콩나물 같은 거, 잡화. 하루종일 팔아야 그때 당시에 팔천 원 밖에 안 되서. 일본 가면은 월급 받으면, 한국 돈이랑 몇 대 몇이다 그러니까. 그러니까 밀항 가다가 그렇게 맞아버려도 또 밀항 가고 싶은 생각이 든단 말이야. 돈을 더 벌 수 있으니까. (JMA씨[1936년생], 2009/8/8)

L : 일본에는 제주분들이 많잖아요. 어떻게 이렇게 많이 오게 되셨나요?

JMF : 제주도는 연결 연결해서 오니까.

L : 왜 서울 같은 델 안가고, 일본으로 가셨어요 사람들이?

JMF : 일본에서 돈을 벌진 못했어도, 한국에 와봐야 일할 데가 없으니까. 밥벌이만 되면 그냥 눌러 앉는 거야. 여기와도 일자리가 없으니. 그냥 눌러 앉은 경우가 많아요. 여기도 일 없고, 거기도 일 없으면 그냥 일본에서 눌러 앉는 게. 요즘은 대학 나와도 머리만 좀 쓸 줄 알지 일은 굳은 일은 안하려고 하거든요. 여기 혹시, 대학 나온 사람이 여기서(제주도) 소똥 치우고 있으면, 에구, 저기 누구 아들이 소똥 치우고 있더라 그런 이야기가 나오는데, 일본에 있으면 막일을 해도 그런 이야기가 안 나오거든. 일본에서는 체면 그런 거 안 차려도 된다. 에구 누구 아들은 대학 나와서 저게 뭐하는 짓이냐! 다들 궂은일은 안하려고 하거든. 한국에서도 전혀 외국 사람을 안 쓸 순 없어요. 왜냐하면, 굳은 일은 안하려고 하거든. 외국 사람은 그런 거 없잖아요, 일만 시켜주면 무조건 하니까.

L : 아저씨, 고토부키쵸에는 대부분 다들 아는 사람이라고 하셨잖아요?

JMF : 대부분. 다 아는 사람.

L : 그럼, 궂은 일 해도 체면 안 깍이고 그랬어요?

JMF : 모르죠. 다 따로 각자 일하러 가니까. 궂은 일하는지 뭐하는지 어떻게 알아. 다 같이 하는 일이 아닌데. 다 겐바[現場;현장]가 틀린데. 한군데 2, 30명씩 가도 한곳에 몰려서 일을 하는 게 아니라, 겐바마다 몇 사람은 여기 저기 각자 따로 해버리는데 그걸 …. (JMF씨[1958년생], 2009/8/8)

일본에서는 타인의 시선을 신경 쓰지 않고 "궂은일" 즉 3D업종에 종사할 수 있고, 그로 인해 한국보다 높은 수입을 얻을 수 있는 것을 구술자들은 언급하고 있다. 20년 정도의 간격이 있는 두 사람은 마을사람들의 시선에 대한 구속성을 동시에 지적하고 있으며 제주도 고유의 도서사회 공동성으로부터 초래되어 '이동'실천의 계기로 작용하고 있음을 나타낸다.

1-2. 제주도 출신 남성 노동경험자의 친밀권

제주도 출신자의 경우 도일 당시, 타 지역 출신자 보다 가족을 동반하는 경향이 강하지만, 필자가 인터뷰를 했던 제주도 출신 남성노동자 가운데 자신이 먼저 도일한 후 부인을 불러들인 케이스가 JMA씨, JMB씨, JMF씨로 3명이었으며, 처음부터 부부와 가족이 함께 도일한 것은 JMH씨의 사례뿐이었다.

도일 당시는 독신상태로 제주도에 돌아간 후 결혼한 케이스는 JMD씨, JMG씨로 2명이었다. JMD씨의 경우는 제주도에서 오토바이 사고로 뇌손상을 입어 아무 것도 할 수 없는 상태에서 부모님댁에서 생활하고 있던 중에 "몸이 아프니까 그것을 치유하려고, 신덕을 봐서 기적적인 쾌유를 받고 싶어서, 그런 생각을 가지고, 우는 자식한테 떡 하나 더 주라고, 애걸을 하면 들어주시겠지 하는 생각"으로 도일을 결심했다고 한다.

> 올 때까지 미츠비시에서 일했지. 난 거기 가서, 고토부키나 다른 데 갈 때는 참 생활이 불안해요. 수입이 없으니까, 거기 가니 일도

편하지, 시간도 정해지지, 일본 사람도 알아버리니까, 나 구역하는 데서 내가 젤 대장 노릇 했으니까. 참 그렇게 하니까 좋았어. 나 동경에서 싸움할 때까지 했지. (JMD씨[1949년], 2009/8/7)

우여곡절을 겪다가 일본 대기업 미츠비시 중공업의 하청업체에서 인정받으면서 일하던 JMD씨는 동거 중이던 한국인 여성의 가게에서 싸움에 휘말려, 신고로 달려온 경찰에 의해 단속되어 한국으로 강제송환된다.

나도 거기서, 일본여자랑 결혼했으면 됐지. 내가 회사 다닐 때 나보다 연상이라, 그 땐 어떤 생각이 드냐면, 일본 여자랑 결혼하게 되면, 한국으로 돈을 보내지 못한단 말이야. 내가 돈을 보내면 싸움이 날 거란 말이지. 그래서 등록만 되었으면 그랬을 텐데, 난 각시랑 살다보면, 돈이 없으면 싸운단 말이야 그래서 도저히 안 되겠다고. (결혼) 안 했지. 이제는 그렇게 되니까 하지도 못하고. … 내가 지금 61살인데, 이년 전에 이 사람이랑 첫 결혼 해가지고 … 나하고 한 이십년 차이가 나는데, 우리 한국 사람이면, 내가 아무리 돈이 많아도 이십년 밑에 사람이 나에게 시집오겠어요? 솔직히 힘들지. 요즘은 물질적인 것보다, 참 그런 것이 우위가 되어가지고, 특히 우리나라 사람만 그런 거 같애. 일본 사람도 그런데, 특히 우리 나라사람만 그런 거 같애. 자기들 맘에만 들면, 나이, 돈, 이런 거 돈 있으면 여기 사람들 다 도망가고, 빨리 죽어버려라 하고 빨리 젊은 놈 만나겠다는 … 그런 거 아냐. (JMD씨[1949년], 2009/8/7)

한국에 귀국한 뒤에 국제결혼 중개소를 통해 자신보다 스무살

가량 젊은 중국인여성과 결혼을 선택한 것은 "관상을 볼 줄 아는데, 이 여자 관상이 돈이 많이 들어올 관상이라서 애 딸린 이 여자와 결혼하게 되었다"고 한다. "신통하게도 중문 관광단지에서 일하고 있는데, 부인의 매출액이 가장 크다"고 했다.

JMD씨의 결혼 상대로서 일본인여성과 한국인여성, 그리고 중국인여성이 언급되었지만, 일본인여성과의 결혼은 고향에 있는 가족에게 재정적 지원을 할 수 없게 될 것을 우려했기 때문에 포기했다. 그의 판단에는 장남으로서 가족에 대한 책임도 영향을 끼쳤을 것이지만, 유입국가의 국민인 여성과의 권력관계를 의식하여 내린 결단이었다. 그 자신은 초혼이지만 귀국해서는 자신보다 20살이나 젊은 여성과 결혼하는 것은 한국인여성과는 불가능한 것으로, "생활력이 강해 보이는" 중국인여성을 선택했다. 그는 "결혼 했으니 내가 열심히 힘닿는데 까지 하면, 이 사람이라도 나중에 생활하기 편하게, 한국말도 제대로 못하니까, 나중에 남은 사람이라도 편하게 나중에 또 난 이 사람한테 얻어먹어야 되고"라며 부연설명을 해주었다. 생활력 있는 젊은 중국인여성과의 결혼은 자신의 가정 내에서의 우위성을 유지시켜주면서, 자신의 노후의 돌봄까지 계산한 JMD씨의 결혼전략임을 알 수 있게 해준다.

1-3. 불륜의 일상화

독신 상태였던 두 사람은 둘째치고, JMB씨 이외의 모든 남성노동자의 인터뷰에서 그들은 본처 이외의 여성과의 사귐을 인정했다. JMA씨의 경우는 "할망은 아이들 교육 문제, 큰 놈 고등학교 시키고, 그 담 다 고등학교 시키는디, 할머니한테 아이들 맡기고 다 돈이 많이 드니까, 다 다니게 되니까, 경제적으로 상당히 거시기 하니까, 나도 그때 난봉나가지고 돈을 잘 안 보내줬어. 놀러 다니다 보니까 (헤헤)"라고 한다. 부인의 도일이 JMA씨의 가족부양의무에 대한 태만에 의한 것이라는 것을 알 수 있다.

또한, JMC씨의 경우는, "일본 가서 한 3년 되니까 도저히 혼자서 밥 해먹고 살 수가 없어서, 아는 아줌마한테 좋은 여자 한 명을 소개해 달라고" 했다. 소개 받은 후, JMC씨는 거의 20년 동안 그 여성과 동거했다.

한편, JME씨의 경우는, 흑염소목장 일을 일단락 짓고, "머리 식힐 겸" 도일하여, 그곳에서 유부녀와의 사이에서 '막내'가 태어났다. 그래서 부인과는 이혼하고, 전처와의 사이에 태어난 자식 들은 모친에게 맡겼다. 그런데 이번 부인이 갑자기 가출하여 JME씨는 부인을 찾으려고 고토부키에 다시 들어오게 되면서 '막내'를 가출한 부인의 모친에게 맡긴다. 그것에 대해 JME씨는 다음과 같이 말한다. "내가 애신디(아이에게) 일본서 와 가지고 얘기를 했어요. 엄마를 만나면 엄마라 하지 말아라. 이 얘길 했어요. 너거 엄마는 그런 사람이다". 한편, 전처와의 자식들에 대해서는 "우리 큰 것들도 지네 엄마하고 통화하려고 안 해요. 어떻게 살다보면, 아빠가 돌아오겠지 하고 살지 않고, 그렇게 해 버리고 그 목장 흑염소고 뭐고 전부 팔아버리고 했으니까, 생각 안 해요, 통화를 안 해요 저거 엄마. 그건 내가 알아요. 아들이건, 딸이건."라고 말했다. JME씨의 발언에서는 자신이 바람이 나서 다른 가족을 만들어 버렸음에도 불구하고, 부인은 자식들을 양육하고 언젠가는 돌아올 지도 모를 남편을 기다려야 한다는 사고방식이 나타난다. 이런 생각에 대해서는 자식들도 찬동하고 있으며, 그 증거로서 자식들은 모친과 전화도 하지 않는다고 주장한다.

또한, JMF씨의 경우는 자식을 낳지 못하는 부인과 자신과의 사이를 억지로 떼어 놓으려던 부모 때문에 도일을 결심한다. 그러나 그의 도일 몇 개월 후에 부인도 일본으로 들어와 함께 살게 된다. 고토부키쵸에서 아들이 태어났지만, 아들의 청각장애와 낙찰계에 의한 거액의 피해액 때문에 부인과 아들은 먼저 귀국한다. 그 후, JMF씨는 여성들과 잦은 만남을 갖고 있었으며, 귀국하기 직전에는 일본인여성과 위장결혼을 하여 비자를 취득하고자 했다. 부인의 격한 반대로 그 계획은 무산됐지만, 그는 제주도에, 부인과 아들은 서울에 살면서, 이 가족의 '이중생활'은 현재까지도 여전히 계속되고 있다. JMF씨는 "혼자 사는 것이 가장 편하다"고 말하면서, "지금 제주도에는 애인이 세 명 있다"고 자랑스럽게 필자에게 말했다.

마지막으로, JMH씨는 다른 사람들보다는 늦은 2000년도 이후에 가족 전원이 도일한 경우지만, 도일 3년 후 JMH씨는 자신만 남고, 나머지 가족을 전부 귀국시켰다. 그 후 스나쿠에서 만난 젊은 여성과 동거하며, "사업자금을 전부 써버려서 결국 갈 곳이 없어서 고토부키에 흘러 들어왔다"고 한다.

제2절
육지 출신 남성노동자의 초상

2-1. '이동'의 역사적 흔적과 '이동' 연쇄

필자가 인터뷰를 했던 육지 출신 남성노동자 가운데, LMA씨(1937년생)와 LMB씨(1939년생)는 모두 일본 출생이며, 부모님의 출신지가 경상도라고 했다. 일본 식민지시기에 한반도의 남부지방 특히, 많은 수의 경상도 사람들이 일본으로 건너갔다. LMA씨와 LMB씨는 식민지 역사의 흔적을 드러내는 사례라고 할 수 있다.

한편, 1945년에서 1955년까지 출생한 육지 출신의 남성노동자들의 주목할 만한 특징은 도일 이전에 일본 이외의 나라에서 이주노동을 했던 경험을 가지고 있었다. 제주도 출신자의 주요 이주노동 공간은 일본인 것과 대조적으로, 그들은 중동, 미국 등지의 외국에서 이주노동을 경험한 뒤에 새로운 이주노동의 장소로 일본을 선택하여 도일한 것이다. 대도시 생활자가 대부분인 그들은 해외에서의 노동에 관한 정보를 다른 중소도시 및 농촌 출신자보다 더 빠르고 쉽게 입수할 수 있었다.

2-2. 가족상황과 친밀권

또한, 인터뷰에 응해주었던 15명의 육지 출신 남성들 가운데, 부인을 불러들여서 맞벌이를 한 경우는 LMG씨와 LMI씨로 2건뿐이다. LMG씨는 도일 당초는 이혼 상태로 재혼상대를 초청한 케이스이다. LMI씨는 맞벌이로 번 돈으로 한국에서 사업을 하지만 곧 도산하여, 다시 고토부키쵸에 돌아오게 된다. 부인과는 이혼을 하고, 그 사이에 태어난 2명의 딸에게는 가끔씩 용돈을 보내주고 있다고 했다.

도일 당초, 미혼 상태였던 사람은 LMK씨, LMM씨, LMN씨, LMO씨이다. LMK씨는 2011년 현재 서울에서 거주하고 있으며, 미혼 상태이며, LMM씨의 경우는 작업 중에 발생한 사고로 인해 귀국한 케이스이다. 그는 외동아들로 늙은 모친이 돌아가신 후, 도일을 결심했다.

> 그냥 눌러 앉은 거죠. 아무생각도 없이. 어차피 한국 들어와도, 돈도 없고, 할 일도 없고, 기댈 사람도 없고… 친척들이 있긴 있는데, 제가 어렸을 때부터 제가 친척들을 싫어했거든요. 어머니 돌아가실 때도 친척들 안 불렀어요. (LMM씨[1963년생], 2009/8/21)

고향과의 유대관계가 그다지 없었던 LMM씨는 다시 한국으로 돌아올 생각이 전혀 없었다. 도일 당시, 스나쿠에서 일하던 한국인여성과 동거하지만, 그 후 필리핀 퍼브[114]에서 만난 필리핀여

114) 필리핀 퍼브(Philippines Pub)는 주로 필리핀사람이 접객하는 술집, 음식점을 가리킨다. 필리핀여성과의 대화, 음주, 식사 이외에도 쇼 또는 노래도 즐길 수 있다.

성과 동거를 시작한다.

근데, 이 필리핀 여자애가 딸내미가 셋이 있어요. 국적은 다 일본으로 갖고 있어요. 일본남자랑 살았으니까. 근데, 일본말 하나도 몰라요. 필리핀에서 학교 다니고. 그러니까, 여자애랑 살면서, 딸내미 셋 학교 보낼 돈하고, 가족들 생활비 할 돈하고, 내가 먹고 살고, 방세 내고, 용돈 써야지 하는 걸 내가 혼자 다 한 거예요. 그렇게 돈을 벌었으니까. 대신 돈은 안 남았죠. 여자랑은 그래도 8, 9년 살았어요. (LMM씨[1963년생], 2009/8/21)

LMM씨는 2007년 초 무렵 석유회사의 현장 작업 중에 뇌졸중으로 쓰러진다. "사람이 울음만 나오고, 그래서 죽고 싶어서 죽을 생각도 해 봤죠". 그 후 귀국을 결심하고 마리아씨의 도움을 받아 한국의 남성장애인 복지시설을 소개받고 귀국한다. 그는 지체장애 2급 판정을 받고 생활보호를 받는 상태였다.

지금도 연락해요. 지금 오버라서 5년 못가잖아요. 5년 지나면 갈 수 있어요. 여자친구는 비자있고, 딸들은 일본 국적이 있고. 그 전까지 내가 생활비를 대고 그랬는데, 갑자기 내가 이렇게 되니 여자가 감당이 안 되지. 여자가 일한다고 해봤자 얼마 받겠어요. 어디 아르바이트하고 이십만 엔 받겠어요? 나를 도와준다고 그래도 바라지도 않고, 뻔히 내가 아는데. 오히려 난 지금 여기서 먹고 자면서, 나라에서 돈을 받고 생활하니까, 내 생각에는 나보다 지금 못살 거 같다고 생각되는데. (LMM씨[1963년생], 2009/8/21)

LMM씨는 필리핀여성과의 동거생활 중에 자신의 경제적 능력으로 동거생활에 드는 비용은 물론, 필리핀에서의 생활비, 애인의 자녀들의 학비까지 지원하고 있었다. 그렇지만, 사고를 당해 상황이 역전되었고 LMM씨 자신이 부양가족이 되어 버린다. 사고에 의한 장애는 물론이고, 애인에게 부담이 되는 것은 그로서는 견딜 수 없는 것이었다. 이에 그는 귀국하여 "나라에서" 나오는 장애수당으로 생활하고 있지만, 현재의 자신의 상황은 필시 그녀의 생활보다는 나을 것이라 생각하고 있었다. 사고에 의해 손상된 자존감을, 자신과 그녀의 상황을 어림짐작으로 비교하여 우위를 두는 방식으로 회복하고 있었다. 그는 지체장애자로서 생활보호를 받으며 남성장애인 공동생활가정에서 생활하다가 사이버대학에서 사회복지학을 이수하고 현재는 그 시설에서 사회복지사로 근무하고 있다.

LMN씨의 경우는, 군대 제대 후 도일했다. 도일 당시 힘들었던 점에 대해서 다음과 같이 밝혔다.

> 힘든 건 없어요. 힘든 건 최고 남자가 혈기왕성할 때가 그 나인데, 여자친구 못 사귀고, 밥 숙식 그게 최고로 힘들었어요. (LMN씨[1966년생], 2009/8/20)

LMN씨가 말한 부분은 단신으로 도일한 한국인남성의 대부분이 지적하는 사항이다. 그들은 그 "힘든" 부분을 갖은 정당화를 해가면서 해소하고 있는 듯 했다.

LMO씨는 필자가 JFD씨의 '불법체류'에 대한 자수 관련조사 통역을 돕기 위해 동경입국관리국 요코하마지국으로 갔을 때,

대기실에서 우연히 대화를 하게 된 경우이다. 대기실에서 만나 LMO씨는 모르는 사람에게도 쉽게 말을 거는 상당히 사교성 있고 유쾌한 사람이었기에 나도 자연스럽게 그와의 대화에 동참하게 되었다. LMO씨는 자신의 나이를 정확하게 밝히지 않았으나, 조사를 기다리기 위해 마련된 대기실에서의 대화 속에 나이보다 훨씬 동안이라는 사실만 알게 되었다. 긴 대기시간 동안 LMO씨와 JFD씨를 비롯하여 자수하러 온 외국인들 속에 있던 한국인들이 하나 둘씩 이야기를 거든다. 일본의 입국관리국에 '불법체류'를 이유로 자수하러 온 사람들이 조사를 위해서 대기하고 있는 곳의 분위기는 대개가 어둡고 엄숙하고 조용한 분위기인데, 그날의 대기실 분위기는 조금은 밝고 가벼워졌다.

LMO씨의 이야기에 집중해보면, 그는 일본에 오자마자 바로 호스트바에서 일하게 되었고, 자신이 일하던 호스트바에 손님으로 왔던 여성의 도움으로 계속 생활해 왔다고 한다.

> 저는 7년간 전혀 일 안했어요. 여자가 주는 용돈으로 파친코하면서 놀았어요. 하하하. (LMO씨[1960년대 출생], 2009/7/27)

LMO씨의 그녀는 한국에서 온 유학생이었으나, LMO씨를 만나게 되어 학업을 포기하고 호스테스가 되었다고 했다. 그러나 다음과 같은 상황이 벌어진다.

> 3개월 후, 여자가 나보고 나한테는 미래가 안 보인다면서 가출했어요. 그래서 나는 생활이 어려워져서 호스트 할 때 손님한테 받았던 로렉스시계 4개 중에 남아있던 하나를 전당포에 팔아서 23만 엔

받아와서, 그 돈으로 비행기티켓 사서, (출입국관리국에) 자수하러 갔어요. 나는 3일 후에 귀국할 건데, 그때까지 파친코 하다가 가야지. (LMO씨[1960년대 출생], 2009/7/27)

한편, LMO씨는 아래와 같은 사실을 덧붙여 말했다.

동거하던 여자 말고도 동시에 사귀던 여자가 한명 더 있었어요. 그녀도 학생이었는데, 그 사이에 네 살 먹은 딸이 하나 있어요. 그런데 어디 살고 있는지 모르지만 …. (LMO씨[1960년대 출생], 2009/7/27)

LMO씨는 시종일관 들뜬 음성과 밝은 표정으로 동거했던 여자들, 로렉스시계, 파친코 등을 자랑스럽게 이야기하다가, "네 살 먹은 딸"이야기가 나왔을 때는 갑자기 목소리에 힘이 빠졌다. 또한 조카딸이 일본으로 와서 공부하겠다는 대목에 이르렀을 때, 그의 얼굴은 갑자기 경직되었다. 아주 강한 어조로 "내가 누나한테 절대로 일본 보내면 안 된다고 말렸어요. 애 다 버린다고". LMO씨의 여성경험에서 오는 판단 때문인지, LMO씨는 자신의 조카딸이 일본으로 애니메이션 공부를 하러 오는 것에 대해서 조언을 구했을 때, 자신이 극심한 반대를 해서 일본에서의 학업을 단념했다고 말했다. LMO씨는 일본에서의 한국여성의 생활에 대해서는 상당히 부정적으로 인식하고 있었다. LMO씨는 자신의 경험에서 오는 감상을 담담하게 이야기 했다.

일본에서는 여자는 호스트바로 망하고, 남자는 파친코로 망해요. 그것만 없다면 돈 모을 수 있는데 …. (LMO씨[1960년대 출생], 2009/7/27)

LMO씨는 자기자신과 관계가 있던 여성들이 "망"한 이유가 호스트바와 파친코였기에, 그것을 일반화시켜 한국에서 온 한국남성과 한국여성들이 "망"할 수 있는 요인으로 수렴해서 설명하고 납득하고 있었다. LMO씨와 JFD씨, 그리고 필자는 같은 전철로 돌아가는 길에 헤어질 즈음, LMO씨는 "우리 부모님이 꽤 살아서 나는 고향가면 집이 있어서 별로 걱정할 필요는 없어요. (필자를 보며) 학생도 남자 조심하고 열심히 공부해서 훌륭한 사람 되세요" 라며 또다시 밝은 표정이 되어 웃으면서 말하며 인사했다.

2-3. '이동'의 동기와 정당화

학령기의 자녀가 있는 남성 대부분의 경우, 자녀들의 학비와 생활비를 마련하기 위해서 도일을 결심했다고 말했지만(LMA, LMB, LMD, LMF, LMH, LML), 일본으로의 도항이라는 동일한 방향을 향하게 했던 것이 경제적 요인에 기인한다고 하더라도, 개개인의 선택의 배경에는 다양한 경위가 존재한다.

경제적 요인에 의한 경우에도 각양각색의 문제가 지적되었다. 자동차 시트를 손으로 제작하여 납품하던 LMA씨는 "80년대에 모든 산업구조가 좋아졌죠. 그래서 사는 게 괜찮았어요. 그게 자동차 계통이 산업이 발달하면 할수록, 빈민층은 쫄아 들어요. 대기업들만 그것이 확장되는 거죠. 몰락이죠. 그걸 집어치우고, 한동안 집에서 놀았단 말이에요"라고 말했다. "80년대 중반에 음악다방을 세 개나 경영했지만 장사가 안 돼서"라고 말하는 LMB씨, "정사원이었지만, 카바레 일은 장래성이 없었다"며 도일 동기에 대해서 말하는 LMH씨, 그리고 "84년도부터 91년도까지. 이 당시에는 신발공장이 돈을 좀 벌다가 돈을 좀 벌만하면, 꼭 부도가 납니다. 우리는 어음을 받는데, 그게 좋을 때는 잘 되는데, 안 좋을 때는 위에 회사가 부도납니다. 그럼 우린 자연적으로 부도나는 겁니다. 작은 업체는 윗 업체에 달려있습니다. 악순환인겁니다. 그때 부산 신발공장이 … 그래서 도저히 이래서는 안 된다고" 생각하여 도일한 LML씨는 한국내의 지역경제구조의 변화에 의한 경제적 문제를 지적했다.

80년대에 글로벌 경제에 직접적으로 크게 영향을 받던 원양어업 종사자였던 LMD씨의 경우는 "그래서 내가 배에서 내려와서 보니까, 달러로 월급 받는데, 사회는 올라가는데, 배 타가지고는 안 돼 생활이. 애들 학교도 못 보내겠다 싶어가지고. 일본에 가면 그렇게 들어와서 일을 많이 하더라고. 그냥 불법으로 여행비자 갖고 와서, 착실히만 일하면 안 잡아가니까. 그렇게 일하고"라며 도항 동기에 대해 말했다.

한편, 세계적인 압력에 의해 일자리를 잃게 된 LME씨는 다음과 같이 언급했다.

> 올림픽이 채택이 되었는데, 86, 88년 올림픽이 한국에서 채택이 되었는데, 한국 사람은 미개한 사람이다, 개고기를 먹는다, 당신네 나라에서 개고기를 먹으면 취소하겠다. 영국에서 떠드는 바람에. 정부에서 정책상으로 개고기를 먹으면, 벌금을 낸다, 영창을 보낸다. 그러니까, 그 사업을 못하게 하니, 개값이 떨어지는 거지. 80프로 정도 떨어지니, 10만 원 받을 걸 2만 원 밖에 못 받고 그러니까, 그 당시 난 그걸로 인해서, 당시 많이 기르던 사람들은 500마리 기르던 사

람은 자살도 하고 그랬다. 그 사업이 망하니까. 난 150마리 정도. 그러니까 손해는 봤지만, 그 사람들 보단 몇 억씩은 안 봤단 말이지. 9천만 원, 일억 정도 되는 돈이지. 난. … 내가 개사업도 망하고 그래서, 한 3년간은 타락생활 하다가, 술만 먹고, 어떤 사람 만나면, 그러니까, 체면이 있으니, 서울을 벗어나서, 전국을 돌아다니면서 술 먹는거지. … 그래서 당신 내가 옛날에 말로 하자면 많은데, 나는 이민 가려고 정비사 자격증을 땄다고. 근데, 우리 마누라가 죽으니까 그러지도 못하고 여기 이렇게 있는 거라. 당신 기술자로 어디 가보라 그래서 내가 괌도(島)로 가게 되었다고. 미국 괌도. 그게 구십 몇 년도. 90년도. 여기에(일본) 94년도에 들어왔고. 91년도였을 꺼야. (LME씨[1949년생], 2009/7/2)

1981년에 영국과 필리핀은 개고기를 놓고 외교논쟁을 벌이게 되었는데, 그 불똥이 한국에도 번지게 되어 1983년 9월 20일자를 기해 서울시내 4대문 안의 보신탕집이 폐쇄되었다. 서울에서 열리게 될 각종 국제대회에 대비하여, 위생업소 질서 확립 방안의 하나로 일반인들에게 혐오감을 주는 업소를 정비하기 위한 조치로서 취해진 것이었다. 이 조치는 위반업소에 대해 식품위생법 시행령 및 동 규칙에 의해 처벌할 수 있도록 규정했다. 처음은 서울시내 4대문 안으로 국한되었던 이 조치는 곧 이어 시내전역으로, 84년 9월에는 전국적으로 확대되었다. 조치 후에도 오리, 닭 등으로 간판을 바꿔달고 보신탕 가격을 올리면서 보신탕가게들이 성업했다는 신문기사도 눈에 띄지만[115] '개사업'을 생업으로

115) 출처: 경향신문 "'보신탕 規制" 1년 看板 바꿔달고 盛業' 1985.9.6. 일자.

하던 LME씨는 국제적으로 행해지는 구조적인 압력으로 인해 일자리를 잃고, 결국은 이주노동을 선택하게 된다.

이렇듯, 사람들을 이주노동으로 유인한 것은 경제적 요인이 대부분이라고 하더라도, 그 내실을 살펴보면 로컬 경제요인, 글로벌 경제요인(결국, 로컬 경제요인과 글로벌 경제요인을 분리해서 설명하는 것은 거의 불가능하다)과 아울러 그것과 연동하는 사회적 요인도 크게 좌우하고 있었음을 알 수 있다.

도일 동기에 대해 경제적 이유보다는 오히려 가정생활에서의 문제를 이유로 도일한 경우도 있었다. LMC씨의 경우는 빈번한 부부싸움과 "여자들 하는 장사인데, 내가 있어봐야 맨날 건달이지, 돈만 까먹고"라며, 부인이 경영하던 가게에 자신의 역할이 없었음과 그것으로 비롯되는 마찰에 대해서 언급했다. LMF씨는 "마누라가 바람이 난 것 같아서, 집에 있는 게 싫어서 머리 식히려고 일본에 왔다"고 하며, LMJ씨의 경우는 "내가 사우디아라비아에 돈 벌러 갔을 때, 다른 남자랑 바람이 나서 애들 다 버리고 가출한 마누라에 대한 분노로 세계를 떠돌아다니게 되었다"고 말했다.

필자가 인터뷰한 사람들 가운데 유일하게 4년제 대학을 졸업한 LMK씨는 자신이 외무고시 7급에도 합격했었지만, 공무원 생활이 별로 좋지 않다는 선배의 말에 취업을 포기했다고 한다. 광고기획업을 경영하던 그는 "(지인이) 일본에 왔다 갔다 한다는 이야기를 듣고, (내 사업에) 유통아이템이 절실히 필요하다고 느꼈기에, 일본이 선진국이므로, 좋은 것이 눈에 띌까 싶어서 돈도 벌고 언어도 습득하면 좋겠다 싶어서, 일본에 갈 결심을 했어요. 그 당시도 혼자 살고 있었기에 부담 없이 갈 수 있었어요. 사업 아이템을 찾으려고 일본에 갔었어요. 독신이었기 때문에"라며, 자신의 도일에 대해서 말했다. 그 밖에, 도일 당초 미혼의 젊은 청년이었던 LMM씨, LMN씨, LMO씨들은 절실한 경제적 이유 보다는 "친구가 일본에 있어서" 겸사겸사 경험을 하고자 일본 도항을 결심했다고 한다. 미혼남성의 도일은 기혼남성의 도일 동기와는 달리, 외국에서의 사회경험과 자아실현의 의도를 농후하게 지니고 있었다.

제3절

제주도 출신 여성노동자의 초상

3-1. '이동'에 담겨진 의도들

필자가 인터뷰를 했던 제주도 출신 여성노동자 9명 가운데 6명(JFA씨, JFC씨, JFD씨, JFF씨, JFG씨, JFI씨)이 남편이 만든 빚을 갚기 위해 도일했던 사례였다.

예를 들어, 20대에 당시 일본에 있던 남편을 찾으러 밀항했던 경험이 있는 JFA씨는, 60대의 고령임에도 불구하고 이주노동을 감행한다.

> 우리 아저씨는 12월 초에 부도나면서, 11월 말일까지 우리 사위 돈도 다 끌어갔어. 우리 서울 사위가 뭐라고 말했냐면, "어머니, 12월 초에 부도나면서, 11월말에 나 돈을 가져가지 말카랍두게(말지 그랬어요)" 그 오죽한 소리야. 그 맞는 말이야. 우리 고모 당근 캔 돈 오백(만 원)도 나가 가져갔어. … 양계장 부도가 7년 되었어. 우리 아저씨가 부산에서 돌아가셨어. 서울로 빨리 오시라니까, 도저히 나 서울

가서 뭐하냐고, 쇼크로 쓰러지니까 막 그냥 전화하다가 저거 했어. 그래서 경찰로다 신고해 버리니까, 어디서 돌아가셨넨. 그래서 나가 납골당에 저거해서, 서울 경기도 쪽, 그쪽으로 안장시켜있어. … 아저씨 돌아가시고 일본으로 갔어. 빚 때문에. 왜냐하면 빚도 빚인데, … 차압이 들어가게 되었어. 이것 때문이야 얘. 아들도 통장도 못 만들어. 우선은 요걸 벗겨줘야지. (일본)가서 그거 벗겼어. 나는 이제도 껄끄러. 내 빚이 아니고, 우리 아저씨 보증. (JFA씨[1937년생], 2009/8/20)

한편, JFC씨의 경우는 다음과 같다.

여기서(제주시) 우리가 사업을 좀 크게 했었어. 내가 식당을 했었고, 엄청 잘 됐쭈게. 제주 사람이라면, 그냥 다 알 정도로 했었는데, 아빠 사업이 망하는 바람에 … 아이구 돈은 뭐, (일본에서) 돈은 많이 벌었지. 많이 벌었다고 해야지. 한 달에 몇 십만 엔씩은 꼬박꼬박 저금을 했으니까. 그러니까, 거기서 빚 물고, 내가 여기(제주도) 와서 이렇게 자유롭게 행동을 해지지. 아니면 장사 못해. 빚쟁이들 가만 나둬?(JFC씨[1953년생], 2009/12/28)

JFD씨의 경우도 JFA씨, JFC와 마찬가지로 남편의 사업이 망한 경우다. JFD씨는 큰 식당을 경영하고 있었지만, 남편이 친구의 보증을 섰기 때문에 집이 압류당하고 사업도 도산한다.

남편은 매일같이 술만 먹고, 내장병에 걸려버렸어요. 그걸 또 돌보고 일본으로 갔어요. 국내에 있으면 애들이 보고 싶어서 바로 집으로 돌아갈 거 같으니까. 마음이 약해지니까 그냥 돈 벌러 일본으로

건너갔어요. (JFD씨[1959년생], 2009/7/27)

JFF씨의 경우, 첫 도항 당시는 미혼이었다.

서울에서 살다가 제가 고아원에서 일했거든요. 내가 그때 일할 때만 해도 퇴직금 이런 게 하나도 없었어요. 월급도 낮은 편이었고. 나이 서른이 되도록, 손에 가진 게 없어서. 그 당시 일본에 가는 게 붐이었잖아요. 우리 친척 중에서도 많이 가 있었고. 해서 한 3년만 가서 벌고 와가지고 다시 그냥 계속 그 일을 하려고 했는데, 거기서 애네들 아빠를 만났어요. 그래서 한 일 년 살고, 그냥 돌아왔죠. 91년에 갔나부다. 91년도에 가서 92년도에 돌아왔으니까. 92년 1월달에 만나서, 9월달에 돌아왔어요. 요코하마 고토부키쵸에서 만났어요. (JFF씨[1961년생], 2009/8/9)

JFF씨의 두 번째 도항에 대해서는 다음과 같이 설명했다.

제주시에서 살다가, 아무것도 잘 안 돼서, 또 도망가듯이 가버렸죠. 2000년인가 부다. 처음에는 애들 아빠만 갔고(2000년 10월), (요코하마 중화가에) 가서 방 빌리고 어떻게 해가지고, 위로 둘은 두고, 막내만 데려갔고(2001년 2월) 그러다가, 아무래도 애들 나두고 간 게 마음에 걸려가지고, 둘 다 데려왔어요(2001년 8월). 우리 어머니가 둘을 길러주고 있었는데 감당 못하겠다고 해가지고 … 온 가족이 다 모인 것은 2001년도 여름방학. … 좀 빚이 있어서, 갔었거든요. 어떻게 보면 바보 같은 일이지. 모으는 대로 다 갚아버려서, 올 땐 돈이 없었어요. 일 좀 하다가 빌려가지고, 목돈이 생기면 보내서 갚았으니까,

올 때는 차비만 하고 왔어요. 빚은 다 갚았어요. … 한번 경험이 있으니까, 가서 사는 데는 별로 문제가 없었거든요. 경험이 있었으니까 애들 다 데리고 갔죠. 가갖고 학교를 다닐 수 있는 지 다 알아보고, 되니까 다 같이 데려간 거죠. 얘들 아빠야 노가다하고, 고토부키쵸 가가지고, 난 첨에는 호텔에서 청소하다가, 그담에는 파친코 돈 바꿔주는 거 4년 했어요. (JFF씨[1961년생], 2009/8/9)

JFF씨는 두 번째 도항에서는 온 가족이 전부 일본으로 건너가게 된다. 그것은 JFF씨 부부가 일본에서의 이주노동생활에 대한 경험과 정보를 보유하고 있었기 때문에, JFF씨는 두 번째 도항에 가족 전부가 동참할 수 있었다.

JFG씨의 경우는, 60년대에 밀항하여 일본에 건너가 영주권을 취득한 모친의 초청에 의해, 80년대 중반부터 초청비자로 일본을 다녔다.

난 여기서 1989년에 결혼해갖고, (장녀가) 90년생이지 … 그 때는 우리 딸내미 낳고 한 일 년 살다가, 불법체류로 애기 데리고 다 남편도 관광비자로 가서 불법체류로 하고 … 그 때는 석 달로 갔어. 나중에는 15일 비자. 90년도 겨울에 간 것 같애. 일 년 반 정도 살다가, 그 담 여기 와서 5년 살다가, 일본에서 벌어 온 돈으로 장사를 했는데, 쫄딱 망해 버련. … 보증을 잘못 섰지 … 솔직히 보증이지. 다 보증이라. 요즘은 … 제주도는 〈옆 친구: 제주도는 다 보증이라.〉 보증 … 여기서 망해서 일본 간 사람들은 다 보증 아니면, 사업하다가 망해가지고 일본 간 거 …. (JFG씨[1965년생], 2009/8/10)

그리고 JFI씨의 경우는 다음과 같이 말한다.

지금은 혼자거든요. 이혼해가지고. 직장생활 해서 신랑 만나서 93년도에 결혼하고 그러다가 애기 둘 낳고, 결혼생활 중에 조금 전남편이 돈관계로 복잡한 일이 많아가지고, 그래서 별거하면서 제가 99년도에 일본에 들어갔어요. … 돈 벌러 갔죠. 빚이 있어서 … 첨엔 갚다가, 갚기도 많이 갚아줬는데, 나도 지친 거지. 제주도에서 돈벌이가 한정되어 있는데, 월급 받으면 나도 동나고, 그것도 지쳐버리고 너무 오래되니까, 결과적으로, 우리 친정오빠한테 모르게 돈을 빌린 게 있더라구요. 오빠가 은행계통에 있는데, 그 은행에 돈을 빌린 거야. 어차피 그걸 못 갚으면 우리오빠가 그렇게 되니까, 그걸 갚으려고 일본으로 가게 된 거야. (JFI씨[1966년생], 2009/12/29)

'빚'과 '보증'이 연동하고 있으며, '빚'을 진 사람뿐만 아니라, '빚보증'을 선 것에 의해, 막대한 위험부담을 안게 된다. JFG씨의 "제주도는 보증"이라는 말에도 제주도의 지역성이 나타난다. 친한 사람의 연대보증인이 되는 것은 피하고 싶지만 피할 수 없는 일이며, 공동체의 가치를 중요시하여 상부상조하는 것이 미덕으로 여겨지는 제주도이기 때문에 더욱 '빚'과 '보증'이 일본으로의 이주노동의 원인이 되는 것이다. 부인의 '빚'이나 '보증'으로 인해 남편이 일본으로 일하러 간 경우에 대해서는 들을 수가 없었으며, 남편들의 과오로 저질러진 문제들을 부인들이 해결하는 상황은, 여성이 남성에게 종속되어 있다는 사고를 넘어서는 현실로서 부각되었다.

또한, 남편은 자녀들이 어렸을 때 집을 나가 다른 여성과 살고 있었기 때문에, 혼자서 세 자녀를 양육한 JFB씨는 다음과 같이 말했다.

> 97년에 일본으로 건너갔지. 가정경제가, 애들 키우면서, 애들 공부시키면서, 딸만 두고, 아들 둘은 결혼 시킨 후에, 자기 집도 없고, 돈도 없고, 그냥 월급 생활로 살아야 했기 때문에, 빚도 있고, 그래서, 월급 받는 것 가지고는 생활이 … 경조사 보는 거랑, 집 빌려야지, 일 년 집세가… 일 년 사글세를 제주도는 풍습이 한 삼백만 원 빌리면 금방 일 년이 돌아오고, 아들 둘은 결혼시키고 딸은 일본어 강사로 있을 때니까, 학원에 두고 나만 건너가고, 그래서 1997년부터 2006년까지 일본에서 살았지. 횟수로 10년, 딱 만 9년 살았어. … 빚이 있어서, 여자 혼자서 애들 키우는 게 그렇잖아. 대출받고 다달이 갚았다가 또 남한테 빌렸다가 또 갚았다가 하는데, 그래도 주위 사람들에게 신용이 있으니까, 이자라도 갚았다가 하는데, 그런데 젤 첨 애기들 교육시킬 때는 지네들이 아르바이트도 하고 장학금도 받고 하는 데도, 자기 집이 없으니까, 해마다 집세 같은 건 목돈으로 빚으로 나가게 되는 거지. 그러면서, 조금씩 애기들 장가갈 때, 뭐 해주는 건 하나도 없어도, 축의금 들어오는 것도 있지만, 하나 보내면 5, 600만 원 빚이 되고, 하다 보니, 이런 게 이자 같은 게 들어 가는 게, 여러 가지 가정 내 문제, 아이들 문제로 돈을 빌려서 보내줬다가 돈이 돌아오지 않으면 그게 또 내가 갚아야 할 빚이 되고, 다 남한테 빌린 거라 남한테 이것 못 갚고 세상 떠나면 안 되지. 그 사람들이 날 믿고 자기네들 노력해서 만든 돈인데, 이걸 안 갚으면 안 되지 하고 생각해서, 그 당시 내가 직장이 있는데도, 내가 그 때 80만 원, 85만 원 정도 받았나 … 그 당시는 괜찮은 월급이었는데, 내가 빌린 돈으

로 이자만 반 이상 나가고, 그러니까 경조사 일 보고, 이자 안 되는 거야, 이게 안 되는 거야. 이러다보면, 원전은 못 갚고 죽으라 일해도 이건 사람의 도리가 아니다, 결국엔 용감하게 가방하나 매고 들어갔지. 우리언니는 너 와서 죽어도 일 못 한다 그랬는데, 들어가서 죽기 아니면 살기로 일했지. (JFB씨[1939년생], 2009/8/7)

JFB씨의 이주노동에 대한 해석으로, 남편에게 '버림받은' 여성이 경제적인 이윤을 좀 더 획득하기 위해서 '이동'을 감행한 것으로 비춰질 수도 있다. 그러나 한부모 가정의 가장 역할을 해야 하는 여성으로서의 불평등 상황, 빚의 악순환, 그럼에도 불구하고 부모로서의 책임을 다하려고 노력하는 이 여성의 '생의 경험'이야말로, 한국사회의 불평등한 젠더관계를 나타내는 것이라 할 수 있다. 결혼관계의 해체는 여성에게 배우자와의 단절만을 의미하기 보다는 주 생계부양자의 상실과 이로 인한 사회·경제적 자원의 접근 가능성의 감소를 의미한다(변화순, 2007). JFB씨는 자신의 가정을 옥죄고 있는 굴레들을 '이동'실천을 통해 타파하고자 했다. 그녀는 자신의 언니가 일본에서 국적을 취득하여 살고 있기 때문에 확실한 연고지를 가지고 있는 셈이었다. 그런 이유로, JFB씨는 아들의 빚 탕감을 비롯하여 가족들에게 경제적인 문제가 생길 때마다, 일본으로의 이주노동을 시도한다.

한편, JFA씨는 첫 도일과 관련해서 다음과 같이 말한다.

21살 때 결혼하고, 남편이 결혼 한 그 해가 바로 일본에 밀항으로 가고 난 24살 때 따라갔나. 아저씨는 부산으로 가서 밀항선으로 갔지. 나는 안가고 … 아이 때문에 … 먼저 가버리니까, 이 아이를 3살

땐가 4살 때, 친정에 맡기고… . 굉장히 김녕에서 고생했어. 시동생들 데리고 살았지 그 사이에. 삼남매를 내가 데리고 살고.. 아따(옛날을 회상하면서 감정 증폭) 그 시어머니는 … 그러니까 나는 시어머니 태를(티를) 안 할려고 했는데 … 상당히 그 고생하고 밀항으로 갔어. 24살 때. 완도로 배타고 가서 일본 고베로 들어갔어. 남편은 대판[大阪;오사카] 있었고, 그래서 주소도 안가지고 갔는데, 그냥 이혼할 껄로. 차마 서로가 사이좋게 살다가, 시어머니 때문이었지. 둘이 사이 나쁜 건 아니었어. 그리고 이게 있었어. 딱 가서 편지 한통이 왔어. 그걸 4년 동안 되새기면서 읽었어. 왠 줄 알란, "항상 당신 곁에 날아서라도 가고 싶덴. 날아서라도 가고 싶소 어멍." 4년 동안 한 통 편지를. … 시어머님 때문에. 막 나를 나쁘게 만드는 거야. 이혼하도록. 그러니까, 우리 아저씨는 그런가 하고 생각하면서, 난 한 통 온 걸로 되풀이 하면서 읽으면서 밀항으로 갔거든. … 왜냐하면, 어머니가 빚이 굉장했어. 남편이 무서우니까, 내가 잘못해버리니까 빚 났다고, 내가 다 먹었다고. 근데, 우리 고향사람들은 내가 다 먹었다니, 그건 엉뚱한 일이거든. 택도 없는 일이지. 그래서 우리 시아버지는 "일등며느리 했다고 할 때가 언제냐, 이렇게 하면 자식들도 하나도 도와주지 않는다" 너무 지나치니까. 그렇게까지 나왔어. 최후에는. 그래서 우리 시어머니가 가만 두게 된 거라. "이렇게 하면 절대 자식들 안 도와준다. 챙피하니까 집안망신이니까." 그때 겨우 집안이 잠잠해진 거라. (JFA씨[1937년생], 2009/8/20)

JFA씨는 일본으로 밀항한 남편에게서 온 한 통의 편지만을 의지하여, 자신에게 씌워진 누명을 벗기 위해 시댁의 억압을 피해서 밀항한다. 일본에서 겨우 부부가 만나 생활하게 되지만, 그로부터 6년 후에는 시부야에서 중국요리점을 경영하고 있었으나 누군가의 밀고에 의해 오오무라(大村) 수용소에 수감된다. 오오무라 수용소는 1950년 12월에, 강제송환이 결정된 '불법입국자' 등을 수용이나 송환하기위해 나가사키현(長崎県) 오오무라시(大村市)에 설치된 수용소였다. 이곳에 수용된 사람들은 두 부류로, 밀항 등의 '불법입국자'로서 적발된 경우나 일본에서의 영주권(협정영주자)을 갖고 있지만 형사법으로 7년 이상 징역형을 받은 재일코리언들이었다.116) 필자가 인터뷰했던 분들은 전자의 경우로, 위에 언급한 JFA씨를 비롯하여, 60~70년대 밀항을 반복했던 JMA씨, 68년에 밀항하여 87년에 강제송환된 JMB씨의 경우가 오오무라 수용소에서 수용되었다가 한국으로 송환된 경험을 가지고 있다. 60~80년대의 한국인의 밀항과 강제송환의 경험에 오오무라 수용소는 중요한 표식으로 위치한다.

일본에서 돈을 좀 벌었는데, 우리 아저씨가 케이바[競馬;경마]를 해서 마따[また;또, 다시] 먹어두고 왔어. 나는 수용소로 잡혀 가구, 자기는 아버지 빽으로 나갔어. 살림을 정리해서 간다구. 안 그래서, 다 수용소 남아버렸으면, 그 돈은 안 먹고 올걸. 자기만 있으면서, 우리가 수용소에서 3개월 사는 동안, (시아버지가) 아들들 다 빼갔어. 우리만 이거 담달에 낳을 애기까지. 이야 지금 생각하면 어이가 없어. 한 살짜리 딸 둘이 데리고 그러니까, 간수들이 다 고개만 흔들더라. 어느 날 꿈에 이랬어요. 꿈에 일본사회에 시아주버니들이 나와 있어. 아들들이, 그러니까 내가 큰 장도칼을 빼들고 다 죽여 버리고

116) 출처: 동아일보 '일본의 韓國人 〈8〉 "刑期없는 刑務所"-大村수용소' 1985. 1. 12. 일자.

나도 죽겠다고 그러다가 꿈을 깼어. 그래서 그 주위 사람한테 "참 꿈도 요상하다 이런 꿈을 꿨다"고 그러니까, 한번 간수들한테 들어보라고 했어. 그랬더니 간수가 나 쳐다보면서 눈시울을 붉히면서, "벌써 와서, 그때 와서 두 번째 아들 데리고 갔다는 거라." 우리 아저씨는 첨부터 안 들어오고. 두 번째 아들은 나와 함께 (수용소에) 들어왔어. 그 때 와서 데리고 갔다는 거라. 나보고 안됐다고 … 그러니까 나쁘게 나쁘게 하니까, 그러니까 당신 체면을 끄려준 거(세워준 거) 뿐이야. 지금 생각하면, 솔직한 이야기로, 내가 제사를 모시면서 "이야 이런 것이 있었네." 한편으론 서글픈 마음이 나지. 나는 그런 성격이 아닌데. 우리 친정도 다 살 만큼 살아. 오빠들도 현재 다 살만큼 다 살지. 비록 시골이라도 보기 싫지 않게 큰 이층집으로 살만큼 살아. 특별한 건 아니지만. (JFA씨[1937년생], 2009/8/20)

위의 이야기를 언급할 때 JFA씨에게 쓸쓸한 표정이 어렸다. 그녀의 시댁에 대한 울분은 꿈속에서도 나타났다. 임산부의 몸으로 어린 두 딸을 데리고 오오무라 수용소에 수용된 JFA씨 보다는 자신의 아들만을 가석방시킨 시아버지의 행동에 대한 서운함이 진하게 묻어나왔다. 3개월 동안 수용되었을 때, 남편은 그나마 있던 돈까지 모두 경마로 잃게 된다. 이런 경험을 하면서도 JFA씨는 집안의 며느리로서 남편의 조상들에게 제사를 지낸다. 그때마다 그녀에게는 섭섭했던 기억이 되살아나서 "서글픈 마음"이 된다. JFA씨는 60대 중반이 되어서 남편이 만든 빚을 갚기 위해 또 다시 도일한다.

은행 빚은 거진 갚았어, 아들 차압 다 풀고, … 마을금고에 3천만 원 들어가고., 이자 받지 말고 일시불 하라니까 우리 딸이 은행에 꾸어가지고 3천만 원 지불했더라. 난 이분저분 딸로 돈을 맞쳐서… 우리친구는 몰라가지고 왜 딸한테 아들한테 돈을 보내냐고, 헌데, 딸이 총 책임져 가지고, 그랬어. 그리고 올 적에 돈 한 푼도 없었어. 다 부치고 난 후에 잡혔으니까. 아들한테는 용돈으로 조금씩 보낸 거. 〈L: 아들은 부인도 벌고 자기도 버는데 왜 용돈을 보내셨나요?〉 부인은 자기가 번 걸 다 엎어 버리나봐. 자기돈은 다 접어버리는 거 같아. 그래서 아들이 숨 막혀. 그러니까 나도 안타까워서 딱딱하게 못 굴어. 보케주머니를 만져보면 천 원 이천 원 들어 부러. 그럼 굉장히 속이 상해. 원래 학교 다닐 때도 촉촉해, 밥을 잘 안 먹어. 그래서 뭐 사먹으라고 천원을 보케트에 넣어주면, 그걸 안 써서 사먹지도 안 해. 그걸 안 써서 하면, 누나들은 어쩌다 한번 주서 하기도(달라고 하기도) 해. 그러는 성격인데, 얼마나 못 견디고 있을까하고 내가 딸들 모르게, 얘야 나 안 그런다 그러면서, 떨어져 가면 그러니까 나가 며느리한테 그랬어, 제주 갔다 와서. 서로가 이렇게 대화 나누면서, 물론 제주 가니까 제주도 가서 살고 싶고, 이왕 남집 빌어 사는 거 오기도 싫더랜. 근데 또 서울도 어디 변두리 쪽엔 집이 싸다는데, 그렇지만 아들을 떠나서는 되겠냐고 그렇게 말했어. (JFA씨[1937년생], 2009/8/20)

그녀는 남편과 시댁에 의해 번롱(翻弄)되는 인생 속에서 '이동'실천을 행하고 있었다. 사고로 인해 완전히 굽어버린 등허리 때문에 JFA씨의 몸은 상당히 왜소했다. 그녀는 그런 힘든 몸을 이끌고 고령의 나이로 이주노동에서 벌게 된 돈을 자신의 아들이 "기 펴고 사회생활 하도록" 용돈으로 송금하곤 했다.

3-2. '이동'에 의한 일시적 속박 해제

JFE씨는 "제주도에 있었을 때는 항상 머리가 자주 아팠어요. 일본에 온 이후로 두통은 의외로 괜찮아졌어요"라고 한다. JFE씨는 자신의 두통의 원인에 대해 직접적인 언급은 하지 않았다. 그러나 남편인 JMF씨와의 인터뷰에서 그 이유를 짐작해 볼 수 있다.

> 72년도에 중학교 졸업하자마자, 바로 축산일 했거든요. 그거 하다가, 결혼하고, 몇 년도에 결혼했는지는 몰라. 그거에 신경을 안 써서. ㅇㅇ월 XX일에 하긴 했는디, 몇 년도에 했는지 모르겠는데. 그렇게 해가지고., 그때는 애엄마가 자궁이 약해서, 애를 잘 못가졌어요. 애를 가져도 낙산되어버리고, 일본에 가려고 해서 간 건 아니고, 그 때도 여기서(제주도) 돈 백은 받았으니까, 그 당시에도 적은 돈은 아니죠. 그래도 부모님은 여기서 하도 안 떨어지니까, 새장가 가라고 갈라놓기 위해서 부모님이 떠밀다시피 … 내가 먼저 가서 떼어 놓으려고 보냈는데, 내가 가보니까 입장을 바꿔놓고 생각해 볼 때 불쌍하잖아요. 애 못 낳는다고 떼어내고 보내긴 보냈는데, 이거 안 되겠다 차라리 외국에 와버리면, 그런 소리 안 듣는 게 약이니까, 일본에는 산부 그런 계통에도 잘하니까. 일본에서도 몇 번 착상 되었다가 몇 번씩 떨어져가지고, 그래서 애를 늦게 가지게 되었어요.
> (JMF씨[1958년생], 2009/8/8)

제주도에서의 JFE씨의 만성두통은 불임에 대한 불안감, 시댁의 억압, 구순열(口脣裂)이라는 자신의 장애로부터 오는 스트레스로 인한 것으로 생각해 볼 수 있다. 제주도에서의 억압적인 관계성에서 일시적으로 해방이 되는 '이동'실천에 의해, 그녀의 두통은 "의외로 괜찮아졌다". 그리고 그토록 바라던 아들도 태어난다. 그러나 아들이 5살이 되었을 때, 아들에게 난청이라는 장애가 있다는 것을 알게 된다. 그녀는 아들의 난청치료와 교육을 위해 귀국을 선택한다. 그때 그녀는 또 다시 시댁과의 굴레 속으로 들어가지 않고, 아들의 언어치료를 위해 서울로 '이동'했다. "가끔씩 제주도에 돌아가지만, 제주도에 있으면 교통도 불편하고 마음도 편하지 않아요"라고 말하는 JFE씨는 "아직까지도 시부모들은 나와 아들이 서울에 있는 것을 못마땅하게 여겨요"라며, 시댁과의 관계가 여전히 껄끄러운 상태라는 것을 알려주었다. 그녀보다 10년 늦게 귀국한 남편은 지금 제주도에서 일하고 있다. 남편이 한국에 돌아왔지만, JFE씨는 남편을 행방불명상태—오랜 기간 일본에서 체류했기 때문에 주민등록이 말소된 상태이다—로 그대로 두어, 그녀 자신이 여전히 기초수급 대상자의 상태로, 또한 아들의 장애인수당도 받으며 아르바이트를 하며 살고 있다. 아들의 치료와 교육비 수급 상태를 그대로 유지하여 그녀와 아들은 서울에서, 남편은 제주도에서 '이중생활'을 하고 있다. 그녀는 아들의 치료와 교육 측면에서 판단한다면, 서울을 떠날 수 없다고 말하지만, '이동' 전에 자신을 괴롭히던 관계 속으로 다시 들어가는 것은 이제 그녀 자신이 피하고 싶은 것이라 할 수 있다. '이동'실천이, JFE씨에게는 자신이 살기 편한 길을 선택할 수 있는 가능성이 되었다는 것을 알 수 있다.

3-3. 도피로서 '이동'

JFH씨는 다음과 같이 도일 동기를 밝혔다.

애기아빠는 고향이 강원도라, 강원도에 가있었고, 그 때 우리 남동생이 내가 딸 낳고 두 달 만에 교통사고 나서 그렇게 되었잖아. 내일 직장 간다고 호텔 다니기로 해놓고 기숙사 간다고 짐 다 싸놓고, 자기 아는 선배 있으니까 술 한 잔 사준다고 나간 게, 마지막이었던 거라. 그런데 우리도 강원도 가서 살까말까 하는데, 또 신랑이 강원도에 가 있고 그렇게 떨어져 있으니까, 사이가 나빠지더라고. 8개월 떨어져 있고, 그 후에 강원도에 가 있으니까, 몇 달에 한 번씩 오고 그러다가 … 신랑이 교통사고 나서 죽어버리니까. 내가 29살인가 … 애기들이 6, 7살 때. 그래서 이제 나도 장사하고 이것저것 하다가, 돈을 많이 뜯기기도 하고 돈을 잊어먹기도 하고, 일하던 아가씨들이 훔쳐가기도 하고, 빚이 한번 나기 시작하니까 감당을 못하겠더라고, 또 가게 하나 남한테 준 게, 돈도 못 받고 그냥 현찰을 받았으면 괜찮을 건데, 지금까지 못 받고 있으니, 그래서 내가 97년도에 일본을 가게 된 거라. (JFH씨[1965년생], 2009/8/8)

JFH씨는 도일 당시의 심경에 대해서 다음과 같이 말했다.

솔직히 그땐 오기밖에 안 생겼어, 가고도 싶었고 … 육지로 나갈 생각은 안했던 것 같애. 무조건 일본으로 갈 생각만 했어. 아마, 친구도 있고, 일본 가면 뭔가 할 수 있을까라고 생각했던 것 같애. 그 전에 내가 일본을 한번 다녀왔기 때문에 그렇게 생각한 거 같기도 하고. 그래서 갔어. 마지막에는 아무한테도 말 안하고, 이번도 빠꾸라 고 생각하고 가방하나 들고 갔지. 다른 사람 이름 빌려갖고, 다른 사람 여권으로, 동생여권으로 … 근데, 빠꾸 안 당하고 그냥 들어와 버리게 된 거야. 그래서 나도 황당하고 신기하지. 아무것도 안 가져왔잖아. 그냥 모자 쓰고 가방하나 딸랑 가져온 거야, 그래서 JFG를 찾아간 거지. (JFH씨[1965년생], 2009/8/8)

JFH씨는 남편의 사망 후, 자녀들은 모친에게 맡겨두고 장사를 시작하지만, "장사하다가, 힘드니까 도망가려고"했다고 회상했다. 그녀의 피난처로 친구 JFG씨가 있는 일본을 생각해낸다. 이전에 '불법체류'의 전력이 있었기 때문에 출입국 심사에는 6번이나 거부당해, "이번도 빠꾸라고" 생각하여, 가방하나만 들고 가벼운 복장으로 갔으나, 의외로 입국이 통과되었다. 그 후, 친구인 JFG부부가 살던 방에는 이미 JFG의 사촌이 얹혀살던 중이었으나, 이곳에 JFH씨도 함께 살게 된다. JFH씨는 친구의 사촌과 사귀게 되면서 둘만의 동거를 시작한다.

JFH씨는 남편이 실업상태에 있던 중 40대에 쌍둥이를 낳게 되지만, 신생아들의 체중미달과 건강문제로 인큐베이터에서 한 달 이상 치료받아야 했다. JFH씨와 두 아기의 치료비 문제 때문에 JFH씨가 입원한 병원의 사회복지사에게서 마리아씨에게 연락이 와서 그것이 인연이 되어 만나게 되었다. 한국 돈으로 1억 원이 넘는 치료비가 나오자, 마리아씨는 병원 측과 교섭하여 JFH씨부부가 가진 돈으로 일단 소액이라도 갚고, 나머지는 돈이 생기는 대로 갚아가는 방식으로 설득하여, 일단 병원에서 퇴원했다. 1억 원이나 넘는 돈을 갚는다고는 했지만, 마리아씨도 병원 측도 JFH

씨부부 마저도 치료비를 갚을 수 있을 것이라 믿는 사람은 아무도 없었다. 또한, 일본에서는 비자 유무와 관계없이 모자보건을 보장하는 '모자수첩'을 발부하고 있기에, 필자는 JFH씨의 쌍둥이의 출생신고와 아기들의 예방접종 및 모친의 건강을 보장하는 '모자수첩' 발부를 돕기 위해서 관공서에 JFH씨의 남편과 동행한 적이 있다.

JFH씨는 퇴원 후 파친코점 앞에서 담배를 피우다가 단속에 걸려서 한국에 귀국하게 된다. 그녀는 귀국 후의 상황에 대해서 다음과 같이 말한다.

난 8년 동안 살면서 힘들었지, 2, 3년은 꾸준히 했는데, 애기 낳게 되니까 그렇게 되니까, 애기 낳고 좀 살고 오려고 했는데, 우리 목표가 있으니까 그런데, 내가 길에서 걸렸잖아, 그래서 오게 되었잖아. 오니까 온대로 힘들었고, 시어머니도 한집에 같이 살자 하니까 힘들었고, 제주도 나와서 지금 우리끼리 사는데, 애기 아빠가 1년 8개월 놀았어. 우리 친정에서 돈을 다 대어줘서, 우리 친정엄마만 고생을 한 거지. 쌀, 하다못해 고춧가루까지 다 대어줬으니까. 이제는 애기 아빠도 일본 사람 상대로 일을 다니고 있으니까, (애기 아빠는 일본인 관광객을 따라다니면서 사진을 찍어주고 있다) 1년 8개월 동안 논 게 너무 타격이었어. 노니까 돈이 표시가 없더라고. 돈을 찾아와도 며칠이면 흔적도 없이 없어지고 … 그동안 2천만 원은 쓴 거 같애. 그건 우리 돈이었어. 일본에서 가져온 돈. 그래서 있는 돈 긁고 엄마 돈 보태서, 집을 사버렸지. 그래서 그 집이라도 안 샀으면 우린 굶어 죽었지. … 난 내가 살 집이 필요했고, 시어머니한테서 나와서 살고 싶었으니까, 일단 난 거기서 빠져나오고 싶더라고. (JFH씨[1965년생],

2009/8/8)

40대의 나이에 쌍둥이를 낳고, 단속에 걸려 강제적으로 귀국하여, 시댁에서 함께 살게 된 것에 대한 심경을 다음과 같이 토로했다.

시부모도 그렇고, 전 신랑 애기들이 있으니까 그것도 걸리고, 같이 살 땐 좋았지만, 남편도 우리 애기들한테 하는 게, 자기 딴에는 잘해준다고 하지만, 내가 섭섭한 것도 있고, 그런 게 또 말 못하잖아. 또 나도 나이 먹어서 애기 낳고, 뭐 팔자 좋으려고, 결혼했는지 그런 생각도 들고, 나 사실 우울증 걸리더라고. 여기 와서 애기들은 백일도 안 되고, 시어머니 밥해줘야 되고, 돈도 없는 집에 시집 와갖고, 그러니까 더 힘이 들더라고 스트레스 받더라고. 하나에서 열까지 나 속에서 다 나가고, 내가 다 해야 되니까, 친구들은 애기들이 다 컸으니까 놀러도 가고, 하고 싶은 거 하는데, 난 애기들이니까 아무것도 못하잖아. 장사도 못하고, 남의 집에 뭐 놀러도 못가고, 그런 게 스트레스로 걸렸지. (JFH씨[1965년생], 2009/8/8)

JFH씨는 도일하기 이전에도 모친으로부터 정신적, 물리적인 지원을 받았고, 남편이 사망한 후 JFH씨가 혼자서 도일을 할 수 있었던 것도 모친에 의한 자녀의 양육지원이 있었기 때문이다. 엄마 역할과 양육 비용 모두들 자신의 모친에게 전부 맡긴 덕분에, 일본에서 마음껏 살아갈 수 있었던 JFH씨도 제주도에 돌아오자, 몇 겹이나 중첩되는 가족 편성의 변경을 거치고, 당황한 채 결국 우울증에 걸리게 된다. 결과적으로 그녀 자신은 시댁에서 이사하여 따로 거처를 마련하고, 전남편과의 사이에서 태어난 아들은 군에 입대했으며 딸은 다른 곳에서 살게 하여, 가족 트러블을 절충시키고 있는 모습이 보였다. JFH씨는 JFG씨와 함께 만났을 때, 필자에게 다음과 같이 말했다.

JFH : 나는 그저께도 말했지만. 나는 지금도 일본에서 살고 싶어. 얘들하고 떨어져서 사는 건 외롭지만, 얘들도 다 같이 갈 수 있다면 나는 일본에 가서 살고 싶어. 일본이 훨씬 편해. 내가 한국에서 이렇게 힘드니까 이렇게 생각하는지 모르겠지만.

JFG : 일본에서는 둘만 생활했으니까, 거기서는 걱정거리도 별로 없었지. 둘이 사이도 더 좋았고, 근데 여기 오니까 …
(2009/8/10)

JFH씨의 말에, 그녀의 생활상을 옆에서 지켜봐 온 JFG씨의 맞장구를 봐서도 알 수 있듯이, 대부분의 '이동'실천을 경험했던 여성들은 일본생활에서는 개인적인 사귐으로 충분했던 것들이 고향에 돌아오자마자, 며느리역할, 엄마역할, 부인역할 등 여성에게 요구되는 모든 역할들을 해내지 않으면 안 되는 현실에 맞닥뜨리게 된다. 얄궂게도 JFH씨의 상황은 그녀의 모친의 희생에 의해 개선되고 있었다. 제주도에서의 인터뷰 당시, JFH씨는 실직한 남편에게 쌍둥이의 육아를 맡기고 횟집에서 아침 9시부터 밤 10시까지 일하고 있다고 했다.

3-4. 가족 전체의 '이동'

두 번째의 도일을 가족 전체가 감행한 JFF씨 가족은 당시 중학생이었던 딸이 자신의 친구와 함께 훔친 자전거에 타고 있었던 것이 계기가 되어, 경찰에게 잡혀서 "잡아넣진 않겠지만 자수해서 가라고" 권고 받아, 일가는 제주도로 돌아왔다. JFF씨는 현재의 생활에 대해 다음과 같이 이야기했다.

나 같은 경우는, 경조사에 대해서 눈감고 살아요. 진짜 안보면 안 될, 직계형제의 조카라든가의 결혼식 이외에는 안 가요. 그래서 나는 어디 모임도 하나도 안 나가고, 그런 것 때문이라도, 사람들이랑 어울리지 않아요. 처녀 때는 서울에서 살았으니까 안 나가도 되었고, 결혼해서는 제주도에서 살았지만, 나는 원래 육지에서만 살아가지고, 여긴 모임을 많이 하니까, 그런 모임이 많은 거에요. 난 여기서는 직계친척만, 직계친척이라고 하더라도, 난 우리집에서 맨 위니까, 난 나가 살다보니까, 웬만한 사람들은 다 결혼해버렸고, 난 늦게 결혼했기 때문에, 다 내 밑으로 동생들이니까, 시집을 가니까, 조카들은 다 커서 결혼해버렸고 … 그리고, 우리 시집 식구들은 나 불쌍하다고 웬만하면 알려주지 않아요. 꼭 가야될 집 이외에는 안 가요. 난 그래서 경조사비용은 별로 안 들어요. 하다못해, 회사 상조회에도 안 들었는데 … 그리고 이러고 사니까, 옛날에는 동창에도 가고 그랬는데, 이제는 연락도 안 해요. 난 내 고향이고 아는 사람들이 내가 이렇게 사는 거 다 알지만, 철판 깔고 살지만 … 내가 망해서 일본 갔다 왔다고, 우리 엄마 아버지는 첨에는 좀 부끄러웠겠지만, 그래도 그렇게 살아요. 기회 있으면 또 가고 싶어요. 편해요 맘 쓸 일 없으니까. 어머니 아버지께 내가 못산다고 … 여긴 말이 많잖아요. 너무 너무 다른 사람에 대해서 뭐라 그러는데 … 첨에 제일 짜증난 건, 우리 딸애 옷차림. 일본에서는 그렇잖아요. 근데 여기 오니까 다른 사람들이 다 손가락질 하는 거에요. 왔을 때 막 부츠 신고 그러니까, 여기선 안하니까, 중학생이 무슨 부츠 신냐고, 치마도 짧으니까 막 여기저기서 손가락질 하는 거에요. 그래서 내가 "야, 치마 더 짧은 거 입어라, 사람들 뭐라 그러건 신경 쓰지 마라" … 그리고 여기는 모르는 사람이 없으니까, 우리 아버지가 이 동네에서만 살았으니까, 모르는 사람이 없으니까 누구집 딸 , 누구집 손주, 어머니 아버지한테 그런 애기 듣지 않게 하려고 나간 것도 있어요. (JFF씨[1961년생], 2009/8/9)

JFF씨는 제주도의 고향 생활에서 "철판 깔고" 생활하고 있다고 했다. 그녀의 구술에서는 주변과의 관계, 타인의 간섭 등에는 동요하지 않으면서, 가족중심의 생활을 영위하고 있는 모습이 보여 졌다. 최소한의 관계만을 유지하며 생활하지만, 딸의 복장까지 간섭당할 때는 강하게 대항하려고 한다. 그러나 그 마을에서는 상당히 두드러지는 모습으로 항상 마을 사람들의 입에 오르내리는 장녀는 결국 제주시에 있는 고등학교로 진학시킨다. 이로써 딸도, 부모도, 조부모도 조금은 안정되었다고 했다. JFF씨 자신이 아무리 그런 굴레로부터 벗어나고자 거리를 둔 생활을 하려고 해도, 가족구성원의 일거수일투족이 한 집안의 체면을 좌우해버리는 것은 이미 숙지하고 있었다. 그렇기 때문에, 그녀는 자신의 부모의 체면을 지키기 위해서도, 사업이 망했을 때 도일을 결심했다고 회상하는 것이다.

3-5. 다시 또, '이동'

1994년경, 일본에 건너가 2008년 11월에 강제송환, 그리고 그 이듬해 2월에는 밀항으로 다시 고토부키에 들어온 JFC씨는 그로부터 5개월 후 다시 경찰에 단속되어 강제송환된다. 제주도로 돌아온 그녀는 한 달 후에 바로 PC방을 개업한다.

> 이번에 왔을 때 내가 막 이혼을 햅쭈게. 이번에 잡혀왔을 때. 근데, 아들이 어데 들어 가볼까 생각할 때라 그렇게 그게 흠이 될까 봐 못하겠더라고, 아들 … 내가 아들이 여기서 취직을 하려는데, 좀 그게 흠이 될까 해서, 이혼을 안 하고 … 등본 떼보면 이제 … 괜히 결손가정 만들고 싶지 않아서 … 이제까지도 그렇게 힘들 때도 있었는데, 내가 그렇게까지 할 필요가 있나 그런 생각이 들어. (JFC씨[1953년생], 2009/12/28)

JFC씨는 사실상 이혼상태였으나, 그 동안 이혼절차를 밟지 않았던 이유를 말했다. 아들의 미래에 "흠"이 될 것을 우려하여 이혼을 주저했다. 가족의 다양화와 이혼에 대한 부정적인 시각이 감소되어 과거보다 이혼을 낙인화하는 경향을 약화되었으나, 이혼을 보는 시각에는 당사자를 비롯하여 많은 사람들이 삶의 시작이라기보다는 결혼의 실패로 여긴다(변화순, 2007). 부모의 결혼의 실패는 바로 아들에게 "흠"으로 작용하여, 취업도 어려울 것이라 생각했다. 일본에서 벌어 온 돈으로 PC방을 개업하여 아들에게 양도함으로써, 아들의 취직에 대한 염려도 어느 정도 사라지고 나서야 비로소 이혼이 가능해졌다.

서류상으로도 독신상태가 된 JFC씨는 이제부터는 '불법체류'가 아니라 합법적인 체류방법을 찾고 싶다고 필자에게 말했다. "그러니까, 지금까지는 그렇게 살았는데, 그러니까 결혼비자라도 누가 하나 해 가지고 만들어볼까 하고 … 일본에는 혼자 사는 사람 엄청 많잖아. 그런 분이 계시면은, 들어가고 싶어. 어찌 시작해서 금방은 아니고, 그런 결혼비자라도 되면, …"이라고 말하는 JFC씨에게 다시 일본으로 들어갈 의향이 있는지 물어보았다.

L : 또 들어가실 계획이세요?

JFC : 가고 싶어. 거기 생활이 좋아.

L : 가고 싶어요? 그래도, 여기 장사도 잘되고 그런데 ….

JFC : 장사도 잘되고 하지만, 여기 아들이 있으니까, 나중에 아들 어떻게 다 해주고, 내가 거기 가서 노후에 쓸 돈 내가 벌어가지고, …

L : 일본이 편하세요?

JFC : 생활하기 편하지. 이것저것 생각 안 하고 일만 하니까. (제주도에서는) 아, 친척들도 봐야지, 주위의 사람 잘사는 거 보면, 정말 솔직히 말하면, 눈 팅겨 나오지. 여러 가지 많이 있어. 여기서는 정신이 시끄러워.

L : 일본에서는 그래도 비자가 없어서 자유롭지 않을 텐데, 그래도 일본이 맘이 편하세요?

JFC : 아니 그러니까, 지금까지는 그렇게 살았는데, 그러니까 결혼비자라도 누가 하나 해 가지고 만들어볼까 하고 ….

L : 생활하는 게, 고토부키쵸가 그렇게 편한 게 아닌데 ….

JFC : 일하고, 올라가고, 거기서는 전부다 똑같이. 뭐 있는 사람 없는 사람 구별이 없잖아. 무조건 내가 있다고 해도 전부다 거기서 시작이잖아. … 그런 게 마음이 편하고 아, 여기 오니까 내가 누구하고 대화가 안 돼. … (고토부키에서는 다 서로가 알고, 생활도 비슷하니까) 친구가 되는 거에요. 다 터놓게 되는 거라. … 비자가 좀 그렇지만. 자유롭긴 자유롭지. 순경들 보면, 무섭고 그렇지만. 우리가 생활하는 건 큰 지장은 없었지. 아, 여기서는 좀 갑갑하고, 내가 신경 쓸 게 많아. 형제간에 많이 있지 친척들 있지, 뭐. 잔치다 뭐다 하면 가면, 얘기 하는 게 꺼내지잖아. 내가 거기 가서 산 게 몇 년이고, 친척 간에도 이렇게 되잖아. 이렇게 친척 간에도 … 그러니까, 내가 여기 와서도 우리 사촌들. 아버지 형제간 칠 남매가 다 제주도 사는데, 그 사촌이 몇십 명이야. 다 이러고 사는데. 무슨 일이 있어도 잘 안 가진다. 가서 대화가 잘 안되니까. 지네가 말하지는 않겠지만, 내 자신이. … "아이고 고생하고 왔구나" 이런 말도 듣기 싫어. (2009/12/28)

JFC씨는 PC방 경영을 궤도에 올려놓은 뒤에, 결혼비자로 일본에 다시 들어갈 계획을 세우고 있었다. 그녀에게는 제주도에서의 인간관계가 거추장스럽고 "갑갑"하게 느껴졌기에, 외출도 하지 않고, PC방 운영에 집중하고 있다. 그토록 인간관계를 기피하는 이유에 대해서 좀 더 물어보았다. "난 친구도 안 만나고…내 친구들은 다들 몇십억씩 재산 가지고 있고. 내가 있을 때는 안 그랬거든. 나한테 다 돈 빌리러 오고 그랬었는데. 그러니까 내가 만나고 싶지 않더라고"라며 대답했다. 전남편의 건설회사가 도산하기 전에는, "제주 사람이라면, 그냥 다 알 정도"의 규모의 식당을 직접 운영했으며, "제주도에서 세 번째 정도"되는 건설회사 경영자의 부인이었던 JFC씨는, 지금과는 달리 예전의 부유층이었던 자신과는 동떨어진 상황에 대해, 친구를 만날 때마다 상기될 것을 두려워하고 있었다. 그렇다 치더라도, "아이고 고생하고 왔구나"라며 동정 받는 것도 그녀의 자존심으로는 견딜 수 없는 일이다. 그녀는 "전부다 거기서 시작"선 상에 있고, "있는 사람 없는 사람 구별이 없"는 인간관계의 굴레에서 자유로울 수 있는 고토부키에서 결혼비자를 취득하여 "합법적으로" "편하게" 노후 준비를 하고 싶다고 한다.

제4절
육지 출신 여성노동자의 초상

필자가 인터뷰를 한 육지 출신 여성 5명 중 2명(LFA씨, LFD씨)은 '합법적' 체류자이다. LFD씨의 경우, 결혼 전에 흥행비자로 일본에서 4개월 간 일한 경험이 있다. 그 후 형부의 소개로 1984년에 일본인 남성과 결혼하여, 1995년에는 영주권을 획득하고 현재까지 일본에서 살고 있다. 그 때문에, 엄밀하게 말하면 LFD씨를 이주노동자로 분류하는 것은 타당하지 않을 수 있다.

4-1. 인가 없는 돌봄노동자

LFA씨의 경우, 남편과 사별한 후 서울에서 환자의 간병일을 하던 중에, 일본을 자주 왕래하던 어느 여성의 알선으로, 재일교포 할머니의 간병을 맡게 되었다. 그녀는 관광비자로 일본에 입국하여 3개월간 체류하면서 할머니를 간병하고, 비자 기한이 가까워지면 귀국하는 생활을 반복하고 있었다. 4년간 일본을 왕래하며 간병을 해오고 있었으나, 잦은 왕래를 수상히 여긴 공항 입국심사에서 걸리게 된다. 재력가인 할머니의 아들이 국회의원에게 부탁하여, LFA씨는 다시 일본에 들어오게 되고 간병 일을 계속 해왔다고 한다. 그러나 어느 날 금전문제로 "도둑" 취급을 받게 되어 결국은 귀국한다. "혼자만의 노후"를 걱정하여 자신의 힘으로 노후를 보낼 자금을 만들기 위해 감행한 결말이 "도둑" 누명으로 귀국하게 된 것은 그녀에게는 상당한 충격이었다. LFA씨의 경우에서처럼, 재력이 있는 재일교포 할머니의 간병을 동포인 한국인 여성이 맡았던 것과 같이, 근래 들어 한국의 노인 간병, 노인 요양 관련 일자리에 재중동포들의 취업이 눈에 띄게 증가했다. 일본에서 한국인에게 '개호'비자가 발급된다면, 아래와 같은 도식에 표현된 흐름은 충분히 일어날 만하다.

재일교포 ⇐ 한국인 ⇐ 재중동포 [⇐ 은 돌봄노동이 제공되는 방향]

자본에 의해 만들어진 위계 속에 국가와 자본이 결탁한 상태에서는, 저렴한 임금과 의사소통이 가능하다는 측면에서 경제수준이 낮은 곳에서 온 동포의 노동력이 선호된다.

4-2. 육지 출신 '불법체류' 여성노동자의 궤적

육지 출신 '불법체류' 여성노동자에 해당하는 사례는 LFB씨, LFC씨, LFE씨의 3명으로, 단지 이 3명의 인터뷰 자료를 근거로 육지 출신 여성노동자의 특징을 드러내는 것은 불가능하지만, 이러한 사례 하나하나를 사회적 사실로서 고찰하는 것은 가치 있는 작업이 될 것으로 사료된다.

3명의 사례를 살펴보면, 3명 모두 빚 때문에, 일본에서의 이주노동을 결정했다. 도일 당시 기혼상태였던 LFB씨와 LFC씨의 경우는 남편이 만든 빚이 원인이 되어, 그리고 미혼인 LFE씨는 친구에게 빌려준 신용카드 때문에 일본으로 건너간 것이다. 이 3명의 일본행을 결정지은 것은 가까운 주변사람 중에 일본에서 이주노동을 경험한 사람이 존재했기 때문이다. LFB씨의 경우, 전남편이 가와사키의 사쿠라모토에서 건설노동을 했던 경험이 있으며, LFC씨의 경우는 남동생이 고토부키쵸에서 타일기술자로 일했을 때, 그녀도 고토부키쵸에 한국인을 상대로 옷장사를 하러 갔던 경험이 있다. 그리고 LFE씨의 경우는 부친이 고토부키쵸에서 한국인을 상대로 지압과 침치료를 하고 있었다. 그렇게 연결된 정보로 그녀들은 재정적 곤궁상태에 빠졌을 때, 일본을 향했던 것이다.

유방암이 발견되어 한국으로 돌아갈 수속을 밟던 중에 만나게 되었던 LFC씨의 경우도 남편의 반복되는 도박으로 인한 빚 때문에 일본으로 온 여성이었다.

이혼을 하자, 안 되겠다 도저히. 애 열다섯 살에 이건 아니다. 나는 나대로 가고, 당신은 당신대로 가야 되겠다. 이혼을 하자. 법원까지 가게 되었어요. 그때가 일본 오려고 생각을 할 때. 근데, 법원까지 갔는데 주민등록증을 안 들고 왔대. 그래서 이혼을 못하고 일본 왔어요. 못하고 지금까지 온 거에요. 나는 다 준비를 했는데, 주민등록증을 자기는 안 들고 왔대. 미리 대서소에서 써가지고 들어가는 거니까, 안 갖고 왔다고. (LFC씨[1954년생], 2010/5/12)

LFC씨는 남편에 관해서는 그 이상 이야기 하려 하지 않았다. "근데 점점점점 전에 빌린 돈 이자도 내야 되고, 이자가 눈더미처럼 불어나더라구요. 원금은 하나도 못 갚고, 이자만 겨우 갚는 거에요. 한 달에 육백만 원이 있어야 이자를 갚고 먹고, 아들은 또 키워야 되고"라며 도일 전의 상황을 설명했다. 아들에 대해서는 "군대도 빨리 갔다 왔어요. 그래서 내가 여기 오면서 그 애한테 지장이 있을까봐 군대를 일찍 보내버렸어요. … 아들 때문에 힘들었죠". 아들을 군대에 보내놓고 도일한 LFC씨는 자신의 귀국에 대해서 다음과 같이 말했다.

나는 좀 더 있다고 가려고 그랬어요. 60살에 가려고 그랬어요. 왜냐하면, 남아있는 돈을 도저히 안 갚고는 시간이 가면 갈수록 나는 계속 괴롭히는 거에요. 그래서 그거마저 갚고 가겠다 왜냐하면 아들도 취직했고, 지금 공무원이에요, 아들이. 아들 때문에 더 늦어진 거죠. 남의 빚 갚는 거는. 보류를 해놓은 거죠. 어차피 갚을 거니까. 생활비하고 할머니 계실 때 할머니가 맨날 우리 아들 때문에 빨리 돌아가신 거에요, 신경 쓰시느라고. 둘이서 같이 있어서, 할머니 돌아가시고, 지금 6년째 되어 가는데, 우리어머니가 저를 35에 낳아가지고, 85에 돌아가셨나봐. 아들은 77년생. 지금 34이죠. 딸을 둘 낳았어요. 결혼할 때 왔다가고, 신혼여행 여기로 오라고 해서 왔다가고, 작년에도 왔다갔어요. 근데 걔는 자리 잡았으니까, 이제부터 나는 남은 일은 빚 갚는 일밖에 없다. 작년에 갈 때, 난 한 5년 더 있다간

다, 이제 니 일은 니가 알아서 해, 난 더 이상 모른다. 그리고 딱 거기서 접었죠. (LFC씨[1954년생], 2010/5/12)

위의 구술에서는 LFC씨가 남편이 만든 빚에 대한 변제 때문에 일본으로의 이주노동을 할 수 밖에 없는 상황에 놓였지만, 그녀에게 최우선 순위에 있던 아들에게 교육비와 생활비를 보낸 후에 남은 빚을 갚아갔기 때문에 그녀를 괴롭히는 빚의 변제는 대폭 늦어졌다. 성장한 아들이 이제 겨우 공무원으로 자리 잡고 결혼하여 손녀까지 태어났으니, 아들에 대한 책임은 이것으로 끝났다고 선언한다. 그리고 그녀는 앞으로 5년간 일본에서 일해서 빚을 갚을 생각이었다. 그러나 유방암이 발견되어 결국 귀국하게 된다.

LFE씨의 경우, 현재 서울 근교에서 살고 있다. 그녀는 고등학교 졸업 후, 대기업의 판촉업무를 담당하고 있었으나, 친구에게 자신의 신용카드를 빌려주고, 그 친구 때문에 빚더미에 오르게 된다.

연금매장에 파견을 나가서 판매를 하고 있었는데, 옆에 매장에 있는 애가 언니 언니 하더니, 카드 세 개를 빌려줬는데, 카드 세 개를 와리깡을 하고 돈을 들고 도망갔어요. 신용카드가 신용한도액이 넘으면 500이면 500 쓸 수 있는 한도가 있잖아요. 세 개를 가지고 딴데 가서, 쓴 걸로 해서 현금을 받아서 날라 갔어요. 신용불량자가 되어버리겠죠. 그 다음 달부터 돈이 200씩 날라 오는데, 직장 월급으로는 안 되니까, 그 당시 아버지가 일본에 가 계셨어요. 가와사키 쪽으로. 아버지가 요코하마 쪽에 있었거든요. 당장 돈이 날라 와서 감당이 안 되니까 일본에 전화했더니 아버지가 들어오라고 하더라구요. 거기 있다가는 오도가도 못 하고 돈에 치어서 더 병 걸린다고. (LFE씨 [1969년생], 2009/8/22)

이런 이유로 LFE씨는 일본행을 결심하지만, 도일 당초 그녀가 부친에게 소개받은 직장은 고토부키쵸에 있던 술집(스나쿠)이였다.

스나쿠도 소개받고, 마담들도 아시고, 침손님이니까. 아버지는 잘 나가는 마담한테 데려가서, 내 딸인데 일 좀 시켜봐라, 그래서 처음에는 겁도 많이 냈어요. 내가 술집 다니냐고 그랬더니, 여긴 한국이랑 시스템이 많이 틀리다고 그러더라구요. 자기가 찬동 안하는 이상은 2차를 갈 필요가 없다고 하더라구요. 그러니까 굳이 2차 부담 없이 스나쿠에서 돈 버는 게 몸을 힘들게 안하는 거라고 하더라구요. (LFE씨[1969년생], 2009/8/22)

LFE씨는 한국의 정서라면 주저하게 되는 '호스티스'라는 직업을 부친에게 "여긴 한국이랑 시스템이 많이 틀리다"며, 스나쿠는 보통 직장과 다름없다고 추천받아 일하게 된다. 그 때 부친은 LFE씨에게 스나쿠의 마마(마담)로부터 가불을 하도록 지시받는다.

첨에 술집 들어갔을 때, 아버지가 가불을 50만 엔 땡기래요, 왜요 그랬더니, 그건 기본적인거래요, 원래는 브로커가 있어서 브로커가 다 가져 간데요. 떼먹고, 100만 엔, 200만 엔 빼먹고, 거기 있는 사람들이 몇 년씩 일해서 갚아야 된다 그러더라구요. 근데 나는 브로커가 없었으니까 그냥 50만 엔만 땡겨라고 하시더라구요. 땡겼어요.

땡겨서 그걸 아버지 드렸어요. 근데 아버지가 어느 날 갑자기 그 아주머리하고 날랐어요. 〈L: 왜요?〉 무슨 일이 있었나 봐요. 자고 일어나서 보니 아버지랑 그 아주머니(부친와 동거중이었던 여성)가 안 계시더라구요. 그래서 가불 받은 거 다 들고. 그래서 어떻게 막막하잖아요. 그 전에는 미용실도 댕기고, 식당도 댕기고 했는데, 아버지가 없어지니까 갈 수가 없더라구요. 그래서 남한테 가불을 받았어요. 가불을 받을 수밖에 없잖아요. 그래서 이야기를 하니까, 료[寮;기숙사]로 들어가라고 해서 료로 들어가고, 들어가니까 옷 같은 것도 해야 되고, 그래서 30만 엔 월급이 들어온다고 해도 매달 십 몇 만 엔씩 들어가요. 내 손에 쥐는 거는 기껏 해봤자 20만 엔, 15만 엔이에요. 그런데 먹고 살아야 되니까, 또 생활비로 들어가고. 그러니까 돈을 모을 시간이 없는 거예요. 그래도 일본에 있는 동안, 카드 회사 하나만 마무리 지었어요. 그러다가 보니까, 술 먹고 몸이 부으니까 신장은 더 망가지고, 내가 불법체류자라 병원도 잘 못 댕기고, 원래는 술집 댕기는 사람들은 물주를 하나 잡아야 돼요. 난 물주 잡을 줄을 못했고. 그렇게 3년 살았죠. 그러다가 어느 날 신장이 너무 나빠져서 쓰러졌어요. (LFE씨[1969년생], 2009/8/22)

LFE씨는 "신장이 망가지고, 뇌출혈"이 되어, 신체에 장애가 남겨져 지체장애 2급으로, 현재도 신장투석을 하면서 재활훈련을 받고 있다. 그녀는 기초수급과 장애인수당으로 생활하고 있다. 필자는 가족이나 친척이 있는지 질문했다.

어머니는 돌아가셨어요. 제가 21살 때 사고로. 그것도 이야기하려면 파란만장해요 … 아버님은 제가 일본에서 나오기 1년 전에 돌아가셨어요. 간암으로. … 동생이랑은 지금 연락 안 돼요. 연락 안 된 지 6년 되었어요. 힘든가 봐요. 저 이렇게 사는 거 보는 게. 어느 날 연락 끊더라구요. … 저도 친척 많아요. 아버지 장남, 어머니 장녀이세요. 아들형제만 친가 쪽으로 고모 두 분, 삼촌 세 분, 외가 쪽으로도 엄마가 장녀니까, 이모 두 분, 외삼촌 두 분이에요. 남보다 못해요. 제가 전화하면 돈 달라 할까봐 전전긍긍하죠. 옛날에 겨울에 너무 추워서 난방비가 없어서 고모한테 전화했더니 고모가 "너 나한테 돈 맡겨났냐?" 그러시던데요. 그래서 혼자 살 수밖에 없어요. (LFE씨 [1969년생], 2009/8/22)

LFE씨는 매우 담담한 어조로 말했다. 부친이 자신의 돈을 훔쳐서 사라지고, 부친이 소개한 술집 근무로 인해 그녀의 신장이 망가지고 지금은 매일 자신의 병마와 싸우며 살아가고 있다. 가족이 있지만, 가족이 "타인보다 못하다"고 말하는 LFE씨의 눈에는 여러 감정이 교차하고 있었다.

제5절
소결

이 장에서는 '이동'을 둘러싼 다양한 스토리로부터 '이동'의 투기와 '이동'의 정당화에 대해서 고찰했다. 한국인 이주노동 경험자들의 구술로부터 그들이 '이동'에 무엇을 걸고 있는지, 그리고 '이동'실천을 행하는 것은 그들에게 어떤 의미를 가지고 있는지 살펴보았다. 한국인 이주노동 경험자들의 '이동'실천을 둘러싼 다양한 구술을 듣는 것은, 파묻혀 사라질 수도 있는 '이동'에 관한 생생한 이야기를 역사로서 정립시키는 작업이 될 수도 있을 것이다. 그들의 '이동'실천. 인생의 리셋(재설정)할 수 있는 기회, 많은 포기, 이별, 위험 등을 감수하면서도 '이동'실천을 하는 이유는 제각각의 있지만, 그들의 '이동'실천에 대한 경험을 듣게 된다면, 그들에 대해 '돈을 벌기 위해 온 불쌍한 사람'이라는 천편일률적인 해석은 할 수 없게 될 것이다. 이주노동에 의해 획득한 금전적인 여유는 그 사람의 실추된 명예, 인간관계, 체면을 다시 일으켜 세울 계기가 되기도 한다. 물론, 그 정반대의 측면도 '이동'실천은 함의하고 있다. 그러나 인생의 리셋 순간은, 사람들 다시 일어설

수 있는 힘을 준다. 그리고 그 때에는 자신이 효과적으로 활용할 수 있는 사회자원을 충분히 이용하면서 '이동'실천을 하게 된다.

종장

이 책의 결론과 과제

제1절

이 책의 지견과 결론

한국인 이주노동자들의 실천들을 '이동'이라는 경험으로 되묻기 위해서 이 책에서는 다음과 같은 작업을 거쳤다.

우선, 제1장에서는 고토부키쵸의 한국인 이주노동자들의 유입에 관하여 고찰했다. 먼저 고토부키쵸라는 공간을 초국적 사회구조와 심화된 관계를 담지하는 주체들의 '이동'실천이 펼쳐지는 장소로서 정의했다. 이를 통해 '이동'실천의 배경에 있는 각자의 전략이 노골적으로 표출되는 공간인 것을 발견했다.

또한 고토부키쵸의 역사적 배경을 기술하여, 한국인 이주노동자들이 고토부키쵸로 유입 및 밀집하는 것에 대한 사회학적 의미를 제시했다. 구체적으로는 고토부키쵸로의 제주도 및 육지 출신 한국인들의 이주경험에 관하여 고찰했다. 그들을 둘러싼 사회적 상황의 다원적이고 중첩적인 현실들을 부각함과 동시에, 그들이 개인적 선택에 의해 이주를 수행해 왔음을 밝혀냈다.

한편, 사회상황과 개인적인 다양한 선택지, 의도, 의미부여 등을 분석틀에 포함하여 고찰한 결과, 사람들은 이동함에 있어서 제각각 창조적인 모색을 토대로 이동을 선택하고 있다는 것을 확인할 수 있었다. 개개의 전략성은 이주공간에서의 일상생활을 지속시켜가는 가운데 한층 더 선명히 드러난다.

다음 제2장에서는 종래에는 단편적으로 파악되던 에스닉 커뮤니티에 관한 인식들에 대해 질문을 던졌다. 외부의 시선으로는 '상부상조', '공동생활', '신뢰 공동체'로 보이는 고토부키쵸의 한국인 이주노동자들의 생활상을, 그들의 노동과 생활의 내실을 당사자들의 구술을 토대로 재구성했다. 특히, 노동과 주거, 그리고 여가 등을 포함한 생활세계를 파악하기 위하여, 취업실태, 주거, 낙찰계, 파친코 등의 중심으로 검토했다. 구체적으로는 '한국인 오야카타(십장)'를 중심으로 구성된 취업구조를 밝혀내어 에스닉 커뮤니티 내부에는 상부상조적=시장매개적 관계가 존재하고 있다는 것을 지적했다. 그와 동시에, 커뮤니티를 유지시키기 위해서는 커뮤니티 내부의 구성원들의 희생이 동반되는 것도 확인할 수 있었다. 주거 측면에서는, 한국인 이주노동자와 재일코리언과의 복잡한 관계를 제시했다. 아울러 그들의 생활에서 중요한 요소인 낙찰계와 파친코에 대해 검토하여, 여가성, 도박성, 위법성을 초월하는 한국인 이주노동자들의 생활세계에 조금 더 근접할 수 있는 주제임을 밝혀냈다. 위의 사례들은 구조적 제약 속에서 한국인 이주노동자들은 어떻게 하여 자신들의 일상을 살아가고 있었는지에 대해 명확히 제시한다. 그 결과, 고토부키쵸의 에스닉 커뮤니티는 유토피아가 아니며, 그곳에 살고 있는 사람들은 제각각의 일상의 생활을 꾸려가기 위해서 타협과 극복, 그리고 그들 나름의 합리적인 판단에 따른 생활전략을 수행하고 있다는 사실이 밝혀졌다.

또한, 고토부키쵸라는 장소를 개개인들이 살아가기 위한 다양한 전략과 교지가 경합하는 공간으로 재인식할 수 있게 된다. 거시적인 사회시스템에 포섭되는 존재로서 요세바 '고토부키쵸'의 한국인 이주노동자들의, 현실을 수용하면서 실천해가는 과정에 대한 고찰을 통해 고토부키쵸라는 장소와 한국인 이주노동자들과의 관계성이 보다 명확해졌다.

제3장에서는, 일본의 노동조합의 현 상황을 제시하여, 비정규직 노동자들의 저변에 있는 이주노동자들에 대한 조직화 활동을 집중적으로 펼쳐왔던 가나가와 시티유니온의 토대형성기였던 1990년대 전반에 이루어진 활동들에 주목하여 분석했다. 당시, 가나가와 시티유니온의 조합원의 다수를 차지하던 사람들은 요코하마 고토부키쵸에 살고 있던 한국인 이주노동자였다. 특히, 1980년대 후반부터 1990년대 전반에 걸쳐, 고토부키쵸에서 독립된/고립된 생활세계를 고수하고 있던 한국인 이주노동자들은 어떻게 하여 일본의 노동조합인 가나가와 시티유니온에 연결되었고, 한국인 이주노동자들의 노동조합 가입과 이탈은 무엇을 의미하는가를 검토했다. 그러한 작업 속에서 한국인 이주노동자의 구조적 제약뿐만 아니라, 사상적 제약에 관한 고찰도 할 수 있었다. 그들의 생을 규정하고 있는 한국과 일본의 사회구조가 일본의 커뮤니티 유니온으로의 접속이 계기가 되어 가시화되었다. 순서상으로 가나가와 시티유니온의 조직개요와 변천 그리고 네트워크에 대해 정리한 후, 가나가와 시티유니온에 한국인 이주노동자가 접속하게 되는 계기와 그들의 의미세계에 중점을 두어 분석했다. 그 결과, 협소한 간이숙박소에 밀집해 있었던 것과, 동일한 에스니시티를 매개로 한 집단성과 단결성의 확보는 가나가와 시티유

니온의 노동조합 활동을 가능하게 했지만, 요세바의 밀집성은 노동조합 활동을 방해하는 요소로도 작용하여 한국인 이주노동자들을 분산시키는 영향력도 가지고 있었다. 그러한 역설적인 상황에서 한국인 이주노동자들의 정보 네트워크를 통하여 가나가와 시티유니온의 활동은 확대되어 갔음을 확인할 수 있었다.

그리고 제4장에서는 한국인 이주노동자 LMH씨의 라이프 스토리에 주목하여 고찰했다. 특히 달력 기록을 분석함으로써, 고토부키쵸와 가나가와 시티유니온이 개인적 수준에서 어떻게 작용하고 있었는지 명확해졌다. 이 작업을 통해, 고토부키쵸에 살고 있는 한국인 이주노동자들의 이동성과 생활세계를 한층 심도 있게 고찰할 수 있었다. LMH씨의 달력을 가능한 LMH씨의 구술을 토대로 재구성하려고 노력했다. 달력 기록은 LMH씨에게는 일기장이기도 하고, 시간 때우기 활동이기도 하며, 매일의 노동의 흔적이기도 하고, 가계부이기도 하며, 사귐의 기록이기도 하다. LMH씨는 이동적인 자신의 삶을 확인하기 위하여 달력에 기록하고 있는 듯 했다. LMH씨가 달력에 기록할 때는, 이 달력을 매개로 하여 고토부키쵸를 살아간 한국인 이주노동자들의 역사를 조금이나마 드러내는 것이 되리라고는 본인은 전혀 생각하지 못했겠지만, 결과적으로 LMH씨의 달력 기록은 한국인 이주노동자들이 '이동'실천을 여실히 보여주는 자료가 되었다.

제5장에서는, '이동'실천에 의해 한국인 이주노동자들의 친밀한 관계성에 어떤 변화들이 초래되었는지에 대해 고찰했다. '이동'을 계기로 모든 이주노동자들이 친밀한 관계성의 변용을 경험한다고 말해도 과언이 아니다. 특히, 장기간에 걸친 타향 생활은, 타향과 고향의 의미를 상실하게 되면서, 자신들의 일상적 현

실로서 관계성을 맺어가게 된다. 그들은 의식적이든, 무의식적이든 그 관계성 속으로 빠져들어가며 자신의 친밀권의 변용을 경험하게 된다. 그리고 현실사회와 그들이 현재 머물고 있는 의식 및 신체와의 거리가 한층 드러나게 되는 곳이 사실은 섹슈얼리티와 가족규범이라는 친밀한 관계성의 영역이기도 하다. 따라서 제5장에서는 '이동'실천과 친밀한 관계성과의 관계에 주목하여, 남녀 두 명의 라이프 스토리를 분석했다. 그 결과, 언뜻 보기에는 이동이라는 행위에 의해 고향과 단절된 것처럼 보이는 사람들은, 그러한 가치관의 행위 수행에 의해 타향에서도 고향에 사는 것과 별다를 바 없는 생활을 영위하고 있음이 밝혀졌다. 다만, 행위를 한 이상은 그들의 현재의 고향이 과거의 고향과 동일한 공간이라고 할 수 없게 된다. 이주노동이라는 행위는 관점에 따라서는 주체적 결심에 의해 수행된 행위지만, 각도를 바꿔보면 그 행위들은 사회적 조건들에 의해 변화된다. 그와 동시에 그들의 시각도 '이동'에 의해 어떤 종류의 변화를 일으켰을지도 모르겠으나, 고향과 가족에 대한 규범은 다소의 변화를 동반하면서도 반복적으로 유지되고 있음을 지적했다.

마지막으로 제6장에서는, '이동'을 둘러싼 다양한 스토리들로부터 '이동'에 투여된 의도들과 정당화의 논리에 관하여 정리했다. 한국인 이주노동 경험자들의 '이동'실천을 둘러싼 다양한 구술을 듣는 작업은 매몰되어 사라질 뻔한 '이동'에 관한 살아있는 이야기를 역사로서 건져 낼 수 있었다. '이동'이라는 현상은 하나의 역사로서 그려낼 수 있는 것이 결코 아니라, 다양하고 무수한 스토리로서만 파악할 수 있는 것이다.

이상이 이 책이 담고 있는 내용이다. 책 전체를 관통하는 주제는 한국인 이주노동자들의 실천을 '이동'이라는 경험으로 되묻기 위한 것이었다. 고토부키쵸라는 사회공간과 가나가와 시티유니온이라는 일본의 커뮤니티 유니온과의 관계성과 이주노동자들의 라이프 스토리를 통하여, 고토부키쵸의 한국인 이주노동자들의 '이동'이라는 경험을 밝혀냈다. 또한, 이 책에서는 고토부키쵸의 한국인 이주노동자들의 실천들을 사회구조의 맥락 혹은 개인적 선택으로 논하지 않고, 그들의 경험을 토대로 논의하는 분석시각으로 일본의 이주노동자문제를 조명했다.

이 책을 통해 일본이라는 장소에서 이주노동자로 살아가는 한국인들이 경험하는 실제적인 사회적 행위를 라이프 스토리를 통해 밝히고자 했다. 특히, 고토부키쵸의 이주노동자 개개인의 고유한 사회적 행위를 고찰하였다. 이를 통해 그들의 생활세계 뿐 아니라, 그들을 둘러싼 사회구조를 한결 명확하게 드러낼 수 있었다.

종래의 이민, 이주, 이동에 관한 사례연구에서는 초국적 이민, 이주자, 이동자들이 보여주는 행위의 역동성에 주목하여 긍정적 평가를 하는 경향이 강하다. 그러나 이 책은 '이동'을 사는 사람들이 형성하는 초월적 사회공간에 주목하였다. 한국인 이주노동자들로부터 얻어 낸 '이동'의 경험들은 그들에 대해 부정적인 인상을 줄 수도 있는 내용도 다소 포함하고 있다. 그 때문에 필자가 행한 작업은 일본의 사회적 약자인 그들에 대한 왜곡된 이미지를 가중시킬 수도 있는 위험성을 내포하고 있다. 그러나 이는 '이동' 실천의 실체를 파악하기 위해서 불가피했다. 획일적으로 파악되던 낙관적 에스닉 커뮤니티론과는 거리를 두어, '이동'실천자들의 사회적 네트워크의 내부에 은폐된 권력관계에 대해 좀 더 세심하게 분석하고자 했다.

이 책은 '이동'실천과 관련되는 월경적 사회공간을 한국인 이주노동자라는 특정한 주체, 고토부키쵸라는 일본의 요세바, 그리고 커뮤니티 유니온이라는 일본의 조직체로 영역을 한정시켰다는 데 분명히 한계를 가진다. 그럼에도, 특정 사례연구로 국한되지 않는 보편적 이론으로의 확장 가능성이 발견되었기를 기대한다. 현대의 '이동'실천과 월경적 사회공간을 이해하기 위해서는 거시적 정치경제구조의 변용을 의식하여, 국지적인 다양성을 포괄하는 논의가 절대적으로 필요하다. 그러한 작업들이 수행되어야만 비로소 '이동'과 '이동'이 만들어내는 월경적 사회공간의 내실이 밝혀지는 것이다.

제2절
후속 과제

끝으로 후속 과제에 대해서 약간 언급해 두고자 한다.

우선 첫째로, 이 책에서 다룬 한국인 이주노동자들의 친밀한 관계성의 변용에 대한 부분에는 '이동'주체뿐만 아니라, 가족구성원과 주변인물에 대한 조사가 필요불가결하다. '이동'경험에 동반되는 영향은 '이동'주체의 중요한 타자들에게 강력한 영향을 부여하기 때문에, '이동'으로 남겨지는 사람들에 대한 연구가 필요하다.

다음으로, 특정 국적에 한정시킨 연구대상이었으므로 유사한 경우에 놓인 다양한 국적의 이주노동자들을 대상으로 연구한다면 보다 풍부한 식견을 제시할 수 있을 것이다. 더욱이 국가 간 차이 및 영향을 미치는 다양한 요소들은 비교연구를 통해 밝혀낼 수 있다. 월경적 이동이 초래하는 공통된 현상들에 주목한다면 일반화된 이론을 도출해낼 수도 있을 것이다.

그리고 미국으로 건너간 한국인 이주노동자에 대한 연구도 필요하다. 일본과 미국의 한국인 미등록노동자에 관한 비교연구도 가능하며, 유입국의 사회구조와 법·제도의 차이에 의한, '이동'실천들의 다양성과 독자성, 그리고 공통성 등을 밝혀낼 수 있다. 이와 같은 작업을 통해, 사회구조와 '이동'실천의 관계성에 대한 의미를 밝혀낼 수 있을 것이다.

위에서 제시한 과제들을 수행하면서 이 책의 성과를 고도의 이론적 지평으로 향상시켜 나가기를 바란다. 그리하여 '이동'이라는 경험에 대해 인식-재인식의 과정을 반복하며 끊임없이 반추해나가는 것이 필자의 이후로도 지속되기를 기대한다.

한국어 자료

강준만(2009), 「한국 계의 역사-"자유부인 사건에서 강남 귀족계 사건까지"」, 『인물과 사상』 131: 169-205.

김연진(1990), 「海外旅行 自由化 以後의 海外旅行性向에 對한 硏究: 서울地域을 中心으로」, 경희대학교 경영대학원 관광경영학과 관광홍보전공 석사학위논문

류상수(2007), 「박정희 정권의 반공정책: 한국반공연맹의 결성배경과 주요 활동을 중심으로」, 한성대학교대학원 사학과 한국사 전공 석사학위논문

변화순(2007), 「이혼, 어떻게 볼 것인가」, 한국여성개발원 이슈브리프 107-09.

석혜원(2008), 『이야기로 읽는 대한민국경제사』, 미래의 창

신행철(2004), 『제주사회와 제주인』, 제주대학교출판부

유철인(2000), 「제주 사람들의 생활세계에서의 '일본'」, 『한국문화인류학』 33(2): 361-378.

이혜진(2012), 「일본의 다문화공생 개념과 커뮤니티라디오방송국 FMYY」, 『경제와 사회』 겨울호(96): 360-401.

이혜진(2014), 「이주과정을 통해 본 에스닉 네트워크와 노동경험: 일본 요코하마 고토부키쵸의 한국인 미등록노동자를 중심으로」, 『탐라문화』 통권(47): 213-252.

정진성(2011), 「재일한국인 뉴커머 형성과정과 집주지역의 특징 —오쿠보

코리아타운을 중심으로」, 『사회와 역사』 90: 313-354.
정혜경(2010), 「일제 강점기 '조선부락'의 형성과 사회적 역할」, 국사편찬위원회, 『일본 한인의 역사(하)』 재외동포사총서11: 185-230.
조성윤(2005), 「제주도에 유입된 일본종교와 재일교포의 역할」, 『탐라문화』 27: 83-96.
조현미(2000), 「재일동포의 집주지역 형성과 민족 정체성의 변화 -요세바고도부키를 중심으로-」, 『대한지리학회지』 35(1): 141-157.

일본어 자료

青木秀男、1999、『場所をあけろ！』松籟社
———、2000、『現代日本の都市下層—寄せ場と野宿者と外国人労働者』明石書店
五十嵐泰正、2003、「日本で働くという経験 / 外国人と働くという経験」駒井洋監修、石井由香編著『移民の居住と生活』講座グローバル化する日本と移民問題第Ⅱ期第4巻、明石書店
伊藤るり、1992、「『ジャパゆきさん』現象再考」梶田孝道·伊豫谷登士翁編『外国人労働者論 - 現状から理論へ』弘文堂
李澺珍、2010、「寿町における韓国人たちの就労構造と社会的ネットワークの展開——個人戦略のなかのエスニック·コミュニティに注目して」筑波大学社会学研究室『社会学ジャーナル』No. 35：13-29
伊豫谷登士翁編、2007、『移動から場所を問う——現代移民研究の課題』有信堂
伊豫谷登士翁·杉原達編、1996、『日本社会と移民 - 講座外国人定住問題第1巻』明石書店
上野千鶴子、1994、『近代家族の成立と終焉』岩波書店
大阪市立大学文学部社会学研究室、1986、「寿ドヤ街実習調査誌 - 老人·身体障害者·子供を中心として - 」『昭和60年度社会学実習1 調査報告書』

奥田道大、2004、『都市コミュニティの磁場』東京大学出版会
梶田孝道、1994、『外国人労働者と日本』NHKブックス[698]
――――、2002、「日本の外国人労働者政策」『国際社会1 国際化する日本社会』東京大学出版会
梶田孝道·伊豫谷登士翁、1992、『外国人労働者論 - 現状から理論へ』弘文堂
梶田孝道·宮島喬編、2002、『国際社会①国際化する日本社会』東京大学出版会
梶村秀樹、1985、「定住外国人としての在日朝鮮人」『思想』734巻：23-37
『神奈川のなかの朝鮮』編集委員会、1998、『神奈川のなかの朝鮮――歩いて知る朝鮮と日本の歴史』明石書店
川瀬誠治君追悼文集編集委員会、1985、『ことぶきに生きて』
河西宏祐、2003、『日本の労働社会学』早稲田大学出版部
金賛汀、1985、『異邦人は君ヶ代丸に乗って - 朝鮮人街猪飼野の形成史 - 』岩波新書
熊沢誠、1996、「コミュニティ·ユニオンの明日」社会主義理論政策センター『社会主義と労働運動』227号
玄武岩、2007、「密航·大村収容所·済州島――大阪と済州島を結ぶ『密航』のネットワーク」『現代思想』35巻7号：158-173
小井戸彰宏、2005、「グローバル化と越境的社会空間の編成 - 移民研究におけるトランスナショナル視角の諸問題 - 」『社会学評論』56(2)：381-399
高鮮徽、1998、『20世紀の滞日済州島人―その生活過程と意識』明石書店
小谷幸、1999、「女性の"新しい"労働運動 -『女性ユニオン東京』の事例研究 - 」、『労働社会学研究』No. 1 、東信堂
―――、2001a、「『東京管理職ユニオン』の組織と活動 - 活動参を通じた組合員の意識変容 - 」、早稲田大学大学院人間科学研究科、『ヒューマンサイエンス リサーチ』VOL. 10： 173-200
―――、2001b、「『東京管理職ユニオン』組合員の意識変容」、『ゆらぎのなかの日本型経営·労使関係』日本労働社会学年報第12号、東信堂
小林亀松、1968、「スラム街に住む港湾労働者 - スラム解消には住民の身になって - 」横浜市市民局相談部勤労市民室『労働経済』No. 15

駒井洋、1993、『外国人労働者定住への道』、明石書店
―――、1996、『日本のエスニック社会』、明石書店
―――、1998、「外国人労働者問題の現段階」、日本寄せ場学会『寄せ場』No. 11、176~192
―――、1999、『日本の外国人移民』、明石書店
―――、2002、『国際化のなかの移民政策の課題――講座グローバル化する日本と移民問題第Ⅰ期 第1巻』、明石書店
佐久間孝正、1998、『変貌する他民族国家イギリス――「多文化」と「多分化」にゆれる教育』、明石書店
桜井厚、2002、『インタビューの社会学――ライフストーリーの聞き方』、せりか書房
―――、2003、『ライフストーリーとジェンダ―』、せりか書房
―――、2012、『ライフストーリー論』〈現代社会学ライブラリー7〉、弘文堂
財団法人寿町勤労者福祉協会、1999、『あゆみ』No. 18
―――――――――――――――、2000、『あゆみ』No. 19
―――――――――――――――、2001、『あゆみ』No. 20
―――――――――――――――、2002、『あゆみ』No. 21
―――――――――――――――、2008、『あゆみ』No. 27
鈴木江理子、2009、『日本で働く非正規滞在者――彼らは「好ましくない外国人労働者」なのか？』、明石書店
鈴木玲、2005、「社会運動的労働運動論とは何か――先行研究に基づいた概念と形成条件の検討」、『大原社会問題研究所雑誌』No. 562/563合併号：1-16
芹沢勇、1967、『ドヤ街の発生と形成 横浜埋地(西部の街)について』横浜市総務局行政部調査室
―――、1976、『寿ドヤ街　もうひとつの市民社会と福祉』、社会福祉法人神奈川県匡済会『福祉紀要』No. 6、7、8合併号
高木郁郎、2000、「コミュニティ・ユニオンの組織と活動」、『社会政策学会誌』第3号、お茶の水書房

田中俊夫、2002、「寿地区の歴史(改正版)」、ことぶき共同診療所『ことぶき共同診療所5周年誌』

田端博邦、2003、「コミュニティ·ユニオンと日本の労働運動」、東京管理職ユニオン編『転型期の日本労働運動――ネオ階級社会と勤勉革命』、緑風出版

多文化共生キーワード事典編集委員会編、2004、『多文化共生キーワード事典』、明石書店

戸塚秀雄·徳永重良編、2001、『現代日本の労働問題[増補版]―新しいパラダイムを求めて－』、ミネルヴァ書房

中根光敏、2006、「失われた光景から――寄せ場とは何だったのか？」、狩谷あゆみ編『不埒な希望――ホームレス / 寄せ場をめぐる社会学』、松籟社

中区制五〇周年記念事業実行委員会、1985、『横浜·中区史』

西澤晃彦、1995、『隠蔽された外部――都市下層のエスノグラフィ』、彩流社

浜村彰·長峰登記夫、2003、『組合機能の多様化と可能性』、法政大学出版局

原尻英樹、2003、『日本のなかの世界――つくられるイメージと対話する個性』、新幹社

樋口直人、1999、「個人戦略とエスニシティ」、『一橋論叢』121(2): 338~352.

ーーーー、2002、「国際移民の組織的基盤――移住システム論の意義と課題」、『ソシオロジ』47(2): 55~71.

福井祐介、2003、「コミュニティ·ユニオンの可能性－NPO型労働組合の可能性－」、社会政策学会編『雇用関係の変貌』、社会政策学会誌第9号、法律文化社

ーーーー、2005、「日本における社会運動的労働運動としてコミュニティユニオン――共益と公益のあいだ」、『大原社会問題研究所雑誌』No. 562/563合併号：17-28

渕上英二、1995、『日系人証明――南米移民、日本への出稼ぎの構図』、新評論

枡田一二、1976、『枡田一二地理学論文集』、弘詢社

水野阿修羅、2001、「野宿舎急増を『男性問題』として考える」、日本寄せ場学会『寄せ場』No. 14：112-121

宮島喬、2000、『外国人市民と政治参加』、有信堂
ーーー、2004、『ヨーロッパ市民の誕生』、岩波新書
宮島喬·梶田孝道編、1996、『外国人労働者から市民へ』、有斐閣
森廣正、2002、「日本における外国人労働者問題の研究動向——文献を中心に」、『大原社会問題研究所雑誌』No. 528 : 1-25
矢島正見、1986、「囲い込まれた街、横浜寿地区ドヤ街」、日本社会病理学会編『現代の社会病理——社会病理とは』: 183-208
山本薫子、2006、「国境を超えた『囲い込み』——移民の下層化を促し、正当化するロジックの検討に向けて」狩谷あゆみ編『不埒な希望——ホームレス/寄せ場をめぐる社会学』、松籟社
ーーーー、2008、『横浜·寿町と外国人——グローバル化する大都市インナーエリア』、福村出版
横浜市中区役所保護課、2003、「寿のまち - 寿地区の状況 - 」
好井裕明、1995、「文化としての行商」反差別国際連帯解放研究所しが編『語りのちから——被差別部落の生活史から』、弘文堂
レイ·ベントゥーラ、2007、『横浜コトブキ·フィリピーノ』森本 麻衣子訳、現代書館
Appadurai, Arjun, 1996 Modernity at Large, Minneapolis: University of Minnesota Press. (=2004、門田健一訳、『さまよえる近代』、平凡社)
Bauman, Zygmunt, 2001 Community: Seeking Safety in an Insecure World, Cambridge: Polity Press Ltd. (=2008、奥井智之訳、『コミュニティー安全と自由の戦場』、筑摩書房)

참고자료(신문 및 잡지 기사)

동아일보 '일본의 韓國人 <8> "刑期없는 刑務所"-大村수용소' 1985. 1. 12일자
경향신문 '"보신탕 規制" 1년 看板 바꿔달고 盛業' 1985. 9. 6일자
한겨레신문사, 『한겨레 21』 2008. 4. 8일자

移住労働者と連帯する全国ネットワーク情報誌『M-ネット』、2005年6月号 / No. 80

한국인 이주노동자 인터뷰 요약 리스트

첫 작성 : 2009년 11월, 수정 : 2010년 8월, 2013년 5월(1~8 제주도 남성[Jejudo Male], 9~17 제주도여성[Jejudo Female], 18~32 육지남성[Land Male], 33~37 육지여성[Land Female])

1. JMA('36)/중학중퇴/인터뷰 일자 (09.8.8, 09.8.10, 09.12.28)

1) 고향(한국주소)/현주소

제주시 구좌읍 김녕리/제주도

2) 결혼·가족/도항 전 직업

군대 19살 입대, 23살 결혼(부인, 아들 4)/농업과 구멍가게

3) 도일시기

① 73년경(38세 밀항)~76년 강제송환

② 79년 밀항 중, 시모노세키에서 발각되어 강제송환

③ 초청비자로 수년간 왕래 후 10년동안 OV(Overstay) → 01년 7월 귀국(자수)

4) 도일동기

① 부산에 있던 브로커에게(부산에는 제주도인이 많이 살고 있다) "밀항선이 있는데 타지 않겠는가"라고 권유받음. 여기는 생활하기도 힘들고 일본에 가면 돈도 많이 벌 수 있고, 생활도 할 수 있다는 이야기를 듣고, 밀항을 시작.

② 3년 후 또 밀항

③ 집행유예 3년 후, 여권 만들어 초청비자로 OV

5) 도항 경로

① 부산에서 수개월 동안 대기하다가 "우리 배가 연탄 가루, 석탄 가루. 그 배로 갔는데, 뭐 깔고 우리(4명) 숨고, 그 위에 덮고 또 연탄가루 싣고" 밀항. 내린 곳이 요코하마. 선원들의 선원증을 빌려 밖으로 나와, 기다리던 차를 타고 친척이 살고 있던 아사쿠시로 향함.

② '53희영호' 60톤 배, 선원까지 합쳐서 66명. 여자 36명, 남자 30명, 선원 5~6명. "시모노세끼 앞바다에서 걸려서 오오무라수용소 바

로 들어갔지. 수용소 들어가서 한 1개월 있었어. 돌아올 땐 비행기로 왔어."

③ 일본에서 거주하는 처형한테서 초청장[81년 3월부터 해외방문초청이 2촌에서 3촌까지 확대되었으며, 친척, 처가도 가능]. 일본대사관에 초청장, 호적등본 등을 제출하여 조사 후에, 초청비자 발급. 2~3년간은 초청비자로 3~6개월 연장했지만, 그 후는 그대로 OV.

6) 취업 상황 및 산재(◎)

① 아사쿠사에서는 "첨에 내가 일 들어간 곳은 철공소야. 그 때는 다 손으로 했다고, 지금은 다 기계지만. 손이 이만큼 부어가지고, 처형한테 일 못하겠다고 가야겠다고 하니까, 힘들게 왔으니까, 딴 직장 구해서 다녀라고, 그렇게 해가지고 경품, 파친코 경품 파는데 짐 나르는 하이타츠[배달]했어. 난 운전을 못하니까 조수지 조수. 짐을 싣고 풀고 그 일을 했지 한 2년. 그러다가, 걸려가지고 돌아온 거야, 3년만에. 73년에 가서 76년경에 돌아왔지." 부인도 밀항하지만, 둘 다 잡혀서 1년간 가석방되어 살다가 결국 오오무라수용소에 수용. 자녀들은 제주도에 있는 친할머니께 맡김.

② 오오무라수용소에서 1개월. 그 때 여비는 일본부담으로 비행기로 김해공항으로 귀국. 전과가 있었기 때문에 일본 재판에서는 집행유예 5년(같이 재판받은 사람들은 1년6개월), 부산에서는 집행유예 3년.

③ 가와사키에 있는 고기집 '아리랑'에서 입주식 주방장, 월급 30만엔, 부인은 본인이 초청비자로 와 있을 때 일본에 들어와서 그로부터 18년간 언니가게에서 근무. 부인은 3년 전에 자수하여 제주도에 돌아옴(09년 8월 현재). 부인은 자녀들의 학비, 생활비 등에 돈이 많이 들어서 경제적으로 곤궁했기 때문에, 일본에 이주노동. 당시(80년대 중후반?) 본인은 바람이 나있던 상태로, 제주도에 송금할 수 없었음.

7) 현 상황과 귀국(예정)

① 오오무라수용소에서 6개월을 보내고, 부산에서 밀항재판을 받기 위해서 구치소에서 3개월(서대신동 교도소, 괴정 수용소).

② 두 번째 밀항 때(다른 사람들은 모두

지불했으나) 운임을 내릴 때 지불하겠다고 말하고 배를 탔기 때문에, 조사에서 우리들(4명)이 지불 안 한 것이 밝혀져서, 주모자로 지목되어 많이 구타당함.

③ 나이도 먹고, 고향도 그립고, 자식 걱정도 돼서, 01년 귀국(자수).
현재는 제주시청 근처에 있는 아파트 경비원을 하고 있는데, 월급이 57만 원. 부인은 병치레가 많아, 매일 병원 다니고, 손자들이 살갑게 굴지 않아서 섭섭해 함. 손자들은 할머니 만난 지 3년이 되어가지만, 여전히 어색.

8) 개인적 특색

① 오오무라수용소의 분위기는 좋았음. 돈만 있으면, 주문하는 것 모두 갖다 줌. 한국과 달리 친절. 오오무라수용소에서는 사상에 따라 동이 달랐음. 본인이 들어가자, 전부 고향사람들이라서 편했음.
"서대신동 교도소. 오오무라수용소에서 실어 나르는 사람은 다 부산에 내려서 일단 경찰서에 다 들어가는 거야. 죄가 있건 없건, 연수라. 3년 이상 산 사람은 그냥 내보내고, 3년 미만 사는 사람은 다 들어가는 거야. 왜냐하면 돈도 못 벌고 나라만 팔아먹고 왔다고. 왜냐면 못 살아가지고 왔다고 … 그런거 했다고 해서 조사 받으러…"

② "우리가 제주도에서 못살아도 자존심이란 게 있는데, 김녕에서 괜찮게 엉겁게 살아가지고, 돈은 없지만 말야, 놀았지만 말야, 수서은 일은 … 제주시에서 일하고 싶지 않지. 그래서 일본에 간 거지. 자존심이지, 에라이 죽어야돼."

③ "동경은 별로 안그런데. 대판은 그런 사람들 모아서 일하는데, 월급 관계로 십원차이로, 이십원차이로 직장 딴데 옮겨버리면, 그 당시 걸려와. 이짝 주인이 말해버려. 그렇게 해서 걸린 사람이 많아. 동경에서는 그런 일이 없으니까, 식당일이니까 그런게 없다고.. 대판에서는 자기 공장에서 일하다가 월급 작다고 나간 사람은 벌써 걸려서 와. 한국 사람들이니까, 밀항으로 갔으니까, 친척관계는 안 되잖아. 고향도 틀리고. 같은 제주도 사람이라도 밀고를 해시 잡혀오고 그랬지."

9) '이동'에 대한 평가

"우선 밀항으로 가면 밀항죄지. 오오무라수용소 가도 죄명이 그거야. 밀항죄야. 그건 큰 죄가 아니거든. 사상범이 아니니까 빨리 나오지."
"그렇게 좋아. 난 젊으면 일본에 가서 또 일하고 싶어. 난 그렇데, 노력하니까, 일하면 일한 대가를 잘 받고, 여기는 경기가 영…"
"제일 후회가 되는 게 뭐냐 하면은, 돈도 돈이지만, 자식 교육을 잘하지 못한게.. 붙어 있었으면 결혼도 시키고 다 자기 갈 길 찾아 갈껀데. 헤어져서 살았기 때문에 마음대로 못했기 때문에 후회가 많아. 딴 건 없어. 먹고 쓰는 건 후회가 없는데, 자식 교육이 젤 후회가 많지."
"우리 부락에 그때 남자가 하나도 없어. 여자밖에 없었다고. 다 일본으로 갔다고. 다 밀항으로 갔다고. (아마도, JMB씨 이야기)그래서 돈을 악착같이 벌어 와가지고, 그 여관이, 함덕 사람인디, 기회 좋게 찬스를 만나가지고 산거야. 작은 돈으로. 그래서 그것이 잘 된 거야. 걔는 정말 촌에서 클 땐 아무것도 아니었지. 지금은 동창생들 앞에서도 쩡쩡하지. 그러니까 돈이 큰 거야. 우리는 막 돌아다니니까, 일본사람도 벗도 친구도 많이 있지만, 자기는 돈 벌어오니까, 동창들도 '박사장, 박사장'이러면서, 최고 인기야."

2. JMB('38)/중졸/인터뷰 일자(09.8.11)

1) 고향(한국주소)/현주소

제주시 구좌읍 김녕리/제주도

2) 결혼·가족/도항 전 직업

군복무(22~25살), 62년에 결혼, 부인과 사별(09년 2월), 2남3녀(제주도에 딸2, 아들1, 일본에서 딸1, 아들1 출생)/양파농사

3) 도일 시기

68년 3월 밀항~87년 12월 귀국(강제송환)

4) 도일 동기

밭을 빌려 농사를 지었으나 잘 안돼서, 3년 후인 68년에 일본으로 밀항. 당시, 부인은 3번째 아이를 임신 중.

5) 도항 경로

"그때는 일본에 막 갈 때니까, 중국사람이 우리나라 막 들어오듯이 갔는데"
부산 영도에 살고 있던 중학교 선배를 통해 밀항. 일본 엔으로 10만 엔 정도 지불하고, 부산에서 출발. 선원 20명 중에 3명(선장, 기관장, 조리사)만이 자신들을 존재를 알고 있었음.

6) 취업 상황 및 산재(◎)

"우리 돌아가신 고모님도 한국 왔다 갔다 할 때니까 내가 돈을 보냈지. 우리 집사람한테 내가 라면 끓여먹으면서 한시간에 2백엔 받으면서, 김녕밭을 샀어요. 1400평을 … 땅 산건 확실히 기억 안 나는데, 내가 일본 가서 5년쯤 뒤에 샀으니까. 땅을 산 후, 우리 집사람이 그 땅을 나 이름으로 이전해놓고, 우리 집사람이 일본에 왔지."

"고베에서 일하다가 집사람 오니까 오사카 히라노쿠 카미키타 일쵸메, 카스미진자라는 오테라[절] 진자[신사]가 있어요. 그 뒷면에서 일했어요. 내가 술도 안 먹고 얌전하게 일하니까 그 주변 사람이 고발하는 사람도 없었고, 그리고 집 산 후에 자수해서 여권 만들려고 한 5년은 임시 등록을 받아가지고, 한 달에 한번은 입국관리청에 도장을 받아와야 우리 가족 다. 우리 딸, 아들[일본에서 낳은 4째, 5째]이랑 돌아가신 우리 집사람하고 나 네 사람. 너이가 돈 5백 반 원, 우리가 도망가면, 일본사람 돈 되는 거지."

"우리(일본 살던 곳의)동장한테, 이 사람은 일본에 살아도 얌전하고 피해도 안준다고, 탄간쇼[탄원서]라고, 해가지고 도장받고, 보증금을 일본 돈 …" 했지만, 결국 기각.

7) 현 상황과 귀국(예정)

귀국하여 제주시에서 여관업과 원룸 임대업 운영.

2004년, 여관에 화재가 발생했는데 보험에 가입하지 않아서 전부 본인 변상, 그 때문에 빚을 지고, 현재는 빚이 8천만 원.

8) 개인적 특색

부친이 소학교 4학년 때, 일본으로 건너가 전혀 돈도 안보내고, 모친 혼자서 고생하면서 남매를 양육.

"일본에 있을 때 한국에 뭐든 다 소포에 넣어서 붙여주고, 돈도 넉넉하게 다 보내줬다. 그 당시 청바지 입는 사람이 없었는데, 유일하게 그 시대 때 우리 아이들은 청바지 입고 그렇게 다녔다. 그렇게 챙겨줬는데, 나는 우리 아버지가 나 몰라라 했는데, 우리 애들은 그렇게 챙겨줬건만, 지금 저 지경."

"(새벽에 사위가 와서) 행패를 부리니까 늦어져서 … 왜냐하면, 자기 동창회에서 부조 20만 원 한 걸 돌려달라는 거라. 내일이라고 와서, 밝은 날 오라고. 우리 집사람 돌아갈 때. 딸이 그렇게 시킨거라, 내 생각으로는. 돌아간 며칠 뒤에 우리집에 사알[잠시] 들리고, 딸은 오지는 안 해요. 사위들만 오지. 음력으로 1일날 그때도 사위만 보내요. 빈손에. 다믄 6천 원짜리 소주라도 올리는 그런 정신들이 없어. 평상시에 내가 두세 번 봐도 그런 정신이라서, 내가 큰 사위 보고, '야, 너 양심들이 있나, 뭔 때문에, 살아있을 때 한번이라도 와가지고, 음료수, 과일 하나라도 사와서 … 오른팔 쓰지 못해 왼손으로 밥을 먹어요, 중풍으로 … 큰 아들 때문에 우리 집사람이 병이 든거야."

9) '이동'에 대한 평가

"…봉사활동도 하고, 지금 현재는 ○○장(여관명)이라면 모르는 사람도 없고. 내 자랑이 아니라."

3. JMC('44)/미상/인터뷰 일자(08.10.25, 09.7.2, 09.12.28)

1) 고향(한국주소)/현주소

제주시 구좌읍 김녕리/요코하마 고토부키쵸

2) 결혼·가족/도항 전 직업

제주도에 부인(2남2녀), 고토부키쵸에 내연녀/전기사업

3) 도일 시기

88올림픽 전에는 3개월씩 관광비자 연장으로 6차례 왕래하다가, 93 혹은 94년도부터 OV~09년 12월 귀국(강제송환)

4) 도일 동기

자녀들의 교육비 마련 및 동향인 권유.

5) 도항 경로

요코하마에 살고 있던 재일교포(민단 간부인 한림읍 협제리출신의 택시운전사의 며느리의 여동생이 소개)를 의지하여, 주소, 전화번호를 입국카드에 적고 입국.

6) 취업 상황 및 산재(◎)

최초는 재일교포의 소개로 가와사키의 재일교포가 경영하는 철근 관계 일자리 얻음. 처음 약속한 취업조건과는 달라서, 고토부키쵸로 옮겨와 항만·건설노동에 종사.

7) 현 상황과 귀국(예정)

내연녀와 함께 고토부키쵸의 간이숙박소 건물을 청소하고, 가능한 한 늦게 귀국하는 것이 자식들의 위한 길.

09년 10월 하순에 내연녀와 함께 단속되어, 12월 초순 강제송환. 12년 11월 고혈압으로 사망.

8) 개인적 특색

"관광비자로 와서 어디를 좀 둘러봐야겠습니다 이러면, 서류작성을 하면, 연기를 해줬어요. … 그 후에 이제. 나도 일을 나가야 되니까 같이 (서류 작성을) 못해줍니다. 여자분들 오면은 내가 일 나갈 때 오면은, 당신네 내게 오늘 일당을 줘야 될 거 아닙니까. 혼자 일당은 그러니까, 둘이나 서이나 짝을 지어 오라고 그럽니다. 그래서 서류해가지고 가면은 그 사람들 연장신청이 됩니다. 그렇게 계속 하다가 우리나라 정권이 바뀝니다. 그때 시모노세끼 … 노태우 정권으로 바뀌가지고. 노태우정권이 들어서면서 노태우가 방문을 시모노세끼로 옵니다. 시모노세끼로 온 후에, 동네사람이 여기 와있는 사람들이 연기신청을 해달라고 합니다. 뉴칸[입관]에 갔어요. 빠꾸가 됩니다. 지금까지 (비자연상) 되있는데 왜 빠꾸가 시키냐고 이유를 물었습니다. 그랬더니, 당신 정부에 가서 항의를 하라고. 당신 정부에 가서 이야기를 하시오. 그때 확실히는 모르겠지만, 그때 느낌이 대통령이 와서 연기신청을 보류해달라고 한 것이지 않겠냐고. 그런 이후로 지금까지 연기신청이 안됩니다. 그때는 일반 관광비자도 3개월씩 줬거든. 중간에는 일개월, 15일뿐이 안줬잖아요. 그 후에(노태우 방일이후) 부터 그렇게 되더라고."

9) '이동'에 대한 평가

일본(고토부키쵸의 일본인)에 관한 부정적 이미지.

"나는 아들이 있어서 아직 결혼을 안 했지만. 아들이 있다면 일본에 왔다 간 여자하고는 결혼을 안 시키려고 합니다. 놀러왔다는 여자하고는 결혼을 안 시킵니다, 마음은. 실정을 다 아니까. 착실하게 옛날 우리나라 아름다운 여자상을 외국에 와서 다 망가져 버립니다."

4. JMD('49)/미상/인터뷰 일자(09.8.7)

1) 고향(한국주소)/현주소

제주도 서귀포/제주도

2) 결혼·가족/도항 전 직업

07년 결혼(자신보다 20살 젊은 중국여성과 중매결혼, 자신은 초혼, 부인은 재혼, 부인이 데려온 중학생 딸도 함께 거주)/철공소 경영, 84년에 오토바이 사고로 3년간 뇌쇼크로 투병생활.

3) 도일 시기

88년 3월 23일~05년 귀국(강제송환)

4) 도일 동기

오토바이 사고를 당해 몸이 많이 아팠는데, 사는 환경을 바꾸면 기적적인 회복이 찾아올 거라 믿고 이주를 결심. 고향에서 3~4년간 아무것도 하지 않고 부모님댁에서 붙어살려니 괴로웠음. 친척집이 동경에 있었지만, 거기는 가고 싶지 않았다고 함.

5) 도항 경로

부산에 있는 여행회사 브로커를 통해서 부산 대신동으로 주소 변경. 목축업을 운영하고 있는 것처럼 위조하여, 사업상 대만을 방문하는 식으로 계획함.
티켓은 일본경유 대만 도착으로 구입. 당시, 티켓대금은 대만왕복이 50만 원, 브로커 비용이 250만 원. 일본에서 일주일간 상륙허가취득.

6) 취업 상황 및 산재(◎)

친척 소개로, 폐지수집회사(재일교포가 많이 살고 있는 동경 아라카와구 미카와시마 소재)에서 7개월동안 일당 4,800엔 → 미카와시마의 조선마켓에서 1~2년간 돼지고기 삶는 일 → 고토부키쵸에서 일용노동 → 미츠비시 중공업에서 10년간 근무, 월급 45~75만엔(일본이름으로 용접자격증과 크레인에 물건을 탈장착하는 자격증 취득)

7) 현 상황과 귀국(예정)

05년, 교제하던 여성을 감싸다가 야쿠자와 싸움이 붙어 경찰에 잡혀 강제송환.
07년 결혼.
제주도에서 취직하지만, 한 달 전부터 본인 사업 준비(09년 8월 현재). [건네받은 명함에 기재된 새로운 회사명은 '○○종합펌프기계—출장수리전문회사']

8) 개인적 특색

재일교포 친척형의 말("니넨 택시타지 못한다")에 상처입음.
자신의 동생도 일본으로 도항.
일본여성과 결혼할 기회가 있었으나, 결혼하게 되면, 고향에 송금할 수 없을 것 같아 그만둠.
모친에게 번 돈을 송금했으나, 형제들이 전부 써버려서, 현재 본인은 돈이 없음.

9) '이동'에 대한 평가

"거기 가서 살면서 이모저모로 사람에 대해서, 일본 사람 맘이라든지, 한국 사람 저기한 걸 많이 체험을 했죠."

"한국 사람들 다 그런건 아니지만, 이상하게 한국 사람에 대한 불신감이 많이 느껴지고, … 일본놈 두둔하는 것이 아니고. 그래서 난 형제도 이상하게 이젠 믿어지지 않아. 다 자기 갈 길 아쉬울 땐 그러면서, 그렇지 않을 때는 안 그러고, 사람들이 양심들이…"

*한국인과 일본인의 비교, 한국인의 후진성 강조

5. JME('57)/미상/인터뷰 일자(09.12.26)

1) 고향(한국주소)/현주소

제주도 안덕면 사계리/제주도

2) 결혼·가족/도항 전 직업

3남3녀 중 막내, 제주도 군방위 복무. 25세 결혼(1남1녀), 이혼. 요코하마에서 만난 제주도 출신 유부녀와 재혼(1남, 92년 출생)/

① 前-양화점경영
② 後-흑염소목장경영
③ 後-카인테리어, 세차장, 낙타관광사진촬영, 냉동선

3) 도일 시기

① 82년(2개월간), 초청비자
② 83년(초청비자)~89년 귀국(자수)
③ 90년~94년 귀국(자수)
④ 04년~08년 귀국(강제송환), 재판결과, 4년간 일본입국 금지

4) 도일 동기

① 술 마신 후 산에서 동사한 양화점 점원의 영혼이 자신에게 씌어 몸이 나빠져, 요양을 목적으로 일본에 쉬러 감.
② 일본에 한번 가봤더니, 살기 편해서 또 감.
③ 흑염소농장의 겨울채비를 다 했기 때문에, 부인이 자신의 누나가 있는 일본에 가서 2개월 정도 쉬고 오라고 해서 또 일본 감.
④ 재혼한 부인이 가출을 했기 때문에, 부인 찾으러 고토부키쵸로 들어감.

5) 도항 경로

① 가족들이 자주 일본에 가서, 제주

도 여행사 단골. 여행사에서 수속하여 초청비자로 일본 입국

② 초청비자로 OV

③ 관광비자로 OV

④ 관광비자로 OV

6) 취업 상황 및 산재(◎)

① 매형과 친한 건설회사(건축관련, 기계운반, 배관, 닥트, 발판[足場])에서 근무. 일본인과 같은 일당으로 만엔 지급. 주거는 누님댁(히가시가나가와 소재).

② 고토부키쵸에서는 선박에 자동차 탑재 일을 했음(주거는 고토부키쵸의 간이숙박소)

7) 현 상황과 귀국(예정)

귀국후, 냉동선에서 일한 다음 성산포 일출봉 가는 도로변에 관광식당 개업 준비 중(09년 12월 현재).

8) 개인적 특색

불륜에 때문에 이혼. 재혼한 부인은 가출.

전처 자식들과는 서먹한 관계.

"(영국에 유학간 딸이 전화 오면) 내하고는 1분도 통화 안하고, 삼촌하고는 한참 통화하고, 잘 따르고 … 내가 섭섭하다고 생각하면 안 되죠. 내가 잘못을 했으니까. 그죠잉? 내가 그건 깨우쳐야죠. 나와 함께 자라지 못했으니, 내가 그건 잘못했으니까 내가 그건 이해를 해요. 내가 애들하고 같이 있었으면 그렇게는 안 되었을낀데."

9) '이동'에 대한 평가

"전, 일본생활을 그렇게 오래해도 고토부키쵸는 안 가봤거든요. 우리 매형네도 나보고 고토부키만 가면은 너는 죽을 줄 알아라. 그래서 안 갔었어요."

"일본 간 사람들은 다 또라이 또라이, 내가 보기엔 다. 부부지간에 간 것들도 다 바람나고, 내 자체가 또라인데, 내가 부러운 거 아무것도 없이, 여자 한번 건들였다고 또라이짓을 하고 다녔으니, 내가 또라이지. 내가 또라이니까 다른 사람도 다 또라이지. 사실로."

6. JMF('58)/중졸/인터뷰 일자(09.8.8)

1) 고향(한국주소)/현주소

제주도 한림읍 상명리/제주도

2) 결혼·가족/도항 전 직업

모친은 4살 때 사망. 중졸 후(72년~)

이시돌목장에서 15년간 일함. 그 후 제주도 군방위 2년간 복무 후 결혼(83년). 본인이 도일한 6개월 후 부인도 도일(91년). 그 후 아들 출생(94년)

3) 도일 시기

91년 4월 21일(3개월 관광비자) ~ 08년 5월 귀국(강제송환)

4) 도일 동기

부인이 임신을 못하자, 부부를 갈라놓기 위해서 부모가 억지로 일본에 보냈음. 이미 고토부키쵸에 와 있던 고향선배가 와도 좋다고 해서 도일.

5) 도항 경로

농협에 천만 원의 적금이 있었기에, 그 증서를 받아서 비자 취득하러 갔더니, 다른 사람들은 15일 비자인데, 본인만 3개월 비자 취득.
당시, 일본에 가면 사람들이 돌아오지 않았기에 잔고증명서를 들고가지 않으면 비자 받기 힘들었음.

6) 취업 상황 및 산재(◎)

당시는 고토부키쵸에 아주 일거리가 많았고, 들어가면 바로 일할 수 있었음. 그러나 처음에는 '한국인 오야카타'와의 관계에 대해서 잘 몰라서, 3년간은 친척인 오야카타에게 소개비 명목으로 3개월마다 5만 엔씩 지불(현장에서 일당은 14,000엔). 그 후, '유니온'의 중개로, 조선소와 교섭하여 직접고용됨.
◎ 07년, 츠루미 조선소에서 작업도중, 바다로 추락하여 산재 신청 후 보상금 지급 받음.

7) 현 상황과 귀국(예정)

귀국 후, 부동산경기가 나빠져, 요양보호사 자격(스포츠마사지, 경혈지압, 발관리사, 요양보호사, 빛살림요법지도사, 서금요법 등 자격증 취득)하여, 노인요양원에서 근무하면서 개인적으로 골반척추교정실 경영하며 무료봉사도 함.
현재, 부인과 아들은 서울에 살고 있으며, 본인은 혼자 살다가, 13년 현재 부친과 함께 고향집에서 거주.

8) 개인적 특색

"지금, 제주도에 애인이 3명."
"(낙찰계로)부인이 2억 원 떤 것"
"그때는 마리아엄마를 알면서, 같은 고향 제주니까, 우리 동네 강씨 통해서 알게 되어, 그땐 몇사람 안되었죠. 그땐 사람들 알기에, 이게 조총련 계통이라고 겁나서 안오더라고. 과정을 모르니까. 그땐 회비가 한달에 2천엔씩 내는 거라고 해서, 마리 아엄마가 지금부터 돈 안내도 된대. 무슨 일이 생기면 그때 가입해도 된다고. 그땐 사람도 네사람, 이천엔 써도 그만 안써도 그만이니, 뭐 이것 저것 아무 불편없어도 그냥했어요. 난 진짜 잘 냈지. 나처럼 잘 내는 사람 어디 있어요."

9) '이동'에 대한 평가

"일본에서는 체면 그런 거 안 차려도 된다. 에구 누구 아들은 대학 나와서 저게 뭐하는 짓이냐! 다들 궂은일은 안하려고 하거든."

"난 만 17년을 살았는데. 고토부키쵸는 엉망이지. 개판 오분전이지. 완전 거지들만 모여사는 데니까. 거기서 돈 벌어 보낸 사람이 없어요. 그게 딱 한 달이면 한 달, 그런 식으로 월급으로 주면 돈을 보낼지 몰라도, 매일 가면 현찰 주니까…"

7. JMG('59)/고졸/인터뷰 일자(09.8.7)

1) 고향(한국주소)/현주소

제주도 한경면/제주도

2) 결혼·가족/도항 전 직업

96년 3월에 결혼(1년도 되기 전에 이혼, 딸1<09년 당시, 고1>)/한국 카페리 근무, 회사 도산

3) 도일 시기

91년 4월 21일(3개월 관광비자)~ 08년 5월 귀국(강제송환)

4) 도일 동기

포항에서 해병대 복무(~79년 6월) 후, 은사에게 부탁하여 제주도의 도체육회에 취직하기로 되어 있었지만, 도저히 못 기다려서, 친척이 운항관리사로 일하던 한국 카페리에서 2년간 근무. 84년에 화물실에 물이 새어, 화물주인에게 변상하고 선박회사는 도산. 그 1년 후 일본으로 도항. 당시, 부친도 사망했고 빚도 있었으며, 제주도에는 기업도 없고, 월급도 서울보다 낮았음. 친형이 먼저 고토부키쵸에 살고 있었음.

5) 도항 경로

관광비자로 제주도, 부산 경유해서 나리타로 입국. 당시, 해외에 나갈 때, 연령제한 있음."해외에 나가면, 국가관을 망각한 행동을 삼가고, 주민등록증은 해외에 가져가지 말라(간첩이 사용 가능성)"

여행사를 통해 패스포트 발급.

6) 취업 상황 및 산재(◎)

고토부키쵸에서 인부일, 처음에는 싼 일들을 하다가 89년도에 야마시타 공원 맞은편에서 뱃일을 했음. 자주 일 다니면 일본 사람이 누가 성실한지 알아서 일을 시켜주었는데 항만, 건설현장은 일당이 낮기에 토비[목수]일을 배워서 일당 25,000엔 받고 일함. 요코하마 국제박람회 열린 그곳도 철근 세웠다.

◎ 그러던 중 91년 12월 25일인가, 27일에 산재를 당하게 된다. 철근이 떨어져서 다치는데 밑이 마른 땅이라서 발에 바로 철근이 박혔음. 퇴원해서 목발짚고 걷는 연습을 하는데, 핀이 안에 들어간 상태. 오른발 관절과 허리에 평생통증을 수반 산재를 당했을 때, 혼자서 요코하마 노동기준감독서를 찾아가고, 변호사도 찾아갔음. 다쳤을 때 사전을 들고. 산재보험책을 사서 보면서 재활을 하다가 '유니온'에 찾아감. '유니온'의 2번째의 조합원이었고 무라야마상과 마리아상과 함께 현장조사 나갔음. 보상금으로 700만 엔, 유니온에는 200만 엔 지불하게 되고, 연금은 두 달에 40만 엔 좀 넘게 오는데, 그 중에서 유니온에 또 회비를 지불하고 있었음.

7) 현 상황과 귀국(예정)

92년 귀국, 96년 결혼하여 1년도 되기 전에 이혼.
처형이 경영하던 수퍼마켓을 사서 경영하게 되었는데, 부인이 빚이 많은 것 같아서 이혼.
자신은 혼자 애기 키우면서 이제는 모임에 안 나감.
딸 대학 가면, 소귀의 목적을 달성.

8) 개인적 특색

요코스카공제병원에서는 "○○씨는 죽을 때까지 노동일은 못할거다"라고 했다. 척추도 다치고, 오른 팔 빼고는 다 다쳤다. 한국과 일본병원 생활의 차이는, 일본의 경우는 간호사가 다 해주고, 당시 본인은 중환자였으므로 다 닦아주고, 간호사들이 참 좋았음.
유니온에 가입한 후, 유니온 선전할 때, 그 당시 장가도 가기 전이었는데, 산재 당한 거, 본인이 치힌 상황 등 그런 걸 유니온 선전에서 항상 말하고 그랬기 때문에, 아직 장가도 안 간 총각인데, 그렇게 말하면서 돌아다녀서 좀 맘이 안 좋았음.

9) '이동'에 대한 평가

*제주도의 습관에 대해서 언급

① 예전부터, 제주시를 사이로 동쪽은 인심이 야박하고, 서쪽은 인심이 후하다는 말이 있음. 자신은 한경면이므로 서쪽 출신. 신제주는 박통이 만들었음.

② 한림읍(협제리, 옹포리, 금릉리) 사람들은 한림공고라는 같은 고등학교를 다녔는데 한림읍 젊은이들이 다들 고토부키쵸로 와버려서, 장사 치를 때 담상꾼(상여매는사람) 제주 부락민이, 젊은이가 장지까지 매고 가야 하는데, 이 마을 젊은이가 없어서, 이웃마을에서 젊은이를 빌려왔음.

③ 제주도는 제사를 나눔. 장남이 아버지제사를 지내고, 설 명절을 담당하고, 차남은 어머니제사를 지내고, 추석 명절을 담당함. 그리고 경조사 때, 겹부조를 함. 여자는 여자에게, 남자는 남자에게 부조를 하는데, 다 돌봐야 됨. 모든 벌초와 명절을 다 챙겨야 됨.

8. JMH('64)/미상/09.11.7

1) 고향(한국주소)/현주소

제주도 한림읍 한림리/요코하마 고토부키쵸

2) 결혼·가족/도항 전 직업

부인, 아들(85년생), 모친, 여동생/다수의 친척이 일본 거주/여행회사, 렌터카회사 경영

3) 도일 시기

01년부터 가족 전원(본인, 부인, 아들)이 일본체류. 3년 후, 부인과 아들은 귀국하고 본인 혼자 잔류.

4) 도일 동기

2000년경, 중국인이 중국에서 한국으로 밀항하는 것을 돕던 중에, 그들을 이송하던 냉동차에서 중국인이 사망하는 사고가 발생. 사건조사의 여파가 자신에게까지 미칠 것을 피하려고 일본 도항.

5) 도항 경로

초청비자(친족방문비자, 미카와에 있던 외증조할머니의 여형제에게 부탁하여 발행)

6) 취업 상황 및 산재(◎)

① 도항 당시는 일본어학교에서 공부하고, 일본에 있는 여동생이 사업자금을 제공해주어, 긴시쵸에

서 미용실과 안마시술소 개업
② 3년 전에 고토부키쵸에 옴. 현재, 일본남성과 결혼한 고향 후배가 소유하는 건물을 관리해주며, 바나나배에서 가끔 아르바이트. "바나나배는 '아오지탄광'과 같은 현장이다."

7) 현 상황과 귀국(예정)

가족들도 빨리 들어오라고 하지만, 돈도 못 모으고, 그대로 그냥 이 상태로 계속 살고 있음.

8) 개인적 특색

한국스나쿠에서 만난 젊은 여성이 미용실을 개업해주면 같이 살겠다고 해서, 미용실을 개업.
그녀의 언니는 클럽에서 일하고 카지노를 좋아했고, 본인도 그녀도 파친코를 좋아해서, 가게를 잘 유지할 수 없어서, 결국 야쿠자에게도 쫓기게 되어, 3명은 결국 헤어졌음.

9) '이동'에 대한 평가

최근 난속이 심해져서 자신이 이상해지는 것 같음.
"이전 '식민지 시대' 때 일본이 조선을 지배했던 것이 지금까지 계속되었다면, 지금 비자가 없는 걸로 이렇게 힘들어하지 않았을 텐데…"라고도 최근에는 생각하는데, 그런 자신이 무섭게 느껴짐.

9. JFA('37)/초졸/인터뷰 일자(09.8.20)

1) 고향(한국주소)/현주소

제주도 구좌읍 김녕리/전라북도

2) 결혼·가족/도항 전 직업

21살 결혼, 1남(막내40대)3녀/남편은 양계장사업 도산 후, 부산에서 자살(본인 66살)

3) 도일 시기

① 24살 때, 밀항하여 6년간 거주
② 02년 5월 15일(본인 67살)~07년 4월 귀국(강제송환), 5년간 체류

4) 도일 동기

① 고베로 간 후 연락이 없던 남편을 찾으러 친정에 장녀를 맡겨둔 채 일본으로 도항.
② 양게장사업 도산 때문에 진 빚을 갚기 위해 도항.

5) 도항 경로

① 완도에서 고베까지 배로 밀항

② 서울에서 나리타로 관광비자로 OV

6) 취업 상황 및 산재(◎)

① 오사카에서 딸 둘을 낳고, 가내공업, 동경 시부야에서 중화요리점 근무
② 한국 고기집을 전전함. 월급은 평균 20만 엔(친척이 경영하는 가게 등)

7) 현 상황과 귀국(예정)

① 밀고로 오오무라수용소에 수용. 제주도에 돌아와 일본요리집 경영. 그 후 양계장 경영, 그러나 도산
② 아사쿠사에서 아침에 쓰레기 버리러 가던 길에 단속

8) 개인적 특색

현재는 전주에 살고 있는 아들 손자들을 돌보면서, 혼자 임대아파트에 거주

9) '이동'에 대한 평가

남편은 파친코, 도박을 좋아해서 결국 빚더미, 사업이 망하자 자살.
은행 빚은 거의 갚았으나 개인들에게 빌린 것은 아직 그대로 남아 있음.
아들에게는 일본에서 용돈으로 돈을 조금씩 송금.
장녀와의 관계는 아직도 서먹서먹함. (장녀가 3살 땐가 4살 때, 친정에 맡기고… 6년간 일본에 체류하다가 귀국)

10. JFB('39)/고졸/인터뷰 일자(09.8.7)

1) 고향(한국주소)/현주소

제주도 구좌읍 김녕리/제주도

2) 결혼·가족/도항 전 직업

63년에 결혼하여 2남1녀/남편은 바람나서 집을 나가 살림을 차렸고, 본인 혼자서 아이들 양육/가톨릭출판 보급소 근무

3) 도일 시기

97년~06년 귀국(자수)

4) 도일 동기

자신이 제주도에서 혼자서 번 돈으로는 자녀들의 학비, 결혼 등으로 진 빚을 갚을 수가 없어서, 일본 도항.

5) 도항 경로

관광비자로 OV

6) 취업 상황 및 산재(◎)

입주식 베이비시터(3주간, 무급) → 우

에노 스나쿠 주방(3주간) → 찻집(14개월) → 역전 매점(3년 반) → 파친코 환전(4년)
*일자리는 친구들 소개

7) 현 상황과 귀국(예정)

귀국 후에 봉사활동

8) 개인적 특색

차남의 사업을 돕기 위해서, 다시 일본에 가려는 의지를 보였지만, 좌절. 요즘도 가끔 일본에서 일을 하고자 함〈10년 8월 현재〉.

9) '이동'에 대한 평가

"그건 제주도 사람들 인척관계가, 제주도 사람의 반은 일본에 가있다시피, 서로가 인척관계가 많아. 일본의 제주 인구가 거의 반 이상 되지. … 그래도 나는 고마운 게, 일자리가 있었다는 거 하고 …"

11. JFC('53)/미상/인터뷰 일자 (09.12.28)

1) 고향(한국주소)/현주소

제주도 한림읍 한림리/고토부키쵸 → 제주도

2) 결혼·가족/도항 전 직업

남편과 이혼, 아들1(09년에 28세)/본인은 식당경영, 남편은 제주도에서 큰 건축회사 '○○개발'을 경영했으나 도산

3) 도일 시기

94, 95년~08년 11월 귀국(강제송환)
09년 2월 밀항~09년 7월 귀국(강제송환)

4) 도일 동기

자신이 보증인으로 있던 남편이 경영하던 건설회사가 도산하여, 빚더미에 앉게 되어 변제를 위해서 도항.

5) 도항 경로

① 관광비자로 2회 왕래 후, 3회째부터 OV
② 밀항비용 천만 원(입관 수용소에서 밀항관련 정보 입수). 부산 다대포(추정)에서 밤중에 쾌속정을 타고 이른 아침 후쿠오카(추정)에 17명의 밀항자 도착(소요시간 5시간). 거기서 대기하고 있던 봉고차로 20시간 걸려 하네다 도착(교통비는 10만 엔이었지만, 5만 엔 지불)

6) 취업 상황 및 산재(◎)

고토부키쵸 내에 있는 ○○○라는

찻집에서 근무.
"난 한집에서만 12년 일했어요. 그러니까, 자기집처럼 하다가 왔지."
자신이 살고 있던 간이숙박소의 월세 대신 청소를 해주고 거주.

7) 현 상황과 귀국(예정)

현재(09년 12월)는 신제주시에서 PC방 운영(09년 8월 개업). 가게는 아들에게 주고 본인은 또 일본으로 가고 싶어함.
"(일본이)생활하기 편하지. 이것저것 생각 안하고 일만 하니까.…(여기는) 여러 가지 많이 있어서. 여기서는 정신이 시끄러워."
"그러니까, 지금까지는 그렇게 살았는데, 그러니까 결혼비자라도 누가 하나 해가지고 만들어볼까 하고."

8) 개인적 특색

*두 번 다 밀고에 의해 잡혔다고 본인은 믿고 있음.
"작년에. 잡혀서. 슈퍼 가다가. 그래가지고 작년에 잡혀가지고, 4개월 만에 (다시 일본으로) 들어갔어요. 그래가지고, 5개월 만에 또 잡혀가지고 나왔어요."
"나는예 가짜 외국인등록증을 만들었어. 20만 엔. 들고 있었거든. 근데 그걸 태연하게 보였으면, 되는데 근데 그게 안되더라고 나가. 그걸 나꺼로 만들지를 못한거라. 그 이름을, 주소를. 만들어 들고만 있어지 그 외국인등록증의 주소를 내가 싹 내꺼로 알고 (외우고) 있어야 되는데, 그걸 못 했던거야."

9) '이동'에 대한 평가

비행기로 들어올 때는 1,500만 원의 비용이 듦. 지문에 실리콘 붙이고, 전자여권에는 본인과 타인을 합성한 사진을 붙여서 만듦. 2명이 입국할 때는 여권을 서로 교환하여, 입국심사를 통과하는 계획. "내가 다 긴장이 돼 가지고, 이게 다 벗겨지는 거야. (손가락 지문 위에) 여기 뭘 붙여서 가는데, 긴장해서 다 떨어지더라고."
실제로는 무서워서 밀항선을 선택함. 밀항과정을 다음과 같이 묘사.
"우리가 그렇게 이야기 했거든. 첩보영화 찍었다고. 첩보영화를 찍고 있다고… 지금."

12. JFD('59)/중졸?/인터뷰 일자 (09.7.27, 09.8.11)

1) 고향(한국주소)/현주소

제주도 애월읍/제주도

2) 결혼·가족/도항 전 직업

양친은 재혼으로 결합. 부친은 일찍 사망, 모친이 오빠와 본인을 양육. 10대 후반에 5살 연상 중국집 배달원과 도망. 친오빠와는 10년간 절연상태. 아들 30대, 딸 20대/부부가 식당 경영, 남편이 보증인이 된 것이 문제가 되어 도산.

3) 도일 시기

① 96년 2월~96년 7월 귀국(자수)
② 01년~06년 6월 29일 귀국(강제송환)
③ 08년 12월 밀항~09년 7월 30일 귀국(자수), 5년간 일본 입국금지

4) 도일 동기

① 남편이 알코올중독을 회복한 후에 일본행을 결심. 당시, 장남 고3, 장녀 중3. 일본행을 선택한 것은 한국 내에 있을 경우, 자녀들을 만나러 돌아가고 싶어질 것 같아서, 마음이 약해질 것 같아서 돈 버는 일에 전념하고자 일본 선택.
② 자녀들도 다 커서.
③ 일본인 남성과 결혼 목적(출입국 통과용 시나리오) → 사실은, 일본에서 사귀었던 한국인남성이 다시 일본에 들어오라고 권유.

5) 도항 경로

① 제주도 → 서울 → 나리타
② 몇 번인가 일본 입국을 실패한 후 심정적으로 포기했으나 무리없이 일본 입국
③ 밀항비용 천만 원. 루트는 부산 → 여수 → 나가사키(추정), 배가 바위에 끼어 일행(본인포함 5인)은 사람키 정도되는 바다에서 짐을 머리 위로 이고, 바다를 걸어서 나와서 상륙. 일행은 바닷가 후미진 곳에 대기하던 봉고를 타고 21시간 걸려 동경, 요코하마에 도착. 밀항선은 밀물이 될 때까지 기다리며, 한국으로 돌아가려고 대기 중인 5명을 태워서 출발하려고 했으나, 밀물때까지 기다리는 동안 날이 밝아져서 결국 해안경비대에 체포.

6) 취업 상황 및 산재(◎)

① 우라와[사이타마현에 있는 도시]에 고향 후배가 간호사로 와서 일본남성과 결혼해서 살고 있었기 때문에 거기를 찾아감. 그곳에서 생활정보지를 보고, 고기집에 취

직. 가게 주인은 조선총련계 간부로, 그녀는 자주 북한에 왕래. 북한 평양에도 식당 경영. 그 가게에서 인정받아 안정적으로 일하게 됨. 일본 온 지 3개월 후에 남편 사망.

② 일본입국 성공. 우라와의 고기집에서 계속해서 근무.

③ 이전, 자신을 고용했던 우라와 마마에게 취직소개를 부탁하지만, 이 당시에는 비자 없는 사람을 고용하면, 자신이 위험해진다는 이유로, 정중히 거절. 츠루미에 있는 스나쿠에서 몇 개월 근무. 비자 있는 한국인 마마가 월급을 제대로 주지 않음.

일자리도 없고, 결혼도 성사되지 않고(입관 면접용 코멘트), 돈도 벌지 못했음. 예전에 경험한 유치장을 떠올리고, 체불된 임금을 전부 받은 후 입관에 출두함. 처음 잡혀간 곳이 시나가와(동경)였기에 또 거기로 가면 부끄러워서, 좀 멀지만 요코하마입관으로 출두.

7) 현 상황과 귀국(예정)

① 양친의 이혼, 부친의 사망으로 쇼크를 받은 자식들을 생각하니, 더 이상 일본에 있을 수 없어서 귀국.

② 일본내 이동하던 중(츠루미 → 우라와) 우연히 시나가와에 내리게 되어 여기 저기 두리번거리다가 경찰에게 검문당함. 유치장에서 40일간 생활하여, 시나가와입관에서 하루 지내고, 우시쿠수용소로 보내져 2주일 있은 후 귀국.

③ 취업도 마음대로 안 되고, 단속 걱정으로 자유롭게 행동할 수도 없어서 자수해서 귀국할 결심. 교제 중인 남성은 올해 말에는 제주도로 귀국예정. 오면 함께 제주도에서 살기로 약속. 따라서, "사는데는 걱정 없어."

8) 개인적 특색

2009년 7월 27일, 요코하마입관

"결혼하겠으니, 일본으로 들어오라"고 했다는 일본남성의 존재는 실제로는 허구. 우라와의 고기집에서 일할 당시, 알게 된 충청남도 출신 남성과 연애. 그는 츠루미에 살고 있었으며, 그가 일본에 들어오라고 부탁해서, 무리해서 일본에 들어옴. 밀항자금도 그가 지불.

9) '이동'에 대한 평가

"제주도는 부조금 때문에 망한다. 일 년에 부조금만 해도 500만 원 이상 들거다. 참 이런 게 사치스런 일이다. 경조사만 해도, 하지만 섬이기에 그런 걸 안 챙길 수도 없다. 장사를 치르게 되면, 일주일 내도록 오는 손님들 대접해야 하고, 포상제?(제사에 절하는 행위, 남자만)할 때도 돈 올리고, 여자들끼리 그 집 안주인한테 따로 돈봉투를 주는 게 보통이다. 육지에서는 보통, 결혼식 경우, 한집에서 부조를 한번만 하지만, 제주의 경우는 남편 따로, 부인 따로 부조한다."

"KNTV[위성방송으로 나오는 한국TV]에서 한국에 있는 비자 없는 베트남노동자가 사망했다는 뉴스가 나왔는데, 그 사람은 나처럼 비자가 없어서 불안에 떨면서 생활했다고 생각하니 마음이 아팠어."

13. JFE('60)/고졸/인터뷰 일자(09.8.18, 09.12.21)

1) 고향(한국주소)/현주소

제주도 한림읍 대림리/서울

2) 결혼·가족/도항 전 직업

83년, 23살 때 중매결혼, 94년 8월 아들 출생/미용학원을 1년간 다닌 후 미용실에서 10개월 근무, 결혼 후 남편과 함께 이시돌목장 근무(소젖 짜기, 기타 잡무)

3) 도일 시기

91년 11월~00년 귀국(자수)

4) 도일 동기

남편의 고향선배로부터 "거기(목장)에서 일하는 거랑 비교하면 여기(고토부키쵸)가 돈을 더 많이 벌 수 있다"고 해서, 남편이 91년 4월 입국하고, 남편이 불러서 자신도 91년 11월에 입국.

5) 도항 경로

관광비자로 OV

6) 취업 상황 및 산재(◎)

"고토부키쵸로 와서, 집 앞 복도에 있는데, 갑자기 어떤 아주머니가 일하지 않겠냐고 물어 와서, 나는 일어도 모르고 온지 5일 밖에 안 되어서 아무것도 모른다고 하자, 말 못해도 되고 설거지만 해도 된다고 하여 우연한 계기로 바로 취직하게 되었다. 그 아주머니에게는 소개비를 주고 취직을 하게 되는데, 그 당시 고토부키에는 식당 등지에 일을 소개시켜 주는 교포가 있었다. 일을 하려면 연줄이 있어야 돼."

"출산 6개월 후, 이시카와쵸역 앞에 있는 러브호텔 Casa De Fransia 에서 한국으로 귀국할 때까지 일하게 된다. 시간은 밤 8시에서 새벽 1시, 2시까지 6시간, 시간당 890엔, 일주일에 한번 쉬고 일을 하게 된다. 그리고 토요일, 일요일, 휴일도 합쳐서 일하게 되면, 한 달에 20만 엔 정도 받았어."

7) 현 상황과 귀국(예정)

아이의 교육을 위해 자신은 일을 하지 않고, 아이를 기르고 교육시키는 일에 중점을 두게 됨. 아이가 난청이므로, 문 닫는 소리 등 이웃에게 폐가 되고, 아이를 또 그런 것으로 주의시키면 주눅이 들기에, 반지하를 택했음. 서울 와서 언어치료 계속하고, 귀가 더 안 좋아지면서 인공와우수술을 하고, 지금 현재도 진행되고 있음. 자신은 자수해서 왔어도, 2년간 일본 입국 금지.

한국에 와서, 일 한지는 3년이 되어가는데, 그 전에는 아들이 어려서 일을 못했고, 지금은 초등학교에서 우유배식, 잡다한 일을 하고 있음. 아들 대학 들어갈 때까지 약 10년간 뒷바라지할 계획임.

8) 개인적 특색

오야를 하던 낙찰계가 깨지고(손해액 2억 원 정도), 부부 싸움도 많이 하게 되고, 아들의 난청 치료와 교육을 위해 귀국.

"고토부키쵸에서는 일 소개 자체를 제주도 사람이 잡고 있다. 오사카는 제주도 사람이 거기 사니까, 단속이 심했다. 그래서, 거기 사는 동안 결음 모양보고 덮치고, 공장도 덮치고, 그랬는데, 고토부키쵸는 그런게 없었어 고토부키쵸는 옛날부터 야쿠자가 살고 있었어. 우리에게는 고토부키가 천상낙원이었다. 법 없이 살 수 있다(이 말은 법에만 안걸리면 자유생활이었다). 천상낙원이라는 것은, 고토부키 안에서는 활개치고, 일만 있으면 가고, 없으면 안가고, 파친코, 음식점, 시장… 요코하마바시(시장) 안에는 한국음식을 팔았어."

9) '이동'에 대한 평가

"고토부키쵸에서의 생활은 괜찮은 편이었다. 친구들 4명(당진, 화북, 그리고 또 한명)이서 사이좋게 재밌게 지냈다. 단지, 한국에 내 맘대로 못 온다는 제약이 있었지만, 자신은 일본에서가 오히려 더 좋았다. 일하는 것도 정해진 시간타임으로 끝나고, 단지

검문 당할까봐 걱정이었지. 일만 있다면 일본이 좋다. 그리고 비자만 있다면…고토부키쵸에서는 활개치고 살았다. 내 세상처럼 살았다. 2000년도부터 단속 심해지고, 자수기간에 자수하면 입국금지기간을 5년에서 2년으로 해준다고, 2년 후면 나올 수 있다고 하여, 자수하러 갔더니, 입관에서 "다시는 오지 마세요" 그러더라."

14. JFF('61)/고졸/인터뷰 일자(09.8.9)

1) 고향(한국주소)/현주소

제주도 한경면 신창리/제주도

2) 결혼·가족/도항 전 직업

고토부키쵸에서 만난 남성과 92년 결혼하여, 1남2녀로 5인가족/고교졸업후 서울에 가서 고아원 근무

3) 도일 시기

① 91년(15일 관광비자)~92년 9월 귀국(자수)

② 00년 10월(남편), 01년 2월(자신과 차녀), 01년 8월(장녀, 장남)~07년 4월 25일 귀국(경찰의 권유로 자수)

4) 도일 동기

① 고아원에서 받은 월급은 너무 적었고 퇴직금도 안 나오기 때문에, 30살이 되어도 저금을 전혀 할 수 없었음. 당시, 제주도에서는 일본으로 일하러 가는 것이 '붐'이었으며, 일본에 친척이 있었고(모친도 일본 이주노동 중이었음), 3년 정도만 일본에서 일하고자 도항.

② 제주시에 정착했으나, 사업에 실패하여 도망치듯이 다시 일본으로 도항.

5) 도항 경로

① 관광비자로 OV. 91년, 일본에서 살던 곳은 가나가와신마치(神奈川新町)로, 그곳의 고기집에서 근무. 일본에는 모친이 먼저 들어와 요코하마 차이나타운에서 일하고 있었음. 거기로 가서, 가나가와신마치의 일자리를 소개받아 찾아감. 당시는 일을 소개하는 사람이 있었음. 그때는 일본어도 모르고, 아무것도 몰랐기 때문에, 일자리를 돈을 주고 소개 받았음. 소개하는 사람은 주로 교포 아니면 비자가 없는 채로 여기에 오랜 산 사람들. 3만 엔 정도 지불. 92년 1월, 고토부키쵸에서 지금 남편을

만나, 92년 9월 제주도에서 결혼.

② 가족전원이 관광비자로 OV. 자녀가 셋이라서 시끄럽기 때문에, 나가무라쵸의 집 한 채를 빌려서 살기 시작했음. "애들 아빠야 노가다하고 고토부키쵸 가가지고, 난 첨에는 호텔에서 청소하다가, 그 담에는 파친코 돈 바꿔주는거 4년 했어요. 첨에 가선, 호텔 청소를 2년하고, 나머지는 파친코. 파친코는 아는 사람이 소개로 했는데, 그땐 소개비 안줬어요. 동창의 남동생이었어요. 우리 동창아이도 파친코 다니고 있었고, 그 아이가 알바를 구하는데 내가 들어 간 거죠. 남자들은 지속적으로 못벌죠. 일이 있고 없고가 심하니까, 남자들 버는 걸로는, 식구가 다가서 생활도 안되죠. 난 정기적인 수입이니까. 파친코는 노는 날 없어요. 365일. 처음에는 알바니까, 한 3년은 밤에만 갔으니까, 오후 4시 반 부터 밤 11시까지 했으니까, 낮엔 시간이 있었는데, 오기 전 1년은 아침 10시부터 밤 11시까지 혼자서 했으니까, 월급이 밤에만 일했을 땐 한 20만 엔 정도 되고, 전체적으로 했을 땐, 35만 엔, 남편은 한 달에 10만 엔 벌 때도 있고 잘 벌 땐 40만 엔 벌 때도 있고, 그렇죠. 또 단속이 심해지면은 못가고."

6) 취업 상황 및 산재(◎)

(-)

7) 현 상황과 귀국(예정)

귀국 이유는 장녀가 친구와 함께 역에서 훔친 자전거를 타고 있어서, 잡혀서 비자가 없다는 것이 들통남. 경찰에게 불려가서, "체포는 안할테니, 자수해서 돌아가세요"라는 말을 듣고, 자수해서 귀국함. 지금은 3년 정도 지나서, 꽤 안정을 되찾았지만, 처음 1년 동안은 지옥 같았음(장남의 등교거부, 따돌림). 남편은 지금도 노가다를 하고 있으며, 본인은 귀국해서 바로 요양보호사 자격을 따서 노인간병을 하고 있음. 수입은 100만 원 정도. 여기서 생활하기에는 저금은 못하지만, 안정적인 생활이 가능.

8) 개인적 특색

"한번 경험이 있으니까, 가서 사는데는 별로 문제가 없었거든요. 경험이 있었으니까 애들 다 데리고 갔죠. 가갔고 학교를 다닐 수 있는지 다 알아보고, 되니까 다 같이 데려 간 거죠."

"친척들이 교포도 있고, 야마테(山手)에도 살고, 츄카가이(中華街)에도 살고, 그분들은 일제시대 때 가서, 할머니들이지. 얘네 아빠네 친척들. 사촌누나도 있었고, 외숙모도 있었고, 무슨 서류가 필요할 때 그쪽에서 다 해줬지. 츄카가이 사시는 분은 나이가 많으니까, 연금으로 사시고, 야마테에 사시는 분은 워낙에 부자니까, 아직도 팔십 넘으셨는데도, 운전하시는데 … 옛날에 큰 배에서 물건을 작은 배로 옮겨 갖고 부두로 들어오는, 그런 일을 하셨으니까, 놀아도 먹고 살 수 있고. 고토부키쵸에 계시던 분은 스나쿠하고."

9) '이동'에 대한 평가

"나도 그냥 사람들이 다들 가니까, 나도 생각 없이 갔다가 … 아무래도 일자리가 그쪽에 있어서 그런 게 아닌가 … 옛날에는 고토부키센터 거기서 노동자들 … 지금은 다른 데로 옮겼다고 그러던가 … 내가 그때 90년대 샀을 때는, 완전 한국 사람들 한낮에 큰소리로 떠들고 다니고, 여기가 한국인지 일본인지 … 고토부키쵸에는 살지는 않고, 아는 사람이 많으니까 놀러만 살짝살짝 갔지. 난 거기서 살기 싫어요. 냄새가 나서. 우리 애들은 거기 지나가기도 싫어해요. 애가 거기서 다니니까 어쩔 수 없이 애 데리러 왔다갔다 하지. 어쩔 수 없이 한국식품점 있으니까 거기 사러 가고, 비디오테이프 빌리고."

15. JFG('65)/고졸/인터뷰 일자(09.8.10)

1) 고향(한국주소)/현주소

제주도 한림읍 금릉리/제주도

2) 결혼·가족/도항 전 직업

6살 때, 양친이 이혼하고 모친이 밀항으로 일본으로 간 후 3자매(본인은 둘째)는 조부모가 돌봄. 89년 결혼, 남편, 1남1녀(90년생)/고교 졸업 후, 리사무소에서 경리

3) 도일 시기

① 21살, 초청비자

② 90년(3개월 관광비자)~1년 체류

③ 97년~09년 3월 귀국(자수)

4) 도일 동기

① "일본에서 초청이 처음으로 가능해졌기 때문에(본인이 만 20살이 됨)", 일을 그만두고 일본 도항. 본

인이 일본에 갈 때는 주위 모두가 부러워함.
② 택시를 운전하던 남편의 월급으로는 생활이 곤란했기 때문에, 가족 전원이 관광비자로 일본 도항.
③ 일본에서 벌어 온 돈으로 5년간 사업했지만, 남편이 보증을 서 준 곳이 부도가 나서, 경제적으로 어려워져서 도항.(→ 제주도의 가정경제 파탄의 전형)

5) 도항 경로
① 6개월 비자를 연장하여 체류. 비자가 끝나면 제주도에 돌아가서 또 다시 입국
② 관광비자로 OV
③ 관광비자로 OV

6) 취업 상황 및 산재(◎)
① "모친은 당시, 동경의 고마고메에서 가방공장을 하고 있었다. 집=공장에서는 한국에서 온 '불법체류자'가 일하고 있었다. 제주도 시골에서 아줌마들이 많이 일본으로 갔다. 처음 일본에 오는 사람들은 모두 친척, 아는 사람 연락처를 가지고 와서, 거기서 일자리, 숙박 등을 구했어."
② 파친코 교환소(모친과 언니 소개)
③ 파친코 교환소

7) 현 상황과 귀국(예정)
① "우리언니는 일본에서 시집갔고, 동생은 비자를 거기서 취득했지, 엄마 때문에. 엄마가 거기서 결혼해서 영주권을 취득했거든. 우리 동생은 되었는데, 나도 담에 오면 해준다고 했는데, 나는 그냥 여기서 연애를 해서, 못 갔어 … 나 혼자 여기 있는 거고."
② 쌀, 농산물 도매 5년간, 보증을 서서 도산
③ 현재, 본인은 일본인을 대상으로 여행가이드, 남편은 쌀, 농산물 도매업

8) 개인적 특색
"남편하고 나하고만 일본 가고, 그 담에는 한 몇 년 살다가, 딸, 아들 불러서 학교 다니고, 딸이 중학교 1학년 때 갔으니까, 2000년도 되기 전인가. 횟수로는 3년 살다가, 거기서 큰 애가 중학교 3학년 때 들어온 거 같다. 남편하고 애들은 들어오고, 나는 거기서 벌면서 뒷정리를 해야 되니까 거기서 벌고, 또 삼년을 벌고 들어오고. 그래서 난 작년(2008년) 11월에 들어왔어. 12년 살다가. 남편은 9년

… 오래도 살았지. 근데 12년 살았는걸. 몰라 거기 식구들이 다 있으니까."
"근데, 지금이 이렇게 사는 게 사람사는게 아니잖아. 3년 딱 되니까 가야되겠구나 싶어서, … 가겠다해서 온 것이지. 더 있었으면 잡혔을거라. 쉬는 시간 있어도 다니는 데 밖에 못 다니는 거라."
"이젠 나이도 있고, 그냥 여기서 살지 뭐. 놀러가면 모를까 … 어느 정도 자리잡고 살아가는데, 또 (일본) 가게 되면, 츄도한파[어중간, 아무것도 안됨] 되잖아."

9) '이동'에 대한 평가

"제주도 사람들은 웬만하면 육지 안가. 쫄딱 망해가지고, 사람들 체면 이런 거 생각해갖고 딴데 가서 새출발해보자 하는 사람들은, 대부분 친인척 있는 사람들은 일본으로 많이 가."
"일본 왔다 그러면, 찾으려면 고토부키 가면 다 있어. 진짜로. 거긴 개고기 그런 것도 다 판다. 우리집(니시요코하마)에서 택시 타면 천 엔도 안 들어."
"나는 사는 건 똑같은 거 같은데, 일단 거기서는 돈을 안 쓰잖아. 경조사도 안 돌봐도 되고."
"일본 가서 돈 벌어 와서 사업하면 대부분 망한다네. … 몰라, 그런 징크스가 있나봐. 그냥 집이나 사고 땅 사면 되는데, 사업하는 사람은 금방 망한데."
"우리 신랑이랑 하는 말이, 그때 안 갔으면 성공하지 않았을까 이런 말을 하는데, 후회해봐야 소용없고."

16. JFH('65)/고졸/인터뷰 일자(09.8.10, 09.12.29)

1) 고향(한국주소)/현주소

제주도 한림읍 한림리/제주도

2) 결혼·가족/도항 전 직업

양친은 전라도 출신, 장녀. 88년 동거 아들 출산(89년), 초혼에 1남1녀, 재혼에서 남녀쌍둥이(07년)

3) 도일 시기

① 89년(8개월 반 체류)
② 26살(10개월간 체류)
③ 99년~07년 8월 9일 귀국(단속 → 자수)

4) 도일 동기

① 부친과 함께 일본에 이주노동을

간 남편을 만나러, 아기와 함께 도항

② 부부가 떨어져서 생활하던 중에(본인 제주도, 남편 강원도), 사이가 나빠졌음.

③ 교통사고로 남편이 사망한 후, 여러 사업을 벌렸지만 실패해서, 다시 일본으로 도항

5) 도항 경로

① 관광비자로 도항, 가족결합.

② 일본에 입국할 때, 나리타공항 입국검사에서 이전의 이력이 발각되어 입국을 거부당함. 그 후 6번 정도 거부당한 후(거부될 때마다 200만 원 정도 지출), 여동생 여권을 이용해서 위조여권을 만들어 일본 입국.

6) 취업 상황 및 산재(◎)

① 아기가 몸이 안 좋아서 곧 귀국.

② 친구 소개로 파친코 교환소.

③ 친구 소개로 파친코 교환소. 거기서 지금 남편과 만나 동거. 남편이 교환소를 그만두자, 자신의 교환소 일자리를 남편에게 넘겨주고, 자신은 건설현장 청소, 호박을 실은 선박, 김치공장, 고양이통조림공장 등 전전함. 그 후 힘들게 파친코 교환소에 취직하여, 둘은 안정적인 수입을 얻을 수 있었음.

7) 현 상황과 귀국(예정)

40살 때 쌍둥이를 출산함. 아이들을 낳고 돈이 더 많이 들어서 일본에서 더 일하려고 했으나, 파친코장 앞에서 담배를 피다가 경찰에게 검문을 당해서, 2007년 8월 9일에 귀국했음. 위조여권이었기 때문에 한국에서는 사회봉사시간 80시간을 명령받았음. 제주도에 돌아와서 1년 8개월까지는 남편이 전혀 일하지 않았음. 시어머니와 같이 사는 것이 힘들었으며, 전 남편 사이에서 난 두 자녀와의 관계도 별로 좋지 않아서, 여러 모로 우울했지만, 이제 겨우 시어머니와 따로 살게 되었고, 신제주시에 집을 한 채 사서 조금은 안정을 되찾았음. 남편은 일본인관광객에게 사진을 찍어주는 일을 시작했고, 자신은 요리를 배워서 조리자격에 도전중임. 〈2013년 4월 현재〉 남편은 실직상태로, 집에서 쌍둥이를 돌보고 있으며, 본인은 아침 9시~밤10시까지 횟집에서 일하는 중임.

8) 개인적 특색

(-)

9) '이동'에 대한 평가

"이제는 좀 편해져서 괜찮지만. 힘들 때는, 나 혼자라도 몇 년 가서 고생하면, 돈을 좀 벌지 않을까 하는 생각도 들지 … 아이들 어릴 때 10개월간 불법체류로 간 것도, 그냥 도피처지. 첨엔 눌러앉으려고 간 게 아닌데, 보름 비자였는데, 보름이 하루 지나버리니까, 어차피, 파친코 경품에서 아르바이트 해버리니까, 하루 지나버리니까 어쩔 수 없이 눌러 버린 거지. 돈은 못 모으고 다 써버렸지."

17. JFI('66)/고졸, 현재 전문대학 재학/인터뷰 시기(09.12.29)

1) 고향(한국주소)/현주소

제주도 한림읍 옹포리/요코하마 고토부키쵸 → 제주도

2) 결혼·가족/도항 전 직업

93년 결혼 후 이혼, 2남(고1, 중1), 고토부키에서 알던 남성과 교제 중/제주시 준공무원

3) 도일 시기

99년 3월~06년 11월 귀국(강제송환), 7년 7개월간 일본 체류

4) 도일 동기

남편이 진 빚을 갚기 위해 도항

5) 도항 경로

3개월 관광비자로 입국하여 그대로 OV.

"첨엔 3개월 관광비자로 갔다가, 그때 당시로 3개월 같은데…, 그래서 쭉 눌러살았지. 오기는 요코하마요. 첨엔 오사카로 갔다가, 친구가 요코하마에 있었거든요. 99년에 갔을 땐, 오사카로 갔는데, 첨엔 가는 경로도 잘 몰랐고, 쉽게 말해서, 보따리장사 할머니가 있었거든요, 저희 작은 어머니 소개로 가서 일자리고 뭐랑 해주기로 해서, 돈주고 갔는데, 가니까 집자체가 한국구조랑 틀리잖아, 다다미같은데 골방 같은데 있어가지고, 거기 있다가 요코하마 친구 있으니, 모르는 사람하고 있느니 그냥 가자고 해서 갔거든요. 작은 어머니 소개로 아시는 할머니가 오사카로 다니시더라구요. 제주도분"

6) 취업 상황 및 산재(◎)

처음 2년간은 고토부키쵸 내에 있는 스나쿠에서 일하면서(pm6~am1, 일당 만 엔), 낮에는 상품에 스티커 붙이기(일당 6~7천 엔). "거기 일다니가,

그 안에서 일을 옮기는 거죠. 중간에 또 다른 일을 했는데, 그건 말하기가 좀…"

〈인터뷰 당시, 옆에 있던 선배가 다음과 같이 말했다. "야는 일본에서 쉬어보지를 않안. 진짜 부지런한 애여. 다른 말은 안하고, 너무 부지런한 아이여."〉

7) 현 상황과 귀국(예정)

06년 10월 9일, 요코하마 오오도오리공원에서 밤에 자전거로 지나고 있을 때 잡혔음. 경찰에서 1주일 조사를 받고, 입관수용소까지 합치면, 1개월 정도 걸려서, 06년 11월에 귀국했음.

지금은 자신이 다니고 있는 대학에서 아르바이트(기숙사 사감보조 pm12~6) 하면서, 영양사자격시험 준비중.

8) 개인적 특색

"적응이 첨엔 안 가지. 가끔 가다가, 지금도 어디 지나가다가 일본 생각이 나. 어쨌든 거기 가고 싶은 마음은 계속 많이 생겼어. 갈 수만 있다면. 근데, 일부러 밀항해서 갈 생각은 없고. 거기 8년 정도 있다 보니까, 거기 생활이 적응이 되어버리니까. 근데, 살면은 또 살아지더라. 또 언니까지 오다보니까. 생활 모르는 사람보다는, 아는 사람이 오니까."

9) '이동'에 대한 평가

"처음에는 빚은 갚았지. 3년 정도 해가지고 빚은 다 갚았어요. 3년 지나가니까, 거기 생활이 익숙해지니까, 점점 안모이게 되더라고."

귀국하고 바로 여기저기 아르바이트를 하면서, 전문대학에 진학할 결심. '식품영양학과' 지망.

"내가 진짜 일본 오래 살아서, 가보니까, 갈 데는 아냐. 결론적으로. 삶도 그렇고, 이 사람들의 생각자체도 썩어버린 생각들이 많고, 그러니까 (한국에) 더 못 들어오는 거야."

"(2006년도에 귀국할 때, 돈이) 없었어요. 그때 당시 저도 계를 했었어요. 오기 전에도 계하는 오야가 먹고 가버렸어, 마지막에 오야가 먹고 가버렸어요. 나는 우리 애들 겨울방학에 부르려고, 계를 안타고 마지막에 나뒀었거든요, 계를 타서 한국에서 아이들 부르려고, 한번도 안 봤었거든요."

18. LMA('37)/초졸/인터뷰 시기(09.8.23)

1) 고향(한국주소)/현주소

일본 동경 출생, 양친은 경상북도 금천 출신, 45년 4월 귀국 후 철원 → 부산 → 서울(58년~)/서울

2) 결혼·가족/도항 전 직업

부인, 1남1녀/자동차 커버, 카시트 제작

3) 도일 시기

90년 8월 30일~93년 혹은? 94년 귀국(자수)

4) 도일 동기

80년대 대부분의 산업구조가 좋아졌으나, 자동차업계의 경우 산업이 발달하면서, 빈민층(영세자동차업자)은 더욱 힘들어짐. 실직상태에서 자녀들의 교육비 마련하기 위해 고심하던 중, 친구와 이야기 하다가 "일본에 가자"고 합의하여, 관광비자로 일본 도항. 친구는 귀국했으나, 자신만 남아 노가다로 돈을 모아 송금. "여기서(한국)는 체면도 있고, 그땐 좋아요. 거기서(일본). 그땐 아무나 붙잡고 일 나가버리고."

5) 도항 경로

15일 관광비자로 OV

6) 취업 상황 및 산재(◎)

친구와 함께 왔는데 본인만 남아서, 가와사키에서 방을 빌려서 살았음. 사쿠라모토에 살고, 교포가 인부다시를 하고 있어서, 그 밑에서 임금을 받았는데, 그는 자신들의 임금을 일정금액 떼고 있었음.

7) 현 상황과 귀국(예정)

94년 귀국하여, 대형운전면허를 취득하여, 학원의 송환버스 운전사를 5~6년 전까지 했음. 척추디스크와 당뇨병을 앓고 있으며, 지금은 조금 나아져 집에서 요양중.

8) 개인적 특색

"제주 사람은요, 내륙 사람들이랑은 같이 일 안해요. 제주도 사람들은 자기네끼리 일자리 찾고 그러는 모양이야. 가끔 가다가 이렇게 부딪히는데, 뭐라그럴까, 난 제주도라 그러면 한국 사람끼리, 그 섬사람들 고생도 많이 한 사람들이라서 호감을 참 많이 가지고 있었는데, 그다음부터는 호감이 안가. 완전히 내륙에 있는 사람들한테 무슨 앙갚음 하는 것 같이, 일본 사람 대하는 것 보다 한국 사람한테 더 안 좋게 대한다."

9) '이동'에 대한 평가

"내가 말년에 일본 생활하는게 말이에요, 큰 인생의 전환점이 되었어요. 그전에는 참 난 자영업을 하면서 사장도 해봤고, 자존심도 있었고, 일본 갔다가 큰 고생을 하고 나오니 못할 게 없다는, 마음가짐도 새롭고, 그때 면허증 따서 버스까지 몰 마음을 가졌으니까."

19. LMB('39)/고졸/인터뷰 시기(09.8.24)

1) 고향(한국주소)/현주소

부친은 경상남도 울산 출신으로 일본 밀항, 본인은 일본 출생, 7살 귀국 부산 거주, 친척 대부분 일본 거주/부산

2) 결혼·가족/도항 전 직업

부인, 1남1녀/태권도도장 경영 → 초청비자로 33, 34년 전에 고베 민단에서 근무 → 부산 남포동에서 음악다방을 3개 경영했으나 망해서 집도 압수되어, 셋방으로 옮김

3) 도일 시기

60, 70년대 일본 고베민단 근무(초청비자)

80년대 중반~92혹은? 93년 귀국(자수)

4) 도일 동기

사업이 망했고, 친척도 있어서 일본에서 일하려고 마음먹음. 부산에는 친척도 없고, 본인은 일본어도 조금 할 줄 알기 때문에, 현장노동을 하려고 일본 도항

5) 도항 경로

지인이 부산 초량동 일본영사관에서 일하고 있었기에, 초청비자를 신청했음. 빨리 나오도록 여행사 브로커를 통해서 신청했음.

6) 취업 상황 및 산재(◎)

"부산에는 친척도 없고, 일본말이 조금 되서, 막노동을 하려고 일본으로 건너갔다. 여동생이 식당을 하고 있어서 여동생네에서 신세를 지내면서 막노동을 1년 정도 하던 와중에 토비[목수]하면 월급 많이 준다고 해서, 모험을 하게 되었다."

◎ "비 오는 어느 날 아침에 나가니까, 현장에서 보슬비가 내리고 있었는데, 이 정도면 일할 수 있다고 해서, 일을 하게 되는데, 파이프가 미끄러져? 밑에 콘크리트가 등에 찍혀 작

업 중지하고 응급실로 옮겨져서, 한숨 자고 집으로 돌아온다. 병원에서는 신경에 이상이 생겼다고 하여,” ‘유니온’에 가입.
치료 1년 후 귀국, 후유증 있으며, 장애급수 7급.

7) 현 상황과 귀국(예정)

귀국 후, 식당을 경영하지만, IMF로 경영이 잘 안 되었음. 지금은 부인이 보험외판원을 함.

8) 개인적 특색

“31살 딸은 일어일문학 전공으로 면세점에서도 좀 일했다. 지금은 관광비자로 고베에 있는 한국식당에서 일하는 중이다. 일본에서 취직하기를 원하지만, 부모로서 딸이 나이만 계속 들어가면, 혼기도 놓치고, 츄도한파(어중간, 이도저도 아닌)가 되어 이도 저도 못되는 것이 염려된다.”

9) ‘이동’에 대한 평가

부인은 (자신의 딸에게 도움을 주지 않는 친척에 대해) “삼촌이면서 일본 사람인 척하고 너무 한 거 아니냐. 조카도 하나 못 봐주냐” 하고 푸념을 늘어놓았고, 본인은 난처한 표정을 지었음.

20. LMC(‘42)/미상/인터뷰 시기(09.11.7)

1) 고향(한국주소)/현주소

부산(대구)/요코하마 미야카와쵸

2) 결혼·가족/도항 전 직업

부인, 1남1녀(자녀는 결혼, 손자도 있음)/식당경영을 하고 있었지만, 부인이 주로 일해서 본인은 할 일이 없었음.

3) 도일 시기

94년 10월부터 체류

4) 도일 동기

일본에 일하러 갔던 사람이 고토부키쵸에는 일거리가 많다고 했고, 바로 그 시기에 부부싸움도 심해져서 도항.

5) 도항 경로

부산에 가서, 김해공항을 이용하여 나리카 입국(관광비자로 OV).
친구 한 명 데리고 둘이서 입국했지만, 그 친구는 곧 귀국.

6) 취업 상황 및 산재(◎)

① 신주쿠 직업소개소에서 6개월간 대기하면서, 일거리가 있을 경우는 일함. 그곳에서 지내면서, 숙

식비 지불

② 소개소의 알선으로 요코하마 교포한테 가서, 거기서 침식. 하수도 일. 일이 있는 날은 12,000엔(1년간 근무)

③ 요코하마 교포 소개로 다른 회사로 옮겨서 6개월 근무

④ 고토부키쵸에 들어와, 건물해체, 노가다, 하역작업, 차량탑재 등

7) 현 상황과 귀국(예정)

"(가족에게 연락은)어쩌다 한 번 씩 해요…. (흐흐흐) 일도 없고 하니까, 아이고, 체면도 안 서고."

"가야지 이제"라고 하지만, 〈2013년 5월 현재〉 여전히 고토부키쵸에서 생활하고 있음.

8) 개인적 특색

최근에는 한 달에 일이 3~4회 밖에 없어서, 생활이 무척 어려움. 방은 3평 정도로 방안에 오래된 냉장고와 휴대용 가스렌지와 냄비, 컵술 등이 놓여져 있었음. 상당히 여윈 상태로 거의 가족과 연락을 하지 않고 돌아갈 비행기삯도 없으며, 동료들에게 돈을 빌려서 겨우 끼니를 떼우는 상황.

9) '이동'에 대한 평가

"(고토부키쵸)분위기야, 맨날 술 먹고, 싸움하고, 경찰보고 욕을 해도 그땐 괜찮고, 아무데나 눕어자도 말도 안 하고 술이 취해서 여름에 아무데나 누워자는 것도 흔해빠졌는데, 그 당시에는 300명 정도 이상 있었는데."

"아, 씨바, 이제 뱃일도 바나나뿌이 없고, 옛날에는 뱃일도 여러가지 있었는데, 지금은 십분의 일도 안 돼요 … 일도 50퍼센트는 줄어버렸고, 일본 사람들이 노는 사람을 없애기 위해서 저거 다를 쓰니까, 노가다도 없어져 버리고."

21. LMD('45)/미상/인터뷰 시기(09.8.14)

1) 고향(한국주소)/현주소

전라북도 고흥/부산

2) 결혼·가족/도항 전 직업

29세 때 결혼(부인 당시 19살) 1남2녀(3명 모두 30대, 기혼)/선원(원양어선) 20년간

3) 도일 시기

91년 7월~97년 3월 25일 귀국(자수), 관광비자

4) 도일 동기

배에서 내렸을 때, 감만동 거리에서 만난 친구가 제주도 사람(그도 선원)으로, 그는 자신의 매형이 사장으로 있는 공장을 소개. 달러로 지급되는 월급(당시, 달러 하락)으로는 생활이 어려웠으며, 자녀들의 교육비 마련을 위해 도항. "그냥, 불법으로 여행비자 갖고 와서, 착실히만 일하면 안 잡아가니까."

5) 도항 경로

관광비자로 OV

6) 취업 상황 및 산재(◎)

재일제주도인이 경영하던 타일공자에서 잔업 포함한 일당을 만 엔으로 계산하여 지급받음.

◎ 95년 11월 30일, 프레스에 손 절단. 그것이 계기가 되어 '유니온'에 가입. 회사는 통장을 만들어, 자신에게 들어와야 할 산재보험료를 착복.

7) 현 상황과 귀국(예정)

상당히 어려운 재판. 산재 7급. 당시, 연금을 받아도 엔화가 약세라서, 자녀들의 학비를 위해서 공공근로도 함. 지금은 자녀들 셋이 모두 성장하여, 부부 둘만 살고 있음.

8) 개인적 특색

"누가 다칠 지 그걸 알았냐고. 다치고 불안한 마음은 말할 수가 없어. 사람이 돌아버릴 거 같더라고. 회사 뿌리치고 나와서, 그렇게 '유니온'만 믿고 있을 수도 없고, 내가 뭘 할 수 있는 방법도 없고 가다가 쓰러지고 사람 눈이 네 개로 보이고… 그렇게 사람이 가더라고… 정신을 엄청 차리고, 헷가닥해지더라… 그러면서 돌아오면서 좀 낫지."

9) '이동'에 대한 평가

96년 5월 30일부터, 일본의 산재보험으로 연금생활 시작.

22. LME('49)/고교중퇴/인터뷰 시기 (09.7.2)

1) 고향(한국주소)/현주소

서울/미상

2) 결혼·가족/도항 전 직업

68년부터 동거(사실혼), 73년 교통사고로 부인 사망, 아들1(30대 후반, 미국 박사학위취득)/"개장사"

3) 도일 시기

92년(15일 관광비자)~09년 7월 귀국(자수)

4) 도일 동기

80년대, 개사업을 하고 있었으나, 86, 88 올림픽 때, '보신탕'이 금지되어 도산. 전국을 방황하다가 괌으로 이주노동. 괌에서 살인사건에 휩쓸려 귀국. 그 후 괌에서의 동료가 "일본에 가자, 일본에 가면 돈도 많이 벌고"라고 해서, 나고야로 입국.

5) 도항 경로

브로커에게 나고야에서의 호텔비와 일자리 알선(도요타부품공장) 명목으로 50만 엔(당시, 한국돈은 250만 원)

6) 취업 상황 및 산재(◎)

92년, 도요타자동차부품공장(월급 40만 엔, 3개월) → 공장일이 자기랑 안 맞아서 동료에게 부탁하여 노동현장에 들어감(수입 30만 엔). 나고야 부근의 노동현장에서 오사카, 고토부키쵸 등의 공사현장을 전전하면서, 01년까지는 그래도 일자리도 있고 생활도 가능했지만, 그 후 생활이 곤란해짐.

7) 현 상황과 귀국(예정)

알코올 의존증. 일을 찾아 전전하면서, 결국 노숙생활(그러나 청결한 옷차림). 귀국을 위해 수소문 끝에 '유니온'의 마리아씨에게 도움을 청함. 입관출두(자수), 비행기대금, 한국임시체류장소는 마리아씨가 마련.

8) 개인적 특색

괌에서 이주노동, 페인트 일(91년에 1년 정도), 일본 비자를 얻기 위해서, 오사카에서 일본여성과 8개월간 동거했지만, 본인의 돈 200만 엔을 가지고 도망 가버려, 본인은 전재산 20만 엔을 들고 상경(JFD씨의 증언).
〈09년 7월, 요코하마 입관에 LME씨와 JFD씨 둘 다 출두했을 때 나눈 대화 속에 그런 이야기를 들었다고 함〉

9) '이동'에 대한 평가

"결과적으로 난, 일본에 왔다는 것을 후회하죠. 후회하는 건, 이제 필요없죠. 일본에 와서 방탕생활을 하게 되고, 왜냐면, 파친코 있죠, 술 먹어야지, 아가씨 봐야지, 가장 비참한 일을 하면서 고통이 많은 사람은 좀더 뭔가를 위로를 받기 위해서 아가씨 집에도 가야되겠고, 파친코도 해야 되겠고, 술도 마셔야 되겠고, 근데, 나 같은 사람은 너무 지나치다 보니까 망하기가 빨리 망하게 되니까."

23. LMF('50)/초졸/인터뷰 시기(08.9.26, 08.10.31, 09.6.19, 10.4.23)

1) 고향(한국주소)/현주소

전라도(서울)/요코하마 신코야스 → 요코하마 고토부키쵸

2) 결혼·가족/도항 전 직업

한국에 있던 부인과의 사이에 딸4, 이혼(불륜 의심), 일본 OV중 여성과 사실혼/나전칠기 장인

3) 도일 시기

88년 4월(3개월 관광비자)~11년 여름 귀국(자수)

4) 도일 동기

이웃사람이 일본에 간다고 해서, 관광할 겸 편도 티켓으로 입국. 도항 당시 소지금은 120만 엔.

5) 도항 경로

신사동의 예술의 전당 근처에 있는 여행사에서 비행기티켓(나리타), 비자, 일자리 알선 명목으로 20만 엔 지불.

6) 취업 상황 및 산재(◎)

아무것도 모르는 상태에서 한국민박집에 지내면서, 우연히 길에서 술을 먹고 있던 젊은 한국교포를 만나서, 처음 일을 시작. 가스배관(88년, 4개월, 13,000엔) → 친구 동생의 소개/토목(하치오지시, 6개월, 13,000엔) → 보따리장사에게 소개비를 3만 엔 지불/산(山) 공사(가와사키, 13,000엔) → 다른 직장으로 옮겨 3년간 15,000엔 받고 일하다가,

◎ 포크레인으로 인한 산재 발생하여 6년간 일 못함 → 인테리어 일(오야카타로서 전전함) → 해체현장에서 추락사고, 산재(07년)

7) 현 상황과 귀국(예정)

다리를 크게 다쳐서, '유니온'에 재가입하여 2007년부터 산재 신청 및 치료 후 보상금 지급. 산재가 끝나고 사실혼관계의 부인의 고향 옥천으로 가서 농사를 지을 계획

8) 개인적 특색

처음에는 미국에 건니갈 생각이었으나, 멕시코를 통해 들어가는 것이 너무 위험해서 단념하고, 일본 입국. 〈일본에 관광겸 왔다던 인터뷰 내용과 동떨어진 구술. 처음부터 이주노

동을 목적으로 한 것이라 추측됨〉
지금 부인과 부인의 딸도 OV.
'유니온'에는 2번째 가입.
고토부키쵸, 교포에 대한 이율배반적인 사고방식, 인부다시 업주로부터 도망.

9) '이동'에 대한 평가

어디를 가서 일하든지, 한국말을 하면 안되는 게 힘들었음.
"어떤 회사도 유니온에 가입한 걸 알아버리면 먹고 살기 힘들어져."
"대부분 보면은 교포들이 우리 비자 없는 사람들을 막 갉아 먹어요. 그런 게 80프로가 그렇더라고"

24. LMG('52)/고졸? 전문대졸?/인터뷰 시기(10.4.7)

1) 고향(한국주소)/현주소

서울/요코하마 에이라쿠쵸 → 요코하마 쵸자마치

2) 결혼·가족/도항 전 직업

82년 첫 결혼(딸1)후 87년 이혼, 89년 재혼, 부인도 도일/방사선기사

3) 도일 시기

① 88년 5월~05년 4월 귀국(강제송환), 5년간 일본 입국금지
② 06년 4월 밀항~10년 4월 20일 귀국(자수)

4) 도일 동기

① 87년 북미, 남미에서 돌아와서 한국에서 1년 지내다가 일본 입국. 일본 무전기를 보따리장사하기 위해.
② 자신명의로 된 집이 있었지만, 전세를 주고 있었기에 형제들 집을 전전함. 지방에서의 구직도 어려워, 대기업 건설회사 중역으로 있는 동창생 소개로 건설현장 함바집 운영을 계획했으나, 시간이 많이 지체되어 그 사이에 밀항 브로커를 만나게 되어, 밀항.

5) 도항 경로

① 관광비자로 입국(소양교육 이수 후 여권 만듦).
② 비자가 필요했기에 일본어학교에 가는 것으로 하여, 취학비자(2년간) 그 후, 전문학교에 입학했으나 비자가 나오지 않아서, 그 상태로 OV.
③ 밀항비용은 5백만 원(본인을 밀항시킨 선장은 전문적인 브로커로 보이지 않

았음). 전라도의 어떤 어촌에서 작은 화물선으로 밀항자로는 본인 혼자 타고 밤 9시~10시 경에 시모노세끼에 도착, 35시간 항해[그러나 입관 조사에서는 동경 근처에서 상륙했다고 진술]. 배에서 내릴 타이밍을 놓치는 일이 벌어졌지만, 기지를 발휘하여 빠져나간 후, 택시로 신시모노세끼역(新下関駅)까지 가서 신칸센을 타고 신요코하마역(新横浜駅)에 저녁 7시경에 도착.

6) 취업 상황 및 산재(◎)

① 무전기를 사러 오사카 니혼바시에 갔지만, 말이 안통해서, 미나미 지역으로 가서 일본어를 할 수 있는 유학생을 고용함. 보따리장사 이외에도 돈 벌 수 있는 방법이 있다는 것을 알게 되어, 한국식당에서 설거지로 취직 → 일본클럽 취직 → 한국 아가씨 알선 루트를 알고 있었기에, 오사카 미나미의 한국클럽에 호스테스 알선업을 시작(89년~), 90년경에는 한 달에 100~150만 엔의 수입. 아가씨소개비로 한 명 당 10만 엔 정도, 아가씨 브로커와 한국클럽의 점장(월급 60만 원)으로 겸업(91년~92년).

② 비즈니스전문학교에 진학하지만, 비자가 발급 안 되어, 92년경에는 고토부키쵸로 이동하여(당시, 오사카에서는 비자 없이 일하면, 주변의 한국인들에 의해 밀고 되었다고 함), 고교 후배를 찾아갔음. 일본어가 가능했기 때문에, 건설현장에서 곧 오야카타가 될 수 있었음(92년~94년).

③ 94년부터 2년간, 고토부키쵸에 한국비디오대여점 '○○비디오' 개업(당시, 고토부키에는 한국비디오가게가 5곳 있었음). 부인은 호쿠도미쵸(福富町)의 스나쿠 주방에서 근무 → 그 후 3년간 부인과 함께 고토부키쵸 내에서 고기집을 경영 99년 2~3월에 폐점(일용노동자들이 주요 고객이었으나, 98년도의 IMF의 영향으로 손님이 급감, 6개월을 무리하면서 유지) - 비디오가게도 고기집도 명의와 보증금 필요 없이 매달 집세만 지불(전기세 등 모두 포함해서 한 달에 80만 엔). 집주인은 교포 → 일이 적어졌으나 다시 오야카타도 될 수 없어서, 페인트, 건설현장, 뱃일 등 아르바이트를 전전. 부인은 다시 후쿠도미쵸의 스나쿠에 근무(한식요리사 자격증 소지).

④ 본인이 잡혀서 강제송환되자 부인 혼자서 1년간 후쿠도미쵸에서

일하며 지냈기 때문에, 본인이 밀항해서 일본으로 돌아오니 돈벌이가 더 나빠져 있었음. 그런 중에 1년간 동경쪽으로 어떤 건설현장을 고정적으로 다니고 있었음(1년간 1/4정도의 빈도로 일함). 경추에 병이 생겨 일을 할 수 없었으나, 일본어가 가능했기 때문에 1/4 정도는 일할 수 있었음. 그 후 회사 경영 악화 → 파친코 교환소 월급 25만 엔이었던 시부야(渋谷)에서 30만 엔 주는 가마타(鎌田)로 옮김, am11~pm11 근무, 휴일 없음(10년 4월 현재).

7) 현 상황과 귀국(예정)

① 05년 4월 초순, "집안에서 잡혔어요. 우리가 사는 만숀에 한 건물을 다 (경찰들이) 쳤어요. … 한국아가씨들. 요코하마시 에이라쿠쵸(永楽町). 그 당시에 이십 여명 잡혔어. … 근데 나는 그 때 일을 다닐 때인데, 그 시간이 사람이 올리가 없어요. 새벽 5시 반인데. 부인도 같이 있었죠. 올 사람이 없는데 그 때 누구냐고 일본말로 물었어요, 그랬더니 "케이사츠"라고, "이미그레이션데스" 그러더라고. … 문을 안열어줬어요. 왜냐하면 마누라를 숨기느라고. 걸리더라도 일단은 다락에다가 그 시간 동안에 집사람 집어넣고 그 밑에 이불 깔고, 집어넣고, 그 위에다가 이불 층층이 해가지고, 있었더니 주인을 데려왔더라구요, 그래서 주인이 문을 열더라구요, 그래서 안에는 못들어오게 했어요. 방을 다 열고 밖에서도 보이게 했으니까. … 자기들이 다 보고 그러더니 됐다고 당신 비자가 없으니까 나오라고 그리고 거기서 대충대충 간단한 것만 가지고 나왔어요." → 한국에 05년 4월 26일 귀국

② 10년 1월 13일, "집사람이 일하러 가다가, 경찰한테 잡혔데요. … 그날따라 가다가 자전거가 쓰러져 있는 걸 보고 세우려고 그랬대요 … 그거 세우고 있는데 뒤에 경찰들 둘이 와서, 힛타꾸리 오오이카라 키오츠케테요[날치기 많으니까 조심하세요], 그랬대요, 그런데, 경찰이 와 있는 걸 보고, 얼굴표정이 나오잖아요. 더군다나 여자고. 표정이 그렇고, 대답도 못하니까, 그냥 고개만 숙이니까 고맙다고. 그러니까 벌써 알죠. 그리고 그 사람들 거기 나와 있을 때는 사

람들 잡으려고 나온 게 목적이거든요." 경찰서에 가서 10일 후 한국으로 강제송환(10년 2월 5일)

8) 개인적 특색

① 84년도, 로스엔젤리스로 여행사를 통해 도항하여, 고교 동창생들이 도와주어 일자리를 구하지만, 86년에 강도를 만나 "가족을 여기 데려와서 살 수 없겠다"고 생각해서 남미, 아르헨티나 돌다가 파라과이로 입국하여 영주권을 샀지만, 87년에 완전 귀국.

② 06년 8월에 경추에 병이 생겨 수술을 받아 50일 후에 더 악화됨. 후유증인가 합병증인가로 인해 고통받고, 수술한 의사에 대해 격한 분노를 느낌. 이것에 대해 '유니온'의 마리아씨는 "의사가 수술 안하겠다고 했는데, 아저씨가 한다고 했잖아요"라고 말하지만, 본인은 자신이 방사선기사도 했기 때문에 이것은 명백한 '의료사고'라고 확신하고 있었으며, 그 병원에 복수를 계획(재판, 인터넷에 글 올리기 등)

9) '이동'에 대한 평가

〈2010년 4월 7일, 요코하마 입관〉

입관에서 '거짓말'을 함. "사실 첨에 일본 관광으로 들어왔다가 공부가 하고 싶더라 해서, 일본에서 배우고 싶더라 해서, 진짜 공부하려구 학원도 댕기고, 2년 공부하고 전문학교도 들어갔는데, 비자를 안줘서 그렇게 되었다. 진짜 공부하고 싶었다. 그땐 일도 안했고 진짜 내가 벌어 놓은 돈으로 공부했다."

*비디오가게 때는 송금업도 함께 운영하고 있었음. 송금업은 한국에 본사가 있고 동경에 지사가 있었는데, 많을 때는 하루에 1억 원도 움직였음. 수당으로 5%를 받았음. 당시는 자연스럽게 야쿠자 오야붕들과 함께 술을 마시거나 했기 때문에 많이 버는 만큼 지출도 컸다. "나도 고토부키 사람들을 많이 도와주었다. … 마리아씨 정도는 아니더라도 …"

25. LMH('54)/중졸/인터뷰 시기 (08.10~10.7까지 수십 차례)

1) 고향(한국주소)/현주소

전라남도 순창(서울)/요코하마 고토부키쵸 → 요코하마 후쿠도미쵸

2) 결혼·가족/도항 전 직업

80년대 중반 결혼(부인, 20대 아들2)/카바레 근무

3) 도일 시기

90년 6월에 3개월 관광비자로 체류하고 귀국. 90년 11월부터 현재까지 체류.

4) 도일 동기

카바레의 웨이터의 삼촌이 여행사를 경영해서, "일본에 가면 돈 많이 번다"고 했기 때문에 도항.

5) 도항 경로

여행사 브로커를 통해 수속 밟음. 여권, 비자, 항공티켓(나리타), 일자리 알선 명목으로 30만 원.

6) 취업 상황 및 산재(◎)

해체작업(90년, 1개월) → 용접(90년, 2개월, 사가미하라相模原) → 용접(90년 11월, 2년, 츠치우라土浦) → 노가다(1~2년, 기타센쥬北千住) → 파친코(6개월, 신오쿠보新大久保) → 해체(2년, 고탄노五反野) → 토목(2년, 오오후나大船) → 하수도공사(1년, 고토부키쵸寿町) → 건설공사(3년, 히라츠카平塚) → 하수도공사(5~6년, 니노미야二宮)

◎ 07년 11월 산재(왼쪽 허벅지) 수급 → 차량 탑재, 컨네이너 작업(2013년 5월 현재)

7) 현 상황과 귀국(예정)

10년 8월, 산재보험 완료.
산재치료가 종료하면, 귀국할 예정이었지만, 아직 체류중.

8) 개인적 특색

이주노동경험 있음. 80년에 사우디아라비아 건설공사(1년 6개월).
매주 일요일마다 애인(조선족여성)과 데이트, 13년에 그녀가 영주권을 취득하여, 가게 운영 시작해서 한 달에 한 번 만남.

9) '이동'에 대한 평가

일본에 와서 일을 하고싶은 만큼 할 수 있어서 와서 잘했다고 생각함. 일본에 와서 집도 사고, 아이들 교육도 시켰음. 무직인 큰아들도 일본에서 이주노동을 시키고 싶지만, 아들이 원치 않음.

26. LMI('55)/미상/인터뷰 시기(08.10.7, 08.10.31)

1) 고향(한국주소)/현주소

경기도(서울)/요코하마 후쿠도미쵸

2) 결혼·가족/도항 전 직업

80년대 후반 결혼(이혼, 20대의 딸2)/ ① 직업군인 ② 당구장 경영 ③ 토목회사 경영

3) 도일 시기

① 89년에 15일 관광비자로 입국하여 현지에서 비자 연장하여 2개월 반 동안 체류, 그 후 2~3년간 왕래
② 93혹은?94년부터 3년간 체류(고토부키쵸)
③ 05년 5월~현재(고토부키쵸)

4) 도일 동기

① 당구장 경영할 때 후배가 일본에 가자고 해서 오사카로 입국.
② 돈을 벌 목적으로 부부동반으로 입국.
③ 토목회사가 도산하여 도항.

5) 도항 경로

15일 자로 2~3년간 오사카에서 일했지만, 관광비자로는 돈이 안 모였음. 2~3년간 한국과 일본을 왕래하여, 여권에 도장이 많이 찍혀 버렸음. 그런 상태로는 비자를 허가받을 수 없기 때문에 여권을 찢고 재발급받았다.

6) 취업 상황 및 산재(◎)

89년, 오사카(2~3년) → 한국(2~3년) → 94년, 고토부키쵸(3년 1개월), 부인(후쿠도미쵸 한국클럽 주방)과 함께 본인(토목, 하역작업) → 한국, 토목회사(9년) 도산 → 04년, 고토부키쵸, 치바, 오사카(8일) → 05년 5월 치바, 해체작업(1년) → ◎ 요코하마, 해체작업, 산재
09년 6월, 산재인정
13년 5월, 현재 바나나배 하역작업

7) 현 상황과 귀국(예정)

교회 다니면서, 일용직 항만노동을 하고 있으며, 취미는 인터넷. 한국에 돌아갈 생각 전혀 없음.

8) 개인적 특색

이주노동경험 있음. 이라크에서 철근공사 2년간(82년 8월~84년 8월).

9) '이동'에 대한 평가

"고토부키쵸는 예전에는 안전지대였으나, 지금은 가장 위험지대다."

27. LMJ('55)/중학 중퇴/인터뷰 시기 (09.11.12)

1) 고향(한국주소)/현주소

전라도 정읍(서울)/요코하마 고토부키쵸

2) 결혼·가족/도항 전 직업

부인 85, 86년 이혼, 1남(81년생)1녀(80년생)/중화요리 조리사

3) 도일 시기

95년~11년 귀국(강제송환)

4) 도일 동기

일본은 유럽처럼 8시간 노동이 지켜지고, 일자리와 일본어 양쪽 다 가능하다고 생각해서 싱가폴에서 일본으로 입국.

5) 도항 경로

중화요리조리사로서 유럽을 전전한 후, 일본에서 일하려고 입국. 싱가폴에서 비자 취득.

6) 취업 상황 및 산재(◎)

동경의 한국요리점에서 일했는데, 24시간 영업으로 격무라서 유럽과 다른 시스템(일본이 선진국이므로 노동 시스템이 유럽과 유사할 것이라고 생각했으나)이라서 놀라서, 식당을 그만둠. 결국, 고토부키쵸에 들어와 일용노동자로 일하기 시작. 육체노동은 잘 하지 못해서, 아르바이트로 가끔 일하러 가는 정도로 생활은 곤궁한 상태며, 간이숙박소의 집세가 몇 달씩이나 밀려서, 되도록 관리인을 만나지 않도록 조심하고 있음.

7) 현 상황과 귀국(예정)

본인은 만약 잡혀서, 강제송환된다면, 다음에는 베트남에 가서 일하고 싶음.

8) 개인적 특색

고아, 고아원에서 성장.

78년 11월 11일, 중화요리조리사자격증 취득.

83년부터 1년 6개월 동안, 대기업 건설회사 건설소장의 부탁으로 소장전용조리사로서 사우디아라비아의 리야드에서 근무. 그 사이에, 부인이 바람이 나서 가출. 중동에서 귀국한 후 3개월 만에 부인을 찾아내어, 이혼.

자녀들을 친구의 모친에게 맡기고, 본인은 중화요리조리사로서 유럽의 한국식당을 전전.

일본에서 별다른 직장을 잡지 못하고, 알코올 의존증.

11년에, 단속되어 강제송환. 딸이 많이 아파서 병원에 입원 중이라는 전화통화와, 직장을 구하기 위해 부산

으로 내려왔다고 LMH씨에게 전화 한 뒤에, 12년 현재 연락두절.

9) '이동'에 대한 평가

자녀들은 초등학교 3학년 때부터 자신들끼리 살았음. 딸이 엄마역할을 하며 남동생을 돌봤고, 딸은 고려대 졸업.
"내 돈이고 뭐고 욕심 없어요. 우리 애들 가리킬 거 다 가리켰고, 부모 없이 자랐을 뿐. 그러나 단 아쉬움이라고 하나 뭐라 하나, 이거 소원이라고 하나, 아쉬움이라고 하나, 내 생사를 … 내 부모가 누군가 하는 그것만 알고 싶어요. 그것뿐이요."
〈09년 11월 12일, 인터뷰 당시는 술이 취한 상태였고, 건강이 안좋다고 했음. 10년 2월, 건강검진, 치료받고 그 후 금주〉

28. LMK('57)/대학 법학과 졸업/인터뷰 시기(09.8.23)

1) 고향(한국주소)/현주소

경상남도 밀양(부산)/서울

2) 결혼·가족/도항 전 직업

미혼/외무 7급 공무원 합격했지만 취직 안 하고, 부산에서 신발공장, 광고회사 운영

3) 도일 시기

94년 혹은 95년(15일 관광비자)~ 01년 귀국(자수) ; 도항 당시는 1년만 체류할 계획

4) 도일 동기

부산 신발공장 때 동료가 일본에 왕래하고 있다는 것을 듣고, 당시 광고기획업을 경영하여, 유통아이템이 필요하다고 생각하여, 선진국 일본이라면 아이디어를 얻을 수 있을 거라 생각했고, 미혼이라서 부담없이 도항.

5) 도항 경로

서울에서 신문광고를 보고 소개소로 연락하여, 브로커(부산사람)에게 비행기티켓(나리타), 직업알선비로 명목으로 100만 원 지불.

6) 취업 상황 및 산재(◎)

소개받고 간 곳은 옥상 방수공사, 기숙사는 동경 메지로(目白)에 있었으며, 사장은 야쿠자 출신 교포(3~4개월, 일당 만 엔), 일도 일당도 적었기에, 한국생활정보지(교차로, 벼룩시장 등)을

통해, 요코하마에 있는 교포가 운영하는 토목공사에 일하러 감. 수개 월 후 일거리가 없어져 전전함. 요코하마 넘어 고후(甲府)라는 곳에 가서 토목공사현장에서 발목 산재(97?98년). '유니온'에 가서 산재신청(동경거주). 치료 종료후, 한국은 IMF였기에 돌아가지 않고, 1년간 건축, 토목, 인테리어, 철거 등의 노동. 가와사키의 사쿠라모토(桜本)에도 일거리가 있어서 수 개월 거주.

7) 현 상황과 귀국(예정)

2000년, 서울 정착. '사이버대학' 영업대리점을 운영했지만 잘 안 되었으며, 또 농산물가공회사 주식을 샀으나, 사장이 회사자금을 횡령하여 부도를 냄. 4~5년간 소송, 자신은 법적지식이 있기 때문에 소송단의 대표를 맡아서 진행시켰으나, 소송에서 졌음. 본인은 7천만 원 손해, 현재는 동충하초 재배를 배우면서 판매, 판로를 고민중.
〈10년 말에, 일본에서 재배하는 야채를 한국에서 수입하고자 필자에게 연락. 일본측 사업자의 거절로 교섭 실패〉

8) 개인적 특색

5년간의 일본생활을 되돌아보면, 자신의 50년 인생에서 가장 소중한 시간이며, 그것은 특수한 경험이기 때문에 말하고 싶지 않다고 함. 다치고, 일하고, 그런 것과 차원이 다른 문제. 이것에 대해서는 아무에게도 말하고 싶지 않음. 원래 목적과 관계없이, "돈을 벌고, 안 벌고"와는 관계없는 그런 문제.

9) '이동'에 대한 평가

일본에 가서 좋았다. 경제적인 측면이 아니라, 한국에서 맛볼 수 없던 경험을 할 수 있었기 때문. 이주노동이라는 것은 경제구조, 다국적기업, 신자유주의, 상품, 돈, 노동력이 개인의 수용력을 넘는 것이라고 함.
〈인터뷰가 끝난 후 전화가 와서, "아까 못한 말이 있는데, '유니온'를 만난 것은 사막에서 오아시스를 만난 것과 같이 고마웠다"과 말함〉

29. LML('60)/종합고졸/인터뷰 시기 (09.8.14)

1) 고향(한국주소)/현주소

경상남도 거제(부산)/부산

2) 결혼·가족/도항 전 직업

88년 결혼, 딸2(88년생, 92년생)/84년~91년 신발공장 근무

3) 도일 시기

92년 10월 10일(15일 관광비자)~94년 12월 귀국(자수)

4) 도일 동기

결혼했지만 가계유지가 어려워 귀향. 거기서 친척 아저씨가 일본에서 노동하고 있다는 사실을 전해 듣고(91년), 연락했더니 "오지마라"고 했지만, 반대를 무릅쓰고 도항.

5) 도항 경로

관광비자로 나리타에 입국하여, 친척 아저씨가 살고 있는 가와사키 사쿠라모토까지 혼자 찾아가서 그 이후 OV

6) 취업 상황 및 산재(◎)

가서 10일 동안은 놀다가, 아저씨가 다른 한국 사람들에게 부탁하여 일하러 가게 됨. 출상으로 누마즈(沼津)에서 1주일 일함.

◎ 또 다른 한국인이 일을 소개해줘서, 일하러 간 지 이틀 만에 산재(92년 11월). 신요코하마철로 발판설치, 전철에 머리를 부딪혀 다치고, 일본에서 94년 말까지 치료.

7) 현 상황과 귀국(예정)

귀국 후, 산재보험에서 나오는 휴업보상으로 생활하면서 여러 가지 자격증(공인중개사, 인터넷정보검색사 등)취득, 현재는 부동산업.

8) 개인적 특색

사쿠라모토에서는 교포집에 세들어 살았음. 그곳에는 방이 많았고, 방마다 한국인 노동자로 가득했음. 산재 교섭 때, 교포 여성이 대신 교섭해주겠다고 해서 부탁했으나 그 여성이 업주에게 돈을 받아서 도망간 후에, '유니온'에 가입, 08년 회사와 교섭 완료. 〈08년, LML씨는 회사와의 마지막 교섭을 위해 일본으로 건너왔으며, 그 통역을 필자가 했는데, LML씨는 그 자리에서 줄곧 불안정한 행동과 이상한 언사를 보였음. 나중에 필자에게 "일부러 더 바보인 척 했습니다. 그래야 잘 해결이 되지예"라고 말함〉

9) '이동'에 대한 평가

일본에 관한 선입견은 없어졌음.
한국에서 외국인노동자를 보면 자신

도 같은 경험을 했기 때문에 마음이 아프다고 느낌. 2년 전까지 외국인지원단체에 기부도 했었다고 말함.

30. LMM('63)/전문대 관광과 졸업/인터뷰 시기(09.8.21)

1) 고향(한국주소)/현주소

강원도 강릉(서울)/서울

2) 결혼·가족/도항 전 직업

미혼(독자, 부친은 6살 때 사망, 25년생인 모친은 89년 사망)/호텔근무 → 한식당에서 설거지 → 룸살롱 지배인

3) 도일 시기

90년 초 3개월 관광비자로 편도 티켓으로 입국~08년 4월 23일 귀국(자수)

4) 도일 동기

서울에서 알게 된 일본 유학중인 친구가 권유해서, 한국에는 자신이 책임져야할 사람도 없었기 때문에 일본 도항. 당시 소지금 천 엔.

5) 도항 경로

성당에서 알게 된 고향 선배가 대기업 건설회사에 근무했었기 때문에, 여권, 비자 발급을 위한 세금증명서 등 전부 만들어 줘서 나리타로 입국.

6) 취업 상황 및 산재(◎)

타일 붙이기(6개월, 5천 엔) → 닭꼬지집(교포여성이 운영하는 닭꼬지집 이층에 기거하면서, 닭꼬지집에서 저녁에 아르바이트) 손님에게 부탁하여 용접, 석유회사 하청일(13,000엔), 한국인 동료가 신주쿠에서 자전거 훔쳐서 그것이 회사로 연락 와서, 원청에 OV고용으로 연락 가기 전에 해고/비자를 가진 아이 있는 스나쿠에서 일하는 한국여성과 동거 → 옆집 한국인부부의 소개로 페인트, 콘크리트 일(2개월, 9천 엔), 현장이 마음에 안맞아서 다른 현장으로 옮겨, 출장(츠쿠바, 군마현 등), 군마에서 기계가 넘어져 손을 다치고, 1개월간 쉬지만, 보상은 못 받음 "도시락과 부상은 자기책임(弁当と怪我は自分もち)"/돈을 못 벌어서 헤어짐 → 닭꼬지집 손님인 여사장, 용접(6개월, 만 엔), 불경기 → 전라도사람 소개로, 목공회사, 가와사키철도 하청, 일본인으로 위조등록(3년, 일당 14,000엔), 회사가 세금미납으로 도산 → 한국술집 보조(6개월)/야쿠자와 친구가 되어, 동거 → 목수사장 소개로 파견형식으로 설탕회사에 근무(6개월, 14,000

엔) → 일본인동료가 해고되어, 자신도 의리상 그만두지만, 일이 안생기자 다시 돌아감. 여기서 면허 5개 취득(발판, 용접, 가스, 탱크공기측정, 썬더를 일본인 명의로 3개월만에 취득), 9년간 근무, 월급 30~70만 엔/필리핀펍에서 알게 된 필리핀여성(영주권자)과 동거 → 도산한 회사 사장의 권유로 용접, 목수(15,000엔).

◎ 07년 1월 7일, 대기업 석유회사 현장에서 점심식사 전에 화장실 가려다가 쓰러져서, 병원에서 2주 후에 일어났더니 뇌졸중으로 판명.

7) 현 상황과 귀국(예정)

(-)

8) 개인적 특색

07년 병원에서 '유니온'의 마리아씨에게 연락하여 같이 이야기를 했으나, 그 1년 후에 스스로 마리아씨에게 전화하여 귀국하겠다는 뜻을 전함. 비행기티켓, 입관 자수수속 등 모든 절차를 마리아씨가 대신함. 한국에는 연고가 없어서 장애자가 된 LMM씨는 마리아씨의 주선으로 남성장애자생활시설에 입소. 신체장애 2등급과 생활보호를 수급받으며, 사회복지사 자격증을 취득하여 11년부터는 해당 시설에서 사회복지사로 근무.

9) '이동'에 대한 평가

"후회는 없어요. 한국에 살면서 내가 느껴보지 못했던 걸, 일본에서 가질 수 있었으니까."

"나 그게 이상하더라고. 내 딴에는 고생을 했는데, 일본 가서 그래도 좋은 사람 많이 만났어요. 좋은 사람(일본사람) 많이 만났으니까, 이렇게 오래 17년이나 있을 수 있었던 거죠."

"이상하게요, 여기서 1년 살았는데도, 가끔 가다가 외국말이 나와요. 정말, 그러고 한국말로 하고 싶어도 안 나와요. 일본말로는 기억이 나는데. 그런 말이 있어요. 건방진 이야기지만."

31. LMN('66)/고졸/인터뷰 시기(09.8.20)

1) 고향(한국주소)/현주소

충청남도 연기군/충청남도

2) 결혼·가족/도항 전 직업

94년 결혼, 1남(12살)1녀(13살)

3) 도일 시기

88년 10월 28일 올림픽 후 곧 도항 ~93년 9월 귀국(자수)

4) 도일 동기

고교 졸업 1년 후, 군방위 복무 후 마을 친구와 함께 도항. 당시, 친구의 형이 요코하마에서 일하고 있었음.

5) 도항 경로

여권 만들기는 쉬웠으나, 여행사를 통해 비자를 발급. 반공교육도 이수.

6) 취업 상황 및 산재(◎)

처음에는 친구 형이 일하고 있는 요코하마 함바를 근거지로 일당을 7,500~10,000엔 받고 am8~pm5 근무 → "그렇게 하고 있다가, 돈을 더 주는 데로 옮겨야 되잖아. 어차피 돈 벌로 온거니까." → 건설회사(12,000~13,000엔) → "공사가 없어서" 건설현장에서 만난 한국인이 고토부키쵸에 대해서 말해 줘서, 고토부키쵸로 이동하여, 철근공사(일당 18,000엔)

◎ 일한 지 20일째에 산재. 철근이 위에서 떨어져 목과 가슴을 "꼬지 끼우듯" 관통하는 큰 사고였지만, 회사에서 산재를 숨기려 해서 고토부키쵸에 있던 한국인들과 이야기하여 '유니온'를 소개 받음.

7) 현 상황과 귀국(예정)

귀국 후, 해결금 3억 원으로 커피숍, 당구장, 게임장 경영. 94~97년간 도박으로 10억을 날렸음. 97년부터는 10년간 게임장 운영(불법기계와 합법기계 혼재)하다가, 노무현대통령 때, 단속되어 그만둠. 그 후 지금까지 실업 상태. 사업 구상중.

8) 개인적 특색

대사고였으나, 운좋게 생존했음. 그래서 지금도 "죽었을 거예요. 자신도 많이 차 있었고, 어쨌든 그건 행운이잖아요. 그래서 지금도 자신을 잃고 있지 않은데, 문득 문득 생각나요, 그래서 잘살아야지, 더 잘살아야지 이런 저기가 있기 때문에, 누구보다 지기 싫어하고, 그렇기 때문에 항상 자신 있게 생활을 하고자 하는데 행동은 그렇게 잘 안되지."

9) '이동'에 대한 평가

"도움이 되었죠. 어쨌든 그게 적은 돈이 아니었고, 생활하는데 도움 되었어요. 일본에서 생활하면서 겪지 못한 경험도 겪었고, 인생에 살면서 큰 도움을 줬어요. 나 일본 가서 다쳐갖고 하반신 못쓰는 것도 아니고, 어쨌든 거기 가서 인생에 큰 경험도 하고, 자신 이런 거에 대해서, 만족도 하니까, 유니온 분들한테 크나큰 도움을 받은 거지요. 평생 갚는다 해도 못 갚을 거예요. 그 사람들이 자기 나라 사람도 아닌데, 같은 유니온 이라는 이름 하나 믿고, 그렇게 자기 일처럼 해줬다는게 고마운 거지."

"일본은 터치를 안하잖아요. 일본은 쉽게 말해서, 자기한테 피해만 안주면 그 사람이 술을 먹고 길거리에서 자건 말건 터치를 안해요. 근데 한국 사람들은 그건 아니잖아요. 터치를 하잖아요. 그래서 일본이 살기는 더 좋아요."

32. LMO(60's)/고졸/인터뷰 시기 (09.7.27)

1) 고향(한국주소)/현주소

전라도(서울)/미상

2) 결혼·가족/도항 전 직업

일본에서 알게 된 한국여성과의 사이에서 딸1(연락두절)/별다른 직업 없음.

3) 도일 시기

① 92년~96년 귀국(자수)
② 98년~09년 7월 귀국(자수)

4) 도일 동기

① 고향친구 15명 정도가 이미 일본에 있었으나, 96년경에 모두 귀국했기에 자신도 자수하여 귀국.
② 귀국 후 1년 3개월 후 못 받을 거라 예상하고 일본비자 신청했는데, 허가를 받게 되어, 재도항.

5) 도항 경로

관광비자로 입국. 일본에 관한 정보는 고향 친구들로부터 입수.

6) 취업 상황 및 산재(◎)

92년 호스트바에서 근무. 언변이 좋았기 때문에 마마가 자신을 치마마(작은 마마)로 임명. 자신이 마음대로 지명하여 테이블에 호스트들을 배치하는 것은 재밌었음.

다시 일본에 왔을 때도 호스트바에서 일했고, 7년 전부터는 한국 여성을 스폰서로 삼아, 일 안하고 그녀가 버는 돈으로 생활하며 파친코를 즐김.

7) 현 상황과 귀국(예정)

동거하던 여성(원래는 학생이었지만, 술집에서 일하며 자신을 부양)이 "당신한테서는 미래가 안 보인다"며 가출.

호스트 생활할 때, 손님한테 받았던 로렉스시계 4개를 전당포에 팔아서 생활하고, 마지막 하나를 팔아서, 귀국 비행기티켓을 샀음.

8) 개인적 특색

09년 7월 27일, 요코하마 입관에서 만남. 중년의 야쿠자들이 자주 입는 개문양의 헐렁한 티셔츠와 바지를 입고 있었음. 파친코와 기둥서방으로 생활.
이번 귀국은 고향가족에게는 부끄러우니까 노동현장에서 일본인과 싸우다가 잡혀서 귀국하는 것으로 전달.
본인은 한국에 돌아갈 집이 있기 때문에 나은 편임.
호스트바에서 일하면서, 주요 고객이 한국 여성이었기 때문에 일본어는 별로 숙달되지 못했음.

9) '이동'에 대한 평가

"일본 전국의 파친코장은 다 가봤으나, 니이가타현(新潟県)의 파친코가 가장 좋다."
본인의 조카딸이 일본에서 애니메이션 공부를 하고 싶다고 했으나, 적극적으로 반대함. "일본에서는 여자는 호스트바로, 남자는 파친코로 망한다."

33. LFA('41)/미상/인터뷰 시기(09.11.2)

1) 고향(한국주소)/현주소

안동(대구)/부산에 아들 거주

2) 결혼·가족/도항 전 직업

남편과 사별, 2남1녀(장남 사망, 차남은 조선업에 근무, 장녀는 캐나다 거주)/간병인

3) 도일 시기

02?년(본인 기억으로 7년 전)~09년 11월 귀국

4) 도일 동기

서울에서 간병 일을 하던 중에, 본인이 일을 잘하는 것을 마음에 들어 하던 보살이 일본의 돈 많은 할머니(재일교포 1세, 09년 당시 87살)를 소개해준다고 거기 가면 돈 많이 벌 수 있다고 일본 도항을 권유.

5) 도항 경로

① 처음 4년간은 3개월 관광비자로 왕래하면서, 교포할머니의 간병을 하지만, 4년째에 입국심사에 걸림.
② 3개월 후, 1개월 비자를 취득하게 되어, 그 후 재력가인 할머니의 아들이 손을 써서, 6개월 비자 취득

(비자 종류는 본인도 모름). 할머니의 아들은 파친코장을 5곳 경영하는 부자로, 법무성 공무원, 국회의원의 힘을 빌어, 부산 롯데호텔에 머물면서 LFA씨가 비자를 받을 수 있도록 힘씀. "앞으로 일을 하게 되면, 돈을 안 받는다고 해야 한다"고 다짐받은 것으로 판단하면, 취업비자가 아니었다는 것을 알 수 있음.

6) 취업 상황 및 산재(◎)

(-)

7) 현 상황과 귀국(예정)

고객의 집은 히가시카나가와(東神奈川). 7년간 입주하여 간병을 해왔는데 갑자기 집에서 쫓겨나서, 파친코장 경리직원이 짐과 함께 요코하마에 있는 호텔로 옮겨줌(경리직원이 매일 찾아와서 식비로 5천 엔 지불). 여권과 작은 핸드백을 경리에게 압수당해, 큰 여행가방만 호텔에 놓여 있었음. 할머니의 돈(아들은 어머니에게 매달 40만 엔씩 용돈)을 몇 년씩이나 훔쳤나고 의심받아 쫓겨난 것임. 본인은 억울함을 호소. 경찰에 찾아가려고 해도 거부되어, 결국 요코하마 한국영사관에 찾아가서 상담하자, "영사관으로서는 아무것도 할 수 없다. 다만, 여권은 서둘러서 발급해주겠다. 비행기값은 한국에 있는 아들에게 연락해서 받아 주겠다"란 말만 들은 며칠 후, 짐은 두고, 그대로 귀국.

8) 개인적 특색

(-)

9) '이동'에 대한 평가

필자는 일요일 오전에 LMF·LFB부부한테 온 "임금 미불 상태로 쫓겨난 아줌마가 있으니 좀 도와주라"는 전화를 받고, 그 다음날 만나러 갔음. LFA씨를 '유니온'에 소개시켜준 것 때문에 그 부부(부인이 그 할머니의 딸이 경영하는 고기집에서 근무)는 고기집 여사장에게 의심을 사게 되어, 곤란을 겪게 되자, "두 번 다시 '유니온'를 한국인들에게 소개시켜주지 않겠다. 자신들에게 불이익이 생긴다"고 말했음.

34. LFB('54)/초졸/인터뷰 시기(10.4.23)

1) 고향(한국주소)/현주소

충청북도 옥천군 안남면/요코하마 신코야스 → 요코하마 고토부키쵸

2) 결혼·가족/도항 전 직업

3남5녀 중 다섯째로 21살 때 결혼하여 2남(76년생, 79년생)1녀(77년생), 03년 스나쿠 경영 때 만난 전라도남성과 동거, 전남편과는 법적으로는 이혼하지 않았지만, 귀국 후 정식으로 이혼하여 재혼할 예정/서울 경동시장에서 한약방 경영.

3) 도일 시기

92년 9월 4일~2011년 여름 귀국(자수).
92년 부부동반으로 도항했으나, 96년에 남편만 귀국(남편은 일은 안하고 파친코와 도박만 하고 있어서 자녀들을 돌보기 위해서 남편만 귀국시킴).

4) 도일 동기

한방약사 자격증 없이 한약방을 경영하다가, 벌금 냈음. 게다가, 남편의 도박벽으로 빚더미에 오름. 남편 혼자 일본에 보내면 일을 안할 거라 생각되어져 부부동반으로 도항.

5) 도항 경로

① 80년대부터 이미, 남편은 일본에 일하러 온 적이 있었으나, 외로워서 곧 귀국.
② 92년에는 부부동반으로 관광비자로 OV.

6) 취업 상황 및 산재(◎)

예전에 남편이 가와사키 사쿠라모토에서 지낸 경험이 있기 때문에, 남편은 교포 밑에서 인부로 일하고, 본인은 살던 집을 시급 500엔으로 3~4시간 청소 → 츠루미시장에 있던 고기집(조총련계 교포) 근무(pm3~10), 그 당시 월급이 12만 엔, 후에는 22만 엔. 거기서 13년 6개월 간 근무 → 고기집이 장사가 안되자, 고기집 2층을 스나쿠로 본인이 경영(03년~04년 6개월간 경영하여, 320만 엔 빚) → 츠루미 고기집에서 하루 15시간 근무(am8~ 김치가계, pm8~10시30분까지 고기집)
매주 수요일은 휴일이지만, 그 날은 일당 8천 엔으로 건물 청소.
인터뷰 당시 이사한 곳 근처에서 새벽에 청소, 오후에는 스나쿠 주방근무.

7) 현 상황과 귀국(예정)

(사실혼 관계의)남편의 산재보험이 끝나면 한국에 돌아가서, 자신의 고향에서 농업, 목축업을 운영하면서 생활할 계획.
일본에서 번 돈은 귀국 후의 생활자금으로 사용하기 위해서 가능한 한 전부 한국에 있는 장남에게 송금.

환율변동에 상당히 신경 쓰면서, 송금.

8) 개인적 특색

자녀들을 위한 송금을 전남편이 파친코로 전부 탕진.
자신은 월급으로 받는 22만 엔 중에 18만 엔은 송금했음.
딸은 98년에 일본에 입국하여, 스나쿠에서 No.1으로 등극. LFB씨의 스나쿠에서도 함께 일하지만, 6개월 뒤 폐업. 현재는 일본남성과 내연관계로, 아들 출산.
단속을 걱정하여, 신코야스(新子安) 집을 갑자기 도망쳤기 필자에게 '필수품 리스트(새로 산 청바지, 나훈아 리사이틀비디오, 커피 등 10개 정도)'를 건내며, 집에 가서 가져다 줄 것을 부탁했음.

9) '이동'에 대한 평가

다리 부상으로 산재중에 있는 현 남편이 낮에 집에 있을 때, 자칭 가나가와현 경찰이 와서, 이름, 생년월일을 물은 뒤에 "가스비, 수도세, 전기료가 위험하니까(?) 조사하러 왔다"고 말해서, 단속이 두려워서, 동경에 있는 딸집에 옮겨왔음. 그러나 딸집에서 얹혀살기에 너무 불편해서 다시 고토부키쵸로 이사했음. 11년 여름 한국으로 귀국했으나, 연락두절.

35. LFC('54)/중졸/인터뷰 시기(10.5.12)

1) 고향(한국주소)/현주소

서울 영등포구 당산동/동경 아다치구 → 인천(아들집)

2) 결혼·가족/도항 전 직업

6형제(1명 사망, 5형제 중 가운데). 23살 때 결혼, 아들1(77년생, 공무원)/실 감는 공장 → 옷집

3) 도일 시기

95년 12월 9일~10년 5월 귀국(자수)

4) 도일 동기

2억 원 정도 빚을 지게 되어 이자가 불어나서 빚이 더 늘어, 일시적 도피를 겸해 일본으로 도항.

5) 도항 경로

남동생이 이미 고토부키쵸에서 타일 기술자로 일하고 있었음. 남동생을 통해 고토부키쵸에 옷을 팔러 가곤 했지만, 그다지 돈이 안 됨. 이러한 이전의 경험 때문에 나리타공항으로 관광비자로 입국하여 OV.

6) 취업 상황 및 산재(◎)

처음 1년간은 가메아리(亀有) 단지에

서 입주식 베이비시터 → 동경의 선술집 근무(같은 교회 교인이 운영하던 가게) → 가메아리에 있던 가게에서 김치만들기 → 도항 2년 반 이후, 가방공장(교포운영) → 현재까지 10년간, 동경 아다치구(足立区) 신발공장(OV상태의 충청도 출신 사장이 경영)에서 침식하면서 절약하여 빚을 갚고 있었음. am8~pm10 근무, 휴일 없이 일하여, 불경기때는 월급이 20만 엔.

7) 현 상황과 귀국(예정)

입관에 자수하러 가기 위해서, 10년도 전에 받았던 '유니온'의 마리아씨의 명함을 보고 연락.
LFC씨는 핸드폰이 없으므로 약속장소에서 서로 많이 기다림. "죄 많이 짓고 와서 남 마음 아프게 하고 온 사람이 무슨 자격으로 게이타이[핸드폰]를 갖고 있겠어요."
신발제조공정에서 신발을 회사에서 재단해 오면, 본인이 처음에 얇게 깍아냄. 그 기술은 체득했음.
10년 6월, 귀국 후 유방암 치료.

8) 개인적 특색

남편 공장(기계제작소)이 오일쇼크로 79년에 도산하여, 남편은 사우디아라비아로 돈 벌러 떠남. 2년(79년~81년)만에 빚 갚음. 다시 빚져서 공장 설립. 그러나 남편이 도박에 빠져서 공장 어려움(현재도, 남편 이야기는 피함).
공무원이 된 아들에게 딸이 2명 태어나자, "자다가 요대로 그냥 녹았으면 좋겠다. 그런 생각만 들어요. 자다가 안 깨어나는 … 요즘에 그래서 몰라 손녀딸이 둘이 생겨서 그런지 최근에 오니까 좀 살고 싶다고 해야 되나 그런 게 생기더라구요." 그래서 귀국을 결심.

9) '이동'에 대한 평가

〈유방암이 발견되어, 한국 귀국 절차 중 인터뷰〉
한국에서 빚 때문에 형사고발중이라서, 여권 발급에 시간이 걸렸음. 마리아씨와 함께 한국대사관의 영사관 여권담당에게 부탁하여, 입관에 출두했으나, 병원 진단서에 적힌 생년월일 표기가 틀려서, 다시 만들어야 했음.

36. LFD('59)/고졸/인터뷰 시기(10.4.18)

1) 고향(한국주소)/현주소

경기도 포천군 운천면(경기도 동두천)/

요코하마 와카바쵸

2) 결혼·가족/도항 전 직업

84.4.6 일본 남성과 결혼, 1남(22살) 1녀(25살), 95년부터 별거. 당시 만난 전라도 남성과 동거하여 5년 전에 남편 사별 후 그 남성과 재혼, 지금은 4인가족/고교 졸업 후 언니집에서 살면서 민요, 피아노를 배우고, 신촌에서 키펀치를 배움. 한국에서는 취직 안함.

3) 도일 시기

① 81년 혹은 82년 4개월간 체류
② 84년 7월 15일부터 결혼비자로 일본 거주

4) 도일 동기

① 공연팀의 단장언니가 친언니의 친구라서, 돈 벌 목적 보다는 놀러 가듯이 일본에서 예술(홍행?)비자로 체류
② 형부(6살 많은 친언니의 남편, 재일교포 2세, 포카, 후르츠라는 게임기가 있던 찻집 경영)의 소개로, 일본 남성과 결혼하게 되어 도항.

5) 도항 경로

① 81, 82년에 홍행비자로 4개월간 입국, 소양교육은 하루 이수(아침부터 저녁 5시까지).
② 당시, 결혼비자는 6개월.
③ 95년 10월 30일 영주권 취득

6) 취업 상황 및 산재(◎)

① 당시, 국악을 배워서, '국악협회증'을 취득하여, 오디션을 받고 합격하면 홍행비자를 받아서 일본으로 갈 수 있었음. 한 팀(무용 8명, 가요 2명, 민요 2명)으로 입국하기 위해서는 팀 전원이 합격해야 홍행비자 취득이 가능했음. 처음 간 가게는 요코하마 오곤마치(黄金町)의 한국계 클럽(사장은 교포). 쇼가 끝나면, 밤 11시 45분에는 가게 문 닫음.
② 찻집 → 식당, 스나쿠 경영. 현재는 빚에 쫓겨서 가끔 아르바이트를 하고 있음.

7) 현 상황과 귀국(예정)

"저도 이제는 인간이 싫어서 … 일을 내 가게를 많이 했었고. 술집 일해봤자 … 이 나이 솔직히 일을 하고 싶지 않아요. … 굶어죽어도 남의 집에 가면 맞지 않으니까, … 처음부터 와서 막 못 살았어야 되는데, 왜 인간도 싫고, 지금도 이틀 만에 나온다고 해

서 목욕을 하고 나온 거 에요. 돈이 없으면 밖에 안 나가요. 이삼일동안 스트레스를 밥만 먹고 비디오만 계속 보고 요새도 이삼일 그러고 있었거든요."

8) 개인적 특색

"아이구 저도 26년 살면서, (비자없는 한국사람들을 경찰에) 찌르고 싶은 마음이 한두번이 아니었어요. 찌른 적은 없지만, 정말 비자가 있어서 그러는 건 아니지만, 화나면 하고 싶은 맘이 있어요. 인간이기 때문에, 그래도 아이구 한국 사람인데…하고서 안하고 말지만. 너무너무 살기도 힘들고… 저도 우리 애들이 아니었으면 한국가서 살았을지도 몰라요. 근데 일본 애들이까, 한국 가서 키워가지고, 얘네가 잘 되면 모르지만, 나는 왜 일본 저긴데…못 되었을 경우, 일본에서 내 자식이 있는 데서 사는 거죠. 얘네들이 교포 애들이었다면 돈 많을 때 한국에 갔을 지도 모르죠. 아빠가 일본 사람이고, 일본 애들이니까 일단은, 떨어져서 살 수도 없고, 죽을 때까지 옆에서 살아야 되니까, 나는 죽을 때까지 일본에 살아야 되겠죠."
〈LFD씨는 고토부키쵸에서 많은 한국 남성들과 연애를 하고, 그 연애가 돈 관계와 얽혀 깨질 경우 경찰에 밀고를 한다는 소문, 2013년 5월 현재도 여전히 고토부키쵸의 한국 남성들과 화투놀이, 파친코를 매일 하고 있다고 함〉

9) '이동'에 대한 평가

"사람을 잘 믿어서 자주 사기를 당해서, 돈을 잃게 돼요. 그것에 대해 지금 남편은 많이 화를 낸다. 아들은 한국인들과 함께 컨테이너 일을 나가고, 딸은 한국식당에서 일했지만, 임금 체불로 그만두고 지금은 실업 상태에요. 자녀들은 지금 남편에게 '오지상(아저씨)'라 부르는데 귀화하지 않고 영주권을 계속 유지하는 것은, 한국에서 투자, 재산 등을 지키기 위해서예요."

37. LFE('69)/고졸/인터뷰 시기(09.8.22)

1) 고향(한국주소)/현주소

경기도(서울)/경기도

2) 결혼·가족/도항 전 직업

부친은 군인, 양친은 이혼, 본인과 남동생. 부친은 간장암, 모친은 사건에 휘말려 살해/대기업 영업부

3) 도일 시기

88년~96년 귀국(자수)

4) 도일 동기

직장에서 알게 된 동생에게 신용카드 3장을 빌려 준 게 화근이 되어 빚을 지게 되자, 일본에 있던 아버지를 의지하여 도항.

5) 도항 경로

부친이 요코하마에 와있었기 때문에 자주 놀러 갔었기에, 그다지 저항감 없이 도항.

6) 취업 상황 및 산재(◎)

부친의 소개로 요코하마 후쿠도미쵸의 스나쿠에서 근무. 가나가와현의 야마토(大和)의 스나쿠로 옮기고, 거기서 뇌출혈, 신장 투석.

7) 현 상황과 귀국(예정)

일본병원에서 응급처치 및 치료를 약 3개월간 받은 후, '유니온'의 마리아씨가 한국에서 받아줄 병원을 찾고 교섭하여 한국으로 이송. 그 후 치료받고 장애급수 1급, 생활보호 수급중이며, 임대아파트에서 생활.

8) 개인적 특색

현재, 장애자로서 삶을 주체적으로 살아가고자 노력.

9) '이동'에 대한 평가

"일본 술집에서 손님이랑 나랑 일대일로 말을 해야 되니까, 말을 하는데, 그다지 어려움은 없었어요. 먹는 것도 맞았고, 내가 단 걸 좋아했으니까, 다만 일본 사람 생각하는 거하고 습관은 빨리 배웠어요. 한국의 폐쇄적인 점이랑 일본의 오픈된 것을 잘 캐치를 했어요. 그래서 한국에 나와서 그 덕분에 생활하는 게 편했어요."